JN028255

市民的抵抗

非暴力が社会を変える

エリカ・チェノウェス

小林綾子 訳

ERICA CHENOWETH

CIVIL RESISTANCE

WHAT EVERYONE NEEDS TO KNOW

白水社

市民的抵抗——非暴力が社会を変える

合州国に、あるいはそのいずれの州、いずれの都市にも私は訴える、
「おおいに抵抗し、服従は少なく」、
いったん異議を唱えず服従し、骨の髄まで奴隷になれば、
いったん骨の髄まで奴隷になれば、地上のどんな国も、州も、都市も、
ついぞそののちおのれの自由を取り戻すことはない。
――ウォルト・ホイットマン『草の葉』坂本雅之訳

CIVIL RESISTANCE: WHAT EVERYONE NEEDS TO KNOW
by Erica Chenoweth
© Oxford University Press 2021

CIVIL RESISTANCE: WHAT EVERYONE NEEDS TO KNOW, First Edition was originally published in English in 2021. This translation is published by arrangement with Oxford University Press. Hakusuisha Publishing Co. Ltd is solely responsible for this translation from the original work and Oxford University Press shall have no liability for any errors, omissions or inaccuracies or ambiguities in such translation or for any losses caused by reliance thereon.

市民的抵抗†目次

どの市民的抵抗戦術がもっとも効果的、あるいはもっとも非効果的か？

ソーシャル・メディアやデジタル技術は非暴力運動にどう影響するか？

三・五パーセント・ルールとは何か？

運動が人口の三・五パーセントをデモに巻き込めさえすれば必ず成功するのか？

三・五パーセント・ルールに例外はあるか？

もっとも高い割合の人びとが参加したのはどの運動か？

三・五パーセント・ルールは指導者の退陣や独立を達成するといった大きな変化を目的としない運動に適用可能か――たとえば、気候変動運動や、地方政府、企業や学校に対する運動はどうか？

たった三・五パーセントという少数で政府を転覆できるということは民主主義にどういう意味を持つか？

市民的抵抗運動が成功するためには、たったひとつの明快な運動理由が必要か？

どのようなタイプの組織構造がもっとも有効か？

カリスマ的指導者は必要か？

非暴力的抵抗は民主主義体制、先進国、あるいはよりリベラルな文化でのみ有効なのか？

非暴力キャンペーンが失敗することがあるのはなぜか？

市民的抵抗が企業相手に成功したことはあるか？

市民的抵抗が人種差別のような長きにわたる抑圧体制に対し成功したことはあるか？

市民的抵抗は深く分裂した社会で機能し得るか？

市民的抵抗はどのように広まるのか？　何がその広まりを促進あるいは阻害するのか？

ある国の政府が他国の市民的抵抗運動を煽り立てたことはあるか？

ある程度の国際的な支持がなくとも市民的抵抗はうまくいくか？

なぜ多くの人びとがソ連崩壊に驚いたのか、そして二十年後に「アラブの春」でも驚いたのか？
非暴力抵抗が不可能な状況——あるいは暴力抵抗がより有効な状況はあるか？

何を暴力に含めるか？

組織立った武装集団が非暴力運動と共に戦うことはどのくらい一般的か？

純粋な非暴力運動はいまだかつてあったのか——つまり、道路上の殴り合いや暴動といった非武装暴力のない運動はあったのか？

非武装暴力を含むキャンペーンにはどのような例があるか？

暴力を暗にほのめかす非暴力キャンペーンばかりではないのではないか？

周縁暴力の中には非暴力運動の成功を助ける暴力があるか？

暴徒は非暴力キャンペーンを損なうか？

暴力は長期的にはいつも市民的抵抗運動を害するか——あるいは状況によっては運動の助けになるのか？

周縁暴力は、長期的にはどのように各国に影響を及ぼすか？

煽動者は周縁暴力を煽ることにどれくらいの頻度で成功するのか？

暴徒を参加させたり、受け入れたり、許容する非暴力運動があるのはなぜか？

では、非暴力運動は周縁暴力をどのように予防あるいは制限できるか？

暴力を使うかどうかで根本的に意見が一致しないとき、運動はいかに団結を維持できるか？

暴力的にはじまった運動は市民的抵抗キャンペーンに移行できるのか——そして成功するのか？

周縁暴力は不可避なのか？

装幀＝コバヤシタケシ　組版＝鈴木さゆみ

凡例

一、本書は、Erica Chenoweth, *Civil Resistance* (What Everyone Needs to Know), New York: Oxford University Press, 2021 の全訳である。
一、訳中の（ ）、［ ］、——は原著者によるものである。一部、訳者の判断で文言の順序を入れ替えた箇所がある。
一、原文中の引用符は「 」で括り、運動名など固有名詞も「 」で括った箇所がある。書籍名は『 』で括った。
一、原文中のイタリック体で記された箇所には、原則として強調点を付した。
一、訳者による補足および簡単な訳註は、すべて〔 〕で括って挿入した。
一、原著で引用されている文献のうち既訳のあるものは、わかる範囲で書誌情報を併記した。また、訳出にあたっては可能なかぎり既訳を参照したが、訳文については必ずしもそれに拠らない。
一、原著の明らかな間違いや体裁の不統一については、訳者の判断で訂正した箇所がある。
一、明確さを目的として、訳者の判断で長文を分割して複数の文にした箇所がある。

謝辞

本書の執筆には長い時間がかかった。出版というゴールテープを切るまで助けてくれたすべての方々に深く感謝申し上げる。デイヴィッド・マクブライドとオックスフォード大学出版局には、本書で考えを整理するよう勧めてくれた。ホーリー・ミッチェル、レズリー・ジョンソン、リズ・ダヴィー、ボブ・ランドは、編集支援をしてくれた。

わたしの仕事をずっと激励――そして助けになる批判――してくれた同僚や友人たちにも深謝する。とくにハーバードの同僚たち――なかでも、アーチョン・ファン、アイリス・ボーネットとダグ・エルメンドフ〔ハーバード・ケネディ・スクール大学院研究科長〕は、〔マサチューセッツ州〕ケンブリッジでの最初の二年間にこの原稿を書き終える時間をくれた。ケネディ・スクールの同僚である、コーネル・ブルックス、ダラ・コーエン、マーシャル・ガンツ、ナンシー・ギブス、ラス・ジョンソン、ジェニファー・ラーナー、サマンサ・パワー、スシマ・ラフマン、ハンナ・リリー＝ボウルズ、マティアス・リッセ、ダニ・ロドリック、エリック・ローゼンバッハ、マヤ・セン、ウェンディー・シャーマン、キャスリン・シキンク、スティーヴン・ウォルト、ジェイ・ウルフェルダーは、いつも激励の声をかけてくれ、考える糧を与えてくれた。わたしが二〇二〇年の春および秋学期に担当した講義「市民的抵抗――どうすればうまくいく」を履修してくれたすべての学生にも感謝している。刺激的で活発な議論のおかげで、わたしの考えを磨き、この本で示すことができた。とくにジショーン・アリは書き終わった原稿を細かく読み込んでくれた。他にも二〇二〇年のＨＫＳトポル・フェローである五人――アニコ・バコニー、エンリク・ガスティーゾロ、ニク・ジャファーニア、モーガン・プラット、そしてイナヤト・サビースキ――は、各章に、鋭く建設的なコメントをくれた。

リチャード・ジャクソンとオタゴ大学平和・紛争研究ナショナル・センターは、二〇一六年の夏にニュージーランドで執筆、意見交換や思考のために、ウィリアム・エヴァンズ・フェローシップを与えてくれた。また、過去何年もの間、数々の場所で自分の考えを報告できる機会をいただいたこともありがたく思っている。これによって、市民的抵抗について「みなが知る必要のあること」を理解することができた。ウプサラ大学、オスロ大学、ハーバード大学、コロンビア大学、マサチューセッツ大学アマースト校、ウェズリー・カレッジで、研究者たちと、この研究について議論できた。それから、デンバー、リトル・ロック、ロンドン、バークリー、オークランド、ナッシュヴィル、ケンブリッジ、サンタフェ、ハーグ、ナイロビ、ポートランド、メンフィス、ボストン、ニューヨークなどにおいて、たくさんのコミュニティ中心のイベントで活動家たちと交わした有益な会話や議論もありがたい機会だった。

この本を書き始めた当時、わたしはデンバー大学のジョゼフ・コーベル国際関係学大学院教授だった。同大学院の同僚たち、とくにデビ・アヴァント、マリー・ベリー、レイチェル・エプステイン、クーレン・ヘンドリクス、オリバー・カプラン、ジュリア・マクドナルド、トリシア・オルセン、そしてティモシー・シスク、支えてくれてありがとう。研究員であったキャシー・ドーフとエバン・パーコスキは、たくさんの豊かな会話をつうじて、この本の構想を立てる助けになってくれた。コーベル大学院の学生たち、とくにジョエル・デイ、スイエン・カン、マリア・ロティート、ポーリーン・ムーア、ジョナサン・ピンクニー、クリストファー・シャイは、市民的抵抗というテーマに積極的に興味を持ってかかわってくれた――それから、本書や他の研究にも使用するデータの構築も補佐してくれた。アリソン・ホッジズとモハメド・オタルは、文献や事例の要約を手伝ってくれた。

それから、非暴力紛争国際センター（ＩＣＮＣ）にも感謝を伝えたい。ＩＣＮＣは、データ収集に必要な資料の提供、市民的抵抗に関心を持つ学者や活動家の紹介、このテーマを学び、新たな発見をするのに一生分の時間が必要なほど素晴らしく豊富な拠りどころを提供してくださった。なかでも、ハーディー・メリマン、マシエジ・バーコウスキ、ピーター・アカーマンと何度も意見交換をおこない、多くを得た。学者兼運動家と専門家たち、ハワード・バレル、シャーズカ・ベイヤール、ヴィクトリア・ビン＝フーイ、スティーヴ・チェイス、ハワード・クラーク、ベロニク・ドドゥエット、ジョン・ゴールド、トム・ハスティング、メアリー・エリサベス・キング、ジョージ・レイキー、ジェイムズ・ローソン牧師、ジェイソン・マクレオド、アイヴァン・マロヴィッチ、マイケル・ナグラー、シャロン・ネプスタッド、ジャミラ・ラキブ、チャイワト・サンタ＝アナンド、ジャニジラ・サンバトプーンシリ、ジーン・シャープ、マリア・ステファン、ステラン・ビンタゲン、ステファン・ズーンズ、その他にもたくさんいる。本当の意味で、こうした巨人の肩の上に立たせていただいた。

草稿の最終段階で編集者としてかかわってくれたＥ・Ｊ・グラフの敏腕な編集能力にも深く感謝する。Ｅ・Ｊのプロ意識、このテーマに関する専門知識、読みやすい書き方の追求、そして叱咤激励は、この本を書き上げるためになくてはならなかった。チャーリー・ポーターは、最後の最後に参考文献をかたちにするのを手伝ってくれた。ジョン・アールキストは読書会をつくって最終原稿を読み、コメントをくれた。くわえて、サラ・バー、マーティン・エプソン、ハンター・ゲートウッド、マイク・ウイ、シェリー・ウォンも、草稿に役立つ提案をしてくれた。

つぎに、世界中にいる何百万もの活動家の絶え間ない尽力が、わたしを感化してくれたことにも感謝したい。成否をわけるような教訓をわたしに共有してくださるのみならず、人間性と緊急性があることを教えてくださり、この分野でもわたしの仕事は意味があるといつも奮い立たせてくださった組織者や活動家がたくさんいる。歴史の中で起こった出来事に関する本、論文、映画や音楽から学ぶよりもはるかに多くのことを教えてくれた。そういった活動家は多すぎて数え切れないが、活動家たちにはだれのことかわかる。なかでも、ファリダ・ヴィリ、ジャネット・マックス、カルロス、ポーリーナ、イザベラ、ネリニ、エリ、エリン、レイチェル、ポール、デイヴィド、D・J、カトリーナ、サイベル、オースティン、アンソニー、ドミニク、カズ、キファー、マリウム、アンクー、ダニエル、ジョージ、ラトシャ、エヴァン、ジュリー、ナダ、ソルジャ、リヴェラ、ジャミー、ヴィクター、ダナ、ジェシカ、アダム、エドナ、ロジャー、キャシー、アリス、グレッグ、スティーヴン、カイ、他にも数え切れないほどの活動家たちのおかげで、過去数年間、わたしは、まだまだ勉強不足である、間違っているかもしれない、あるいはもっと頑張ろうと思えた。こうした活動家たちには畏敬の念を抱きつつ、正義について弛まぬ見本を示してくれることにお礼を申し上げる。本書から得られたすべての印税は、最前線に立って、より良い世界のために戦うことをつうじて、わたしにたくさんのことを教えてれた活動家組織やコミュニティに寄付する予定である。

　そして、いつものとおり、もっとも感謝しているのは愛する家族であり、わたしの人生とキャリアをつうじて家族が惜しみなく与えてくれた支援である。キャスとコートニーへ。何があってもいつもそこにいてくれてありがとう。スプリング、リチャード、ジュリアへ。好奇心いっぱいで、やる気に満ちあふれた愛らしいサポーターでいてくれてありがとう。アンドレアとボーへ。支えてくれて、そしてあまり深く考えすぎないようにしてくれてありがとう。グラミーへ。無条件の愛と、わたしの学び、奉仕、正義への情熱を育ててくれてありがとう。両親であるリチャードとマリアンヌへ。両親のおかげです。いつも励まし、愛、信頼をありがとう。そしてゾーイ、人生最愛の人、知性のヒロイン、あらゆることのパートナー、そしてわたしの道徳的想像力を果てしなく膨らませてくれる人——正義へのささやかな貢献を本書のかたちにするまで、勇気、やる気、明敏で鋭いコメント、時間、応援をありがとう。

原稿を書き終えようとしていたとき、新型コロナウイルスの世界的流行により、愛する祖父、アラン・アベルが亡くなった。祖父は人生をとおして、正義、公平さ、他者への奉仕に力を注ぎ、いつもやる気に満ちあふれていた。この原稿を完成させ、わたしは祖父の精神を引き継いだ。もちろん、祖母、家族や関係者の多くがどれだけ祖父の死を悲しんでいるか常に感じながら。本書は、祖父がおこなったことに敬意を表するものである。祖父が本書の完成を誇りに思ってくれることを願う。

まえがき

二〇〇六年六月、わたしは非暴力抵抗研究に遭遇したが、懐疑的だった。[1] 専門分野である国際関係論の多くの研究者たちと同じように、わたしの主な関心は、次のような問いにあった。なぜ人びとは政治的暴力――テロ、宗派間暴力、内戦、反乱――を追求するのか、そしていかに暴力を食い止めるか。〔暴力に関心を持つ〕わたしたちの多くは、人びとが暴力に向かうのは、それがうまくいくからだ、という前提からスタートする。歴史上の数々の事例が示すのは、暴力は真に権力を争う唯一の方法である――かつ暴力が利益になることがよくある、ということだ。フランス革命、アルジェリア革命、辛亥革命、ベトナム戦争、ソ連・アフガン戦争、その他多くの事例が示すのは、軍事的に劣る勢力による武装反乱が、強力な国家を打ち負かしてきたということだ。

〔暴力の方に関心を持ちつつも〕しかし、その夏、わたしは非暴力紛争国際センター主催のワークショップに出席した。同センターがわたしに市民的抵抗《ピープル・パワー・ムーヴメント》を紹介してくれた。その理論的・戦略的側面や、暴力的な反乱ではなし得なかったことを民衆の力による運動がさまざまな事例で達成してきた方法についても教えてくれた。当時読んだ書籍や論文で展開されていた主張――はっきりと書かれていることもそうでないこともあったが――は、大きな政治的譲歩を勝ち取る上で、市民的抵抗は、武装闘争と同じくらい、あるいは武装闘争よりもずっと有効だということだった。こうした主張の多くは、オトポール〔抵抗の意〕運動がスロボダン・ミロシェビッチの追放に動き出したセルビア、連帯運動が共産党の長期政権に挑戦し成功したポーランド、ピープル・パワー運動がフェルディナンド・マルコスを権力の座から降ろしたフィリピン、そして軽食カウンターへの座り込み、ボイコット、行進によってアメリカ南部地域の多くの都市での人種による分離政策を止め、より大きなキャンペーンのための地盤を生み出した公民権運動を、主張の根拠としていた。

わたしは、これらの事例はおそらく例外なのだろうと思った。セルビア、ポーランド、フィリピンのような個々の事例と同じく、天安門事件、一九五六年のハンガリー、一九八八年のビルマといった、民衆蜂起が鎮圧された事例を思い浮かべることができた。結局のところ、モーハンダース・ガンディーがイギリスをインドから追い出そうと努力したあとでさえ、インドとパキスタンとの流血を伴う分割によって、暴力的騒乱の時代につながっていった。もっといえば、成功事例を説明するのは別の要因ではないかと疑った――非武装アクターを抑え込めない弱い国家であったとか、非暴力運動を積極的に支援する国際的アクターがいたとか、非暴力運動を抱え込める比較的民主的な制度があったとか、一部の人が暴力に向かう中で一定の人びとが非暴力行動を取ろうという気にさせる社会的、経済的、あるいは人口的特徴があったとか、あるいは民衆蜂起を鎮圧できない無能な政府だったとか。

マリア・ステファンは、同じワークショップに参加しており、〔暴力による抵抗の方がうまくいくのではないかと〕わたしが抱いていた疑念を証明できるような研究アプローチを発展させたらどうかと挑発的に話しかけてきた。こういう経緯で、彼女とわたしはタッグを組み、非暴力と暴力による大衆運動の相対的な成功率と、その成功を支える要因を――体系的かつ実証的に――評価できる研究を構想した。何千という資料――百科事典、書誌、事例研究、史料、新聞記事、民衆革命に関する他の研究者の出版リストなど――に依拠しながら、わたしたちは、一九〇〇年から二〇〇六年までに、少なくとも千人の参加者が確認され、（国レベルで）マキシマリスト的〔つまり政権転覆、分離独立などの〕目標を追求する、非暴力の大衆動員事例のリストを作成した。小規模なキャンペーンや、改革志向の運動はデータに含めなかった。

二年間にわたるデータ収集と、各事例の専門家との綿密な点検によってデータが揃った。ショックだった。主に非暴力抵抗に訴えたキャンペーンの半分以上が成功したのに対し、暴力抵抗の成功率は約二十五パーセントにすぎなかった。さらに、統制変数として政権の特徴も含めた回帰分析をいくつも試みたが、国の構造的特徴とキャンペーンの結果の間にいかなる統計的連関も体系的に見出すことはできなかった。一般的にいえば、わたしたちが結果に影響を及ぼしているだろうといつも思い込んで関連づけてしまう構造的な要素——地理、富、軍事力、人口構成など——が多様であるにもかかわらず、非暴力キャンペーンは、暴力キャンペーンよりも高い頻度で成功するということだ。

ステファンとわたしがこの研究結果を二〇一一年に公表したときは、ちょうど「アラブの春」の絶頂期と重なった。[2]それから十年間、多くの学者たちが研究を進めてきた。いかに市民的抵抗キャンペーンは発展するのか、なぜ市民的抵抗は成功したり失敗したりするのか、そしてある社会で誕生した市民的抵抗はどのようにその社会を変えるのか。こうした研究によって、新たに重要な議論が生まれ、鍵となる問いについて意見の一致がみられるようになった。さらに、世界中のたくさんの新しい大衆運動が活動の場を広げ、市民的抵抗が歴史をつくっている。こうした動きによって、非暴力抵抗はどうすればうまくいくのかについて、わたしたちの理解もより明確になってきた。

多くの事例はニュースの見出しにはならないが、過去十年間——二〇一〇年から二〇二〇年の間——は記録に残る歴史上のいかなる十年間よりも多く、世界中で革命的非暴力蜂起が発生した。[3]実際、二十一世紀の最初の二十年間で起こった非暴力抵抗キャンペーンの数は、二十世紀〔の百年間〕に起こった数よりも多かった。アルメニアからスーダンまで、ベラルーシからインドまで、チリから香港まで、タイからブルキナファソまで、大規模な運動が、世界中で何十もの国の政治状況を根本から変えてきた。

アメリカもこの潮流の中にある。過去十年間、アメリカでは大衆動員が劇的に増加した。ウォール街を占拠せよ運動からユナイテッド・ウィー・ドリームまで、ブラック・ライヴズ・マターからスタンディング・ロックまで、ウィメンズ・マーチから家族は一緒運動まで、#MeToo から結果を守れ運動まで、ブレオナ・テイラーのための正義からジョイ・トゥー・ザ・ポールズまで、民衆の力は、過去十年間のアメリカ政治に前例のないほど影響を及ぼしてきた。

この間――わたしの研究関心によるところもあるが、ほとんどは見過ごせない道徳的危機のため――わたしはよそよそしい市民的抵抗の懐疑者から非暴力運動の力を与えられた参加者に変化した。今日、自分自身の民主主義のため、そして世界中の人権擁護者と連帯しながら、より一層の緊迫感を持って抵抗の歴史や実践を研究している。とくに、最近の運動が抑え込まれるのをみて、世界中で抑圧された人びとが率いた歴史的キャンペーンや、アメリカにおいて現在進行形で正義を訴えるキャンペーンを率いる黒人、先住民やクィアといった人びとが得た教訓を集中的に研究するようになった。反人種主義運動、気候変動運動、ＬＧＢＴＱ＋の人びとの権利運動、そしてアメリカの民主主義運動の参加者兼同盟者として、熟練した活動家や組織者から多くの教訓を学んできた。その結果、民衆の力によるキャンペーンが発展し、展開し、そして断固として変革をもたらす方法についての理解が大きく進んだ。こうした教訓は、ひらめきをもたらすこともあれば、注意を促すこともある。よって、本書も、重要性を訴えていると読めるところもあれば、警告していると読めるところもある。

とくに、現れつつあるいくつかのパターンが、社会的、政治的、経済的な正義の獲得に力を注ぐ人びとの悩みの種になっている。第一に、権威主義の興隆が地球規模の波となって押し寄せている。インド、ポーランド、ハンガリー、トルコ、ブラジル、タイ、フィリピンやアメリカといった国々で、過去十年間にわたり、独裁政治への揺り戻しが起こっている。こうした国々、そしてその他多くの国々で、野心的な煽動政治家たちが、周縁化された人びとのための公民権保護を巻き戻したり、取り除いてしまったり、司法の独立を侵害したり、政敵を投獄すると脅したり、ジャーナリストを脅したり、圧迫したり、選挙や投票の過程で大胆に攻撃したり、あるいは国内の敵対相手を武装自警団が攻撃していることに目をつぶったりしてきた。まさにこの権威主義への地滑りが、世界中でこれだけ多くの大衆運動を目覚めさせ、民主主義と基本的権利を守るために人びとを立ち上がらせたのだ。

デジタル権威主義の出現それ自体が、とくに悩みの種になっている。デジタル時代によって、社会的つながりに似たようなものがつくられたが、独裁政治家たちには、政敵と思われる人物たちを監視、コントロール、分裂させる力も与えてしまった。中国、イラン、ロシア、サウジアラビアは、デジタル・ツールを使って敵を黙らせたり、プロパガンダや偽情報を広めたり、敵の勢力の中での分裂や分断を引き起こしてきた。比較的小さな国であるトーゴやバーレーンでも同様に、政権はデジタル監視に依拠しながら市民社会の活動を制限している。

大衆運動の最近のトレンドも悩みの種となっている部分がある。非暴力抵抗は、変化を生み出すための代表的な戦略としていまや世界中どこにでもあるものだが、データによると、過去数十年と比較して、政府は革命的非暴力運動をより頻繁に打ち負かしている。

運動のデータが示すのは次のようなことである。運動の効果の明白な低下は、これらの運動が、デジタル時代に発展し、展開してきた方法の変化にも関連している可能性がある。以下のとおり、特筆すべき四つの重要な変化がある。より詳しくは第五章で論じる。

・現代の運動の規模は、歴史上あった過去の運動と比較すると小さくなっている。
・現代の運動は、他の非暴力行動の方法よりもデモに頼るようになっている。他の非暴力の方法とは、大衆による非協力、たとえば労働停止、退場、波状スト、ボイコット、ゼネストなどである。抵抗を象徴的に示すことは、必ずしも敵の力の源泉を弱めることにはつながらない。
・現代の運動は「リーダー不在の抵抗」を目指すところがあり、調整と戦略の支えとなる責任あるリーダーシップ構造を構築してない。[4]
・現代の運動はますます規律の低い非暴力行動になりつつある。これが重要である理由は、周縁暴力が、運動の支持基盤や同盟を拡大したり、変革を起こす力を構築するよりはむしろ、支持者を遠ざけ、社会を分極化し、国家による厳しい抑圧を増加させてしまうためである。

もっといえば、市民的抵抗がうまくいくのか、どうすればうまくいくのかについて、悲観的な迷信があり、市民的抵抗が持つさまざまな魅力や効果を損なっている可能性もある。迷信には以下のような考えが含まれている。

・非暴力行動は弱い、受け身の行動である。
・もっとも速く解放に至るのにもっとも頼りになるのは暴力だ。
・非暴力抵抗は行き過ぎた不正義に対しては無理があり効果もない。
・非暴力抵抗は純粋に社会的、政治的、経済的変化を生み出すことはできない。
・人びとが非暴力抵抗を用いる——そしてほかの人にそれを勧める——のは、そうした人びとが権力に容易にアクセスできる場合であり、脇に追いやられたコミュニティはこうした抵抗の方法を用いることができない。
・運動が勝利するのは、用いられる闘争の技術が何かにかかわらず、その目的が正しい場合である。

このような非暴力に対する迷信や批判にもかかわらず、市民的抵抗というアイデアの時代が、再び訪れた。本書は、市民的抵抗を観察する者、同僚、学生、活動家、友人、ジャーナリストや一般の人びとが、わたしが研究する間に、市民的抵抗について尋ねてくれた問いに直接答えるものである。非暴力抵抗の経験的記録に関する迷信や誤った理解をさらに正していく一助となるよう、そして市民的抵抗の潜在的な力を明らかにするために、利用可能なもっとも説得力のある根拠を総動員しつつ、本書で説明するつもりだ。

この本の読み方

本書は、会話を続けるような感覚で読んでいただきたい。問いと答えという形式をとるというのが「みなが知る必要のあること」シリーズのルールであり、この形式を取ることには、いくつか重要な利点がある。第一に、目次を見れば、市民的抵抗についていろいろな人がわたしに尋ねた重要な問いがわかる。市民的抵抗とは何か、どうすればうまくいくのか、そしてなぜだれもが理解することがそれほど重要なのか、といったことである。各節で、わたしたちがこうした問いに対して知っていることと――そして知らないこと――を取り上げるべく最善を尽くした。第二に、本書はかなり順序立てて書かれている。前の章で残った問題を次の章が取り上げる、というように。別の表現をすれば、ある概念や歴史上の事例が複数の問いに関係がある場合には、読者は本書の複数の箇所で同じ事例を読むことになるかもしれない。とはいえ、読者のみなさんが自分にとって一番重要な問いを取り上げている節をかいつまんで読むことも可能になっており、そう読んでも必ずしも不可欠な背景事情を見逃さないだろう。

本書は、市民的抵抗についてだれもが知るべきだとわたしが考えることについて、基礎的な事項を事例に基づいて紹介するものであり、市民的抵抗のパターンをとても平易な表現で解説している。本書の焦点は、グローバルな傾向、パターン、あるいはダイナミクスにあり、非暴力抵抗をおこなった特定の歴史的事実を掘り下げて説明することにはない。必要に応じて、市民的抵抗キャンペーンの例を用いてさまざまな要点を描写しているが、理論的あるいは概念的議論に関する特定の理解、特定のキャンペーンの機能に関する詳細な理解をすることに関心ある人は、別の専門家を頼ってほしい。本書は、市民的抵抗について知られていることすべてを、年を追って記述したものではない――多くの利用可能な研究が、さまざまな研究結果、意味合い、論争を詳細に解析しており、わたしは本書をとおして、読者のみなさんがこうした資料にたどりつけるような道筋を示している。真剣に学びたい人は、参考文献すべてを活用することを勧める。もう少しだけ読みたいという人は「おすすめ資料」のセクションで十分だろう。本書は、民衆の力に関心があるけれども勉強したことがない、という人のために書かれたものでありながら、非暴力運動の経験豊富なベテランの方々にも新しい知見を提供しようとするものでもある。

第二に、本書をこのテーマの集大成にしようとしているつもりはない。市民的抵抗はまだ注目されて間もない現象であり、世界の変化は速い。十年後であれば、同じ市民的抵抗というテーマでも、まったく異なる本を書き、表、図、そこから得られる結論の中身を修正しなければならないだろう。本書の焦点は、歴史上の事例やグローバルな傾向から導き出せる実践的な示唆は何かということにある。そういうわけで、この本を読む一番良い方法は、読者のみなさん自身の見方や直感、経験を踏まえて、本文が心に響くかどうかを考えることであり、使えそうなものを拾い上げればよく、それ以外は読まなくてもいい。

第三に、本書で示す多くの考えは、さまざまな論文、論説、ブログ投稿記事やその他の形式で発表してきたことである。発表済みの場合には、巻末の註で記した。わたしの理解のほとんどは、この分野で最前線に立つ活動家たちや知の巨人と繰り返しやりとりしてきたことで生み出されたものであり、そのうち何人かの氏名は謝辞に記載した。しかし、自分のさまざまな考えを、ひとつの書籍に、かつ幅広い読者に届ける想定で書いたのは、これがはじめてである。市民的抵抗の分野に知的貢献をされ、わたしの知識を豊かにしてくださった方々、こうした知見をまとめ上げ、より広く伝えるよう励ましてくださった方々には感謝の気持ちでいっぱいである。

そして第四に、本書は問答形式ではあるが、わたしは市民的抵抗でこうすべきと指示を出すハウツー・マニュアルを意図しては必ずしも書いていない。非暴力闘争を仕掛ける人びとはいつも、どのような行動を取るのが最善か、自分たち自身で決めていく最適な立場にある。効果的な抵抗に王道レシピはない。とはいえ、過去から学べる歴然たる教訓はあり、それが現在および未来に有益な情報となり得る。だから、わたしは読者に助言はしないが、わかっている根拠からいえることを伝える。ただし、それぞれの事例に特有の留保もある。研究結果にまだ十分確信を持てるといえない場合には、その点を明確にするように努めた。ある研究結果にこの分野でかなり強い合意がある場合には、同様に、意見の一致の程度を記した。

本書には革新的政治志向があるが、意図的なものである。わたしが望んでいるのは、読者のみなさんが、市民的抵抗について、よりわかるようになったと思いながら本書を閉じてくださることである――人類史における市民的抵抗の意義、現代世界における意義、そして市民的抵抗の強みと弱みについての観察された現実について。わたしの目標は、この世界で暴力に代わる現実的な手段を広く理解したいという人の役に立つことである。市民的抵抗について、現実世界が示す根拠でなく穿った見方で凝り固まっている人に反論するために。そして、本書を読んでくださった方々が、自分も知識がつき、心の準備ができ、力が湧いてきた、さあ正義のためのグローバルな戦いで変化を生みだそう、と思えるように。

序章

ベルを鳴らせ、そのベルはまだ鳴る
完璧なものを出そうとするな
亀裂はある、何にでもある
だから光が差し込むのだ

——レナード・コーエン

市民的抵抗とは、政治的、社会的、経済的な現状を打破しようとする目的で、暴力を用いる、あるいはちらつかせる者に対して、暴力を用いずに、暴力をちらつかせたりせずにおこなう集団行動様式である。市民的抵抗は、手段と目的において、組織立っており、民衆によるものであり、明確に非暴力である。本書は、市民的抵抗キャンペーンがかたちづくり、戦略を立て、組織化し、動員してきた方法について、歴史から学べることをまとめたものである。

この章では、市民的抵抗について、千年にわたる市民的抵抗の印象深い歴史を紹介すると同時に、ずっと続いてきた重要な論争もいくつか扱う。市民的抵抗をどう定義するのか、そして、われわれを取り巻く世界に市民的抵抗が及ぼす影響をどう理解すべきかといった論争である。とはいえ、何世紀にもわたる市民的抵抗の技術的発展を議論する前に、重要な用語の定義をおこなおう。

なぜ「市民的抵抗」と呼び、別の呼び名でないのか？

本書の題名を『市民的抵抗』とした理由は、人びとが抵抗の技術を発展させ、改良してきた歴史的遺産を、この用語がもっとも適切につかんでいるからである。「市民的抵抗」という用語それ自体が、表現として使われてきた歴史は過去百年程度である。モーハンダース・ガンディーが、インドでイギリス植民地支配に対する闘争の中でこの言葉を生み出した。時がたつにつれ、多くの研究者や実践者——ジーン・シャープからジェイムズ・ローソン牧師まで——が、新たな現象を表現するために、「市民的抵抗」という用語を使うようになった。

市民的抵抗は、動的な紛争の方法であり、非武装の人びとが、さまざまに調整された、非制度的な方法——ストライキ、抗議、デモ、ボイコット、代替機構構築、その他たくさんの戦術——を用いて、敵に危害を加えたり、危害を加えるぞと脅したりせずに、変化を促すことを目的とする。英語では〔civil resistance であるが〕、「civil」という単語は、ラテン語で「市民」を意味する *civis* に由来する。今日では、「civil」という単語は公的責任感覚と結びついており、人びとは自分たちのコミュニティを代表して、集団で権利やニーズを主張する。「resistance」という単語は、同じくラテン語の *resistere* に由来する。*sistere* という部分は、「立ち上がる」を意味する動詞の強勢型である。接頭辞の *re* には、言葉を一層強める役割がある。[1] 市民的抵抗をつうじて、あらゆる社会的立場にある人びとが立ち上がるために、熱意や力強さを持ち寄り、他者に正義やアカウンタビリティを要求する。

市民的抵抗の方法の中には、信じられないほど社会を混乱させたり、敵対的なものがあり得るし、実際にそうなのである——たとえば、大通りに自分の身体をはりつけたり、独房をわざと過密状態にしたり、役所からの立ち退きを拒否するといったことである。非暴力運動の標的になった人びとあるいは組織は、強い脅威を感じる。こうした抵抗は、紛争解決に直接結びつくような選択肢を与えず、彼らの権力、地位、快適さを危うくする。権力者は、こうした行為に反応し、逮捕、投獄、標的殺害、拷問、その他の強制措置を取り、非暴力に訴える反体制派を鎮圧しようとする。非暴力抵抗をおこなう者は、相対する側が暴力を用いることを予期し、準備していることがほとんどである。ただし、非暴力の反体制派自身は暴力の行使を避ける。というのも、体制側の揺るぎない武力に対峙しようと暴力を用いても、他の戦い方と比較して効果的でないからである。すべての市民的抵抗提唱者が〔暴力に反対する〕穏健主義《パシフィズム》を信じていたり、あるいは承認するわけではない。なかにはそういう人もいるけれども。そして、すべての穏健主義者が市民的抵抗を用いるわけでもない。

市民的抵抗のアプローチはよく誤解されるため、もう少し詳しく個々の要素を見てみよう。

第一に、市民的抵抗は紛争の方法である――人びとあるいは運動が、政治的、社会的、経済的あるいは道徳的な主張をおこなうために、動的に立ち向かう技術である。市民的抵抗は、積極的に紛争を惹起するもので、混乱を招いたり、現状を打破したり、別のものと替えたり、変革したりするために、力を集結させる。人びとが、自分たちは、権力のある個人、組織や政府、あるいは政治制度によって不当に扱われたと感じたときに反撃することであり、根底にある不正義が取り上げられる新しい制度を構築することである。市民的抵抗は、受け身あるいは無関心とは反対の行動である。

第二に、市民的抵抗を仕掛けるのは、敵に直接危害を加えることがない非武装の市民である。変化をもたらそうとする人びとは、自分たちの創造性や独創性を武器に戦う一般市民であり――さまざまな社会的、経済的、文化的、政治的な梃子の力を働かせて――自分たちのコミュニティや社会に影響を及ぼそうという目的を持っている。また、市民的抵抗は、暴力的でない行動を取る。ほとんどの学者や実践者にとって、「市民的抵抗」の「市民」という部分は、明確に、この紛争様式において武装・

暴力行動を斥けることを意味する。もちろん、「非暴力」や「暴力行動」といった言葉をどう定義するかには議論の余地がある。ここでは、市民的抵抗に訴える人びとは、敵対する相手に向かって、武器を使ったり、パンチをしたり、足蹴りしたり、暴行したり、殺すといった直接的な身体攻撃をしないとしよう。ただし、「市民」という言葉は、必ずしも「友好的」、「敬意を表する」、「礼儀正しい」といったことを意味するわけではない。反対に、敵対相手に対して、邪魔をする、わきまえない態度を取る、背を向ける、やじり倒す、面を汚す、烙印を押す、排斥する、といった非暴力行動が研究上分類されてきたのであり、こうした非暴力行動が他の方法と組み合わせて用いられると、敵対相手とその支持者に損失となって圧し掛かる。

第三に、市民的抵抗は多様な一連の方法を組み合わせることを含む。この戦いのアプローチでは、意図的に、事前の話し合いをもとに、目的を持ってさまざまな方法が駆使される——たとえば、ストライキ、抗議、怠業、欠勤、占拠、非協力、それから経済、政治、社会の代替機構の開発などをつうじて下からの力や下からの梃子を構築するのである。人びとが道路上で抗議をしているからというだけでは、市民的抵抗をおこなっているとはいえない。自然発生的に即席でおこなわれる路上行為が、より広い戦略の一部としてさまざまな市民団体との調整を伴っていない場合には、そうした行為に持続力や長期的な変革に向けた力が備わっていることは稀である。一度限りの抗議やストライキを組織しても、市民的抵抗運動のひとつとして当該集団を認めることはできない。市民的抵抗は、自然発生的でもなければ、純粋に象徴的なだけでもなく、それよりも調整がなされた集団が長期間の戦いをおこなうものである——市民団体、若者集団、組合、宗教組織や他の市民社会集団——こうした複数の団体が、同じ目標に向かって、長きにわたり、一緒に活動を続けるのだ。

第四に、市民的抵抗は、非制度的行動を含む。言い換えれば、市民的抵抗は意図的な不服従であり、既存の機構、法律、そして不当あるいは正統でないと広くみなされるようになったより大きな制度の枠外でおこなわれる。市民的抵抗は、そのような既存の制度に対し、あからさまに挑戦し、争い、弱体化、崩壊、分断させ、または別のものに替える。投票行動、選挙集会、請願書の作成や回収、ロビー活動、議員への電話、法的提言キャンペーンを組織することは、一般には市民的抵抗とはみなされない――なぜなら、これらの行動はすべて制度の中でおこなわれていることだからだ。ある戦術が市民的抵抗と理解される理由は、公式チャンネルの外で実施されるからである。たとえば、次のようなものである。許可を得ていない、または違法な行進、「不当な法律」の違反、ストライキや労働停止、税の支払い拒否、そして銀行封鎖、製品ボイコット〔購買拒否〕、政治家事務所の占拠といった直接行動である。これらはすべて超制度的と考えられる。他にも――何千とまではいかなくとも――何百もの方法がある。

もちろん、実際には、多くの市民的抵抗は、制度内での行動と、認められていない行動を両方組み合わせる。たとえば、アメリカの公民権運動では、さまざまな市民的抵抗の形態が採用された――行進、バス・ボイコット、軽食カウンターへの座り込み、消費者ボイコット、沈黙の行進、集団祈禱や礼拝、集団デモ、独房を意図的に過密状態にすること、その他にもたくさんの方法がある――これらは、より伝統的な政治的方法として、たとえば公式声明の発表、法的提言、ホワイト・ハウスや議会エリートに対するロビー活動、人種差別反対の候補者が議会入りするための支持などと組み合わされた。しかし、制度的行動にのみ頼る運動、たとえば議員候補者のための選挙集会を開催し、役人に書簡を書くことは、ふつう、市民的抵抗運動とはみなされない。

最後に、市民的抵抗の目標は、現状に影響を及ぼすことである。市民的抵抗は、広い社会の中での変化――しばしば革命的な変化――を求める傾向がある。市民的抵抗は、民衆やそこに住む市民といった属性を兼ね備えている傾向があり、複数の集団や連合が手を取り合って活動し、政治、経済、社会、宗教、または道徳的慣行や懸念事項についてまとまった声を上げる――より大きな集団を代表して。たとえば、公民権運動の際、黒人の活動家は、運動に参加する人びとの権利のみを守るためだけに行動したのではない。彼らは、あらゆる人びとのために、分離主義、人種差別主義、白人至上主義といったアメリカにある制度全体を根絶しようとしたのである。スーダン革命は、オマル・アル＝バシールの独裁政権を二〇一九年四月に転覆させたが、すべてのスーダン人に民主的変化をもたらすために、残忍な政権を終わらせたのである。

市民的抵抗とは何かを確認する上で、市民的抵抗ではないことは何かを理解することは有益だろう。第一に、市民的抵抗は、抗議のような、たったひとつの技術を用いることではない。思い出してほしい。市民的抵抗は、多数の異なる非暴力の技術――たとえば、デモ、ストライキ、欠席・欠勤や封鎖、代替機構構築、その他の非協力的な方法――を含むもので、これらを意図的に相次いで発生させ、長期政権を追放しようとする。こうした技術には組織と調整が必要であることが暗に示されている。市民的抵抗キャンペーンでは、よく、複数の個人あるいは複数の連合が主導的な立場を担い、運動の戦略を調整し、方向性を示すことを助ける。抗議も市民的抵抗の一部たり得るが、抗議は自然発生的に起こり得るもので、十分な組織が存在しない場合や、また市民的抵抗キャンペーンで共有される目標や戦略、あるいは組織委員会がない場合がある。特定の残虐行為や、新たに公表された不快な政策に反応して路上に繰り出した民衆は、自分たちの怒りを露わにする。ただし、こうした人びとは、必ずしも市民的抵抗に関与しているわけではない。なぜなら、市民的抵抗は、継続的で、調整された、集団的な行動であり、大きな成果を出すために、さまざまな方法を組み合わせておこなう運動を意味するからである。実際、本書で後述するとおり、単発的な抗議の効果は、より広範な市民的抵抗キャンペーンに紐づけられた抗議の効果とは一般的には大きく異なる。

第二に、市民的抵抗は必ずしも平和的な紛争解決の話ではない。本来的な意味では、市民的抵抗は建設的に紛争を促進する。とはいえ、紛争解決も、多くの市民的抵抗キャンペーンにおいて意義がある――運動内部の論争や紛争を処理する方法、敵を交渉のテーブルにつかせることができた場合に、駆け引きに向けた準備をするための方法としてである。たとえば、メキシコ・チアパスのサパティスタ運動が、一九九四年に武装闘争から離れて政治抵抗運動を選択するようになると、運動に参加したメンバーは、運動に関する、くわえて運動内部での、紛争を処理するため、たくさんの内部手続きを整備した。なかには自主的におこなわれる司法手続きもあった。ポーランドで一九八九年、「連帯」運動が共産党政府を追放した方法のひとつに、共産党エリートとの歴史的な円卓会議があった。こうした会議で、一九八九年二月から四月の間、三十人以上の「連帯」運動その他の反体制運動の指導者たちが、政府に対し、自由で独立した労働組合を許可すること、共産党総書記による支配ではなく大統領を立てること、選挙で選ばれる議会を設置することについて説得に成功した。それから何カ月もたって、「連帯」は、国政選挙で圧勝し、ポーランド中を支配していた権威主義支配から共産党を退けた。これは、東欧でのソ連系共産党支配の終わりの始まりだった。「連帯」が政府を交渉のテーブルにつかせることができたのは、九年間にわたり、ストライキ、工場閉鎖、抗議、地下大学の設置、この運動の名前のもとになった連帯という違法新聞の発行と配布など、目覚ましい市民的抵抗運動を継続した成果である。

第三に、市民的抵抗は、非暴力的アプローチを用いるが、必ずしも非暴力とイコールではない。市民的抵抗というより、非暴力という概念に傾倒する心は、非暴力行動がいかに政治行動にとって――手段も目的も――もっとも正しいアプローチであるかという道徳的主張から膨らむものである。規律立った非暴力は、道徳的理由から暴力の行使を禁止する。同じように、穏健主義〔反戦・反暴力主義〕は、暴力の行使を無条件に拒むという規律的立場を取り、暴力は道徳に欠けた行為だとみる。多くの穏健主義者は、非暴力的な手段は暴力的な手段よりもうまくいくと確信しているが、彼が主に心を砕いているのは、手段の道徳的正しさと目的の正当性である。

市民的抵抗に専心する者は、必ずしもこうは考えていない。市民的抵抗論者は、道徳性ではなく、もっと戦略を気にするようだ。市民的抵抗を提唱する者のほとんどは、市民的抵抗という技術を、暴力に機能的に取って代わる選択肢ととらえ、それゆえどのようなときに市民的抵抗がうまくいくのかという方に関心がある——市民的抵抗が暴力よりも道徳的に勝っているかどうかについては、はっきりとした立場を取らない。とはいえ、戦略的非暴力活動を研究し、提言する者の多くは穏健主義者である。ただし、彼ら彼女らは市民的抵抗に関する議論を功利主義的な言葉で構築する——穏健主義でない人びとに対して、市民的抵抗が妥当であると説得したいと願いながら。

ところで、多くの関連用語は、本書の題名になっていてもおかしくなかった。例を挙げれば、非暴力動員、非暴力行動、非暴力闘争、民衆の力《ピープル・パワー》、非武装暴動、「武器を持たない戦争」、戦略的非暴力、政治的反抗、サッティヤーグラハ、ポジティブ・アクション、非暴力革命、大衆蜂起といった用語だ。これらは類語のように使用されることが多いが、概念上決定的な違いがあると考える人もいる。筆者は、本書をつうじて以上の用語をおおよそ類語として使う。ただし、「非暴力」を題名に取り入れることは避けた。なぜなら、多くの人が、非暴力という言葉を「受け身」、「従順」、「活動的でない」、「平和的」、または「諦めた」と解釈するからである。本書の題名で仮に非暴力という用語を採用すれば、多くの読者が、諦めること、従うこと、受け身になること、またはひどい不正に直面しても行儀よく振る舞うことを想像する。本書はそうしたことを議論するものではない。

市民的抵抗はどのように発展したのか？

市民的抵抗の技術は、人類が歴史を記してきた期間と同じくらい、長い間記録されてきた――古代エジプトから古代ギリシャ、ローマ帝国初期も含む。たとえば、記録に残る人類史上初のストライキは、紀元前一一七〇年頃、ラムセス三世の墓を建設するエジプトの労働者が、安定的に食糧を受け取れるようになるまで労働の提供を拒否したというものである。(2) 初期のキリスト教徒たちは、ローマ帝国の徴兵制を拒み、反対したために命を失うことがままあった。(3) また、北アメリカで初のフェミニストによる抵抗活動として知られているのは、十六世紀の市民的抵抗キャンペーンであり、イロコイ族の女性が部族内における規制なき争いに終止符を打つために立ち上がったものである。男性だけが、宣戦布告その他の政治権力を認められていた。イロコイ族の女性たちは、協力して性交・生殖に関するストライキに踏み切り、穀物の収穫や耕作、戦争に必要なモカシン〔鹿革の靴〕の製作を拒んだりもした。最終的に、イロコイ族の女性は、男性による宣戦布告を拒否する力を勝ち取った。

人びとは、歴史をとおしてずっと市民的抵抗という方法を用いてきたが、この技術には名前がなかったのである。一世紀前、モーハンダース・ガンディーが「市民的抵抗」という言葉を流行らせるまで。

とはいえ、市民的抵抗という用語のルーツをたどってみると、一八四八年には語彙として使われるようになっていた。当時、作家で哲学者のヘンリー・デイヴィッド・ソローがマサチューセッツ州コンコードで、「市民政府への抵抗」と題する講演をおこなった。この講義内容は、一八四九年に冊子として出版され、『市民的不服従の義務について』という題名で知られるようになった。そこでソローは、市民は道徳的良心を侵害する政府の法律や政策には従うべきではないと主張した――自分たち自身が不正義の手足とならないように。また、ソローは、基本的自由、積極的自由、そして正義の回復にときには必要となるであろう、慣習に逆らった、制度に依拠しない行動についての理論を構築しはじめた。

ソローは、奴隷制や、一八四六年から一八四八年の米墨戦争に反対して執筆をおこなっていた。米墨戦争は、奴隷制廃止論者や反帝国主義者らにとっては、概して非道徳的征服行為という認識であった。ソローの著作は、彼が生きた時代にとどまらず、その後何世代にもわたって、彼に続く反体制派や哲学者に影響を与えた――とりわけ、ガンディーもその一人で、はじめて投獄された際に、監獄でソローの著作を読んだ。

ソローの著作に出会ったとき、ガンディーは、すでに熟練した抵抗の実践者かつ学者であり、世界中で起こっていたたくさんの労働運動や反植民地反乱に触発されてきた。とはいえ、ガンディーは、軍事的に優位に立つ相手に対し、組織化した、市民主導の紛争を推し進めた点で、市民的抵抗の真の創案者なのである。一八九三年から一九一四年にかけて、ガンディーは南アフリカで弁護士として働いていた。ガンディーは、植民地制度下の南アフリカで非白人に適用される差別や人種隔離、人種差別的政策に苦しんだ。また、列車の一等車に乗り込もうとしたところを追い出されたり、白人用の歩道から出るようにいわれたり、ターバンを脱ぐよう命令されたりもした――他にも、移民労働者に対するさまざまな差別を目の当たりにした。ガンディーはこうした不正義を終わりにしたいと、不正義に協力することを拒みながら、正しい選択肢を発展させる方法として、サッティヤーグラハ〔真理の力あるいは魂の力〕と彼が呼ぶ一連の実践を発展させた。ガンディーは、一九〇五年にロシアで起こった反皇帝反乱〔第一次ロシア革命〕に感銘を受けた。この反乱では、市中、国中の何十万ものロシアの人びとが、非暴力のゼネストやデモによって、皇帝ニコライ二世に反旗を翻したのである。これにより、皇帝は民主改革をおこなうようになった。ガンディーは、ロシアの小説家で穏健主義者のレフ・トルストイの著作にも大きな影響を受けた。ガンディーはトルストイと、道徳とあらゆる形態の暴力を放棄する必要性について、何年にもわたって手紙のやりとりをした。

一九〇七年、ガンディーは初の公式のサッティヤーグラハをおこない、人種差別的なアジア登録法（暗黒法）の廃止を求めた。この法律は、南アフリカに滞在するすべてのインド人に対し、植民地当局が指紋採取により身分を登録し、登録証を常に携帯することを求めた。ガンディーは、インド人移民労働者を組織化し、法律に従わず、植民地当局を監視し、登録証を携帯せずに移動し、労働を拒否した。こうすることによって、ガンディーが実験したのは、「受動的抵抗」と彼自身が呼ぶ運動――敵に暴力を行使せずに、民衆が不正な法律への協力を拒む方法――であり、コミュニティが尊厳と権利を求めていくよう音頭を取った。七年間で、ガンディーを含め、運動に加わった何千ものインド人が投獄された。だが、法律は一九一四年に廃止された。つまり、暴力を用いずに集団で異議を唱えるという方法が、植民地支配下に生きる人びとにも有効であり得るということを証明したのである。

一九一五年までに、南アフリカで暗黒法を廃止させたガンディーは、母国インドに戻り、イギリスの植民地支配に抗うための新たな運動を構想しはじめた。ガンディーが、現代まで用いられている呼称で、運動の技術を名づけたのはこの頃のことである――市民的抵抗、非暴力、非暴力活動、非暴力闘争などである。一九二〇年代には、ガンディーは、イギリスの植民地主義に対抗するサッティヤーグラハを多数組織し、多くの支持者を獲得し、非協力や市民的不服従、そして自決を求める国民的指導者となった。この動きは、一九三〇年の「塩の行進」で最高潮に達した。ガンディーと何万ものインド人が、〔インド西部の〕アーメダバードにある自分の庵からアラビア海に至るまで二百四十マイル〔約三百八十六キロ〕を行進し、インド人が自ら塩をつくり消費することを阻む、独占的な植民地支配の法に抗議した。随行する一団がアラビア海にたどりついたとき、ガンディーは、行進に参加する者たちに、意図的に法を犯して、海水を沸かし自分たちの塩をつくろうと呼び掛けた。これは、植民地支配に抵抗する方法であり、かつ、日用品の生産における自給自足を主張する方法でもあった。この運動は、ストライキ、大衆抗議、植民地支配関連法制への非協力行動、インド人が宗主国の商品に頼る生活から脱却し経済的自立を進める運動などへと発展した。ガンディーがインドで展開したイギリス植民地支配に対する運動には多くの欠点もあるが、この運動により、世界中の何百万もの人びとが、非武装の市民がおこなう集団的非協力は、絶大な力を発揮し得ることを知った。

今日では、多くの人はガンディーが成し遂げたことをあまり知らず、彼が暴力や肉食に絶対反対という道徳的立場を取っていたと聞いたことがあるくらいである。ガンディーが残した言葉は、車に貼られたステッカー、ポスターやTシャツなどで見ることはよくある――が、ガンディーがおこなったことに対しては、高尚だがあまりに純粋すぎやしないか、感銘を受けるが効果は乏しかったのではないか、声は大きくても役に立たなかったのではないか、といった疑念も残っている。

もし、ガンディーが、道徳に専心することを唯一の理由としてイギリス支配に対する市民的抵抗をおこなったのであれば、こうした皮肉は正しいかもしれない。しかし実際には、ガンディーはかなりの実際主義者だった。ガンディーは、「受動的抵抗」という言葉が、動的な闘争や反抗よりも、諦めや黙従という印象を与えてしまうことを知り、この言葉を使わなくなった。また、イギリスにおける女性参政権獲得運動参加者が「受動的抵抗」という言葉を、抵抗者による暴力を含め、過激な戦い方を表現するために使いはじめたため、ガンディーはこれとサッティヤーグラハが追求する方向性との一貫性を見出せず、切り離したかったということもある。ガンディーが「市民的抵抗」という言葉を使いはじめたのは、「市民的不服従」と「受動的抵抗」のかけ合わせをイメージしてのことだ。

ガンディーよりも前に多くの人びとが市民的抵抗の技術をあちこちで用いていたものの、市民的抵抗を解放のための政治戦略として長い目でみて可能性があると熟慮して用いることはほとんどなかった。ガンディーによる非暴力活動の理論と実践に対する並外れた貢献は、抑圧に対する非協力と、貧困、差別や不正義を緩和する代替機構の構築を組み合わせた包括的な技術を生み出すことに自覚的であったことである。

抑圧的な体制と闘う集団の中には、ガンディーの偉業に注目したグループがいた。二十世紀初頭、アメリカの黒人活動家や聖職者は、インドの経験からヒントを得、ノウハウを学ぼうと、アメリカとインドとの間で何十年にもわたるやりとりをはじめた。(4) これらの活動家はすでに不正義に対抗できるくらいの大衆を動員する能力を身につけてはいたが、平等のために奮闘する他者の経験や成功から学ぼうと意欲的であった。かなりたくさんの黒人穏健主義活動家がインドを訪れ、ガンディーや彼の後継者から学ぼうとした。マーティン・ルーサー・キング・ジュニアは、モアハウス・カレッジに通っていた折に、ソローの『市民的不服従』を読み、クローザー神学校の学生時代にハワード大学〔黒人大学〕学長のモーデカイ・ジョンソン博士兼牧師の講話を聞いて、ガンディーの塩の行進について知った。今ではよく知られた公民権運動のリーダーたちも、アメリカの人種差別制度を打破する市民的抵抗を展開していく上で、どんなことができるのか、自分たち自身で学んでいった。

その中の一人、ジェイムズ・ローソンは、オハイオ州ベリアのメソジスト教会牧師であり、一九五〇年代にガンディーの旧アーシュラム（修行所）を訪れ、アメリカにおける不正義に抵抗するための新戦略を学び、発展させようとした。朝鮮戦争の際、良心的兵役拒否をおこなったため、ローソンは十八カ月間、連邦刑務所で過ごし、ガンディーの実践について読み、祈り、反芻した。ローソンは、ガンディーの自伝で勉強し、必要な段階について自分独自の理解を深めた。リンチ、警察暴力、差別や、アメリカ南部のいたるところで人種隔離を強制していたジム・クロウ法により、常に命の脅威にさらされながら生きている一般の黒人の間で解放運動を成功させるような準備、活気づけ、指導といった段階への理解である。ローソンやその他の者はガンディーの塩の行進に感化され、一九五八年を皮切りに、〔テネシー州〕ナッシュヴィルで非暴力抵抗の理論と実践についてのワークショップを開催するようになった。多くの地元の大学生・高校生がこのワークショップに出席し、ナッシュヴィル郊外で人種隔離を終わりにするキャンペーンの計画や組織化がはじまった。一九五九年終わりから一九六〇年はじめに、学生たち――ジョン・ルイス、C・T・ヴィヴィアン、マリオン・バリー、ジェイムズ・ヴェベル、ダイアン・ナッシュ、バーナード・ラファイエットや、他の公民権運動の重要人物を含む――が、キャンペーンをはじめた。このキャンペーンは、軽食カウンターでの座り込み、行進、ストライキ、中心街での商業妨害、ナッシュヴィルの牢獄や法廷を圧倒するための自発的な投獄といった技術が組み合わされたものだった。このキャンペーンによって、半年たたずにナッシュヴィルで強制されていた人種隔離が終わりを迎えた。エラ・ベイカー、ファニー・ルー・ヘイマー、ベイヤード・ラスティン、ヴィンセント・ハーディングといった者たちは、民衆の力に化学反応を起こそうとこの経験から学び、アメリカで法律上認められた人種隔離、人種差別的な投票抑圧、経済的不平等、性差別主義、軍事主義、その他の社会的な病に対し、抵抗を組織した。

こうした市民的抵抗の技術を用いた実験は、世界中の多くの反植民地・反人種差別闘争をも同様に感化した。ガンディー自身が人種的な偏見や差別的な見方を持っていたことを隠していたという事実にもかかわらず。[5] 十九世紀および二十世紀半ばのアフリカにおける多くの反植民地運動は、独立を摑むために非武装闘争も武装闘争も用い、ガーナ、ザンビア、その他の国で、民衆の力による運動が主に市民的抵抗をとおして独立を勝ち取った。[6] 同様に、抗議、市民主導のボイコット、ストライキ、その他の非暴力行動の方法を絶え間なく組み合わせることで、南アフリカの黒人たちは、国の法律で定められたアパルトヘイトに立ち向かい、終焉させることに成功した。さらに、多くの専門家によれば、パレスチナ民族運動でもっとも成果があった時期というのは、第一次インティファーダ〔一九八七―一九九三年〕の最初の十八カ月であるという。この闘争は、パレスチナの市民グループからなる広範な基盤の連合が仕掛けたものであり、パレスチナの自決とイスラエルからの独立のために前進していくため、さまざまな非暴力の方法を組み合わせた。[7]

非暴力行動の技術はグローバルに拡散したが、知識人や学者兼実践者たちの目にもとまった。一九二〇年代から一九三〇年代の穏健主義の思想家たちはインドに渡航し、ガンディーの経験から学んだ。アメリカの哲学者で平和活動家のリチャード・B・グレッグは、インドから戻ると、非暴力抵抗の一貫した理論をまとめたはじめての本を執筆した。『非暴力の力』と題する本が、一九三四年に出版された。この本は、一九三〇年代から一九四〇年代をとおして多くの平和活動家たちに影響を及ぼした。アメリカの先導的立場にあった穏健主義思想家であるA・J・ムステ、当時イギリスの平和組合の長であったオルダス・ハクスリーも影響を受けた人物である。この本は、第二次世界大戦後に多くの学者にも影響を及ぼした。当時の学者は、地球規模での軍拡競争や核の時代の到来を目の当たりにし、暴力に代わる現実的な代替手段を理論化する重要性があると考えていた。[8] その中には、フェミニストの思想家もいた。たとえばバーバラ・デミングは、抑圧に抗議するため、そして公平で包摂的な未来をつくるため、非暴力行動の力に関する本をたくさん書いた。[9]

〔アメリカの政治学者〕ジーン・シャープは、市民的抵抗という研究分野の父と多くの人が考えている人物であり、朝鮮戦争の際、徴兵に抗議して、九カ月間を牢獄で過ごした。さまざまな穏健主義者や研究者と活動しながら、オックスフォード大学から博士号を取得した。同大学での研究をもとに、シャープは三巻仕立ての『非暴力行動の理論』を一九七三年に出版した。この本で、シャープは、よく組織し、よく準備をした市民がいかに力を構築し、動員し、非武装闘争を仕掛けることができるのかについて、独自の理論を打ち立てた――本書の第二章でまたこの話題に触れる。シャープは、歴史上の複数の事例――ガンディーの運動、ナチス支配に対するオランダ人やノルウェー人の抵抗、ロシア革命など――に共通していることを特定し、非暴力行動の百九十八の方法のリストを編み出した。このリスト――そしてシャープによる非暴力行動に関する理論――は、現在でも非暴力行動を実践する多くの学生や実践者にとって最重要資料であり続けている。[10]

シャープの著作の多くはその後世界中で翻訳され、広められた。数々の組織――アルバート・アインシュタイン研究所、非暴力紛争国際センター、非暴力インターナショナル、その他――が、一九九〇年代から二〇〇〇年代に誕生し、非暴力行動の理論と実践を制度化した。こうした発展によって、非暴力行動の時代が再び幕を開けた。世界中の活動家や組織者が、広まった訓練マニュアル、ドキュメンタリー、オーラル・ヒストリー、非暴力抵抗がどううまくいくのかに関するウェブ上の資料にアクセスできるようになった。

今日、Googleでさっと検索してみれば、市民的抵抗に関する訓練、組織、教材、マニュアルやオンラインの書誌についての関連ページが何百、何千と出てくるだろう。非暴力紛争国際センターのような組織は、非暴力抵抗に関する学術研究を支援したり、実践者が学者と会えるようなワークショップを開催したり、オンラインコースをつくったり、この話題に興味がある人のために膨大な資料を図書館に集積したりしている。アメリカだけでも、ブラックアウト・コレクティブ、ビューティフル・トラブル、変化のための訓練、日の出運動といった団体が訓練、現場案内、集団的な知恵を提供し、人びとはどのように闘争を仕掛け、力を構築するために自分たちのコミュニティを組織するかについて学んでいる。[11] より広く〔グローバルには〕、非暴力インターナショナルやキャンバスといった団体が、人びとがどのように変化のための組織化をし、非暴力闘争を仕掛けるかについて学べるような訓練やワークショップを提供している。

市民的抵抗の成功率はどれくらいか?

この問いに対する答えにあなたは驚くだろう。他の手段と比較すると、非暴力による抵抗は、変化をもたらす方法の中でぎょっとするくらい成功率が高い方法だ。[12] ここで、過去百二十年間に発生した六百二十七の革命キャンペーンの成功率――暴力も非暴力も――を見てみよう。革命キャンペーンは、政権転覆や新国家の樹立を目指して大規模な動員を図るものである。言い換えれば、目的達成のハードルは高い。暴力革命は、革命家たちが、目的達成のために武装攻撃、都市部でのゲリラ攻撃、暗殺行為、その他の武装闘争の方法に頼るものである――たとえば、一九一七年の第二次ロシア革命、一九六〇年から一九七五年にかけての北ベトナム反乱勢力による米軍への攻撃、一九五九年のキューバ革命などがある。非暴力革命においては、運動に携わる人たちは非武装で、主に、抗議、デモ、ストライキ、非暴力の座り込み、占拠、大勢の人びとによる非協力といった方法に頼るものである――たとえば、一九四四年のホンジュラスでの民主化運動、一九四〇年から一九四三年のナチス占領に対するオランダでの抵抗、一九六〇年の韓国での四月革命がある。本書の巻末に、六百二十七すべての運動を記したリストを掲載する。ここで「成功」とは、革命キャンペーンがいちばんの盛り上がりをみせてから一年以内に、政府を転覆させるか、特定の領域で独立を達成することと定義する。[13] この成功の基準を暴力型・非暴力型の両方に用いると、一九〇〇年から二〇一九年の間に、非暴力革命は五十パーセント以上が成功した一方で、暴力革命の成功率は二十六パーセントにとどまる(図0―1参照)。

これは驚くべき数字である。なぜなら、この数字は、非暴力は弱々しく効果も乏しいが、暴力行為

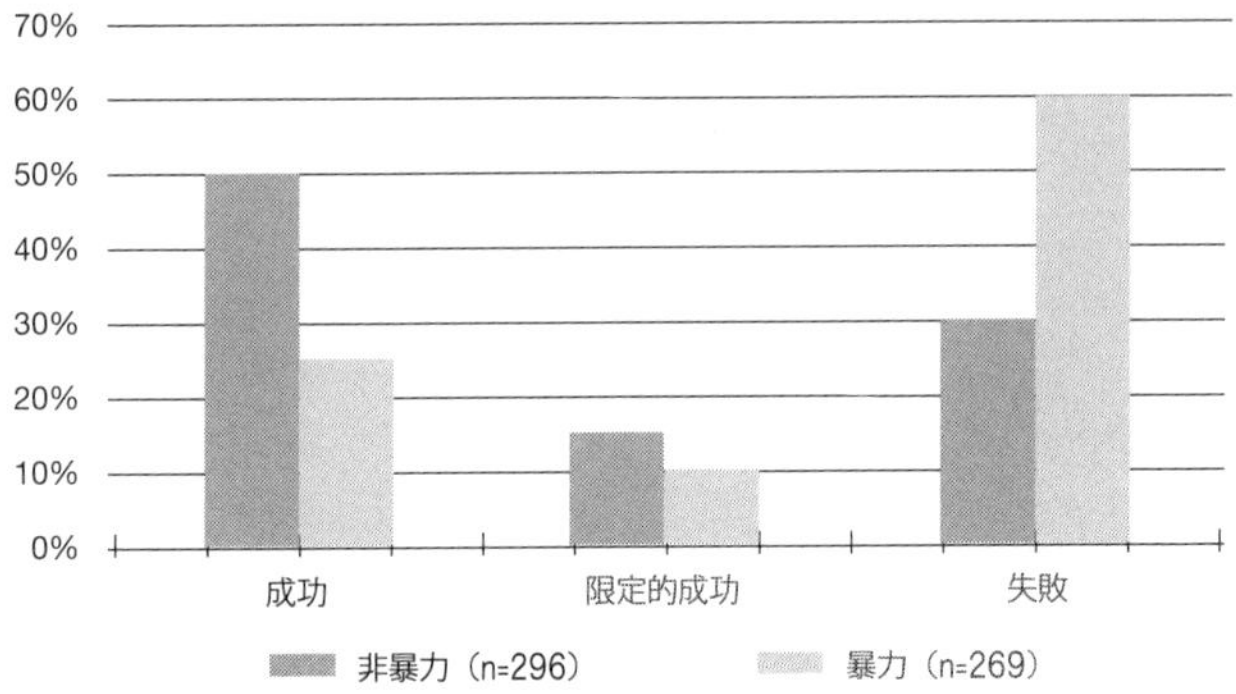

図0－1　革命の成功率（1900年－2019年）

は強力で効果的だという、一般的な見方をひっくり返す数字だからだ。第二章では、なぜ市民的抵抗キャンペーンは――しばしば成功を阻む分厚い障壁を越えて――暴力的なキャンペーンよりも成功するのかということについて説明する。それから、革命を経験した国がその後どうなるのか疑問を持つ読者もいるだろう――たとえば人びとの福祉、安定、革新的な政治変動などである。この点については第五章で議論するので、読み進めてほしい。

市民的抵抗の典型例は何か?

市民的抵抗は、何世紀にもわたって、異なる状況で、異なる目的のために用いられてきた。表0－1は、アプローチとしての市民的抵抗の発展の中で、注目すべき例を選んでまとめたものである。このリストは、決して包括的とはいえない。とはいえ、このリストを見れば、世界史の中で、市民的抵抗が重要な役割を果たしてきたことがおわかりいただけるだろう――魔法のようにぱっと例を思いつくことは難しいとしても。

表0－1　非暴力抵抗の重要例の部分的リスト（その1）

期間	場所	説明	（もしいれば）象徴的人物
紀元前1700年代	エジプト	未亡人がジェノサイドに抗議	シフラとプア
紀元前1170年代	エジプト	ラムセス3世に対し食糧配給を求める労働ストライキ	
紀元前750年代	ローマ	サビニ人女性によるローマの戦闘派閥に対する反戦介入	サビニ人女性
紀元前494年および449年	ローマ	ローマの平民による、選挙権と民法を勝ちとるためのゼネストと大衆非協力（離反含む）	プレブス（平民）
紀元後200年代-300年代	ローマ帝国、ヌミディアを含む（現在のアルジェリア）	ローマの徴兵反対	初期キリスト教徒、テルトゥリアヌス、オリゲネス、マクシミアヌス、トゥールのマルティヌス
1100年代-1309年	南部フランス	反ローマ・カトリック教会	カタリ派
1200年代-1600年代	ヨーロッパ	プロテスタント革新主義者	ワルドー派、ターボル派、アナバプティスト、メノナイト、ドイツ・バプテスト・ブラザレン、クエーカー、ディガーズ
1500年代	フランス	反暴君運動	エティエンヌ・ド・ラ・ボエシ
1540年代-1615年	アメリカ大陸	反植民地主義	バルトロメ・デ・ラス・カサス、ワマン・ポマ・デ・アヤラ
1600年代初期	イロコイ族国家	反戦	イロコイ族女性
1765年-1775年	アメリカ植民地	アメリカ革命	ジョン・アダムズ、ベンジャミン・フランクリン、ジェイムズ・マディソン、トマス・ジェファソン、クエーカー
1832年	ジャマイカ	クリスマスの反乱	サミュエル・シャープ
1700年代-1861年	アメリカ	人種差別撤廃運動	ハリエット・タブマン、フレデリック・ダグラス、ソジャーナ・トゥルース、ウィリアム・ウェルズ・ブラウン、マリア・スチュワート、ハリエット・ビーチャー・ストウ、ウィリアム・ロイド・ガリソン、フランシス、エレン・ワトキンス・ハーパー

表0－1　非暴力抵抗の重要例の部分的リスト（その2）

期間	場所	説明	（もしいれば）象徴的人物
1815年-1860年代	アメリカ、ヨーロッパ	平和運動	デイヴィッド・ロー・ドッジ、ノア・ウースター、ヘンリー・ホルコム、チャールズ・ウィップル、ジュリア・ラード・ハウ、ジャン=ジャック・ド・セロン、アレクシ・ド・トクヴィル、ヴィクトル・ユーゴー、レフ・トルストイ、ベルタ・フォン・ズットナー、フレデリック・パシー
1871年-1912年	アメリカ イギリス	労働運動	ユージン・デブス、ヘレン・ケラー、A・J・ムステ
1848年-1929年	アメリカ イギリス	女性参政権運動	フランシス・エレン・ワトキンス・ハーパー、メアリー・アン・シャド・カリー、メアリー・チャーチ・テレル、ナニー・ヘレン・バロウズ、アイダ・B・ウェルズ、ソジャーナ・トゥルース、エリザベス・キャディ・スタントン、スーザン・B・アンソニー、エマ・ゴールドマン、ジェーン・アダムズ、エメリン・パンクハースト、シルヴィア・パンクハースト
1867年-1880年	ニュージーランド	反植民地主義	テ・ウィティ＝オ＝ロンゴマイ
1905年	ロシア	一九〇五年革命	レフ・トルストイ
1905年-1911年	イラン	ペルシア憲法革命	モハンマド・モッサデク
1870年代-1916年	アイルランド	独立運動	女性土地同盟、アーサー・グリフィス
1909年-1968年	アメリカ	公民権運動	アイダ・B・ウェルズ、W・E・B・デュボイス、ジェイムズ・ファーマー、ジョージ・ハウザー、アンドリュー・ジョンソン、ローザ・パークス、マーティン・ルーサー・キング・ジュニア、ベイヤード・ラスティン、ファニー・ルー・ヘイマー、エラ・ベイカー、サーグッド・マーシャル、ジョン・ルイス、バーバラ・ジョンズ、ジェイムズ・ローソン、ハリー・ベラフォンテ

表0－1　非暴力抵抗の重要例の部分的リスト（その3）

期間	場所	説明	（もしいれば）象徴的人物
1914年-1919年	グローバル	第一次世界大戦反戦運動	ヘレン・ケラー、A・J・ムステ、バートランド・ラッセル、クライヴ・ベル、ウィルフレッド・オーエン、ジークフリード・サスーン
1919年-1922年	エジプト	エジプト独立運動	
1919年-1949年	インド	インド独立運動	マハートマ・ガンディー
1919年-1940年	アメリカ	女性の権利運動	W・E・B・デュボイス、A・J・ムステ、A・フィリップ・ランドルフ、全米自動車労働組合
1929年-1930年	ナイジェリア	イボ族女性戦争	マダム・エンワニェルワ、マダム・メアリー・オケジ、イコンニア・エンワンネディア・エンウゴ
1920年代-1940年代	ガーナ、ナイジェリア、ザンビア	アフリカ独立運動	クワメ・エンクルマ、ジャジャ・ワチュク、オバデミ・ジェレミア、オエニイ・アウォロウォ、ケネス・カウンダ
1930年-1934年	インド北西辺境（現在のパキスタンのカイバル・パクトゥンクワ州）	クダイ・キドマガー/ムスリム・パシュトゥン運動	バッシャー・カーン
1941年-1945年	世界	第二次世界大戦反対運動	リチャード・グレッグ、A・フィリップ・ランドルフ、ドロシー・デイ、平和と自由のための女性国際連盟、ラルフ・ディジア
1942年	ノルウェー	反ナチス運動	ノルウェー人教員
1943年	ドイツ	バラ通り抗議	ユダヤ人男性のドイツ人妻
1945年-1980年代	アメリカ、世界	反核運動	ロバート・オッペンハイマー、アルバート・アインシュタイン、アンドレイ・サハロフ、プラウシェアズ運動、クラムシェル・アライアンス、ジェルジ・コンラッド
1948年-1994年	南アフリカ	反アパルトヘイト	ネルソン・マンデラ、デズモンド・ツツ、ムクセリ・ジャック
1965年-1970年	アメリカ	カリフォルニア・ブドウ農園従事者のストライキとボイコット	セザール・チャベス、ドロレス・ウエルタ

表0－1　非暴力抵抗の重要例の部分的リスト（その4）

期間	場所	説明	（もしいれば）象徴的人物
1965年-1973年	アメリカ	ベトナム戦争反対運動	平和のための女性ストライキ、ダニエル・ベリガン、デイヴィッド・デリンジャー、民主社会のための学生〔運動〕
1968年	世界	帝国主義、経済的不平等、権威主義に対する学生主導の抵抗	
1977年-1980年代	アルゼンチン、ブラジル、チリ、ウルグアイ	ラテンアメリカ民主化運動	マヨ広場の母たち
1980年-1989年	ポーランド	連帯	レフ・ワレサ、アダム・ミフニク
1983年-1986年	フィリピン	ピープル・パワー運動	コラソン・アキノ
1988年-1990年	ビルマ	民主化運動	アウンサンスーチー
1989年	中国	天安門事件	学生抗議者
1989年	チェコスロバキア	ベルベット革命	ヴァーツラフ・ハヴェル
1991年	ラトビア、エストニア、リトアニア	歌う革命	民主化要求、独立要求団体
1991年	ソ連	軍事クーデターに対する防衛	ボリス・エリツィン
2000年-2010年	セルビア、ジョージア、ウクライナ、キルギスタン、ベラルーシ	カラー革命	スルジャ・ポポビッチ、イワン・マロビッチ
2010年-2013年	チュニジア、エジプト、イエメン、バーレーン、リビア、シリア	アラブの春	四月六日運動、タワックル・カルマン、ウィデド・ブシャマウイ
2011年	世界	ウォール街を占拠せよ	
2014年-現在	アメリカ	ムーヴメント・フォー・ブラック・ライブズ、ブラック・ライブズ・マター	アリシア・ガーザ、パトリス・カラーズ、オパール・トメティ
2016年-現在	アメリカ	ドナルド・トランプに対する抗議	ウィメンズ・マーチ、結果を守れ、民主主義を選べ、ホールド・ザ・ライン
2019年-現在	香港	民主化運動	
2019年-2020年	レバノン、チリ、イラク、ボリビア、インド、パキスタン、カシミール	十月革命	

出典：Global Nonviolent Action Database; various others （巻末参照）

▽アメリカ革命

アメリカの植民地開拓者たちは、一七六三年から一七七五年にかけて、大英帝国支配に対する市民的抵抗キャンペーンに出た。アメリカ独立戦争前のことである。多くの人は、アメリカ革命といえば、ジョージ王が指揮する英国軍に対するジョージ・ワシントンの植民地軍による武装反乱を考えるが、この武装反乱が起こったのは、長期間にわたる市民的抵抗が功を奏し、英国政府がアメリカの入植者を統治できなくなったあとのことなのである。このとき実践された方法には次のようなものが含まれる。英国品ボイコット、英国製品消費の拒否、入植者にアメリカ入植地から英国への原材料輸出を求める法律への非協力、君主が任命した裁判官のもとで奉仕する陪審委員活動に対する入植者の集団拒否、英国王の財産の破壊など、ボストン茶会事件でおこなわれたことである。そして──大陸議会それ自体を含み──自分たちの経済、司法、政治の並行機関も構築した。実際、こうしたあらゆる抵抗の後、第二回大陸議会が独立宣言を承認し、大陸軍に権限を与えるまでに、東部十三州の植民地はすでに事実上独立していた。[14] ジョン・アダムズがトマス・ジェファソン宛の手紙に書いたように、「革命とは何を意味するのだろう? 戦争か? 戦争は革命の一部ではない。戦争は革命の効果あるいは結果でしかない。革命は人びとの心の中にあった。そして一七六〇年から一七七五年の十五年間、効果を発揮した。レキシントンで血が流れる前に[15]」。

▽奴隷制廃止運動

奴隷制の廃止を求める者は、十九世紀をつうじて、英国、カリブ地域、そしてアメリカで、奴隷制に反対する市民的抵抗の技術を用いた。集団で調整しておこなう労働の停止が、ハイチ、ドミニカ共和国、ジャマイカで奴隷にされていた人びとの間で、非武装の集団的行動の形態として頻繁に実施された。彼らは、労働を控えることで、プランテーション所有者からより人間らしい労働条件の約束を取りつけようとしたのである。たとえば、一八三一年から一八三二年のジャマイカでは、奴隷にされていた人びとが――みなで揃って労働を拒否するという――大規模なストライキを組織し、搾取的なプランテーション所有者に対し、きちんと対価を支払うこと、労働者にもっと自由を認めることを要求した。この行動は、「クリスマスの反乱」、あるいは「バプティスト戦争」として知られている。ついには、ジャマイカで奴隷にされていた三十万人のうち六万人が参加し、英領西インド諸島で最大規模の蜂起となった。運動を企画した者たちは平和的なストライキを考えていたが、なかには武装して英国の竜騎兵や民兵集団と戦いはじめた集団もあった。この闘争は、最後の反乱者たちが降伏し、十一日後に破綻した。おぞましい報復があり、プランテーション所有者は、この反乱中および反乱後に、少なくとも五千人の奴隷を殺害した。それでも、この反乱により――プランテーション所有者の行きすぎた対応も相まって――大英帝国中の人びとの感情が揺れ動き、恐れおののき、奴隷制廃止運動をますます支持するようになった。英国政府はわずか二年で部分的解放法を通過させ、四年後には、すべての植民地で、所有物としての奴隷制を完全に廃止した。ジャマイカの蜂起では、人びとが結集して労働を拒否するキャンペーンで大きな譲歩を獲得したが、これは最初の例でもなければ最後の例でもない。

▽ナショナリスト・反植民地運動

どの大陸の人びとも、植民地支配に対しては自分たちの権利や自治を主張して闘争を展開してきた。たとえば、一九一九年から一九四九年のインド独立運動では、市民的抵抗の技術を、ガンディーのようなインド人ヒンドゥー教徒も、あまり知られていないバッシャー・カーンのようなパシュトゥーン系イスラム教徒も使った。カーンは、「非暴力軍」に何十万もの人びとを動員し、現在のパキスタンにあたる地で、英国支配に対して非暴力闘争をおこなうことを宣誓した。

事実、歴史上、反植民地支配を掲げた、注目に値する抵抗はたくさんある。アジアやアフリカの人びとは、宗主国から輸入された製品を買うこと、帝国税を支払うこと、輸出のために現地の資源を採掘すること、といった行動を拒否することで、市民的抵抗をおこなってきた。ナイジェリア独立運動（一八九〇年代―一九四五―一九五〇年）、東ティモール独立運動（一九七四―一九九九年）、ガーナ独立運動（一九五〇年代）もそうだ。最後のガーナの例では、国民独立の指導者であるクワメ・エンクルマが、ガンディーの例に従って、「ポジティブ・アクション」と呼ぶ行動を試みた。[16]

より最近の自決運動は、市民的抵抗の技術をより重視するようになっている。第一次インティファーダ中のパレスチナ民族運動（一九八七―一九八九年）、コソボ・アルバニア人の自決運動（一九八九―一九九九年）、そして現在進行中のインドによるカシミール支配反対運動である。[17] 軍事支配に対する市民的抵抗キャンペーンもさまざまな場所でおこなわれてきた。ナチス占領下のデンマーク（一九四〇―一九四三年）、ソビエト支配下のチェコスロバキア（一九六七―一九六八年）、そしてモロッコ占領下の西サハラ（一九九九―現在）といった例がある。[18] 多くの分離独立運動も市民的抵抗の技術を用いている。たとえば、現在の南部イエメン独立運動（二〇〇七―現在）や、スペインのカタルーニャ独立運動（二〇一四―現在）である。

▽**労働運動**

市民的抵抗のうち、もっとも効果を発揮する方法のひとつは、不当な条件下での労働を拒否することである。グローバルな労働運動は、さまざまな方法で抗議する中で、公平な労働条件を求めるために、市民的抵抗を長い間用いてきた。十九世紀に世界中ではじまった組織的な労働運動は、最低賃金の設定に成功したり、週休二日制を確立したり、一日の労働時間に上限を設けたり、手当や有給休暇など、要求を重ねた。市民的抵抗は、労働者の権利を拡充するための強力なツールであり、とくにストライキや労働の停止がよく用いられるようになった。最近の研究によれば、欧州で繰り返されたゼネストにより、西ヨーロッパの諸政府は、年金問題に譲歩するようになった。[19] 他にもより最近の例もある。たとえば、二〇一八年、ボストンのユナイト・ヒア・ローカル二六組合のホテル従業員は、マリオット・インターナショナルから歴史的な譲歩を勝ち取った。雨の日も、風の日も、雪の日も、四十六日間にわたって彼らはピケライン〔スト破り防止のための監視線〕を張り、集団の力で、より良い給与の支払い、より良い手当、雇用保障の確保を勝ち取った。二〇一八年と二〇一九年には、アメリカの九つの州で、教師たちが、ストライキ、職場放棄、そして抗議によって、給与の引き上げ、職員への支援増加、学級の小規模化、その他不可欠な労働者の保護を求めた。ウェスト・バージニア、バージニア、コロラド、カリフォルニア、そしてアリゾナの各州で、これらの「#RedforED」ストライキや立ち去りは、教職員の給与引き上げを含むさまざまな成果に結びついた。二〇二〇年の世界的パンデミックのさなか、医療関係者、食料販売員、公務員は、自分たちの職場を放棄することで、新型コロナウイルスに政府がもっと真剣に取り組むこと、マスク、手袋、手術着といった従事者保護装具、危険手当、有給の病気休暇などを要求した。

▽平和、反戦、反核運動

一九六〇年代から一九八〇年代にかけて、アメリカの平和運動とアメリカおよびヨーロッパの反核運動で、市民的抵抗の方法が用いられた。たとえば、一九七〇年代後半から一九八〇年代にかけて、アメリカの平和・反核集団の連合であるクラムシェル同盟は、定期的に市民的不服従行動を取った。たとえば、原子力施設のフェンスに自分たち自身を鎖でつないだり、原子力発電所の周りで人間の盾となって座り込みをおこなったり、大衆デモを開催したり、ときには原子力施設の設備を解体したり破壊したりする行為にも及んだ。

▽人種平等運動

人種平等を求める運動は、市民的抵抗の技術を用いて、さまざまな政治、経済、社会体制の中で立ち現れ、広がった。既述のとおり、黒人の学生、聖職者、労働者、市民団体は、アメリカ公民権運動（一九五三―一九六八年）や南アフリカでのアパルトヘイト運動（一九九〇―一九九四年）でも、市民的抵抗の技術を用いた。[20] より最近では、アメリカにおける「ブラック・ライヴズ・マター（黒人の命は大事だ）」運動でも、警察や自警団による黒人殺害に終止符を打つために、また実行犯を訴追できない刑法制度の存在という問題に抵抗するために、そして警察の残虐行為の被害を受けた黒人コミュニティへの公平性を求めるために、市民的抵抗の技術が用いられた。トレイボン・マーティンの殺害者が無罪で釈放された後、二〇一三年に始まった「ブラック・ライヴズ・マター」運動や、「ムーヴメント・フォー・ブラック・ライヴズ」は、アメリカ国内での人種差別、警察の残虐行為、黒人の命に対する構造的暴力に対して、画期的な市民的抵抗の方法を実施してきた。二〇二〇年の夏、アマード・アーベリー、ブレオナ・テイラー、ジョージ・フロイドの殺害後、数千万のアメリカ人が動員されたのは、記録に残っている中でアメリカ史上もっとも大規模で広範囲にわたる大衆動員であった。[21]

▽フェミニスト運動

十九世紀半ばにはじまり、現在まで続く女性の権利運動は、世界中ほぼすべての国で、市民的抵抗を用いてきた。インドでは、過去十年間、暴力に反対する人びとがレイプや性別を理由とした女性殺害へのアカウンタビリティと正義を求め、大規模行進を組織したり、性暴力が疑われる事案に対して警察の捜査を要求したり、座り込みや集会により容疑者に対峙してきた。二〇〇六年にアメリカでタラナ・バークの旗振りによりはじまった、世界的な「#MeToo」運動は、性暴力の生存者が声を上げ、加害者を特定するよう促した。参加者たちは、性暴力の生存者であると表明し、加害者を名指しして、生存者のための法的支援基金を設置し、そして集会、抗議、日没後の祈りに参加することで、男性支配的かつ性差別的な規範への沈黙を破り、そうした悪の一部とならないよう、社会のさまざまな場面で戦ってきた。

▽環境正義運動

環境正義を求めるためにも、市民的抵抗がますます用いられるようになっている。世界の先住民コミュニティ――ブラジルから西パプアやスタンディング・ロックまで――は、企業活動による土地の搾取、天然資源の私有化、自治や土地の権利の侵害に対して力強く抵抗してきた。たとえば、一九九九年から二〇〇〇年、活動家のオスカー・オリベラは、ボリビアの先住民が住むアマゾンの熱帯雨林で、雨水を私有化しようとした企業活動を止めさせる運動に成功した。この運動は、コチャバンバ水戦争と呼ばれる。二〇一六年にアメリカでは、何万もの人が、ノース・ダコタおよびサウス・ダコタ両州にまたがるスタンディング・ロック・インディアン居留地に集まった。スタンディング・ロックのスー族を支援するためであり、キーストーンXLパイプライン事業計画から彼らの土地を守るべく立ち上がった。この事業は、自然の生態系を破壊し、現地の水資源を汚染するとみられていた。グリーンピースなどの団体は、定期的に非暴力の直接行動や市民的不服従に訴え、環境面で持続的なアプローチを取るよう訴えたり、危険な副産物により気候や現地コミュニティが受ける影響まで配慮せずに天然資源や化石を収奪してしまう大企業の活動を中断させたり、そもそも活動させないようにしている。国境を越えた「エクスティンクション・レベリオン（絶滅反乱）」運動は、気候変動に対する世界の不作為を問題として、二〇一九年十一月十六日、ロンドンに突如現れ、一連の集会、橋・道路の封鎖、そして市民的不服従行動をおこなった。同じように、グレタ・トゥーンベリをはじめ、数え切れないほどの若者の活動家が金曜日には学校に通わないことを表明し、世界中で一連の「未来のための金曜日（#FridaysForFuture）」ストライキに参画した。アメリカでは、「日の出運動」がさまざまな非暴力抵抗の創造的手段を用いつつ、環境正義の実現に向けた非暴力闘争に訴えるために、より広い若者の支持を獲得しようとしている。

▽**安心・安全のための運動**

さらに、世界中のさまざまな運動が市民の安定、安心、安全を求めて市民的抵抗を展開してきた。国家、武装ゲリラや組織的犯罪グループが市民に制度的暴力を行使するような場所で、である。たとえば、一九六四年から二〇一六年のコロンビア内戦では、市民が「平和村」をつくり、平和村の住民たちは、反乱軍とも国家とも協力しないという態度を示した。二〇一一年から二〇一三年に組織されたメキシコの「平和・正義・尊厳のための運動」は、同国の薬物戦争の中で、違法薬物取締人、ギャング、連邦軍による暴力に反対を示した。[22]二〇〇四年から二〇一一年の間、シチリア島の少なくともひとつの都市で、大衆による用心棒代の支払い拒否によって、同市の企業活動を牛耳るマフィアの活動を停止させた。[23]シリア内戦およびイラク内戦では、ラッカやモスルの民衆が、イスラム国を含む武装集団に対する勇気ある抵抗キャンペーンを組織し、日常生活の中でできる抵抗と組み合わせ、公然と不服従行為をおこなった。

▽反資本主義運動

反資本主義運動は、大多数の人びとを犠牲にしながらほんの一握りの人たちに富が集中する、という事態を引き起こした資本主義のやり方に、改革的変化を求めてきた。二十世紀をつうじて、たくさんの学生、労働者、貧困者による運動が、政府に対し、搾取的な企業行動、グローバリゼーションの負の影響、不公平な職場慣行からの労働者保護、さらに市場資本主義の改革を要求してきた。[24]世界貿易機関が隔年開催する会議は、反グローバリゼーションや公平な経済活動を求める運動に中断させられてきた。もっとも注目された事件は一九九九年にシアトルで起きたものである。二〇一一年には、「ウォール街を占拠せよ」運動が、世界中で何百もの行進、労働停止、市民集会、そして世界の十都市での野営をおこなった。動員から何カ月かたって、この運動は改めて、経済的不平等、企業の不正義、企業の過度な政治への影響が世界中で起こっていることに対し、注意を喚起した。

▽民主化運動

二十世紀、何百もの市民的抵抗運動が、権威主義的、反民主主義的、または腐敗した政権を追放するために実施されてきた。たとえば、ポルトガル（一九七四年）からポーランド（一九八〇―一九八九年）、東ドイツ（一九八九年）からエジプト（二〇一一年）、セルビア（二〇〇〇年）からスワジランド（二〇一一年）、チュニジア（二〇一〇年）からトーゴ（二〇一三年）、ジョージア（二〇一三年）からグアテマラ（二〇一五年)、ブラジル(一九八四―一九八五年)からブルキナファソ(二〇一四年)などである。これらすべての事例――そして何百もの他の事例――で、民衆の力による運動《ピープル・パワー・ムーヴメント》が独裁政権を覆そうとし、また権威主義的な権力奪取に対して民主主義を守ろうとしてきた。過去十年間に限定しても、強力な運動が、トルコ、ケニア、韓国、アイスランドやアメリカに出現し、政府の汚職や財政上の管理問題に対して、大衆デモ、市民捜査、情報共有、汚職者名指しなどの手段で挑戦してきた。

▽反民主主義運動について記しておきたいこと

運動の中には、もっと悪意に満ちた目的で登場したものもある――この中には、民政移管後に権威主義政治を復活させようとする、といったことも含まれる。たとえば、二〇一三年にエジプトでは、タマロッド(反乱)運動が、現政権はイスラム教に傾倒しすぎており能力もないとして、エジプト軍に働きかけて、民主的に選ばれたムハンマド・モルシ大統領を追放し、ムスリム同胞団を権力から除外しようとした。同じように、二〇一四年のタイでは、市民から支持された軍事クーデターにより、軍が民主的に選ばれたインラック・シナワトラ首相を追放し、軍政を敷いた。イラン革命では、左派とイスラム主義者を束ねる広範な基盤を持つ連立が、モハンマド・レザー・シャー・パフラヴィー国王を引きずり降ろそうとしたが、アヤトラ・ホメイニに率いられ、周到に組織された原理主義集団が取って代わり、厳格に個人の権利を制限する権威主義的かつ原理主義的な宗教政権を敷いた。[25] 二〇一六年からは、ドイツで極右・ネオナチ集団が、非暴力抵抗研究者のジーン・シャープの著作に頼りながら、自分たちの人種差別的かつ排他的目的を追求するために、民衆の力をどう構築し利用するか、より良く理解しようとしている。[26]

このように、反民主主義集団が市民的抵抗運動の技術を悪用しようとしているという事実を知り、反対に、自由、正義、平等や民主主義のために戦っているわたしたちは、こうした手法のより効果的な使い方を学ぶ意欲を高めよう。

本書の構成

現在、十年前と比較して、市民的抵抗についてはかなり多くのことがわかってきている。市民的抵抗に関する研究の発展と実践それ自体がますます重要に――かつおそらく強力に――なる中で、どのように非暴力闘争を効果的かつ倫理的におこなうべきかという切迫した問いに対する答えを世界中の人びとに伝える必要がある。本書の目的は、可能な限り、そうした答えを提供することである。もちろん、まだ明確な答えがない場合には、現在おこなわれている議論や論争に言及するにとどめる。

第一章では、市民的抵抗に関する基礎的な事項について、もう少し踏み込んだ議論をおこなう――中核概念、どの方法を市民的抵抗に含めるのか、はたまた含めないのか、そして、市民的抵抗の現実的な使用がどのように道徳的主張と交差するのか、といった議論である。

第二章では、人びとはどのように社会的・政治的な力を下から構築するのか、市民的抵抗はいかにして成功するのか、市民的抵抗が不可能となるような条件があるのか、といった問いを取り上げる。成功に重要な条件は、現状に正面から挑戦しているぞという意思を示すのに十分大きくかつ多様な市民的抵抗キャンペーンになること――そして敵から支持者が離れるような状況をつくり上げることだ。

第三章は、市民的抵抗運動の中から生じる暴力という、複雑な問題に取り組む。ここでは、運動内で生じる周縁暴力がいかに変化を求める政治状況に悪影響を与えるか分析した研究結果について論じる。

第四章では、残虐な相手に対する市民的抵抗について抱かれている迷信と現実を考える。相手に行き過ぎた残虐行為――ジェノサイドを含む――があったにもかかわらず、市民的抵抗が成功した場合や、とりわけ人種差別的な政権に対する抵抗運動で使える選択肢に、とくに注目する。

最後に、第五章では、さまざまな社会において市民的抵抗が持つ長期的効果について議論しながら結論をまとめる――成功する市民的抵抗キャンペーンは社会をより良くするだろうか、それとも悪化させるのだろうか。また、市民的抵抗運動は過去十年間でどのように変化したのか――とくに、デジタル行動主義の出現に伴う変化に着目する――そして、興隆する権威主義、地球規模の経済危機、地球規模のコロナウイルスのパンデミックを目のあたりにしながら、運動がどのように存続したのかについても考察する。

本書をとおして、次の核心に立ち返る。ほぼあらゆる環境下で、人びとが不正義に対して集団的に組織化しようとするとき、市民的抵抗ははかり知れない可能性をもたらすという点である。市民的抵抗は毎回成功するわけではない。実際、非暴力抵抗の成功・失敗の頻度は同じくらいである。しかし、市民的抵抗はますますよく用いられる政治的アプローチとなっており、過小評価する人が批判的に想像するよりは、はるかに成功している。実のところ、社会を前に進めた政治改革で、市民的抵抗に頼らなかった例を見つけるのは難しいのである。

第一章　基本事項

権力者は要求がなければ譲歩しない。過去にしたこともなく、今後もしないだろう。

——フレデリック・ダグラス

本書の序章で、市民的抵抗とは、非武装の民衆がさまざまな活動を組み合わせながらおこなう闘争の形態である、と定義した——たとえば、ストライキ、抗議、座り込み、ボイコット、欠勤デモ、非協力、その他たくさんの戦術がある——が、その目的は力を構築し変革を迫ることである。市民的抵抗を用いて、民衆は集団的な力を見せる。千年の歴史をつうじて、世界のあちこちで、民衆は幅広い市民的抵抗のアプローチや技術を駆使して抑圧に立ち向かってきた。市民的抵抗が成功してきたのは、敵の心を掌握したからではなく、抵抗する者の人数が敵よりも多くなり、そのことによって政治的・社会的な力の均衡の変化をもたらしたからである。

本章では、市民的抵抗に関するよくある誤解を取り上げる。たとえば、市民的抵抗は苦しみを受動的に受け入れる必要があるものだ、市民的抵抗とは礼儀正しく相手を尊重することを意味する、抗議が市民的抵抗のもっとも典型的な形態だ、市民的抵抗は特権的地位にある者のみが使える手段だ、市民的抵抗に使われる方法は正当化できない非道徳的な目的のために濫用されることはあり得ない、といった誤解がある。[1] ここに挙げた言説は必ずしも真実ではないということを、本章で説明する。

市民的抵抗はどのように変化を生み出すのか?

市民的抵抗の論理を理解するためには、まず、世界で、人びとがどのように変化を起こすのかという特有のメンタル・モデルを理解しなければならない。どのように社会的・政治的変化を引き起こすかについては、二つの主要な理論がある。二つの理論のうちいずれに依拠するかによって、人びとが社会を変容させる手段としての市民的抵抗に対し、あなたは、より懐疑的になるか、より楽観的になるだろう。

懐疑的な見方からはじめよう。政治権力に関する多くの迷信は、市民的抵抗が成功する可能性をわかりにくくしたり、過小評価し得る。[2] なぜなら、よく知られた変化理論は、支配アプローチとも呼べるかもしれないが、長期間維持された権力がほぼ無敵であることを重視し、制度を変えることや権力側をあたふたさせることができるのは、軍事的かつ暴力的な行動だけだという想定を伴うからである。[3] この理論は、次のような武装反乱の正当化に寄与する。「政権は銃口から生まれる」と発言したことで有名な中国の革命家毛沢東。暴力が、植民地支配下の人びとに内面化された劣等感を解放する唯一の方法だと主張した、一九五四年から一九六二年のフランスの支配に対抗したアルジェリアの革命家たち。[4] 銃を所持・携行する権利は圧制的な政府に対して身の安全を守るものだと主張する、合衆国憲法の修正第二条を擁護する者たち。専制政治を真の意味で壊すことができるのは、残る権力者たちを殺害するあるいは脅すことによってのみであると信じた十八世紀のフランス革命家たち。さらには、ブルジョワから生産手段を取り上げるためには暴力が必要だと考えたマルクス・レーニン主義者たち。ほかにも、力というものは社会的、政治的、人種的、経済的階級の現状を温存するための能力だと理解する人たちがいる。たとえば、白人至上主義者がそうだ。この変化理論は、軍事化を、不正義がまかり通る社会を守り、変化させるための必要悪として受け入れる。かつ、ここでの力の概念は、エリート政治や度を越した暴力行使能力に特別な地位を与えるものだが、人びとが想像できる当然のものとして議論される。あなたがもしこの変化理論を支持するなら、市民的抵抗が社会の中で、真の意味であるいは実質的な違いをもたらし得るという考えに至ることはなかなか難しいだろう。

とはいえ、この変化理論は、多くの場合間違っている。抑圧体制は、見かけよりもずっと脆弱な傾向がある。ものすごい力をつぎ込んでいるにもかかわらず、無敵さをひけらかす暴君は、陰では、公に見せているイメージよりもはるかに脆いことを自ら認めていることがほとんどだ。過去数百年の間に成功した、武力を伴う革命のほとんど――ロシア革命から毛沢東の中国革命、アルジェリア革命から北ベトナム解放軍が率いた革命までを含む――は、軍事的に相手に勝ることで勝利したのではない。というよりも、彼らの成功の秘訣は、政治的な意味で相手を打ち負かす包括的な戦略を用いたことである。

さらにいえば、なぜこれほど多くの非暴力闘争が、軍事的に優勢な相手を前に、過去二世紀にわたって成功してきたのか、という問いを支配アプローチでは説明できない。「まえがき」で確認したとおり、非暴力革命は、暴力的革命事例と比較して二倍の比率で政権を転覆させ、領域的な独立を達成するなど成功してきたのだ。くわえて、支配アプローチは権力を握る人たちを完全なひとつの集団と考えている。この考え方は、独裁体制と独裁者を融合してとらえ、後者がピラミッド状の民衆に支えられていることを忘れている。つまり、体制と複数の個人を合体させてしまっているのだ――ピラミッドの中に組み込まれた民衆は、それぞれに自分の意見を持ち、決定を下す。市民的抵抗の理論家は、一枚岩の政権など存在しないと主張する。抑圧体制は、その体制の中で活動する人びととは異なるのである。独裁者は、現状を維持するために協力しなければならない人びとと完全に切り離される。たとえば、軍事関係者、諜報活動従事者、経済・政治リーダー、その他の文民労働者である。力についての標準的な考え方では、政府が秩序を回復する目的で暴力を用いると高い政治的代償を払うとは、ほとんど認識されていない。政権側が文民の敵を残酷に暴力で抑え込む場合をとってみても、そうした残虐行為に及んだ後に、安定的かつ順調に正統性を享受できる独裁者はほとんどいない。

では、変化理論は、こうした歴史的なパターンについてどのような理解を助けてくれるのだろうか。様々な力の理念から議論をはじめる。つまり、何が、誰に、どこで、どのように起こるかということに影響を及ぼす能力に注目するのである。三つの主要な前提がこのアプローチを支えている。（1）力は強制よりも正統性に基づく。（2）力は恒久的なものではない。（3）どの体制も一枚岩ではない。以下、これらの点を順番に確認しよう。〔支配アプローチとは異なる〕第二の変化理論――ここでは正当性アプローチと呼ぼう[5]――は、次のような

第一に、政治権力は、周囲の民衆が権力者に自発的に協力したり従おうとするように仕向けられる能力に由来する。民衆がこうするのは、従うことが自分たちの理に適うと考える場合であり、あるいはその権力を行使するのが誰であっても、何であっても、正統におこなわれていると考える場合である。もし国民が、指導者や政府がそうした権力に見合わないと感じるようになり、かつ、大多数の人びとが指導者が出す命令を守ることを自発的に止めると、権力を回復することはそう簡単ではない。暴力を用いて反応する指導者や政府は、強さや力を示しているのではない。むしろ、逆説的に弱さを露呈しているのである。なぜなら、彼らは、統治に対する民衆からの自発的な協力、従順、同意を失ったからである。協力や従順を強制するために暴力を用いなければならない政府は、市民が自らの意思で従うことを選択しないだろうという事実をさらけ出している。このようにみれば、シリア大

統領バッシャール・アル゠アサドが、二〇一一年のシリア蜂起に際して、暗殺隊、狙撃手による射撃、該当地域一帯の砲撃といった攻撃手段を用いたことは、彼の力を示しているのではなかった。そうではなく、アサドの正統性が空っぽで脆いことをさらけ出した――その後アサドは、民衆へのアピール、改革、妥協、その他の方法で、政権に立ち向かうべく動員された国民に対応しても、民衆からの協力を取り戻すことができなかった。

第二に、どんな抑圧的な体制も一枚岩ではない。独裁であれ、外国軍の占領であれ、あるいは不正な経済制度であれ、どんな抑圧体制も、活動家で知識人のジョージ・レイキーが「支柱」と呼ぶものに関係する、民衆の協力と認知にすがっている。「支柱」は次のようなものを含む。

- 治安部隊。たとえば軍隊のさまざまな分隊。諜報組織、警察部隊、国家警備隊のような地域あるいは地元の軍事・警察組織、準公式の民兵や準軍組織など。
- 経済エリート。たとえば銀行員、裕福な企業経営者、中小企業経営者、事業者団体、ロビイスト、それから企業。
- 政府のさまざまな機能が確実に働くようにする官僚たち。立法、行政、司法関係職員を含む。外交ポストにある公務員、衛生設備、電気・ガス・水道関係、郵便サービス、公衆衛生サービス、その他の公共機構で働く職員。
- 独立メディア。政府が運営する、あるいは政府影響下のメディア、たとえばテレビ局やラジオ局、新聞、ウェブサイトなど。
- 宗教的権威者。たとえば司教、イマームやラビといった頂点に立つ指導者から、地元で宗教集会に奉仕する者まで。

・教育機関。たとえば大学やその他の学術的機関、学生組織、学会、研究開発ラボ。
・文化人。たとえばテレビ、映画、ソーシャル・メディアの有名人、音楽家、スポーツ選手、その他の著名人。
・組織化された労働団体。たとえば教師、看護師、清掃職員の組合。労働者の権利グループ。たとえば労働組合に参加していない労働者を代表して提言する集団。医師会や弁護士会。
・市民社会組織。たとえば公民権グループ、教育財団、さまざまなアドボカシー組織。

政府は、公務員、軍人・諜報関係者、納税者、外国の同盟国や支援者、あるいは熱心な支持者を拠りどころとしている。しかし、支持者たちからの日々の協力がないと機能することができないのは政府だけではない。企業は、被雇用者、幹部、経営責任者、理事・役員、株主や、消費者頼みである。大学は、清掃職員、守衛、学生、管理者、寄付者、卒業生、教員、職員、そしてしばしば州の立法機関に頼っている。広義の抑圧体制――たとえば白人至上主義、家父長制、同性愛嫌悪、外国人排斥、トランスジェンダー嫌悪、エスニック排外主義――は、イデオロギー的信条や正当化、こうした考えを維持する人びと、公にこうした体制に協力し、体制を祭り上げる機構、そしてこうした機構に継続的に協力する（そして利益を得ている）人びとに依存している。

抵抗にかかわる数多くの実践者や哲学者が認識しているのは、民衆が集団で現状の体制に同意することや従うことを拒否すれば、組織的な力を持つ者に対して徹底的な要求をすることができるということだ――既存の体制を捨て、別の体制に置き換えるといったことである。こうしたことがとくにあてはまるのは、民衆が他のグループとの連合や同盟を構築でき、力の源を拡大する場合である。言い換えれば、暴君がどれだけ長く現状を維持しようとするかにかかっているだけではない。かなりの程度、権力者が自分の意のままにするために拠りどころにしている民衆、そして同様に、権力者が統治・代表すると主張するはるかに広範囲の国民たちにもかかっているのである。

民衆の集団的行動をつうじて、抑圧体制を混乱、あるいは崩壊させ、権力保持者——政府、大学管理部門、教会——から支柱を取り外すような場合には、大衆は体制を変える。その結果として次のようなことが起こり得る。

・労働者が安全で公平な労働環境基準が満たされるまで労働を拒否する。
・株主がパフォーマンスの悪い企業経営者を追放する。
・州の議員が汚職にまみれた知事の希望どおりにすることを拒否する。
・国家の警察や治安部隊が独裁者を見捨てる。
・著名な企業経営者や銀行員が政治家に改革を迫る。

民衆の力による運動《ピープル・パワー・ムーヴメント》が勝利できるのは、主に、下からの十分な力を構築することによって、既存の支配者から関係者を引き離すことによってなのである——あるいは機構や実務を大胆に変革し、既存の構造を廃れたものにすることである。一八五七年、フレデリック・ダグラスがこういったことは有名だ。

権力者は要求がなければ譲歩しない。過去にしたこともなく、今後もしないだろう。人びとがいかなるものに屈するか見よ。人びとに押し付けられた不正義や悪がどれだけひどいかわかるだろう。こうしたことは、言葉あるいは打撃、あるいはその両方で抵抗されるまで続く。暴君の限界は、暴君が抑圧する人びとが耐え忍ぶ力に規定される。

支柱を構成する人びと――文民官僚、国営メディア、軍人・警察官、企業経営者や銀行員、有名人、重要な国際的同盟者――は、必ずしも純粋な心の変化をつうじて主義主張を変えるわけではない。こうした人びとが現状維持への協力を止めるのは、自分たちの理に適うと信じるようになるからだ。

たとえば、アパルトヘイト時代の南アフリカでは、黒人主導のボイコット[6]や国際的な制裁の圧力によって、白人の企業経営者の資産は減り続けていた。国から人種的、政治的、経済的不平等をなくすというアフリカ民族会議（ANC）の目標を支持するようになった白人企業経営者はほとんどいなかった。ただし、こうした白人企業経営者たちは、ある事業団体関係者の表現を借りれば、南アフリカの黒人の人種平等に向けた「正統な主張」を受け入れるよう、自分たちが政府に圧力をかけなければ、自分たちは繁栄することはないだろう、と理解していた。だから、白人企業経営者たちは与党に対し改革の圧力をかけ、アパルトヘイト推進派指導者のピーター・ウィレム・ボータが軽度の発作により一九八九年に［大統領職を］辞すると、時機が到来した。国民党の指導者たちは、改革派の教育大臣フレデリック・ウィレム・デクラークを党首に指名した。デクラークはその後大統領に選出され、一九九〇年二月の議会演説で、ANCの非合法化を解除し、二十七年間投獄されていたネルソン・マンデラを釈放すると宣言した。こうした一歩一歩は、ANCとの歴史的な交渉へとつながり、一九九二年の国民投票で、南アフリカの白人の大多数が、法律で認められたアパルトヘイトを終わらせるべきと票を投じる結果となった。一九九四年には、新たに投票可能となった何百万もの南アフリカの黒人有権者がANCを権力の座に押し上げ、選挙の地滑り的勝利をもたらした。この短い話から、市民的抵抗キャンペーンがいかに経済的かつ政治的な支柱に直接、間接の圧力をかけ、運動の要求を受け入れさせるかがわかる。

正統性アプローチの第三の想定は、力は恒久的なものではないということである。あらゆる権力保持者は、常に自分の力を補充し続けなければならない。暗黙のあるいは明示的な社会契約を充足させることによって、そして高いパフォーマンスをつうじて、あるいは道徳的な正しさをつうじて、である。権力者は、自分の支柱およびより広い世論に対し、自分の正統性を証明し続けなければならない。市民的抵抗は現状維持派の正統性にありありと疑問を投げかける。大規模な市民的抵抗が起これば、正統性が危機にあるということが露呈する。

重要なのは次の点である。正統性アプローチは、相手方が道徳の最低基準さえ保持していないと想定しているという点である。権力保持者はひどく残酷で、横暴で、自己中心的で、狭量であるかもしれない。実際、権力に対する正統性アプローチは、好意的独裁者など存在しないという前提に立つ。つまり、もし現職が、自分たちは処罰されることなく人を殺せると考えれば、そうするだろうということだ。[7] 一八一六年、ジョン・アダムズがトマス・ジェファソンに宛ててこう書いた。「権力者は、偉大な魂と広大な視野を持ち、それらは弱者の理解の範疇を超えると常に考える。そして、いかなる神の法を犯す場合にも、神への奉仕をおこなっているのだと考える」[8]。とはいえ、敵に道徳観や共感力がないことは問題ではない。むしろ、組織された抵抗運動が、広範に調整され、巧みに考案された方法で相手を揺るがし、限界以上に手を広げさせ、あれこれ頭を悩ますようなことをさせながら、一方で政治的、経済的、社会的、そして軍事的な力の源を損なう能力の方が重要だ。

非暴力をどう定義するか？

ある意味、「非暴力行動」は直感的で明らかである。だれも傷つけずに行動するという意味である。

非暴力行動を取る市民的抵抗運動は、物理的にだれも傷つけないし、傷つけるぞと脅さない。こうした活動に参加する人びとは非武装である。つまり、武器を携帯していないし、火炎瓶を投げない、といったイメージである。

しかし、「非暴力行動」という言葉は、よく誤解されている。受け身だとか、服従することだ、というように。実際、創造的な抵抗活動に参加する人びとは、「非暴力の」という形容詞によって貶められている。というのも、彼らの行動は、敵対相手に歯向かう意図を持った行動計画を伴いながら、往々にして反抗的であり、混乱をもたらすものであり、対立的であるからだ。市民的抵抗運動は確かに身体的には他者を害しないが、運動に参加する者の行動は力強く威圧的であり、敵対相手が目的を達成することを阻んだり、敵対相手の意に逆らう行為をしたりする。戦略としての非暴力の抵抗は、敵対者との間での動的な紛争を生み出す要素を含んでいる――暴力的または軍事的アプローチで用いられるのとは異なるツールを使って戦われるのだ。

「非暴力行動」という言葉は、非暴力な相互作用とも誤解され得る――つまり、完全に暴力を行使しない、二つの紛争当事者の間でのやりとり、という意味である。実際には、非暴力行動従事者が非暴力行動に徹していても、相手方は暴力に訴えてくることがよくある――対立の以前、最中、以後にも。民衆の力による運動《ピープル・パワー・ムーヴメント》が抗議のような非暴力の方法を用いるのは、多くの場合、まさに警察や軍隊が抵抗活動に残忍な対応をしてくるからである――かつ、警察や軍隊は、非暴力行動中の人びとに対し、催涙ガス、ゴム弾、実弾、棍棒で殴る、逮捕、投獄、拷問、強制失踪、といった手段を使うこともある。[9]本書で「非暴力行動」という場合、それは反体制派による非暴力行動を意味する――ここでは権力側の反応がどのようなものであるかは問わない。とはいえ、市民的抵抗キャンペーンでも、しばしばたくさんの暴力が用いられる。とくに革命的目標を持つキャンペーンである場合には暴力的になる傾向がある。

読者は、もしかすると、「非暴力直接行動」という言葉を聞いたことがあるかもしれない。この言葉は、通常、平均的な象徴的デモや静かな抵抗より、敵対的で危険な行動の形態を暗に含んでいる。直接行動を用いる人びとは、自分たちを鎖でブルドーザーに縛りつけたり、セキュリティが厳しい場所に侵入したり、仕事用のファイルに血を流したり、交通の激しい交差点の路上に自分をはりつけたり、あるいは空港の滑走路を占拠したりする。次のような実例を考えてみてほしい。

・一九九九年にシアトルで開催された、世界貿易機関の会議に対する妨害活動がある。活動家たちは、グローバル化が貧困、不平等や環境に悪影響を及ぼしていると抗議し、ラッカス・ソサエティ〔騒々しい社会の意〕は、排水管に使われるポリ塩化ビニル製パイプを使って活動参加者の手を縛り、交通を遮断した。
・二〇一三年、修道女であるメーガン・ライス（本書執筆時点で三十回以上逮捕された経験のある九十歳の平和活動家である）は、核兵器の脅威に対抗する直接行動として連邦政府の施設を破壊したかどで有罪判決を受けた。二〇一二年、ライスは、〔反核平和運動である〕プラウシェア運動に参加する仲間と連れ立って、テネシー州オークリッジにあるＹ１２国家安全保障複合施設のフェンスの金網を切断して侵入し、核兵器ウラン貯蔵庫まで到達しようとした。それ以前にも同じ場所で、ライスとカトリック系平和活動家の仲間二人は、垂れ幕を掲げ、祈り、貯蔵庫の外壁をハンマーで打つという行為もおこなっていた。
・二〇一七年一月のドナルド・トランプ米大統領就任式では、「ブラック・ライヴズ・マター」の活動家が、就任式の会場であるナショナル・モールの入り口の外で座り込み、人間の盾となって、トランプ大統領の政策に抗議した。

・二〇一八年から執筆時点まで、気候変動に対する即時の積極的な行動を要求する団体であるエクスティンクション・レベリオンは、数々の直接行動を展開してきた。ロンドン・ヒースロー空港でドローンを飛ばし、飛行機を離陸させないようにして、二酸化炭素の排出を阻止し、ロンドンやエディンバラを含むイギリス諸都市の主要道路に自分たちの体をはりつけて車両交通を止めた——これもまた一時的ではあるが二酸化炭素の排出を阻止した。そして、気候変動の脅威が迫っていると、市民の目を覚ました。

これらすべての手段は、混乱をもたらし、しばしば違法であり、物議を醸すものである。こうした手段は、運動に参加していない一般の旅行者から政権当局まで、さまざまな人びとに不都合を生じさせたり、怒らせたりする。関与する者は、逮捕されるリスクや、身体が害されるリスクを冒す。それでも、これらのいかなる方法も、だれか他の者を物理的に害する、あるいは害する脅威を与えるものではない。

非暴力行動には、関与する人びとが自分たちの身体を使って不正義をドラマチックに見せたり、だれかが害を被ることから守ったり、現状を打ち壊そうとすることも含まれる。こうした行動は、ともすると意図していなかった結果を引き起こすことがある。例えば、二〇一一年の「ウォール街を占拠せよ」運動に伴う抗議が盛り上がった際、主要な道路を封鎖した活動家たちがいた。この非暴力行動が、意図せずして、他者に身体的危害をもたらしたという批判があがった——とりわけ、救急車、消防車や、類似の緊急車両が交通渋滞にはまってしまう場合である。とはいえ、道路封鎖は非暴力的方法である。意図しない、不慮の害が発生する可能性自体は、道路封鎖を暴力活動に転化するわけではない。

代表的な非暴力行動とは何か？

非暴力行動について考えるとき、代表的なものとして抗議や大衆デモを思い浮かべるだろう。しかし、これらはたくさんある活動の一握りにすぎない。市民的抵抗運動は、政治状況に変化をもたらすため、何千とまではいかなくとも何百もの方法を用いてきた。これらを記録し分類してきた研究者もいる。たとえば、研究者ジーン・シャープは、一九六〇年代にオックスフォード大学で博士論文執筆中に、かの有名な「非暴力行動の百九十八の方法」を特定した。表1－1に示すとおり、シャープはこれらの方法を三つに分類している。その三つとは、抗議と説得、非協力、そして非暴力的介入である。

シャープのリストを市民的抵抗の「メニュー」として理解したくなる読者もいるかもしれない。しかし、実際には、シャープは、市民的抵抗には百九十八以上の方法があるだろうと考えていた。一九七三年にシャープが出版する時点で選んだ百九十八という数字は当座のもので、その後シャープは数えることを止めてしまった。なぜか。非暴力抵抗を研究および実践するメアリー・エリザベス・キングによれば、「シャープがいうには、あらゆる非暴力闘争は独自の新しい非暴力の方法を編み出している可能性がある」[10]からだ。技術に明るい研究者の中には、携帯電話、デジタル・プラットフォーム、SNS、さらにはドローンまで利用した戦術を加えて、シャープのリストを更新した者もいる。しかし、運動にかかわる者も、研究者も、世界のあらゆる場所で毎日のように起こっている戦術的なイノベーションのすべてをたどり、かつ分類するほどの時間はない。

シャープの分析では、ある種の政治的活動が除外されている。市民的抵抗の技術とは一般には考えられないものである。たとえば、交渉、論争による解決、コミュニティ・オーガナイジングである。交渉や論争による解決の場合、市民的抵抗キャンペーンは、敵対相手との間で、取り引きや妥協をす

抗議と説得	非協力			非暴力的介入
	社会的非協力	経済的非協力	政治的非協力	
公共の場で演説、大衆による嘆願、パンフレット、地下新聞、模擬的な選挙、肖像画の提示、抵抗のための脱衣行動、無礼な身振り、寝ずの座り込み、歌を歌う、行進、車によるパレード、討論会、背を向ける、退室、沈黙	女の平和非行動（セックス・ストライキ）、学生ストライキ、社会的行事のボイコット、スポーツ活動の停止、自宅待機、避難所の設置、抗議の逃避行（ヒジュラ）	消費者ボイコット、禁製品の消費、供給者や仲買人によるボイコット、閉鎖、ゼネスト、税金支払い拒否、預貯金引き出し、急な退出、「仮病」報告、経済封鎖、怠業	権力への忠誠撤回、抗議を呼びかける演説、選挙ボイコット、徴兵の非協力、市民的不服従	断食、ハンガー・ストライキ、座り込み、非暴力的妨害、介入演説、ゲリラ演劇、代替機関（の創設）、居座りストライキ、非暴力的な土地の差し押さえ、封鎖の無視、行政機関への負荷、投獄の要求、二重の主権（統治）

出典：Sharp 2005; Swarthmore Nonviolent Action Database

表１－１　非暴力の方法と例

	作為	不作為
分散	調整され分散したフラッシュ・モブ、労働者協同組合の発展、政治的ボイコット、自宅待機デモ、売却、禁輸、代替学校・教育制度、歌を歌う	調整された電気消灯、病欠報告、自宅待機ストライキなど
集合	座り込み、非暴力的選挙、行進、デモ、集会、討論会、逆ストライキ、投獄の要求、背を向けるなど	集団的沈黙、怠業デモ、退室など

表１－２　非暴力行動の分類

る余地があり、運動の中で生じた紛争を解決することもある。「コミュニティ・オーガナイジング」とは、人びとが自分たちの問題意識、権利、利害関心のために立ち上がるよう励ますべく一緒に活動することを意味し、長期的な変革のために人びとの力をつけ、近い将来運動を率いたり運動に参加したりすることだ。これらの活動は重要で、市民的抵抗を補完するが、市民的抵抗が意味するところは活発な動員と、敵対相手に直接対峙することなのである。

市民的抵抗の議論において、シャープは作為という行動と不作為という行動を区別している。作為という行動は、非武装の人びとが、敵対相手がしてほしくない行動を取ることである。不作為という行動は、自分たちに期待されている行動を止めることである。[11] 政治学者ロバート・バローズの研究に基づき、政治心理学者カート・ショックは、集合と分散の方法を区別している。集合の方法とは、市民的抵抗において人びとが特定の空間に集まるやり方であり、分散の方法とは、特定の場所から意図的に距離を取るという戦術である[12]（表1―2参照）。

市民的抵抗運動は、どのような順番でこれらの異なる戦術を試していくべきだろうか。それは完全に、運動が置かれたそれぞれの条件や文脈による。いつでもどこでも必ず成功するような、はっきりとした市民的抵抗の定式を見つけることは、だれにもできていない。とはいえ、経験を積んだ活動家の間でおおよそ一致しているのは、動員を開始する前に、しっかりと時間をかけて計画と戦略を練るのが理想だということである。

市民的抵抗と抗議の違いは何か?

抗議は、市民的抵抗のひとつの方法である――が、必ずしももっとも効果的な方法のひとつではない。抗議は、典型的には象徴的行動であり、ある問題に対して人びとの関心を集め、変化を要求することを目指す。抗議とデモ――とくに大規模なもの――は、多くの注意をひくことができ、多くの人びとが抗議と市民的抵抗を同一視する。だが、効果的な市民的抵抗キャンペーンは、通常、抗議にとどまらず、表1－1にあったような、たくさんの非暴力的方法を用いる。抗議という手段だけを用いて成功した市民的抵抗キャンペーンは、あってもごく少数にとどまる。[13]

市民的抵抗において芸術や音楽にはどのような役割があるか？

芸術家や音楽家は、市民的抵抗の中でしばしば重要な存在である――直接参加するにせよ、変革期に起こったことを記録や記憶に残すにせよ。

たとえば、ストリート・アート――公的な場所に製作される視覚に訴える芸術――は通常、市民的抵抗キャンペーン中に盛り上がる。アマチュアも、プロの芸術家も、グラフィティやタギング〔ペンキやスプレーでの落書き〕、壁や路上の諷刺画、ポスター、シール、ストリート・インスタレーション〔路上に置かれる立体作品〕、ビデオ投影、それから彫刻などを創作する。より最近では、運動に参加するアーティストたちは、デジタル・ストリート・アートにも取り組む。たとえば、建物の壁面にホログラムやビデオ投影をおこなうことだ。ストリート・アートは、より広義のパブリック・アートとは異なる。なぜなら、パブリック・アートは、通常当局から制裁を受けずに創作され、展示されるものであり、公の場で表現するため、主流かつ合法のルートを意図的に迂回したり覆したりしないからだ。ストリート・アートは、しばしば慣習に逆らう反抗的なやり方で、強力な社会的、政治的メッセージを伝える。

結果として、ストリート・アートは、運動の主張や正統性、あるいは敵は自分たちを黙らせることができないといったメッセージを強力に伝えるのである。一九八〇年代にＨＩＶ／ＡＩＤＳ保持者が見せたスローガン、シンボルや路上パフォーマンスは、まさにこの例である。活動家たちは路上でバナーを使い、「沈黙は死」というスローガンを流行させた。彼らは、ナチスの強制収容所で同性愛者を示すために使われたピンク色の三角形を、今度は自分たちの闘争の象徴として身に着け、同性愛への偏見を訴え、ＨＩＶ／ＡＩＤＳ研究や治療を政府が十分おこなっていないことを指摘した。アクト・アップという関連組織の活動家は、ゲリラ芸術という戦術を多用した。たとえば、一九九一年九月、ジェシー・ヘルム共和党議員がＡＩＤＳ保持者に差別的発言をしたことに対する抗議として、アクト・アップは、大きく膨らませた十五フィート〔約四・五メートル〕のコンドームで同議員の自宅を囲った。

ストリート・アートはまた、反権威主義キャンペーンとも強く関連している。二〇一一年のエジプト革命では、芸術家たちはホスニー・ムバラク大統領の退任を求めて落書きでスローガンを広めた。芸術家の中には壁画にとどまらず、自分たちの身体をキャンバスとして使った者もいた。ある抗議者は、タハリール広場で、自分の腰に「離せ、妻が恋しい」と書いた。多くの路上芸術家は、特定されないようにペンネームを使った。当局から特定される危険がある状況においては、ストリート・アートは、匿名で抵抗できる、とりわけ有効な方法である。変名のイギリスの芸術家バンクシーによれば、「落書きは、自分がほとんど何も持っていなくても使える数少ない手段」なのである。

ときとして、政権を批判する落書きやスローガンは、匿名でもひどく危険な場合がある。二〇一一年三月、シリアのダルアーで、十代の少年たちが、市内の壁に「国民は政権崩壊を望む」と落書きした。彼らはチュニジア、エジプト、リビアといった民衆蜂起の波に触発されたのだろう。その見返りに、バッシャール・アル＝アサド大統領の残酷な治安部隊は、十五人の少年を逮捕し、拷問し、うち十三歳の少年を殺害した。この十代の少年たちの反政府的行動――および政府によるおぞましい過剰反応――が、シリアでの民衆蜂起に火をつけたと考えられている。この事件を発端として、シリアは現在まで九年間続く内戦に陥り、ダルアーは「革命の揺籃」と呼ばれるようになった。

ストリート・アーティストの中には、革命中あるいはその後、市民的抵抗運動の時代精神を摑んだ作品をつくる者もいる。たとえば、冷戦期、ソビエト連邦は東西ドイツの間にベルリンの壁を築いた。ストリート・アーティストたちは、一マイルほどにわたるコンクリート壁に落書きをした。壁の崩壊後、おそらく冷戦期をとらえたもっとも有名な作品だが、芸術家ドミトリー・ヴルーベリが描いた実物よりも大きなレオニード・ブレジネフソ連共産党書記長がエーリッヒ・ホーネッカー東ドイツ社会主義統一党書記長（一九七一－一九八九年）にキスをしている絵がある。この二人は一九七九年、その三十年前の一九四九年に東ドイツをドイツ民主共和国としてソ連が設立したことを祝う会で、実際にキスをした。ヴルーベリは、この落書きを一九九〇年にベルリンの壁の東側に描き、ドイツ語とロシア語で「神よ、この死に至る愛の中で我を生き延びさせ給え」と題名をつけた。

二〇一六年五月、芸術家ドミニカス・チェチュカウスカスとミンダウガス・ボナヌは、リトアニアのヴィリニュスで、これを模した壁画を描いた——ただし今回は、ロシアのウラジーミル・プーチン大統領が当時のアメリカ大統領候補ドナルド・トランプにキスをしているものであり、「トランプのかの有名な「アメリカを再び偉大に（Make America Great Again）」をもじって」「すべてを再び偉大に（Make Everything Great Again）」と題した。

また別の代表的ストリート・アートには、バンクシーが、イスラエル政府がエルサレムとヨルダン川西岸地区の間に築いたコンクリート壁に、スプレーで型抜きしたたくさんの作品がある。これらすべての作品が、壁の建設に対する挑戦であり、イスラエルがパレスチナを軍事占領していることへの抵抗を意味している。記憶に残るバンクシーの作品（二〇〇三年）は、「愛の一投（Love Is in the Air）」またの名を「花束を投げる男（Flower Thrower）」と呼ばれ、マスクをした市民活動家が見えない敵に色鮮やかな花束を投げようとしているところを描いた壁画である。パレスチナ人は火炎瓶を投げるチンピラだとするイスラエル政府に対して、この壁画が目的とするのは、異議を唱えることは素晴らしい勇気ある行動だとして、抵抗のイメージを変えることである。

ストリート・アートに近い存在として、こちらも同じく市民的抵抗キャンペーン中にみられる、ストリート・シアターがある。たとえば、二〇一一年のエジプト革命中のタハリール広場では、抵抗者たちが劇仕立てで、警察、ホスニー・ムバラク、その他の政権当局に非暴力で対峙した。二〇〇〇年のセルビアでは、オトポール〔抵抗の意〕運動——ミロシェビッチ大統領の退任を目論む——が、同国の民主主義の死を表現する模擬葬儀を執りおこなった。シリアの首都ダマスカスでは、二〇一二年十一月、女性四人が大きな市場、別の表現では青空市場で、反戦抗議行動に出た。彼女たちは花嫁衣裳で着飾って、内戦での殺害に反対し、自分たちは「シリアの嫁」であることを表現した。十五分間にわたり、シリア人は殺し合いを停止せよと要求し、結婚歌を歌い、治安部隊に逮捕されるまで、女性たちは市場を行進した。その中の一人であるルブナ・ザオールは、ニューヨーク・タイムズに対しこう語った。「花嫁が警察車両に乗るなんて、おかしな光景ですよね」(14)。ルブナと妹は拘束され、殴られ、二カ月後に解放された。大家は姉妹を立ち退かせ、父親は仕事を失い、家族はトルコ南部に逃れた。とはいえ、彼女たちの反抗は政府の癪に障ったのである。政府軍が大規模な拘束を組織的におこなっており、反体制派が内戦に向け武装化をはじめているときに、平和的改革を求めることは確かに危険な行為である。

さらに、革命が展開されるときには、多くの人びとが、自分たちが持つ創造性を発揮する。革命の過程のさまざまな要素を注意深く書いたり、記録したり、出版するために。エジプトの壁画アーティストであるアマル・アボ・バクルはこう表現する。「われわれがエジプトで過去数年おこなったことは、芸術を披露していたということではない。少なくともわたしにとっては。われわれは壁を新聞として使ったのだ。われわれはそうすることを必要性から学んだのだ。テレビ司会者で諷刺家のバッセム・ユースフは医者だが、YouTubeの使い方を学んだ。モサブ・エルシャミー・ラスドは医学を修めたが、彼はカメラを抱えて路上に出た。私は、美術専攻の助教だったが、市内のあちこちの壁で展開される革命を報じるために、学部を離れた」(15)。

音楽家は、現在進行形の闘争劇を伝えるために心揺さぶる曲を書いてきた。こうした曲にフォーク調が用いられてきた伝統が今でも引き継がれており、抵抗活動の一体感や市民行動であるというメッセージを伝える。アメリカで古典的なロックやフォーク調の曲として長らく人気の歌——ジョーン・バエズからボブ・ディラン、ニール・ヤングまで——は、アメリカ主導の戦争や帝国主義に反対する中で生まれた。アメリカの活動家兼政治学者であるメアリー・エリザベス・キングによれば、アメリカ公民権運動中、たとえば「われわれは克服する」というような歌が、人びとを奮起させ、活動に関与させ、参加者をまとめあげ、警察庁長官のような相手に標的を絞った。

精神の現代的表現として、アフリカおよびアメリカの経験から発展した黒人合唱に由来する抵抗歌が生まれた。南部の奴隷制の中で成熟したものである。これらの歌は、いら立ちを表したり、個々人に忠誠の絆を深めたり、恐怖や危険と感じる気持ちを和らげたり、ストレスを感じる人びとに強さを与える力がある。必要に応じて、パフォーマンス中につくられるという根強い伝統がある。つまり新しい表現が加わったり、たとえば次の日牢屋に行くかどうか決めるなど、ある節が特定の課題を取り上げるために変えられたりする。歌の掛け声が組織化ツールになるのだ(16)。

一九六〇年代、ニーナ・シモン、サム・クック、そしてアレサ・フランクリンといったソウル歌手は、黒人解放をテーマとした音楽を作詞作曲し、歌い、人気を博した。一九七〇年代後半から一九八〇年代はじめには、ラップやヒップホップが、ブロンクス区内の住人の集うパーティーから生まれた。ブロンクスでは、黒人歌手やダンサーが、ソウル音楽、R&B、カリブ文化から受けた影響を混ぜ、反抗的な歌詞と人気のあるビートで政治的な自治や文化的抵抗を主張した。パブリック・エネミー、ケンドリック・ラマー、ビヨンセやジャネール・モネイら、多くの現代黒人ヒップホップ、R&B、そしてソウル音楽歌手は、聞き手が連帯や問題の切迫さを感じ、触発されるような、黒人解放を主題とした音楽を流行させている。

エストニアにおけるソビエト連邦からの独立革命は、文字どおり「歌う革命」と呼ばれる。一九八七年から一九九一年にかけてのソビエト支配に対するバルト諸国の蜂起では、二百万の人びとが人間の鎖となり、現地の伝統に従って手をつなぎ、歌を歌い、国民統一という感覚を取り戻そうとした。一九九〇年から一九九一年のマリでのトラオレ独裁に対する民衆蜂起では、マリで「歌を歌う人(songsayers)」と呼ばれる伝統的なグループが、村という村をまわり、進行中の抗議活動についてのニュースを伝えた。大多数の人びとは文字を読むことができないため、口承、とくにフォーク音楽を通じた伝達が、独裁に対する闘争の中で、マリ民主同盟(ADEMA)の要求を伝える力強い手段であった。

ライブ音楽パフォーマンスも、便利な集会空間を提供する。こうした場をつうじて、運動主導者たちは他者を運動に誘い、巻き込むことができるからだ。セルビアでは、一九九九年の大晦日、学生運動家たちがベオグラードでロック・コンサートを開催した。これだけでは革命的には聞こえないだろう。しかし、このコンサートはめったにない反抗の表明だった。一党支配体制のこの国では、反抗的な意識があるという理由でロック音楽をやめさせようとしていたからだ。たった数カ月前、セルビアの独裁者スロボダン・ミロシェビッチの民兵がコソボのアルバニア人を大量虐殺した。この事件に対し、北大西洋条約機構（NATO）がベオグラードを空爆したばかりであった。何千もの人びとがこのコンサートに現れ、ロック・ミュージシャンやコメディアンがミロシェビッチ政権を野次り、反体制派の政治家の味方につこうと呼びかけた。真夜中を過ぎると、コンサートの企画者たちはお祭り騒ぎから一転して空気を落ち着かせ、ユーゴスラビア内戦で犠牲になったセルビア人兵士の写真を投影したり名前を読み上げたりした。公にミロシェビッチおよび同政権に対し、アカウンタビリティがないと非難した。学生を率いたスルジャ・ポポビッチによれば、このコンサートの目的は、こう人びとに伝えることだった。「家に帰って、来たる新年に何をするか考えよう。われわれには祝う理由がある……来年は、セルビアでわれわれがついに勝利する年に違いない」[17]と。

歌を歌うことは、反抗する者、傍観者、ストを実行する労働者の恐怖心を和らげる効果もある。彼らは、自分たちが攻撃の対象になるのではないか、報復を受けるのではないかという恐怖心を抱いているのである。二〇一九年のレバノンにおける十月革命では、さまざまな歌や掛け声があったが、抵抗活動参加者たちは、大規模集会によって交通渋滞が起きて動けない母と十五カ月の赤ん坊の気を紛らわすために、「ベイビー・シャーク〔サメの家族〕」を自然発生的に合唱したのである。

とはいえ、多くの芸術家の創作品は、目的を果たせなかった革命を反映し、思い出させるものである。前衛的なエジプト人芸術家ライラ・ソリマンは、たとえば、タハリール広場で十八日間続いた、二〇一一年一月二十五日の民衆蜂起に関する演劇をつくり、演出した――フェミニストによる革命的組織化、社会的な差異を超えた前例のない連合体、そして軍事政権による反乱分子に対するその後の投獄と拷問を表現した。マサチューセッツ州ケンブリッジにあるアメリカン・レパートリー・シアターの委託でつくられた、ミュージカル「われわれはカイロに生きる（We live in Cairo）」は、同様に、エジプトの若き革命家たちの希望が打ち砕かれた様子を描いた。この作品をつくる過程で、劇作家のダニエルおよびパトリック・ラズールは、タハリール広場のストリート・アートを調べ、現実にあったスローガン、ポスター、バナー、ソーシャル・メディアを背面に映し、革命や反革命についての歌をつくった。

もちろん、音楽や芸術は権威主義体制の指導者に対する忠誠や敬意を表す際に使われることもある。国民的音楽、詩、肖像画が、支配エリートへの忠誠心を盛り上げる上で中核的な役割を果たすことはよくあることだ。たとえば、音楽学者ノミ・デイブは、ギニアの音楽家や芸術家が独裁者セク・トゥーレを——彼の死後でさえ——称賛する歌を書くことに喜びを見出していたことについて議論する。[18] 他の技術と同じように、芸術や音楽は、反乱でも忠誠でも役割を果たすのである。

しかし、ジャーナリズムと同様に、音楽、文学、視覚芸術をつうじて真実を伝える文化的な力があるために、ほとんどの権威主義政権は、文化人を監視し、彼らが生み出すものを検閲する。たとえばイランでは、アリ・ハメネイ最高指導者が、どこにも属さない作家による詩や本を禁止し、芸術家を牢獄に入れ、「詩は、革命団を先導するに違いない」と主張した。[19]

そうはいっても、ストリート・アート、反体制芸術、抗議歌それ自体が変化を生み出すと期待する者はほとんどいないだろう。というより、このような芸術が知識を蓄積する共通の貯蔵庫となり、超越的な言説を強化し、他の活動家の作品を補完したり強化したりする。アメリカ人左派の歴史家であるハワード・ジンは、こういったとよく引用される。「彼らには銃があり、われわれには詩がある。だから、われわれが勝つだろう」。

市民的抵抗におけるユーモアの役割とは何か?

敵があらゆる時間、あらゆる人びとを支配することはできない、ということを示す方法のひとつは、その人物について冗談をいうことだ。『セルビアにおけるユーモアと非暴力闘争』という本の中で、政治学者ジャンジラ・ソンバップーンシリは、ユーモアというのは、非暴力の紛争を仕掛ける上で、非常に明確な機能を果たし得ると主張する。[20]

第一に、ユーモア——とくに諷刺やパロディ——は、政権によるプロパガンダに直接挑戦し得る。政権プロパガンダのもともとの目的を損ない、真実を面白おかしく扱って明らかにする。チェコ人の思想家であり、活動家であり、最終的には大統領になったヴァーツラフ・ハヴェルによる、下からの力を構築することについて、基本的な洞察とは「真実の中に生きる」ことが必要ということだ——つまり、敵方がある出来事について利己的におこなう虚偽の言説をしぶしぶ認めることを拒否する、ということである。[21]

第二に、ユーモアは、ともすれば敵対的で、憎しみに満ちた、深刻な状況ともとらえられるところに、軽快さ、陽気さ、そしてカーニバルのような雰囲気をもたらし得る。このような感情の変化は、政権が反乱分子に実力行使を開始した場合には、とりわけ重要になり得る。祝祭は、単調さ、希望のなさや裏切りから逃れようとする大多数の人びとを惹きつける。たとえば、二〇一一年九月、シリアの独裁者バッシャール・アル゠アサドに対する抵抗のさなか、非武装の活動家は花火とビデオカメラを持ってきて、戦車と迫撃砲で武装した治安部隊に立ち向かった。ビデオは、抗議者たちが軍事力を模して空に花火を打ち上げる行為を——そしてシリア政府による非武装市民の蜂起に対する不釣り合いなほどに大きな反応をとらえた。

第三に、ユーモアにあふれた活動は、民衆が現状を変えるために新しい方法を想像する助けになることがよくある。とはいえ、ユーモアはとても脅威的で死に至らしめることもある。全体主義体制において、権力の座にある者を批判する冗談をいうことは、死刑に相当する罪たり得る。なぜなら全体主義体制は、社会的・歴史的な言説、何が「真実」と考えられるか、より広くは情報の流れを完全に支配することを基本とするからである。スターリン時代のソ連では、何百もの人びとが政権に歯向かう冗談をいったことで有罪判決を受け、強制収容所送りあるいは死刑と宣告された。一九四二年から一九四四年の間、ベルリンの人民裁判所は、ナチ党に対する「敗北主義的冗談」をいった人びとに対し、四千九百三十三件の死刑宣告をおこなった。一九四四年、ベルリンの軍需労働者であったマリアンヌ・エリーゼ・Kは、「悪意ある物言いをつうじて」戦争努力に支障をきたしたという理由で死刑に処せられた。彼女が犯した罪とは？　次の冗談を軍需工場の同僚にいったことだ。

ヒトラーとゲーリングは、ベルリンのラジオ棟のてっぺんに立っている。ヒトラーはいった、ベルリンの民衆を元気づけるために何かしたいと。対するゲーリングの提案はこうだ。「ジャンプしてみたら？」[22]

この冗談をたまたま聞いた同僚が、この言葉を地元当局に報告し、マリアンヌ・エリーゼは死刑となった。

このような完全支配の試みにもかかわらず、ナチ関係者やスターリン政権を諷刺する冗談は、権威主義支配がなされている期間もずっとあった。こうした冗談は、典型的には、酒場で信頼できる友人や腹心の友との間でストレス発散のためにささやかれるものであり、必ずしも積極的な抵抗を意図してはいなかった。しかし、全体主義政権下でさえも批判や諷刺がそこら中にあったということは、いかなる体制にあっても、あらゆる人びとをあらゆる時間、完全な支配下に置くことはできない、ということを示している。一度に多くの人びとが冗談を言いはじめれば、彼らは、王は裸の王様だと信じ始める。そうすると、冗談は、抑圧的な体制にあっても、超越的で政権を崩壊させかねない力を持つ。イラク人著述家のハーリッド・キシティニーはこう書いている。

ユーモアは、国家の暗黒期に一層必要とされる。なぜなら、そのような時期において、人びとは自分たちに失望しはじめ、絶望に屈し、悲しみや憂鬱に苛まれるからだ。人生が意味のないものに思え、母国が蜘蛛の巣のように感じる。人びとは、同胞の市民たちとのやりとりも失い、ついにはその断絶した孤独を受け入れるようになる。ともに立ち上がり抵抗する意思は、こうして崩れてしまう。ユーモアはそのような病気にとっていちばんの良薬である。笑いは悲しみや無気力から病気を取り除く。だれかが政治的な冗談をいえば、市民と市民がつながる。彼らはもう一人ではない。わたしの考えを共有してくれた人がほかにもいる。わたしたちは苦しみも希望も分け合ったのだ。笑いは集団的友愛だ。だれも一人では笑えない。[23]

キシティニーが主張するのは、こうした理由で、政治的なユーモアや諷刺的文学が発展し、広範囲に使われることが、市民的抵抗戦略を成功させる上で不可欠だということだ。[24]

「並行機関」とは何か？

「並行機関」とは、非公式の社会的、文化的、経済的、そして統治の制度および慣習であり、政権が持つ構造を回避する——ともすればついには取って代わる——ものである。並行機関が成功するのは、既存の制度が満たせていないコミュニティの要求を満たせる場合である。「並行」というのは、既存の抑圧的な機関に並列的に、しかし離れたかたちで、機能するからだ。抵抗運動は、完全な「勝利」の前に、こうした機関を発展させる――そして正統性や権威を確立する。

歴史をとおして数多くの事例がある。たとえば、「まえがき」で、十三のアメリカの植民地がイギリスの帝国支配から解放されるために、このような機関がいかに重要であったかを論じた。二十世紀には、多くの自決および独立運動が成功したが、そのひとつの理由はこうした並行機関を構築したためであった。

アイルランドの独立運動は参考になる事例である。この運動は一八七〇年代にはじまった。当時、アイルランド民族主義者が大英帝国からの自治権を要求していた。アーサー・グリフィスは、一九〇五年にアイルランドの自治達成を目的とする政治集団として創設された、シン・フェイン党（「私たち自身」の意）の指導者であった。グリフィスは、完全に自分に頼ることが真の独立を生むと信じた。一九一八年、第一次世界大戦で何千ものイギリス軍人が死亡すると、シン・フェイン党は大規模な市民的不服従キャンペーンの組織化を手助けし、二百万のアイルランド人が徴兵を拒否した。それからグリフィスは、一九一八年のイギリスの選挙を利用して、シン・フェイン党の候補者を擁立し、統一党の地盤を除くすべてのアイルランド地域で完勝した。新たに選ばれたシン・フェイン党の議員たちは、イギリス議会の議席に着くことを拒否し、ダブリンのマンションハウス〔市長官邸〕に集まり、現在も存続する独立のアイルランド議会である、ドイル・エアランの設立を宣言した。この影の政府は、イギリス政府からはテロリスト組織というレッテルを貼られたが、アイルランドの街で権威を確立し、新たな裁判所をつくり、地元企業にはアイルランド産品のみを購入しイギリスから輸入しないことを促し、イギリスへの税の支払いを拒否、そしてイギリスが支援する救貧院を閉めた。にもかかわらず、紛争は激化し、一九一九年から一九二二年のアイルランド独立戦争に至った。戦後、ほとんどのアイルランド地域はイギリスから分離し、アイルランド自由国を形成した。ところで、アイルランド独立戦争という血の流れる事件ばかりがアイルランドの独立に関して言及されるが、歴史家のデイヴィッド・キャロル・コクランは、この運動が最終的に成功したのは、代替機構をつくり、イギリスのいかなる政治経済の協力関係からもアイルランド人を完全に隔離したことで、独立の道を拓いたのだと記した。コクランは次のように書いている。「歴史の証拠は明らかだ。ドイルの非協力キャンペーンと代替政府が、〔戦争と〕同じかそれ以上にアイルランドを統治不能にし、イギリスに交渉を余儀なくさせたのである」[25]。

実際、ドイル〔アイルランド議会〕は、インドのジャワーハルラール・ネルーとモーハンダース・ガンディーを触発し、両者は並行機関を発展させることによって、同じようにイギリスの植民地支配から自由になろうとしたと伝えられている。ネルーとガンディーは、シン・フェインの非武装戦略に感動した――かつアイルランド共和軍の武装蜂起にはきわめて懐疑的であった。

ガンディーは、市民的抵抗を成功させるには、大衆の非協力で敵に立ち向かうだけでは足りないと確信した。ガンディーのアプローチ――ガンディーはサッティヤーグラハと呼んだ――には、それゆえ同じく重要な二つの方法がある。第一は、民衆が妨害的プログラム、あるいは市民的不服従や市民的抵抗に関与するということである。第二は、インドのコミュニティが、新しい構造、制度、プロセス、資源を構築することにより、植民地支配から独立して営むということである。例として、ガンディーはインド人たちに「チャクラ」、つまり糸車を回して、自分たちに必要な糸を紡ぐよう促し、インド人が服をつくる際にイギリスから輸入した糸に頼らないようにした。同様に、インド人たち自身での塩の採取や使用を禁止する制限的な塩法に協力しないこととし、ガンディーは何万ものインド人たちを沿岸に連れていき、目に見えるインド独立の象徴として塩を集めた。そうすることで、ガンディーは、宗主国がインド産品を独占する経済体制を打ち壊し、完全に自給自足のインド経済に挿げ替えることを目指した——インドを植民地当局の日用品から解放する経済だ。

これらの教訓は植民地支配と戦うその他の指導者たちにも説得力があった。一九四〇年代、ガーナの独立指導者クワメ・エンクルマにとっては、ガンディーが自給を強調したことがとても腑に落ちたそうで、エンクルマが「ポジティブ・アクション」と呼ぶ、アフリカ人によるアフリカ人のための、ガーナの経済、社会、政治機構の再構築を押し進めた。[26] エンクルマは汎アフリカ・アイデンティティを広め、大陸中で解放のために戦う人びとの間で連帯をつくりながら、同時に、一九五七年に法的に実現する前に、ガーナの独立も確立しようとした。エンクルマはのちにアフリカ中の解放運動における武装闘争を認めたが、ガーナの独立はおおむね現代において市民的抵抗と呼ぶような活動をつうじて勝ち取られた。

もうひとつ、代替機構を発展させた運動の例として、アメリカにおける刑務所撤廃運動がある。この運動は、刑務所を含む監獄制度を根絶する——あるいは少なくとも監獄にいる人の数を劇的に減らす——という野心的目標を持っている。これはドラマのような目標だが、この運動が達成しようと目論んでいることの一部は、刑事司法の慣行を、処罰よりも更生を主眼とするものに変えるということである。その過程で、奴隷制廃止論者の原理にルーツを持つグループは、多くの並行機関を発展させ、大規模投獄や貧困の刑罰化によって害されてきたコミュニティを支援した。たとえば、二〇一八年に母の日を記念して、黒人中心、黒人主導の、国民緊急援助集団（National Bail Out Collective）というグループは、起訴されたが有罪判決は受けていない、保釈金が払えないというだけで刑務所に入れられている黒人の母親たちを助けるため、年に一度の募金活動に取り組みはじめた。こうした集団の努力は、抑圧的な制度を一致団結して覆し、制度の悪影響を受けるコミュニティを支援する。

多くの運動は、生活協同組合やその他の代替経済制度を発展させる。これらは、必需品を配る上でとても有用である。たとえば、一九六〇年代後半から一九七〇年代はじめにかけて、ブラックパンサー党の無料朝食プログラムは、構造的な人種差別および貧困問題に政府が十分な解決策を提示できないことに反応し、都会の貧困地域で一日に一万人以上の子どもたちに食事をつくり、提供した。このような活動は、長期間にわたるゼネスト中にはとりわけ影響が大きくなる。アパルトヘイト時代の南アフリカにおいて、黒人居住地域の大部分で、アパルトヘイトに抗議する白人経営ビジネスのボイコットに成功したのは、黒人の店主たちが、食料、水、衣服、その他の必需品を備蓄しておいたからである。黒人居住地域内の売買は、アパルトヘイトの恩恵を受けるビジネスからの収益を抑えながら、〔黒人たちが〕長く闘える組織的能力と経済力を生んだ。

国家がニュースの情報源を所有あるいは支配している制度においては、運動はそれに代わるメディア媒体をつくることがある。ポーランドの連帯運動は、運動の機関紙、連帯から名付けられた。この新聞を何百万人もが購読していた――共産党政権が禁止していたという事実にもかかわらず。それから、ナチス支配下のヨーロッパでは、抵抗ニュースレターや新聞がそこら中にあり、ナチスの全体支配のイメージや、そのイメージを与えようとするナチスの地元協力者に挑戦した。

市民的抵抗運動の中には、並行政府を発展させ、取り入れたものもある。スペイン・カタルーニャの独立運動は、自分たちの国民議会や政府を持ち、スペイン政府と並行して機能させている。二〇一六年、カタルーニャ政府は、世論から独立への支持を得るために、カタルーニャで違法な国民投票を実施しようとした。これは、スペインの秩序を侵すものであった。多くのカタルーニャの指導者は投獄されているが、国民議会は、自治の拡大やカタルーニャの独立に関し、スペイン政府と直接交渉をおこなってきた。

同じように、二〇一九年一月のベネズエラでは、フアン・グアイドが、同国の立法機関である国民議会議長となり、事実上のベネズエラ大統領と認められた——一方で、ニコラス・マドゥロは、大統領職に居続けるために憲法を操り、権力の座から降りることを拒否した。グアイドはのちに、政治家のレオポルド・ロペスに、影の内閣を組閣するよう指示し、外務大臣、防衛大臣、財務大臣などの職に人を配置することで、マドゥロ政権が崩壊すれば、グアイドと自分たちの閣僚ができる限り円滑に政権を引き継げるようにした。

事例によっては、集団や運動が完全にすべての政治的、社会的、経済的制度を消し去り、ゼロから体制を再構築しようとすることもある。たとえば、メキシコのチアパスでは、一九九四年、サパティスタ運動が、メキシコ政府に対して蜂起し、完全な自治社会を発展させ、新しい経済的、政府的、社会的、そして軍事的機構さえも構築し、疎外された集団を第一に考える正義と公平を実現しようとした。警察や連邦軍を追い出すための武装攻撃の数日後、サパティスタ運動参加者は自治区を宣言し、現在まで維持している。二〇一一年のタハリール広場での野営に参加した多くのエジプト人によれば、(より一時的ではあるが)類似の実験的雰囲気があったという。当時、人びとはさまざまなテント拠点に集まり、たとえば「自由」拠点ではエジプトの憲法や法律を改革する方法を議論し、「メディア・テント」では、革命や国家の反応についてのイメージをウェブにアップロードし、新しい言説を発展させようとした。

運動組織者や戦略家の間で、代替機構をいつつくるのがもっとも効果的なのかについて、意見は一致していない。ガンディーは、非暴力運動において建設的なプログラムを構築することは重要な第一歩であると考えた。なぜなら、インド人がイギリスの植民地支配から真の独立を主張できるのは——

イギリスが認めるか否かにかかわらず――そうした機構をつうじてであったからだ。しかし、理論家のジーン・シャープは、運動の指導者は代替機構を運動の終わりに構築すべきであると信じた。つまり、革命同盟に十分な勢いがあり、新たに創設した機構が運動に懸けたすべての関係者を包摂するための支援を確実に得られるときである。

実際には、戦略家がこうした問題を議論し、決着をつける前に、運動が出現し自分たちで歩きだすことがよくある。その結果、多くの運動は自分たちの中から生まれる新しい社会をあらかじめ考えようとする。二〇一一年、「ウォール街を占拠せよ」運動の参加者は、ズコッティ公園に集まり、指導者なき、熟議による民主主義という運動の試みを強化するための集会や公開討論を開催した。テントを使った野営では、多様な討論会、議論、勉強会が開催され、参加者はより公平な民主・経済制度について討議したりデザインしたりした。こうした試みはいずれも完全な事前計画がなされたものではないが、運動の組織者や活動家は、野営の中で、自分たちが世界規模で生み出したい社会の型を構築しようとした。

非暴力抵抗研究者および実践者であるマイケル・ナグラーは、運動がいつこうした代替機構を発展させるかにかかわらず、代替機構は十分に組織化されていない非暴力運動を、共通の目的のもとに合致させる手助けをすると主張する。また、並行機関は、取り締まりがかなり厳しく、反体制派が地下に潜行しなければならない場合に、運動が生存する手助けにもなる。ナグラーが指摘するところでは、並行機関があると、反体制派はリスクの低い選択肢を取ることができる。なぜなら直接的で公然の抵抗だと、逮捕されたり、攻撃を受けたり、殺害されたりする恐れがあるからだ。[27]

たとえば、たとえ指導者が地下に隠れて公には抗議がなされていなくても、民衆がその運動のニュースや著作物を目にすることができる場合には、その運動の機運が再び高まり得ると心強く思うことができる。一九八〇年代に東欧でソ連の影響が弱まりはじめたとき、民主主義を支持する知識人や活動家は、最初に参加する勇気のある者たちが政府による投獄や大虐殺にあってはならないこと、まだ路上抗議で与党共産党に直接抵抗することはできないことを理解していた。それよりも、活動家は、政府が何をしようとしても、お互いの基本的ニーズを満たし合えるようなコミュニティをつくるよう強調した。ポーランドでは、共産党当局と対立している労働者の家族を支援するため、コミュニティは労働者防衛委員会を設置した。反体制派は地下新聞やニュースレターを発行し、コミュニティは「空飛ぶ大学」を発展させ、民家に人を集め、未検閲の内容を提供した。チェコスロバキア在住の政治哲学者でのちにチェコの大統領となったヴァーツラフ・ハヴェルは次のように記す。

人生の目的を守ること、人間性を守ることは、より現実的なアプローチであるだけではない。なぜならそれは今すぐにはじめられることであり、潜在的にはより人気を集めるものであるからだ。というのも、民衆の毎日の生活にかかわるからだ。同時に（そしておそらく民衆の毎日の生活にかかわるために）比較できないほど一貫性のあるアプローチでもある。なぜならそれは物事のまさに核心をつくからだ。(28)

知識人や活動家は正しい。ソ連に支配された国々にとっての俗称である「鉄のカーテン」に隠れて並行機関をつくることは、これらの運動が最終的に勝利を獲得するために有用であった。民衆が一九八九年にベルリンの壁を壊す前に、これらの運動は抑圧的な政府を廃れたものにし、日常生活をほとんど取り戻していた。

暴動は市民的抵抗と考えられるか？

答えは、ある程度は活動の目的と範囲による。暴動とは、単純に群衆による騒乱である。広範な市民的目的がない同時多発的な暴動——たとえば、スポーツの試合後にファンが起こす暴動——は、確実に市民的抵抗ではない。しかし、広範な市民的メッセージが込められている暴動については、冒頭の問いの答えは複雑になり得る——かつ、答えはその暴動が民衆に危害を加えるかどうかにもよる。

社会学者のベン・ケース[29]は、次のように主張する。暴動は、地球上で展開される市民的抵抗運動の中でありふれたものである——かつ、そのような暴動は、道徳的にも戦略的にも適切である。確かに、暴動は、より広範で圧倒的に平和な市民的抵抗運動のさなかに沸いて起こることがある。暴動を起こす人びとはしばしば非武装である。しかし、他人の所有物を破壊したり、店に押し入ったり、火をつけたり、送電線を損傷するなどの行動を取ることがある。またあるときには、人びとは武器を持ってきて暴動を起こし、他者を攻撃することがある。このような場合、市民的抵抗に含めることはできない。にもかかわらず、暴動が続くにつれ、燃え盛る火、信号機の落下や停電によって起こる事故、警察の暴力、恨みを晴らすために混乱を利用しようと目論む者によって、人びとが死傷することがよくある。例を挙げれば、一九九二年、陪審員団が、ロドニー・キングという名の男性をひどく殴っているところをビデオに撮られた四人のロサンゼルス警察官に無罪を言い渡した——すると、ロサンゼルス中南部で暴動が発生し、数日間続き、六十人以上が死亡、何千もの建造物が燃やされ、広範囲にわたる所有物が盗まれ、十億ドル以上の被害となった。この無罪判決に反対してアメリカ国内でおこなわれた他の多くの連帯デモは、ここまでは過激化しなかった。

とはいえ、暴動は長期間の暴動事案へとエスカレートすることもある。そのひとつの理由は、政府当局が例によってはるかに手荒な方法で暴動を取り締まるからだ——暴行を加え、催涙ガス、ゴム弾、実弾さえ発射することがある。ある学者によれば、暴動は、既存のいかなる偏見や軽蔑をも超えて、政治的反動を引き起こすという。政治学者のオマル・ワソウは、公民権運動がおこなわれていた間の黒人活動家による非暴力・暴力抗議を両方とも記録し、暴動への反応を非暴力抗議への反応と比較した。ワソウが突き止めたのは、暴動を起こすと公民権に対する市民の支持を損なう傾向があり、かつ法と秩序の回復を約束する共和党の候補者への投票数が増える傾向があること、一方で、非暴力抵抗は公民権への支持と民主党候補者への支持を増加させる傾向があるということだった。[30] アメリカの例以外にも、経済学者のエミリアーノ・ユエ゠ボーンは、フランス人労働者の間でおこなわれた非暴力・暴力ストライキと労働者抗議の影響を研究した。端的に言えば、ユエ゠ボーンの研究によれば、労働者が暴動に関与した場合、彼らは〔非暴力抵抗と比較して〕より小さな妥協しか得られなかった。[31] くわえて、一九九〇年から二〇一四年のアフリカ全土の国々のデータを使った研究で、政治学者マルゲリータ・ベルジオヨーゾと筆者は、暴動が大幅に運動の成功率を高めることはないことも明らかにした。この研究は、あらゆる種類の社会的抗議（民主主義、人権、労働者の権利など）に焦点をあて、当該国の国家指導者が撤退するか否かという抗議の効果に注目した。[32]

暴動の有効性のいかんにかかわらず、市民的抵抗の戦略家の中には、暴動を、悲劇や不正義のあとに民衆がエネルギーを燃やす理解可能な行動と考える者もいる――そして、真の暴力は、そうした大惨事を招く体制の中にあるのだとみる。マーティン・ルーサー・キング・ジュニア博士は、一九六八年にスタンフォード大学でおこなった「もうひとつのアメリカ」という演説でこの点を指摘している。

私はこう考えます。暴動はどこからともなく発展するのではないということを、アメリカは理解しなければならないのである、と。われわれが暴動を目いっぱい非難するのと同じくらい、非難されるべき特定の条件が社会に存続しています。とはいえ、結局のところ、暴動とは、意見を聴いてもらえない人びとによる言葉なのです。では、アメリカが聴くことができていない声とは何なのでしょうか。黒人の貧困層の窮状が過去数年間でさらに悪くなっているということに耳を傾けてきませんでした。かつ、白人社会の大部分が平穏と現状維持の方に関心を持ち、正義、平等や人間性にはたいして耳を傾けてきませんでした。だから、真の意味で、われわれの国の暴動の夏は、われわれの国の制動の冬によってもたらされたのです。そして、アメリカが正義の実現を先延ばしにしている限り、われわれはこうした暴力や暴動を何度でも起こす立場を取るのです。社会的正義や進歩が、唯一、暴動を予防することを保証できるのです。[33]

ここで注意すべきは、キングは、たとえ人種正義のための闘いであっても、必ずしも暴動や抗議者の暴力を許容しているわけではないことだ。とはいえ、彼が主張するのは、このような暴動を終える方法は、まず暴動を引き起こした抗しがたい貧困や人種的不正義の問題に取り組むことであるということである。同様に、キングは、白人の反発を引き起こすことを理由に暴動者を非難する者にも容赦しなかった。伝えられるところでは、こういったそうだ。「ブラック・パワーの叫びやワッツ、ハーレム、その他の地区における暴動は白人の反発の原因というよりは結果といえるかもしれない」[34]。

ところで、重要な点として、「暴動」という言葉それ自体は非難の意を含む。権力者、役人、そして権力者のシンパは、「暴動」という言葉を使って、対立的であっても平和的なアプローチ、例として沈黙の行進、抗議、ストライキを用いる社会運動の品位を傷つけたり非正当化したりしようとするかもしれない。例を挙げれば、二〇二〇年にアメリカで起こった黒人主導の人種差別反対蜂起では、トランプ大統領や行政官らが繰り返し大衆抗議を「暴動」と称した。警察に殴られ、催涙ガスを発射され、何百人もが暴行され、さらに何千人もが拘束されても、すべての運動のうち九十七パーセント以上において抗議者たちは厳格に非暴力を貫いた、という報告があるにもかかわらず。[35] 自らの敵が「暴徒」であるとの印象操作をした上で権力者たちは、活動家を拘束、投獄し、運動の目標から注目をそらし、評判に傷をつけ、彼らに対する民衆の共感を損なおうとする。そのため、紛争のいずれの側──権力者か抗議者か──が、当該事案に「暴動」というラベルを貼っている主体なのか、常に問うべきである。そして、役人や役所の声明を報じるジャーナリストが、ある行動を「暴動」と呼ぶ場合には、常に懐疑的であるべきである。

政治目的を持つ反乱活動に対するラベルの誤貼には、長い歴史がある。政治学者のゾーイ・マークスは、この点を完璧に示す事例を筆者に知らせてくれたことがある。その事例とは一九二九年のイボ族女性戦争であり、これはナイジェリアにおける大規模非暴力運動だが、イギリスの植民地関係史料では「アバ女性暴動」と記されている。運動の直前、イギリス植民地行政は、ナイジェリア人世帯に課税し、ナイジェリア人女性に家庭や村における大きな意思決定権を与えていた伝統的な政治的、社会的、経済的役割を制限しようとした。ついには、何千ものイボ族の女性たちが集団的に、イギリス支配下のナイジェリア全土で、役人が自分たちの所有物を評価することを許さず、税支払いも拒否した。くわえて、女性たちは植民地支配当局の庁舎の外で大衆デモを組織し、他方ではイギリスから統治せよと指名された地元のイボ族指導者（「任命長」と呼ばれた）を新たな植民地支配と共犯であるとみなし、彼らの小屋を包囲（ときには破壊）した。女性たちは裸体に関するタブーを利用し、公の場で服を脱ぎ、植民地制度に協力している男性の面目をつぶした。また、その女性たちは、政治囚を解放した。彼女たちの行動は非暴力であったが、女性たちはこうした活動を誇り高く「戦闘行為」と呼び、自分たちは恐れることなく植民地当局に敵対していることをはっきりと示した。このイボ族女性戦争に参加した女性たちは平和的な方法を用いたが、植民軍は女性のうち何人かを殺害した。運動が進むにつれ、イギリス政府は多くの任命長を替え、いくつかの調査委員会が出たり入ったりした。支配を取り戻すことがずっとできなかったため、地元のイギリス植民地記録者たちは、公式記録においてこれらの事例を「暴動」と分類し、この女性たちは手に負えず、ヒステリックであると特徴を記した。しかしながらついに、女性たちは権力を取り戻すことに成功し、多くの女性たち自身が任命長や裁判官になった。イボ族女性戦争から生まれた力強い女性たちの集団活動ネットワークは、その後何十年間も、何度も何度も植民地当局に対しデモや非協力を組織し続け、最終的にはナイジェリアの独立につながる重要な役割を果たした。ナイジェリア人研究者たちは、公式記録とは違って、この話を非暴力抵抗の物語として回復・再定義しようとしてきた。[36]

以上のとおり、暴動は複雑なものである。暴動は混沌とした場面にもなり得るし、参加者はだれが運動の参加者で、だれが抵抗を大混乱に見えるようにして、抵抗運動の正統性を損なうよう煽動しているか、たどれなくなることがよくある。抵抗者が見物人や警察に身体的攻撃をはじめると、そうした激化は、この出来事自体を超えて広がるような予見不可能で良くない政治的効果をもたらす。とはいえ、よく組織された運動であれば、多くの場合、一般の人びとの話を自分たちの核となる主張や要求に引き戻すことができる。権力者側が運動を悪党あるいは脅威として描こうとする試みを弱体化させ、そもそもこうした運動を引き起こした国家の暴力の方に問題があるのだという点に注意を向けさせながら。

所有物の破壊は市民的抵抗と考えられるか？

意見は分かれている。ほとんどの学者たちは、非暴力行動とは非武装の人びとによりおこなわれるもので、他者を身体的に害するぞ、あるいは傷つけるぞと脅すことがない類の行動であると考える。規律が取れ、差別化できており、明確なメッセージを発していれば、所有物の破壊はサボタージュ〔破壊行為〕という非暴力的方法とみなし得る。だが、規律なく、無差別的で、実行者が他者に危害を加える意図があるかどうか曖昧なメッセージしか発していないのであれば、所有物の破壊は、たとえ技術的には暴力的ではなくても、多くの人にとって白黒がはっきりしない。

有名な例として、一七七三年十二月、独立を支持する約六十人の反体制派アメリカ人が、モホーク・インディアンの衣装に身を包み、ボストン港で三隻の船に乗り込み、三百四十二箱分の茶葉を海に投げ捨てたものがある。彼らは、不必要に所有物を破壊しないよう細心の注意を払っていた。報じられるところでは、彼らは茶箱を開ける際に壊してしまった鉄の南京錠ひとつを交換しようとさえしたという。[37] この行為は明らかに、身体的に危害を加えようとはしていない。一方で、この行為は、イギリス帝国の権力者に対し、入植者たちは経済的損害——この事例では、一晩で一万ポンドの損害（現在の価値で百五十万ポンド以上に値する）——を与える能力があると、明確なメッセージを送った。実行者たちは、他の革命家たちから、愛国者であると広く祝福された——そして、より段階的に、交渉によってイギリス帝国支配から脱することを希望していた独立派の指導者たちから非難を受けずに済んだ。二世紀たって、一九六〇年代のアメリカでは、反戦活動家が徴兵の葉書——連邦所有物——を燃やして使えなくすることで、ベトナム戦争に抵抗した。また別の反戦活動家は、暴力を妨害あるいは終わらせようと、武器や軍事物資を破壊する行動に出た。以上の事例すべてにおいて、所有物の破壊行為は、他者に危害を加えることを避けており、標的を差別化し、非暴力的におこなう意図があるとはっきりとしたメッセージを送っていた。

しかし、たとえば建物に火をつける、通りがかりの車の窓を叩き割る行為など、行為が無差別的に見える場合、とりわけ意図しないかたちで通行人を含む一般の人びとに危害を加えてしまう場合には、所有物の破壊によりもたらされるシグナルは曖昧だ。窓を割ったり、車を燃やしたり、家屋を破壊する行為は、広く世論の批判を招く――多くの人にとって、こうした行為はより公正な体制を構築する欲求の現れというより、違法行為と映る。歴史的、文化的文脈が、より広い社会におけるこうした戦術の解釈の仕方に一定の役割を果たすこともある。たとえば、戦争や所有物を標的とした暴力的破壊を最近経験した国では、所有物の破壊が、好奇心や共感よりも、集団的トラウマを引き起こし得る。以上のような行為を観察する者の多くは、これらの行動から発せられるメッセージに困惑する。こう思うかもしれない。デモ参加者は単に憂さを晴らしているだけなのだろうか？　権力に逆らっているのか？　うっかり地元の企業施設を破壊してしまったのか？　報復のために特定の企業経営者を狙っているのか？　はたまた資本主義を破壊する必要性や資本主義の経済的不平等というより大きなメッセージを送っているのか？　もし資本主義を破壊しようとしているのであれば、代わりに何を構築しようと提案しているのか？　彼らが構築しようとしている世界では、また窓割りや警察車両への放火があるのだろうか？　彼らが招き入れようとしているのはどんな世界なのか？　そうした新たな社会に入ることが許される人と、疎外される人はだれなのか？

これらの問いは、意識的にあるいは無意識的に、抵抗中の大規模な所有物の破壊行為を観察している多くの人の頭の中にたくさん浮かんでいる――たとえこうした行為が技術的には暴力的でない〔つまり、「他人を害しない」としても、である。この点は、単にある行為が非暴力であると分類されることは必ずしもその行為が戦術的にあるいは戦略的に賢いことを意味しない、という重要な点を想起させる。あらゆる非暴力的な方法について同じことがいえるだろう。

ハンガーストライキ、焼身自殺や他の自傷行為を市民的抵抗と考えられるか？

ハンガーストライキ、焼身自殺といった行為は、非暴力の技術である。なぜなら、それをおこなう者は他人を物理的に害したり、害するぞと脅さないからだ。こうした行為にかかわる者は懸命にはっきりとしたメッセージの発信に邁進している。メッセージとは、わたしの苦しみの理由を取り除いてほしい、そうすれば、わたしたちは紛争を解決しはじめることができるというものだ。

多くの運動家や運動指導者は、刑務所内でハンガーストライキをおこなってきた。一九〇九年から一九一四年にかけてイギリスでおこなわれた女性のための選挙権と平等賃金のための解放運動もそうだ。アリス・ポールのようなアメリカの女性解放運動家も続いた。女性解放運動家はハンガーストライキをおこなうことで、刑務所の中から非暴力闘争を継続することができた。女性が虐待的な強制摂食――ひどく不人気な抑圧の技術――にも耐え忍ぶ事態となると、刑務所の外にいる女性解放運動家たちは、このような酷い出来事を詳細に記したニュースレターを書き、ポスターを印刷した。一般の人びとが、より大きな目的のために自ら苦しむ女性たちのことについて聞いたり読んだりするにつれ、ハンガーストライキは道徳的に優位なものとして扱われるようになった。ハンガーストライキは、イギリスおよびアメリカの政府当局を継続的に戦術的ジレンマに陥れた。刑務所の看守たちは、囚人たちに強制摂食をさせて、彼らへの同情や支持を集めるか――はたまた刑務所当局がハンガーストライキを実施する者を解放し、彼女たちの大義のための活動を組織することを許すか〔というジレンマに苛まれた〕。

何十年もたって、一九八一年、北アイルランド政府が、数回の爆破に絡みアイルランド共和軍暫定派（ＰＩＲＡ）構成員を拘束した後に、同様のジレンマに直面した。ＰＩＲＡ構成員のサンズは、非人道的な条件に反対して、刑務所内でのハンガーストライキを広く公にする運動を率いた。彼は、九人の仲間とともに、六十七日後に飢餓で死亡した。サンズはこの運動の殉職者と広く理解され、その後、PIRAの動員を活性化した。

セザール・チャベス、マハートマ・ガンディーなど、ハンガーストライキや断食を用いて自分たち自身の運動の中で規律が欠けていることに抵抗した者もいる。チャベスは、カリフォルニア農業従事者組合を組織した中心人物であり、自らの組合構成員が抗議活動中に〔他の〕農業従事者やその運動支持者を攻撃した恥を知らしめるためにハンガーストライキをおこなった。ガンディーは度々ハンガーストライキをおこない、さまざまなインドのナショナリスト組織に向けて、イギリスの植民地支配に対してお互いに協力するよう、あるいは暴動や反植民地暴力に抗議するよう圧力をかけた。

ハンガーストライキは究極の苦しみをもたらすものであり、身体への深刻な損傷、病気、あるいは死のリスクを有する。とはいえ、自分自身に火をつけることの方が、歴史的には致死的な自傷方法であった。自分の命と引き換えに過度の不正義に反応すること――それも目に見えて痛々しい方法で――は、力強く象徴的な効果を持っている。そのような行為は、目的に対する自己犠牲的な献身を示し、運動が敵に対し危害を加えないよう望んでいることを伝える。一九六三年、南ベトナムでは、六人の仏僧が、カトリック支持派の南ベトナム政府による仏教徒の虐殺に抗議して自分たちに火をつけた。これらは正義の国際的象徴行為となり、ジョン・F・ケネディとベトナム大統領ゴ・ディン・ジエムとの関係を悪化させ、ジエムが転覆させせられ、一九六三年に暗殺されると、アメリカが南北ベトナム間の紛争により深く関与する契機となった。一九六六年から一九七四年の間、何十ものベトナム人が、アメリカの南ベトナム支持、南ベトナム政府の抑圧的政策、南北ベトナムとアメリカの戦争に抗議して焼身自殺を図った。焼身自殺のような強力な象徴的行為はときとして拡散し、反体制派が異なる国や異なる文脈で同じ方法を繰り返す。たとえば、アメリカ合衆国がベトナム戦争に突入すると、九人のアメリカ人が僧侶の方法を真似て、アメリカ国内で生きたまま自分たちを燃やす行為に及んだ——このとき、彼らは、アメリカの容赦ない空爆の激化、反乱軍掃討作戦、地上戦に抗議していた。インドでは、一九六〇年代半ば、たくさんのタミル族活動家が自分たちを生きたまま燃やし、タミル語圏におけるヒンドゥー教の強制に抗議した。それから、ポーランド、チェコスロバキア、ハンガリー、ルーマニアの反共産活動家も、一九六〇年代後半から一九七〇年代はじめにかけて、焼身自殺の波に乗った。

より最近では、二〇〇八年、チベット人たちの運動は、自由と民主主義、自決を求めて、また中国のチベット占領、仏教徒の宗教的実践の禁止、チベット色を稀薄化するための漢民族移住政策に抗議したが、中国政府はこれを厳しく取り締まった。それ以来、百五十人以上のチベット民族——多くは仏僧、尼僧、そして若者——が、抗議の意で焼身自殺を図った。チベットではこれは物議を醸す方法である。批判的にみる者は、こうした事件は単に中国の抑圧を強めるだけであり、この地域で監視を拡大してこうした行為の火消しをおこなうだろうと指摘する。ところが、別の者は、こうしたやり方は中国政府に恥をかかせ、チベット民族が自分たちの政治状況を改善するために命を犠牲にすることを決意しているというシグナルを発するのだという——つまり、潜在的には国際的な同情や支持をもたらすというのだ。さらに、焼身自殺は、民衆に、自分たちの命は自分たちの手の中にあると実感させる。いつどうやって死のうかと決めること、自分のコミュニティのために死のうとすることで、これらの抗議者たちは、決定的に非暴力的な方法で政府支配に抵抗し、かつ支配から逃れる。ダライ・ラマがいったように、「わたしは、焼身それ自体は非暴力的行為であると考える。ある人びとは、ご存じのように、容易に起爆装置を使い、自分以外にも多くの被害者を出す。しかし、彼らは違う。自分たちの命だけを犠牲にする。だからこれは非暴力の実践のひとつなのである」[38]。

ときとして、焼身自殺は、変化に向けたより広範な運動に火をつける。チュニジアでは二〇一〇年十二月、モハメド・ブアジジが、自分の荷台の果物を無許可で売ろうとして罰金を科せられたため、自分自身に火をつけた。彼の犠牲——そして焼身自殺を動機づけた構造的な経済的不正義——により、何十万ものチュニジア人が深く共鳴し、大衆蜂起の動員をし、権力の座に居座ること三十二年になろうとしていた独裁者、ベン・アリを引きずり降ろすことにつながった。これが二〇一〇年と二〇一一年はじめの「アラブの春」の出発点であった。

焼身自殺は、それゆえ、個人が政府支配から独立しているというシグナルを発し、コミュニティに降りかかる不正義をドラマ化し、広範な基盤の動員をはじめることができる。ある場合には自傷は標的となっている人物に恥をかかせるが、別の場合にはその効果はほとんどない。確かに、ベトナムとアメリカでの反戦焼身自殺の波によって、アメリカはベトナム戦争関与に対する国民の支持を徐々に失った。しかし、他の戦術と同様に、焼身自殺やハンガーストライキは、それ自体ではほとんど目標を達成できない。こうした戦術がより大きな運動の一部として判別しやすく、運動が支持を拡大する手助けとならない限りは、こうした行動は個別行為にとどまり、それ自体が変化を生み出すことはできないのである。

市民的抵抗と市民的不服従の違いは何か？

市民的不服従では、民衆は意図的に法を犯す——非暴力的にその法が道徳的でないあるいは不当であるという思いから——が、一方、その結果として自分たちが刑務所行きとなるであろうことも認識している。法を犯して逃亡することはカウントしない。法を犯す行為は目に見えるものでなければならず、自分たちが不当とみなすものに対して公然と抗議しておこなうものである。法を犯す人物は、刑に処せられることを完全に受け入れていなければならず、要求されれば服役する。たとえば、ある人物が軍隊での兵役を求められたが、従うことを断る場合――「良心的兵役拒否」として知られているが――刑務所行きになると市民的不服従にカウントするが、第三国に逃亡すれば市民的不服従にはならない。それから、ある個人が、市民的抵抗キャンペーンに参加せずとも、市民的不服従の行為に及ぶことはあり得る。

もっとよく知られた市民的不服従において――もちろん、この技術に名前を与えたまさにその行為だが――因習打破主義者のヘンリー・デイヴィッド・ソローは一八四六年、地元の人頭税支払いを拒否し、投獄された。ソローはこの税は米墨戦争を支えるために徴収されていると考えた。彼にとって、米墨戦争は違法で非道徳的なものだった。さらに、ソローは奴隷所有者を保護する人種差別的で不当な連邦政府に対する税支払いに反対した。ソローは自分の仲間である北部出身者たちが奴隷制や人種差別に無関心であると見て嫌悪感を持っていた。伝えられるところによると、近所に住んでいた随筆家のラルフ・ウォルドー・エマソンがある晩、牢屋にいるソローを訪ね、なぜそこにいるのかと尋ねた――ソローはこう答えた。「なぜあなたはここにいないのですか」。

保釈されると、ソローは市民に対し、なぜ市民は不当な法を犯すべきなのか説明すべく執筆を進めた。彼の冊子「市民政府への抵抗」は、なぜ自分が不当な体制を支える不当な法に従うよりも服役する意思があるのかを説明した。

ソローの著作は世界中で多くの人びとを触発し、自分の国や外国で不正義に立ち向かう運動のひとつとして市民的不服従が用いられるようになった。

デジタル・ハクティビズムは市民的抵抗と考えられるか？

「ハクティビズム（Hacktivism）」――これが表す言葉の概念と行動の両方――は、一九九〇年代半ばに出現した。ハクティビズムが意味するのは、デジタル技術を使って、集団的な政治目的を追求することである。ハクティビズムはさまざまなかたちを取ることを、ここで考察する。

多くの人びとにとって、ハクティビズムは議論の余地がある政治行動である。なぜなら、人びとが匿名で個人でも政治闘争を仕掛けられるからであり、より広範な運動全体に対するアカウンタビリティを持たないからである。もっといえば、ハクティビズムは政治目標と結びつきがなさそうにみえることが多く、効果的な運動の組織化行動というよりオンラインでのハラスメントや組織的な犯罪行為のように見受けられる。

二十年以上前、活動家で作家のナオミ・クラインは、次のように述べた。ハクティビズムは、仮に実行者がより徹底して広範な国際人権キャンペーンに統合され、調整されれば、より高い正統性を勝ち得るだろう。一九八八年、クラインはこう記した。

> 想像してみてください。もし、コンピューター・ハッカー、つまりネットワーク世界の命知らずが突然道義に基づいた政治活動家になったら。もし彼らが破壊や侵入に加えて任務を持ったら。もし彼らがコンピューター・システムをつくっただれよりも賢いということ以上の何かを証明することができたら。もし彼らの標的が、よく組織されて、徹底的に研究された、国際人権キャンペーンのひとつとして選ばれたら。[39]

確かに、活動家はインターネットを駆使できる――〔二〇一九年の〕スーダン革命で、活動家が

facebookやTwitterのプロフィール画像を青色にし、スーダンの活動家に連帯を示したり、二〇一一年のエジプト革命中に活動家がイベントを調整したり組織するためにfacebookを使ったりしたように——社会変革運動のひとつとして駆使できる。

ところが、過去二十年にわたって展開されてきたハクティビズムは、必ずしもこうした効果を持たなかった。ここでは、とくにハクティビズムの三つの形態を取り上げてみよう。三つの形態とは、非公開文書にアクセスし公表すること、分散型サービス拒否（DDoS）攻撃、そしてドキシングである。

▽ハッキングと非公開文書の流出

市民的抵抗研究者のほとんどは、政府の汚職情報を曝露するためにプライベート・サーバーをハッキングすることは、二つの条件がそろえば、市民的抵抗にカウントされるというだろう。その条件とは第一に、さらされた情報が世論の利害関心にかかわることである。第二に、情報を公にする行為が特定の成果を得ることを目的としてさまざまな方法を取るキャンペーンのひとつの行動である場合である。より一般的には、世論が関心を持つ情報をリークすることは、市民的抵抗の強力な形態となり得る。たとえば、一九七一年、軍事アナリストのダニエル・エルズバーグは、ニューヨーク・タイムズとワシントン・ポストにペンタゴン・ペーパーズ〔約七千頁に及ぶベトナム戦争に関する政府機密文書〕をリークした。大統領の側近たちが何年もの間、ベトナム戦争が悲惨で勝ち目のないものになるだろうと知っていた——にもかかわらず軍隊を送り続けた——という事実を明らかにした。広範な反戦運動の一部として、この文書の公表で潮目が変わり、アメリカ国民たちは実際に何が起こっているのかをよく理解するようになった。エルズバーグは、スパイ防止法で一九七三年に起訴されたが、保釈された。彼は、データをリークして刑務所行きになるつもりであったことを認めたが、連邦裁判官はエルズバーグに対する違法な捜査があったことを理由に起訴を取り下げた。彼の行動はより広い市民的抵抗キャンペーンのひとつとして容易に分類される。それは、すでにアメリカ国内で展開されていた、強固な反戦運動である。

汚職を疑う文書をさらすたった一度のハッキングも、市民的抵抗に含まれ得る。たとえば、二〇一〇年、アメリカ軍諜報分析官チェルシー・マニングは、アフガニスタン戦争とイラク戦争の機密文書を公表した。二〇一三年、マニングは主な罪状を認めた。それゆえ、この行為も市民的不服従に分類され得る。ただし、これは広い意味での市民的抵抗キャンペーンの一部ではなかった。より広い意味での市民的抵抗キャンペーンとは、運動のインフラが特定の目的のためのより大きな戦略の一部として情報の公表を利用する準備があるキャンペーンを意味する。

もしこうしたリークで個人が危険にさらされるならば——たとえば、諜報活動の情報源や方法をさらすことで殺されるようなことになれば——これは市民的抵抗ではない。なぜなら、他者に身体的な害という脅威を与えるからだ。元安全保障分析官エドワード・スノーデンに対する非難は議論の余地がある。スノーデンは二〇一三年、何千頁もの機密諜報文書をリークした。アメリカ政府はリークにより情報提供者やスパイの安全を危うくしたと主張した。もちろん、政府が内部告発者の信用を落とす、あるいは正統性がないとすることはよくあることだ。

▽DDoS（分散型サービス拒否）攻撃

DDoS攻撃とは、システム上の信号やデータを大量に送ることにより、狙った標的のインターネット・サービスを遮ることである——そうしてサーバー、ネットワークやサービスを容量超過にするのである。DDoS攻撃が成功すると、標的となったシステムは一時的に機能しなくなる。DDo

S攻撃はより大きな運動の一部になり得る。二〇一八年から二〇一九年にかけてのスーダン革命を考えてみてほしい。民主化要求をおこなう活動家らが集まる広範な基盤を持つ有志連合が、独裁者オマル・アル＝バシールに対して立ち上がり、三十年間権力の座にあったバシールを引きずり降ろした革命である。このキャンペーンのさなかに、ハクティビスト集団――幽霊分隊ハッカーズ、スーダン・サイバー軍、ブラジルを拠点とするグループ・プリズラキー（Pryzraky）――が、スーダン政府のウェブサイトにDDoS攻撃を仕掛けた。たとえば、二〇一九年二月、幽霊分隊ハッカーズは、スーダン商業会議所、石油・ガス省、内務省、大統領府にDDoS攻撃をおこなった。三月、アノニマスは、スーダンの大統領府にDDoS攻撃を仕掛け、関連ウェブサイトを侮辱的な方法で変更した。アノニマスは、スーダン労働省、中央統計局、農業省、スーダン国家警察、いくつかのメディアや地方政府のウェブサイトにも攻撃をおこなった。四月六日だけで、ハッカーたちは二百五十以上のスーダンのドメインをDDoS攻撃で狙った。(40) これらの活動家が革命に独立した効果をもたらしたかどうかはだれにもわからないし、ハクティビストたちが反バシールの目的で動員されたいずれかのグループと調整していたのかどうかも明らかではない。当時、何万ものスーダン人が、現職のバシール政権に対する抵抗を表明して路上デモをおこなっており、バシール政権はついに終焉した。そうした大規模な民衆蜂起は、DDoS攻撃があろうがなかろうが成功していただろう。

DDoS攻撃は、市民的抵抗運動がよく用いる手段のオンライン版として実施することができる。行政システムをキャパシティー・オーバーにするという方法である。アメリカ公民権運動の初期段階において、活動家は軽食カウンターに座り込み、白人にしか出してはいけないと指示されている給仕に「コーヒーをください」と頼んだ。これらの活動家は代わる代わる自ら捕まり、刑務所の容量や裁判記録を大人数でキャパシティー・オーバーにし、地元当局にたくさんの時間とお金を使わせた。

二〇一一年、ロシア政府の児童福祉機関は、ある活動家の政治的行動に対する報復として、彼女から子どもを引き離し、その活動家の女性が育児放棄していると非難した。これに対して、彼女の運動のメンバーたちは、子どもの引き渡しを要求し、児童保護サービスをおこなう行政部局が対応できないほど電話をかけまくり、建物の外で抗議活動をおこなった。当該機関の管理者は、こうしたハラスメントに辟易し、子どもを母親のもとに戻した。

ＤＤｏＳ攻撃も同じように使える。一般的に抵抗する者たちが標的にする行政システムが遮断によってだれかの身体を害したり死に至らしめたりしない限り——たとえば、緊急サービス、交通網、電気系統、医療制度などを避けていれば——行政システムを妨害することは市民的抵抗に整合的な方法で遂行できる。結果としてだれも身体的に害されず、かつ、こうした活動がより大きな運動の戦略の一部としておこなわれる限り、である。そうであれば、ＤＤｏＳ攻撃は市民的抵抗という箱の中にあるひとつのツールとなり得るのであり、ハクティビストが持つ他の技術よりも多く用いられるものかもしれない。

もちろん、すべてのハクティビスト集団が技術としての市民的抵抗と整合性のある方法で振る舞うわけではない。多くは影に潜んで、より大きな運動や現地の草の根アクティビズムとは（もしあっても）相当ゆるくつながるだけで、他者にはほとんどアカウンタビリティが明らかでない行動を取る。たとえば、二〇一三年にアノニマスはＤＤｏＳ攻撃を使ってフィリピン政府が持つ三十のウェブサイトを容量超過にし、同政府の汚職問題に注目を集めた。こうした行動は確かにメディアの注目を引くが、〔政府の汚職を目のあたりにしながら〕自分たち自身の視点を持つフィリピン在住の市民とアノニマスが連携していたという証拠はない。(41)

▽ドキシング（Doxxing）、あるいは侮辱、ハラスメント、個人処罰目的の私的情報流出

ここで検討する第三のハクティビストによる攻撃はドキシングといい、ハッカーたちが攻撃対象者の私的情報を通常インターネット上で公にさらす技術である。共有される情報にはたいてい次のようなものが含まれる。銀行口座情報、自宅の住所、私的な録画映像、写真やEメール、それから雇用者の情報である。ドキシングをおこなう多くの者は個人的な復讐の一環としておこなっている——恨みを晴らすために情報を公にさらし、相手にハラスメントをする。ただし、ドキシングには政治的変異タイプがある。つまり、活動家がドキシングを使って、汚職、恥ずべき恋愛事情、あるいは活動家たちが電話、メールや敵の自宅前で抗議を仕掛けられる連絡先情報をさらすというやり方だ。たとえば、政治指導者にドキシングを仕掛ける活動家たちは政治指導者の悪事をさらすぞと発言することがよくある——あるいは敵が振る舞いを変えるように不都合を生じさせるか？　あるいは恥さらしにするだけかもしれない。ところで、ドキシングを批判する者たちはこれはハラスメントだという。なぜなら、個人を公に侮辱することは処罰的かつ報復的側面があるからだ。ドキシングを使うことで、だれかの自宅、仕事や心情を曝露することは、情報を受け取った人物が当事者を攻撃したり、殺害したりする可能性もあるため、非暴力抵抗か暴力抵抗かの線引きは難しいかもしれない。

ドキシングはジーン・シャープの〔非暴力行動の百九十八の〕方法のリストにはない。社会的追放や「つきまとう」個人はリストにある。ドキシングは、これら二つの技術をデジタルの中で混ぜ合わせたものといえる。なぜならドキシング攻撃をされた人は、何カ月間あるいはそれ以上の期間、公の場で嫌がらせや侮辱を受け、身体攻撃や性的暴行、あるいは死の脅威の前に身を隠すまでに至るからである。今一度、いかに、そしてなぜ、活動家がドキシング攻撃を仕掛けるのかということによって、当該行動が市民的抵抗に値するか否かが違ってくることを確認しよう。もし活動家がドキシング攻撃を仕掛

け、相手が社会的に追放されるならば――かつ、もしそれが社会的追放だけをもたらすならば――市民的抵抗だといえるだろう。反対に、もしある人物が特定の個人に対し、害を与えるためにドキシング攻撃をおこなうのであれば――たとえば、該当者の自宅住所とその者に対する暴力を助長するような不快な長文を公にすることによって――これはもはや市民的抵抗とは考えられない。たとえ運動がドキシング攻撃された個人を害する意図がなくても、その方法は暴力を誘発し得る。こうした曝露に対して他者がいかに反応するかをコントロールすることは不可能である。

ドキシングは長く使われてきた戦術のオンライン版である。運動の相手方の私的情報を含むポスターやニュースレターを掲載するという行為がある。たとえば、一九八〇年代から一九九〇年代、アメリカの中絶反対の活動家たちは、目立つ「お尋ね者」ポスターに、中絶手術をおこなった医師の名前、住所、医療関係者のネットワークを掲載して発行し広い範囲に配った。その結果、何人かの医師が彼らの病院あるいは自宅で殺害された。他にもたくさんの者が、中絶をする病院や医療関係者に対する殺害、爆破、放火攻撃といった行動に何とか耐えていた。こうした配布物が、中絶をする医師は文字通り子を殺害しているのだという運動の訴えかけの広まりと相まって、医師らに対する暴力を煽動した。しかし、発行者はだれも犯罪容疑で起訴されることはなかった。

アメリカのより最近の事例では、反ファシスト活動家が、ネオナチ集団にかかわりがあるがそれまでは公にされてこなかった人びとにドキシング攻撃を仕掛けた。このゆるく調整された行動は、彼らの関係を明るみに出すことが狙いであり、彼らに社会的にも経済的にも負担をかけようとした。このような方法で狙われた者たちの中には、職を失ったり、友人、家族やコミュニティから村八分にされたりする者もいた。反ファシストたちはこうした関係性を公にさらすことは、情報の透明性を確保するものであり、暴力的で非難に値する見方を持った人びとに正統な社会的圧力をかけるものであると主張する。その結果、もっとも反ファシスト的な活動家たちは、ドキシングがファシズムに関係する人びとを非暴力で公にさらす、ホロコースト後のナチス捜索活動と同等だと考える。[42] 反ファシストのドキシング攻撃は、ファシストたちが組織化し公の場で声を上げられるようなあらゆる道筋を断つより大きな努力のひとつである。オルタナ右翼や白人至上主義集団の所在を追跡し、反ファシストたちはよく市街戦、道路封鎖、その他の方法でファシストたちの活動場所を混乱させている。多くの反ファシストたちはファシストたちを公の議論から排除するという目的はとても重要であり、攻撃の手段を正当化すると信じている。

とはいえ、ドキシングは反ファシスト集団だけが使っているわけではない。過去数年間にわたり、プラウド・ボーイズのような極右集団が自分たちの敵だとみなす相手、反ファシズムや反人種差別活動家などに対してドキシング攻撃を使いはじめている。二〇二〇年の夏にアメリカで人種平等を求める抗議活動に参加した人びとは、ドキシングでたびたびネットワークが遮断され、脅迫に遭った。極右集団は、暴力を美化しており、このような戦術を用いて左翼集団に関係する個人に嫌がらせをすることや威嚇することに何ら制約を感じていない。

ほとんどの非暴力運動参加者は穏健主義者か?

たいていは違う。仮に運動やその運動の目的が非常に多くの人びとを惹きつけているならば、そのうちのごく少数は穏健主義者だろう。運動にかかわる全員に穏健主義者となるよう要求すれば、運動は小規模なままでしかいられないだろう。しかし、暴力ではなく市民的抵抗を用いる理由のひとつは、市民的抵抗運動が、少ない時間および少ない資源で、自分たちの活動が道徳的で正当だと潜在的な支持者たちに説得できるからなのである。非暴力抵抗は暴力よりも効果的であるということに、民衆は納得する——かつ、こうした理由で暴力は忘れようということにも合意する。洗練された組織化やリーダーシップにより、運動は、厳格な穏健主義者が全く参加していなくても、非暴力の規律を維持するのである。

市民的抵抗の傑出した指導者であるガンディーでさえ、厳密な意味での穏健主義者ではなかった。よく知られているが、彼は、もし選択肢が暴力かあるいは抑圧への服従かしかなければ、民衆は暴力を使うべきだという考えを述べている。一九二七年、ヤング・インディア紙で、ガンディーはこう記した。「私の非暴力の心情はきわめて活動的な力である。暴力的な人間がいつか非暴力になる期待はあるが、臆病者にはその希望はない」(43)。したがって、ガンディーは非暴力抵抗を用いることを心に決め——かつ、自らが精神的・政治的権力であるインド人一人ひとりを説得できなかったことを失敗とみなしたのだ。

市民的抵抗と「礼儀正しさ」はどう関係しているか?

これら二つの概念は基本的に無関係である。「礼儀正しさ」がたいてい意味するのは、他者の意見や見方に対する配慮ある振る舞い、尊重する態度や寛容である。ところが、市民的抵抗は、これらを取り入れる必要はない。それよりも、ここで「市民」という言葉は、運動の集団的な市民的特徴を指しているのであり——この言葉が含んでいる境界線も示している。

市民的抵抗は市民の活動である——他の市民、共通のコミュニティの他の構成員を巻き込む活動なのだ。人びとは集団でこの方法を使って自分たちの主張を唱え、不正義を明るみに出し、そして公に要求をおこなう。ただし、人びとは他者と一緒になってこうしたことをおこなうのであり、かつ多くの人びとの代表となっておこなうのである。市民的抵抗は人びとが一丸となって用いると効果がある。

そうして、コミュニティや国がいかにその構成員を扱うべきか主張するのである。個人的な抵抗や反抗行為——これらは他者を感化するが、それだけではめったに変化を起こせない——とは区別される。

第二に、市民的抵抗は、暴力の行使を拒否するため、その戦術に一定の限界を持つ方法である。市民的抵抗の方法は、軍事的ではなく市民的な方法で実施される。市民的抵抗は、高速道路を封鎖して交通を遮断するような問題行為かもしれない。あるいは、占領軍の兵士が最寄りの店までの行き方を尋ねてきたときに無視するそぶりを見せるような、もっとさりげない方法だったりもする。こうした人たちは武器を持っていない。暴力で脅したりしない。テロや軍事力を使うのではなく、スキルと政治的駆け引きで相手を打ち負かすのである。

高い道徳観を維持し、無秩序や暴力を引き起こしたと非難されないように、多くの市民的抵抗キャンペーンは、混乱や正統でないと見られ得る戦術からは注意深く距離を取る。こうした運動は、たくさんの非暴力的戦術を用いることにより、また大規模で多様なグループの参加者を引き込むことにより、あるいは平和な状態が必要であることを何度も求めることにより、敵が害されないよう望むと強調する。同時に、多くの参加者のために個人的な犠牲を払っても引き下がらないぞという態度を取って、運動が悪用されたり、抑圧されたり、あるいは意のままに操られることへの拒絶も示す。注意深く引かれた境界線の中にとどまると、それを見ている者や分派からは、運動が十分に過激化したり反逆しておらず、変化に辿り着けない——あるいはどのように変化させても社会を十分に変革させることはないと非難されるだろう。

とはいえ、市民的抵抗は、はっきりと非暴力であっても、相当に反逆的かつ挑戦的になることがある。一九六〇年にノースカロライナ州グリーンズボロにあった〔大型雑貨チェーン店〕ウールワース内の白人専用軽食カウンターを占拠した黒人学生は、全くもって相手を慮っているわけでも、従順でも、現状維持的でもなかったのであり、似たような反抗行為がアメリカ南部中で燃え上がった。このような、一見危険そうな、しかし断固とした平和的行為は、アメリカの公民権運動に大きな弾みをつけ、ついにはアメリカ南部における人種関係を変革した。一九六〇年代半ばにこの変革は失速し、制度的・構造的人種差別が現実には残っている。しかし、社会的変革は一度やったらおしまいという類のものではない。何世代もが繰り返しおこなうことが必要だ。人種的不平等が完全になくなっていないからといって、アメリカ公民権運動の非暴力抵抗がジム・クロウ法を終わらせるための武装抵抗よりも劣っていると非難されるべきではない。

確かに、市民的抵抗――二十世紀半ばのアメリカ南部における例を含め――はしばしば武装蜂起が失敗した状況において、武装闘争よりもはるかに人命被害を抑えながら、何度も目覚ましい変化を勝ち取ってきたのである。

市民的抵抗キャンペーンと社会運動の違いは何か?

キャンペーンは、限定的な期間、人びとを動員し、一連の調整された方法を用いて個別の目的を達成しようとする。すでに論じたように、これらはたとえばストライキ、抗議、座り込み、ボイコット、その他の非協力の形態を取る混乱をもたらす方法である――これらは党への参加、選挙への立候補、請願といった、政治的あるいは経済的関与をおこなうための制度内にある通常の方法の枠外にある。社会運動はキャンペーンをおこなうが、キャンペーンは組織された社会運動の外部でもおこなわれることがある。たとえば、公民権運動はさまざまなキャンペーンを展開した。モンゴメリー・バス・ボイコット、ナッシュヴィルの人種隔離政策撤廃キャンペーン、それからフリーダム・ライドなどである。市民グループは、自分たちの要求を明確にし、変化を求め、そしてすぐに集合したり解散したりした。たとえば、二〇一〇年から二〇一一年のチュニジア尊厳革命は運動というよりはキャンペーンとして現れ、さまざまな団体が独裁者ベン・アリを権力の座から引きずり降ろすために団結した。

社会運動はキャンペーンと異なり、長期間にわたって継続するような現象を意味している。社会運動は、社会を変化させるために、組織化、政策提言、その他の政治的活動を組み合わせる傾向にある。ただし、キャンペーンと異なり、社会運動は一定の期間、休眠状態ともなり得る。公の目に触れる場所から一歩引いて、その間、組織構造と歴史的記憶は維持され、再び現れることを可能とし、別の機会をとらえて支持者たちを組織化し、動員するのである。ときどき、運動は完全に消え去ってしまうこともある。あるいは、運動の提唱者という献身的な人のみで構成される一団に規模を縮小し、彼ら彼女らが中心的支持者を教育・訓練し続ける場合もある。こうした組織や指導者たちは、連合を組んで次のキャンペーンを計画することもある——次世代が不正義を新しい眼で見出し、新時代のための運動を再び生み出すまで〔待つのである〕。

市民的抵抗キャンペーンは、対立的かつ集団的動員に焦点をあてる傾向にある。社会運動は必ずしも市民的抵抗を用いない。運動は、あらゆる非対立的な政治活動を盛り込むことがある。たとえば、争点をリサーチし、その問題に関して世論や政治指導者を教育し、政治の候補者を承認し、政策プラットフォームのために執筆・提言し、裁判をつうじて自分たちの主張を通そうとする。

市民的抵抗キャンペーンのように、社会運動はさまざまな組織によっておこなわれることがしばしばあり、こうした組織は補完的であることも競争的であることもある。より多くの集団が存在するということは、より多くの人員や構成員が存在することや、より広い範囲に手が届くことを意味し、運動がより多くを達成することを可能とする。とはいえ、より多くの集団の存在は、連合のパートナーが異なる目的や戦術の緊急性さらに適切さを議論する際、彼らの間に緊張が生じることを意味する。

たとえば、環境運動は数多くの組織からなっており、広範な要求と戦術を取り上げる。350からグリーンピース、世界野生生物基金（WWF）、エクスティンクション・レベリオン、日の出運動まで、これらの集団は少しずつ異なるプラットフォームを支持しており異なる戦術でそれぞれの目的を追求している――あるときには自分たち独自のキャンペーンを展開したり、またあるときには一緒に行動したりする。例を挙げれば、エクスティンクション・レベリオンは、第一次・第二次反乱を二〇一九年の春と秋におこない、人間の盾による封鎖、野営、ストリート・シアター、大衆デモによって、ロンドンの主要な目抜き通りやその他の場所を遮断した。ただし、この団体は、二〇一九年九月二十日のグローバルな連合体が仕掛けたものである。グレタ・トゥーンベリが二〇一八年八月から、毎週スウェーデンの首都ストックホルムの議会前で抗議をおこなうことではじまった、「未来のための金曜日（#FridayforFuture）」のストライキおよび行進も同様に、グリーンピースのような長期間存続する気候関係組織と日の出運動のような新しい集団が参加する連合体として統合されたもので、地球規模のキャンペーンとなっている。

多くの市民的抵抗キャンペーンは、社会運動から出現しており、多くの社会運動は市民的抵抗キャンペーンを仕掛ける。これらの用語は厳密には同義語ではないが、概念は近いので、多くの人びとが「キャンペーン」と「運動」を区別なく使っている。

市民的抵抗運動にはどのような段階があるのか?

標準的な公式はない。いくつかの市民的抵抗キャンペーンはゆるく組織され、次の段階を計画していない。例のひとつは、二〇一九年の香港蜂起である。中国は、そうしないと約束したにもかかわらず、香港を権威主義の自国に抱き込もうと、香港における民主的権利と自由を損なう措置を取ろうとした。その際、何千もの市民が、路上に集まり反対した。二〇一九年から二〇二〇年にかけての新型コロナウイルスの大流行まで、香港のリーダー不在の運動は路上を人びとで埋め尽くしたが、運動の要求が通るまでそこを動かないこと以外には、明らかに組織的な計画はほとんどなかった。

対照的に、動員を図る前に何カ月ないし何年も戦略計画を練った運動もある。こうした運動は、最初に展開するキャンペーンの目的、構成、リーダーシップや戦術の順序を定義する。たとえば、二〇〇〇年、セルビアの青年運動オトポールは、同国の権威主義リーダーであるスロボダン・ミロシェビッチを権力の座から撤退させようと、自由で公正な選挙をつうじて実行する計画を発展させた。オトポールの指導者たちからなる小集団が、セルビアの複数の野党を集めてミロシェビッチに対抗統一候補を立てて連携した。彼らはまた、選挙監視制度も考案し、ベオグラードにある彼らの事務所がセルビア中の地区から投票数について独自の報告を受けた。その運動では、何千もの青年活動家が非暴力抵抗の理論について訓練され、彼らは国中に分散した。それから現地の青年たちは、自分たちのコミュニティを動員して投票を働きかけ、一方では自分たちの居住区で小規模な講義やストリート・シアターをおこなった。オトポールは、全国的なコミュニケーション・ネットワークも構築した——電話、Eメール、ポスター、ニュースレターをつうじて選挙の不正の証拠を広めた。また、オトポールは、何十万ものセルビア人を動員し、重要な時期にベオグラードに集結し、大衆デモで議会前広場を埋め尽くした。ミロシェビッチの治安部隊——ミロシェビッチに対する大規模な反対を目のあたりにし、時折自分たちの知り合いがデモの中にいることを確認した——は、暴力でこの群衆を解散させることを拒否した。ミロシェビッチは逃亡した。

セルビアの例が示すのは、戦略的計画、準備、動員前の訓練の重要性である。キング・センター所属のトレーナーや、マーティン・ルーサー・キング・ジュニア博士の教えにつながりを持つ他の組織は、キングの著作をもとに六段階モデルを採用してきた。このアプローチをそのまま引用する。

一、情報収集：個人、コミュニティ、あるいは制度が直面している懸念事項、問題、または不正義を理解し、力強く掲げていくために、調査しなければならない。当該問題への理解を深めるためには、あらゆる立場の主張からあらゆる重要な情報を調査、収集しなければならない。自分の敵の立場を熟知する専門家にならなければならない。

二、教育：敵を含め、他者に自分の懸念事項を知らせることは必要不可欠だ。これは誤解を最小限にとどめ、支持や共感を得るためでもある。

三、個人のコミットメント：非暴力の哲学と方法に対する自分の心情を日々確認・肯定せよ。下心を排除し、必要ならば、正義のための活動において苦しみを受ける心づもりを整えよ。

四、議論／交渉：優美、ユーモア、知性を駆使し、不正義のリストとこれら数々の不正義を取り上げ解決するための計画を持って、相手と対峙せよ。一つひとつの活動および相手がおこなう主張に含まれている前向きな要素を見つけ出せ。敵の面目を失わせるようなことをしようとせず、敵の持つ善を呼び覚ますことを目指せ。

五、直接行動：これらは、相手が議論／交渉に入りたくない、あるいは議論／交渉を続けたくない場合に取る行動である。これらの行動は、紛争に「創造的緊張」をもたらし、不正義を正すために協働せよと敵に道徳的圧力をかける。

六、和解：非暴力は、敵との友好関係および理解を模索する。非暴力は相手を打ちのめそうとするものではない。非暴力は悪の制度、力、抑圧的政策、不正な行動に向けられるものだが、人に向けられるものではない。妥当な妥協をつうじて、両者は行動計画をたてて不正義を解消する。和解の一つひとつの行動が、「愛する共同体」実現に向けた一歩一歩の前進なのである。[44]

市民的抵抗を用いることが正統であるのはいつか？

何世紀にもわたって、哲学者たちは書物の中でこの問題を取り上げてきた。この問題に取り組んだ者には、トマス・アクィナス、ヘンリー・デイヴィッド・ソロー、マハートマ・ガンディー、ジェーン・アダムズ、バーバラ・デミングなどがいる。とはいえ、彼ら彼女らの著作はこの難しい領域に踏み込む最初の試みでしかない。あらゆる反体制派勢力がこの問題に自分たち自身で取り組まなければならなかった。個人が非暴力抵抗に関与することは、常に正統だと考える者もいる――個人や集団が純粋に非暴力行動にコミットし、勝利と同じように敗北も受け入れる限りにおいて。

全員が賛成するわけではない。市民的抵抗によって、大勢の人びとが破壊的な方法で変化を要求するようになり、より良い世界を望みながら社会の平常時の日々の機能――学校、仕事、移動――を阻害する。ところが、集団的妨害行為は意図せざる結果をもたらすことがある。指導者たちは、運動が混乱したとでっち上げ、暴力的に握り潰し、反対分子を抑え込む。我慢できない運動の分派はならず者となり、彼ら自らも暴力的になる。こうなると人びとは職、家、健康、あるいは命まで失ってしまう。

さらに、市民的抵抗キャンペーンの中には、不道徳な目的を達成するために道徳的な手段を用いるものがあるかもしれない。もし、一国の少数派が、人民投票の結果を覆すために、あるいは独裁者や独裁制を導入するために、市民的抵抗キャンペーンをはじめたとしたら？　もし、ある集団が市民的抵抗を用いて、他者の自由や人権を制限するような害のある政策を進めようとしたら？　これらすべては実際起こったことであり、かつ比較的最近のことである。では、市民的抵抗が正統であるかどうか、活動家が考える手助けになるような基準とは何だろうか？

学者で活動家のマシエジ・バートコウスキは二〇一七年、運動が、とりわけ民主的に選ばれた相手に対し立ち上がる際に考慮すべき、十の基準を提案した[45]。ここでは十の基準を五つに縮めて言い換えた。

一、**抵抗は非武装かつ非暴力である。**平和的な集会を開催する権利は、人権であると広く認識されている。それゆえ、もし抵抗が非暴力かつ平和的手段のみを用い、それに専念する意図を明確にするならば、抵抗は普遍的に正統であるだろう。運動の組織者が、自分たちのキャンペーンは平和的であるという発信をせず、非暴力の規律への専心を示していなければ、相手方のみならず手を組む者たちも、その運動の正統性にたびたび疑問を抱く。

二、**運動は集団的、包括的、多様である。**運動は、広範な基盤を持ち、包括的であるべきであり、社会の多くの異なる部分を代表する必要がある。もし、運動がいくつかの重要な集団から支持を得られない、あるいは意図的に特定の集団を排除したり差別したりすると、それを見る者たちは運動の正統性に疑問を持つ。政府と同様に、運動も、自分たちの主張に対する同意を広く取り付けていることを示す、広範な基盤を持つ連合体を構築する場合に、より安全な地盤を固めることができる。

三、**市民的抵抗は最後の手段である。**バートコウスキが提案するのは、不平不満に応える通常の制度的チャンネルから一歩踏み出す計画を立てる前に、運動はまず通常の法的手段を使いつくさなければならないということである。ドアが開かれているなら、わざわざ壊す必要はない。すでに論じたとおり、市民的抵抗は、より強い抑圧から内戦まで、意図せざる結果をもたらし得る。参加するのであれば、こうしたキャンペーンの潜在的便益が純粋に特定の時間および場所におけるリスクに勝るか、慎重に検討すべきである。

四、**市民的抵抗への移行は例外的であり、既定路線ではない。**市民的抵抗が最後の手段であることに加え、反体制派になろうとする者は戦い方を選ぶべきである。政治的に負ける場合には市民的抵抗を用いるべきではない。使いすぎると、市民的抵抗それ自体を破壊する──正当化なしに日常を崩壊させる。反対に、もし市民的抵抗が一切用いられないと、権力者は必要以上に従順な人びとを利用してしまうかもしれない。市民的抵抗は状況が深刻で修正するには大胆な行動しかないというときには必要である。

五、**目的が正当である。**おおよそ、筆者はこれが意味するところを、次のように理解する。運動がその構成員や他者を、残虐、抑圧、制限から解放することを模索するものであり、自分たちの集団が他者よりも高い位置につくとか、部外者に差別や反民主主義的な制限を課すことではない。別の集団を根絶する、彼らを家々から追い出す、彼らを差別する、といったことを目的とする運動は、たとえ方法上は非暴力でも、明らかに正しくない。もちろん、これは複雑で議論の余地がある。ある運動は自分たちの目的は正当であると信じるが、他者はその目的は自分たちの基本的権利を侵害するとみることがある。たとえば、プロ・ライフ運動〔中絶反対運動〕参加者の多くは自分たちが追求しているのは生まれる前の子が殺されてしまうことから救うことだと考えている。一方、女性の生殖権のために動員を図る者たちにとって、プロ・ライフ運動は女性の身体と選択を支配しようとしていると映る。

武器を伴う暴力の行使について道徳的正当化をおこなった正戦ドクトリンのように、これらの五つの基準は合理化や濫用に左右される。とはいえ、市民的抵抗者が自分たちの方法と要求は正当で、平和的で、広く共有されていると主張するからこそ、運動は自分たちの正統性を構築し証明し続けられるのであり、成功する。

非暴力抵抗は道徳に欠けたものになり得るか？

一般的に、たとえ相当に破壊的であっても、非暴力抵抗の手段が道徳的でないと説得力を持って主張することは難しい。とはいえ、市民的抵抗は方法であり、イデオロギーではないため、人びとはこの方法を道徳的でない目的を追求するために使うことがある——あるいは使ったことがある。

たとえば、二〇一四年にタイで、君主制を支持する活動家集団が、民衆蜂起を企て、ついには民主的に選出された指導者を追放し、軍部に支えられた君主制の回復を要求した。

二〇〇二年、ベネズエラにおけるウゴ・チャベス政権に対する民衆蜂起は、人民クーデターを引き起こした。クーデターは短命ですぐさまチャベス派の軍に倒され、同派が権力を取り戻した。この事件は、市民的抵抗が不当に利用された事件だと考える者もいる。二〇一三年、タマロド（「反乱」）キャンペーンは、何百万もの世俗的愛国者のエジプト人を動員し、民主的に選出されたムハンマド・モルシーを権力の座から追放し、モルシーの防衛大臣であったアブドルファッターフ・アッ＝シーシーのもとで、抑圧的な軍事独裁制に戻した。二〇一九年には、民衆蜂起によって、ラテンアメリカで最初の土着の大統領で憲法に違反して四期目に立候補した、ボリビア大統領エボ・モラレスが追放された。軍事指導者が広範な大衆抵抗をクーデターの前置きとして利用し、クーデターで右翼の文民指導者を置き、モラレスの左派的な政策課題を巻き戻し、政府の役職から少数民族の主要人物たちを除外した。

ヨーロッパおよびアメリカでは、反移民グループが大規模抵抗・デモを組織し、人種差別的な主張や思想を拠りどころとし、移民を国から排除すべきと要求する。アメリカでは、プロ・ライフ集団が市民的抵抗の戦術を駆使する。たとえば、中絶手術をする医師や病院に嫌がらせをする、人間の封鎖壁をつくって家族計画外来に入るのを妨害する、入ろうとする患者に対して叫ぶ、病院前や大学キャンパスで定期的に抗議活動をおこなう、中絶制限を進めるために地元であるいは国中で行進をおこなうなどである。女性は、妊娠の終了を含む、生殖上の健康に関する権利を持つべきであると考える者であれば、こうした非暴力抵抗は究極的に道徳に欠けたものであるとみなすだろう――たとえ共通の目的に向かって用いられる戦術それ自体は支持できるとしても。

ガンディーやガンディーの仲間も、市民的抵抗が道徳に欠けた使われ方をすることについて懸念していた。サッティヤーグラハ――自給自足と植民地法制への非協力という二つを併用する技術としてガンディーが発展させた方法――は、力強い方法であり、だれもが採用し、使える方法であった。一九一九年二月、インドのイギリス植民地政府は、ローラット法を通過させた。この法律は、陪審なしにインド人が裁判にかけられ、裁判なしに容疑者が拘束されることを認めるものであった。ガンディーは国中のさまざまな街や市を訪れ、国全体での「ハルタール（hartal）」――労働者ストライキ、自発的学校閉鎖、公的生活から市民が姿を消すといったことを含む完全な遮断――をつうじて「醜悪な」ローラット法に対し、抵抗する人びとを動員する準備をおこなった。ガンディーは、こうした法律がすべてのインド人のはらわたが煮えくり返るほどの影響を及ぼしており、彼らのほとばしる怒りを非暴力の集団蜂起につなげられると考えた。

蜂起に備え、ガンディーは著名なインド人の詩人で愛国者のラビンドラナート・タゴールに宛てて手紙を書き、活動に対する支持を求めた。返答に、タゴールは注意を記した。

受け身の抵抗はそれ自体が必ずしも道徳的ではない力である。真実に反するようにも真実のためにも使われ得る。成功する見込みが大きくなると誘惑にかられるため、あらゆる力に内在する危険性も大きくなる……そうした戦いは英雄のためのもので、その瞬間の勢いに導かれた人びとのためのものではない。[46]

タゴールの警告は正確だった。一九一九年四月六日、国中でハルタールが開始され、広く成功と歓迎された。とりわけ、ヒンドゥー教徒とイスラム教徒がまとまってそのような見方をした——イギリス統治の分割支配戦略に抵抗する重要な一歩として。四月八日、政府はガンディーを逮捕した。逮捕のニュースが広まると、抗議者たちが国中に噴出した。グジャラート州アーメダバードでは、抗議者がヨーロッパ出身者を攻撃し、彼らの家屋に押し入り、たくさんの公的施設に火をつけた。政府は戒厳令を敷き、暴動を抑え込むために部隊を派遣した。軍は何十人もの人びとを殺害し、百人以上が負傷した。ガンディーはサッティヤーグラハを中止し、これらの事件の罪を償うために断食をはじめた——彼の言葉を借りれば「起こってしまった暴力のため、わたしたち自身に対するサッティヤーグラハをおこなう」[47]ためであった。ガンディーは、大規模な蜂起を組織することは時期尚早であり、インドの独立運動は非暴力がもっと広範に伝わり、生活様式として内面化されるまで待つ必要があると結論づけた。

さらにいえば、市民的抵抗キャンペーンはますます対抗的抗議にあうようになっている。ニルス・ウェイドマンとエプセン・ロッドによる二〇一九年の研究では、権威主義体制において、七件の反政府抗議に対し一件の政府支持派の対抗的抗議が起こっている。[48]こうした数字は、トランプの大統領就任以降のアメリカにおける抗議と対抗的抗議の傾向と驚くほど一致している。二〇一七年から二〇一九年にかけて、約八十五パーセントの抗議はトランプに対するものであったが、約十五パーセント（つまり七件に対して一件）の抗議は、トランプあるいはトランプの政策を支持するものであった。

対抗的抗議は、権威主義者が現状を維持するために、人びとの支持を見せつけようと用いる意図的な戦略であることもある。あるいは、抗議と対抗的抗議が単純に同時に発生することもある。市民的抵抗キャンペーンのように、対抗的抗議も、相手方を分裂させるのに必要な数の参加者を集め、自分たちに有利な既存の権力構造に梃子入れすれば、勝利することができる。それができなければ負ける。革新的な人びとがそうした出来事を避けたいのであれば、これらのより反動的で逆行的な運動を凌駕するような組織化や動員が必要となる。

抑圧された人びとが抑圧と戦うのは市民的抵抗という手段によってのみと考えて良いか？

答えは「いいえ」だ。ハリジャンという新聞に、ガンディーはこう書いた。「暴力は合法的でないが、暴力が自衛あるいは無防備な人びとを守るためにおこなわれる場合には、びくびく服従するよりはるかに良い勇気ある行動である……各自が自分自身で判断すべきである。他のだれにも判断する権利はない」[49]。たとえ外から見てその戦法が逆効果をもたらすと思われても、抑圧と戦う人びとに対し、他者に規定された方法で戦うことを求めることなどできるわけがない。

黒人フェミニスト活動家ウィルメット・ブラウンはこう記す。

黒人が自分たちを解放するための自決、信頼できる同盟、そして資源を否定される限り、わたしたちは破壊するために自らの力に訴える他ない――わたしたちが持つ唯一の力であり、より力を得るための唯一の方法を。その文脈において、わたしたちが用いる暴力は常に自衛の範囲内にあるが、わたしたちより力を持つ白人は、わたしたちに暴力を控えるよう助言し、わたしたちが自分たちのための武器を選択していると思い込むような、擁護できない立場に立っているのだ。[50]

ただし、正義と政治的効果に関する問いは、緊張関係にあることがよくある。ほとんどの市民的抵抗研究者は、この問いは回答不能であるという姿勢で、あらゆる道徳的な問いを脇において、道徳ではなく戦略に焦点を絞ってきた。抑圧に直面する者がどの方法を使って戦うべきか、判断しないという研究者もいる。とはいえこういうのは学者や傍観者である。運動の中では、市民的抵抗が効果的で適切か、そして行使する方法を命令する力をだれが持っているのかをめぐって、活動家の間で大きく意見が分かれる。議論が白熱すると、運動が分裂や混乱に陥り、連合体が合意できる活動の幅も限られてしまう。

たとえば、学者兼活動家のクリス・ロスデイルは、第一次世界大戦以降のイギリスの反軍国主義運動を研究した。研究の結果、厳格な穏健主義者は、暴力を用いた自衛行為を除外することを拒否する人物と組もうとしないことがわかった。穏健主義者は、そうした戦術は道徳を欠いており、かつ逆効果だと主張した。[51]他方、こうした選択肢を残しておく者は、必ずしも無制限かつコントロールがきかない暴力を認めているわけではない——しかし、彼らは、はるかに強力な相手の暴力に立ち向かう際、とくに相手の力や権力が事実上暴力の独占により成り立っている場合、穏健主義者や部外者がどのような行動を取れるか命令する権利はないと主張する。こうした議論は深刻な亀裂を生み出し、連合体が共に活動し、進行中の闘争を引き続きおこなっていくことが困難になる。この亀裂は、反軍国主義的直接行動が非暴力的であるべきかどうかについてではない。ほとんどの人は、可能な限り非暴力的であるべきという点に同意する。というよりも、この亀裂は、はるかに強力で、もしかすると法を度外視するかもしれない相手に立ち向かうときにどういう手段を使うべきか、この点においてだれに命令する権利があるのかをめぐる亀裂である。こうした議論や懸念は公民権運動の象徴的存在であるエラ・ベイカーの立場と共鳴する。一九六〇年代、彼女はこういった。「抑圧された（under the heel）人びとは、抑圧から逃れるためにどのような行動を取るか決めるべき人たちでなければならない」[52]。

運動を観察する者は、謙虚な態度を取り、運動の方法が正当化されるか否かの判断をやめるべきである――とりわけ、観察者がその運動が戦っているタイプの抑圧にさらされていないのならば。穏健主義者の汎アフリカ活動家ビル・サザーランドがよくいうのは、「わたしたちの仕事は、人びとが自身をどう解放すべきか伝えることではない。わたしたちの仕事は、彼らの首を抑えつける政府の靴をどけることである」[53]〔英語の「ヒールの下で」が「抑圧された」という英語表現であることから〕。

観察する者がすべきもっとも重要なことは、人びとが自分たちを解放できるように、頼もしく連帯を示し、資源を共有し、機会を生み出す方法を学ぶことである。なぜ正義を求める人びとが暴力に訴えるのか、暴力が賢明かどうかを問う代わりに、抑圧に直面し正義を追求する人びとを支援するために、どの非暴力的方法を彼らが自分たち自身で採用できるか、自分たち自身に問うことができるのだ。

第二章　いかに市民的抵抗はうまくいく？

彼らができることは何か
あなたにできること？　何にせよ彼らがやりたいこと。
あなたを治すことも、
あなたを破滅させることも、
あなたの指をへし折ることも、
あなたの脳を電気で焼くことも、
あなたを薬でぼんやりさせることもできる
あなたが歩けなくなるまで、覚えていられなくなるまで
あなたの子を連れ去り、投獄することもできる
あなたの愛する人を。彼らはなんだってできる
あなたには止められない
そうすることを。どうやったら止められるかって？
たった一人で、あなたは戦える、
あなたは拒むことができる、あなたは
どんな報復措置を取ることもできる
でも彼らはあなたに逆らわない。

二人いればお互いに健全さを保ち
与えられる、支援、信念、
愛、マッサージ、希望、セックスを。
三人いれば代表団であり、
委員会であり、何かをはじめるきっかけになる。四人なら
ブリッジをして遊べるし、組織を発足できる。六人なら
家屋一件を借りられて、
夕食にパイを食べられる
おかわりはないが、資金調達グループを持てる。
十人ならデモを実施できる。
百人ならホールを埋め尽くせる。
千人なら連帯感を持って独自のニュースレターを発行できる。
一万人は、力でありあなた方自身の新聞だ。
十万人は、独自のメディアだ。
千万人は、ひとつの国だ。
一歩一歩進んでいくのだ、
はじまるのはあなたが気にかけるとき
行動することを、はじまるのはあなたがそうするとき
何度でもそして彼らがノーというとき、
はじまるのはあなたが「わたしたちは」というとき

それがだれだかわかっていて、明日が
来るたびあなたが「私たち」にまた一人増やすとき。
――マージ・ピアシー「The Low Road」(1)

過去一世紀にわたり、非暴力革命は暴力革命よりも高い頻度で成功してきた。実際、過去十年間に限っても、わたしたちは、スーダン、レバノン、アルメニア、ブルガリア、チュニジア、タイといった多様な場所で、目を見張るような民衆の力による勝利を目のあたりにしてきた。しかし、非暴力抵抗はいつも成功するわけではない。過去十年、バーレーン、トルコ、イラン、ベネズエラ、ロシアといった権威主義体制の政権は、自分たちに歯向かってくる大衆運動を鎮圧したり、戦略で打ち負かしたりした。(2) なぜなのか？

本章では、なぜ大衆の参加、〔政権側からの〕離反、戦術的イノベーション、また抑圧に対する強靭さが、人びとにとって、長きにわたる異常さを克服し、市民的抵抗を用いて成功することに役立ってきたのかを説明する。そうすることで、筆者は、どのようにして非暴力運動が成功するのか、くわえて非暴力抵抗が不可能な状況はあるのかといったよくある疑問のいくつかに答えてみる。それから、よくある誤解を解くことにも挑む。(3) よくある誤解とは、次のような考え方である。市民的抵抗は敵を道徳的に改心させることによって機能する。市民的抵抗は民主主義国家や弱いあるいは不安定な相手に対してのみ機能するのであり、政府の転覆より改革の方がうまくいく。暴力的な抵抗の方が市民的抵抗よりも効果的である。市民的抵抗のひとつの方法――たとえば抗議――を用いれば変化をもたらすには十分だ。そして、SNSとデジタル技術は常に非暴力の反体制派に有利に働く。こうした考え方だ。

市民的抵抗キャンペーンを効果的にするのは何か?

よくある思い違いは、非暴力抵抗はある限られた状況でのみ可能だということである。限られた状況とは、敵が弱すぎて、あるいは無能すぎて、抵抗運動を阻止できないか、打ち負かすことができない場合、抵抗キャンペーンが改革のための何のひねりもない、はっきりとした要求をおこなう場合、あるいは自由で開かれた政治体制によって市民が集まりやすく変化のための組織化をおこないやすい場合である。

しかし、こうした直感は間違っている。市民的抵抗キャンペーンは、弱い相手にも強い相手にも機能してきた。キャンペーンは改革的で大胆な要求を突き通してきた。また、反体制派であることを大っぴらにすることがほとんど不可能な、信じられないほど厳しい政治環境下でも、勝利してきたのである。[4]

実は、非暴力革命の効果というのは、道徳的な正しさよりも運動の政治力に左右されるのだ。非暴力運動の記録を振り返ってみると、運動の成否を説明する四つの鍵となる要素が浮かび上がる。四つを順番に説明しよう。

▽あらゆる社会的地位から集まる、大衆の参加

市民的抵抗キャンペーンの成功を決定的に左右するもっとも重要な要素は、参加する人びとの規模と範囲である。キャンペーン参加者の基盤が大きく多様なほど、より成功する傾向にある。[5]大衆の参加によって、真の意味で現状を打破でき、続いてきた抑圧を維持することができないように変化させ、敵の組織やしばしば治安部隊も含む支持者の離反を促し、[6]権力保持者の選択肢を狭める。大規模キャ

ンペーンを無視することは政治的に不可能になる。もっとも残酷な敵でさえ、平和的な人びとが大勢集まって、政権への協力を拒み、毎日の生活を変えようとすると、立ち直れないほどに鎮圧することは難しいとわかっている――とりわけ、そのキャンペーンがさまざまな方法やアプローチを使ってくる場合には。[7]

ここで、いかに大規模な参加が、二〇一八年から二〇一九年のスーダン革命に影響を及ぼしたかを見てみよう。この間、大衆運動が、巧妙かつ創造的に、三十年間にわたり権力を握り続けた、残酷な独裁者オマル・アル゠バシール大統領に立ち向かった。アル゠バシール政権は、二〇〇〇年代はじめにダルフールでジェノサイドをおこない、二〇一一年および二〇一三年にスーダンで起こった非暴力蜂起を暴力で抑え込んだ。二〇一八年十二月、パンの値段が三倍になったことに対して自然発生的に組織化した抗議者たち数十人を、アル゠バシールの治安部隊が殺害した。この暴力に反応して、抵抗運動は国中に広がり、バシールに権力の座から降りるよう要求した。学生、労働者、お茶の販売員、タクシー運転手、公務員、医者、弁護士、その他の専門家が手を組み、強力なスーダン専門職組合（SPA）を含む連合を結成した。SPAは、長期間にわたる闘争の計画をはじめ、非暴力抵抗の理論と実践の両面で市民を訓練し、労働停止とストライキを組み合わせた大衆デモをつうじて、バシールに圧力をかけ続けるための戦略を開始した。

四月までには、警察や治安部隊の一部が街や村でデモを組織する活動家を銃撃および殺害せよという命令の遂行を拒否し、抗議者側に離反したという報道も出てきた。それまでに、何十万もの人びとが運動に積極的にかかわっており、スーダン国内のあらゆる社会的立場の人びとが参加していた。ダルフールの人びと――周縁化されていた人びと――が組織した運動をバシールが沈静化しようとすると、「われわれはみなダルフール人だ！」というスローガンを突きつけた――運動の団結を崩し、すでに周縁化されていた人びとに濡れ衣を着せようとしたアル＝バシールの試みに対する強い非難であった。

首都ハルツームと他のスーダン各都市で市民の参加が広まる中で、二〇一九年四月十九日、スーダン将校がクーデターでバシールを権力の座から降ろし、暫定軍事評議会（ＴＭＣ）を立ち上げた。しかし、何十万ものスーダン市民は路上にとどまり、クーデターの首謀者たちに文民に権力を引き渡し、民政移管をはじめるよう要求した。六月までに、ＴＭＣは抵抗する市民をやけになって抑えつけるようになった。治安部隊は、ハルツームにある政権の軍司令部の外で座り込みをする集団に攻撃し、殺害、レイプ、数百人の人びとに重傷を負わせるなど、ハルツーム大虐殺と呼ばれるほど事態が悪化した。ところが、民衆は散り散りになってしまうわけではなかった。ＳＰＡは、展開中の運動に参加する反体制派の人びとに対し、ＴＭＣによる脅迫や暴力が生じていると警告し、路上での抵抗から三日間のゼネストに切り替え、スーダン市民に、店、学校、職場、工場や役所から離れて自宅にとどまるよう呼びかけた。ストライキは六月九日から六月十一日までおこなわれ、規律を保ちながら現状を打破するというやり方で、運動が民衆の力を駆使することができることをすぐさま証明した。このストライキは、路上を空っぽにし、市民には国家の暴力から比較的安全な場所にいてもらいながら、ＴＭＣに対し、民政移管の過程でもっと多くの文民の監視や参加をさせるべきとのＳＰＡの要求を呑むよう圧力をかけ続けるものだった。六月十二日までに、ＴＭＣは条件付きで従った。ＳＰＡとの協議が再開し、ハルツーム大虐殺の犯人は捕まり、裁判にかけられ、数カ月以内に新憲法が制定されることとなった。この先の道は平坦ではないが、スーダンは、ここまで書いたように、予想もしなかった民主主義への移行の途上にある。この事例は、いかに大規模な民衆の参加が純粋な民衆の力に転化するかということを示している。

▽政権支持者の忠誠心を変化させること

市民的抵抗がうまくいくのは、下からの十分な力を誘発すること、つまり、草の根の市民社会が権力保持者の計画や政策を実行・施行する責任者たちを本質的に分裂させたり、抱き込むことによってである。このことが、第二の重要な要素につながる。その要素とは、敵側の支柱にいる人びとに忠誠心の変化を促す抵抗運動の能力である。

この能力を獲得するためには、抵抗キャンペーンが多くの異なるコミュニティから支持を得ている必要がある。女性、若者、学生、老人、専門家、タクシー運転手、商売人や中小企業経営者、宗教関係者、公務員、他にもいる。支持者の幅が広くなるほど、その運動は社会のあらゆる立場を代表し、多様な場に影響を及ぼすようになる――つまり、敵の支柱にいる人びとにまで手が届く方法が増えることを意味する。

社会的な力がいかに現状に劇的な影響を及ぼせるか、甘く見ないことが大切だ。自分たちには政治体制をどうこうできるような影響力はないと感じている市民でさえ、社会的な力を持っている。どんな人でも、少なくとも何らかの人間関係を持っており、それをつうじて他者の行動に挑戦し、他者の行動を助けることができる。また、社会的承認・不承認は人の行動に大きく影響する。家族、友人、仲間や隣人からの承認や、彼らとの気のおけない関係を維持したいという願望があれば、政権の中にいる人さえも、〔不承認が続くと〕自分たちは現政権の制度を支持し続けることはできないと考えるようになる。それぞれのレベルにいる人びとが、政権の重要な社会的条件や態度に影響を及ぼす。前線にいる歩兵部隊であれ、戦略を企てる将軍であれ、外交官のような公務員であれ、電力系統の作業員であれ。

人びとが、政治参加のための他の法的選択肢、たとえば投票権を持っていない場合でさえ、この点はあてはまる。その昔、奴隷制度廃止論者のアンジェリーナ・グリムケは、アメリカの白人女性が参政権を得る前、一八三六年の冊子『南部のキリスト教徒女性への訴え』で、この点を指摘した。

> もしかすると、あなたがたは疑問を持つかもしれない。なぜこの問題について女性に訴えるのだろうか、と。わたしたちは奴隷制を存続させる法律をつくらない。わたしたちには法律をつくる権力は付与されていない。つまり、たとえわたしたちが制度をひっくり返したくても、何もできないのだ、と。この問いに対して、わたしはこう返す。あなたがたが法律をつくれないことはわかっている。でも、あなたがたは、法律をつくる人の妻であり母であり、姉妹であり娘であるということもまたわかっている。その上で、あなたがたが奴隷制度の廃止に何もできないと本当にお考えなら、大きく間違っている（強調原文）。

十九世紀、グリムケはこう認識していた。たとえアメリカ南部の白人女性が、投票もできず、陪審員にもなれず、政治的な職に就けないとしても、それでも彼女らは、奴隷にされた人びとが直面する日々の不正義や侮辱のいくつかをなくすようにする力や、それらに挑戦する力を持っているし、彼女らが自分たちの夫、親戚、友人や子供に話しかけるときに、奴隷制度の道徳面に挑戦することもできる。そうした圧力により、時がたつにつれ、南部で関連法をつくる白人男性が何らかの妥協をはじめるだろう。夫婦間の問題を改善するために。グリムケはそう信じた（もちろん、南部の白人女性はグリムケの訴えに取り合わなかったし、南部出身の白人――女性か男性かによらず――の間で奴隷制に反対する、下から支えられ広まるような市民的抵抗は南北戦争前には存在しなかった）。

運動が自分たちの側に政権側の重要人物や体制支持者を引っ張ってこられる場合、そうはできない運動よりも成功する見込みが高い。また、それらの体制支持者を動かす上では、敵の心を掌握したり、敵の道徳観に訴えたりする必要はない。多くの場合、これが意味するのは、重要な経済ないしビジネス・エリートの懐を痛めたり、軍・治安部門の重鎮の立場上あるいは本職上の利害を脅かしたり、単純に政権内で力のある敵を政権の中心から外す、ということだ。改革意識のあるエリートが、政治の風向きが変わっていると感じはじめ、集団で積年の残滓を放棄しようとするにつれて。

もちろん、それぞれのキャンペーンにはそれぞれに特異な点がある。たとえば、人種あるいは民族の違いでひどく分断された社会では、治安部隊――典型的には彼らは特権的地位にある民族あるいは人種的集団を代表している――に離反するよう説得することは困難だろう。[8] 多くの政権は、外国人や傭兵を雇うことにより、警察、軍、その他の分子が離反するリスクから自分たちを守ろうとしている。例を挙げるなら、バーレーンは、二〇一一年の君主制に対する大衆運動を抑え込むためにパキスタンとサウジの警察を迎え入れた。あるいは政権が、社会に存在する人種あるいは民族上の分断を利用することもある。南アフリカのアパルトヘイト時代の政権が、治安部隊に白人の南アフリカ人ばかり登用したように。とはいえ、経済ないしビジネス・エリートのような、その他の重要な集団の忠誠心は、民衆の力が十分な費用を彼らに課すようになれば、弱まることがよくある。たとえば、アパルトヘイトがおこなわれていた南アフリカでは結局、白人の企業経営者はアパルトヘイトの終焉を支持しはじめた――そして南アフリカ政府に対し、アフリカ民族会議（ＡＮＣ）との交渉をはじめるよう圧力をかけた。なぜなら黒人居住地域で人びとが彼らの商品の購買をボイコットし、国際企業が南アフリカ経済から抜け、国際機関がアパルトヘイト政権に制裁を科したからである。この下からの圧力によって、政権は反対派の要求に従わざるを得なくなった。

▽デモに限らず、幅広い戦術を用いること

さまざまな戦術を駆使する運動は、抗議活動やデモなど、ひとつの方法に頼りすぎる運動よりも成功する傾向にある。新しく、予想もしない戦術を生み出す上で、多くの人的資本をうまく活用できる非暴力キャンペーンは、予想可能で戦術的に面白みがない運動よりも、活動の勢いを維持することに長けている。抵抗運動の規模がとりわけ大きな場合には、他の方法で圧力をかけられる限り、路上での活動から退くことも可能なのだ。

幅広い戦術を用いることはどのようにしてうまくいくのか、別の歴史上の事例を見てみよう。一九四〇年にナチスがノルウェーに侵攻し、ヴィドクン・クヴィスリング率いる傀儡政権を樹立した。一九四二年二月、クヴィスリング政権はノルウェー国内の学校のカリキュラムを、ナチスのイデオロギーやプロパガンダを反映したものに変更しようと試み、かつ、ノルウェーの学校教員たちにナチスの教員組合に参加するよう命じた。(9) 最大一万人――八十三パーセント以上――のノルウェーの教員が拒否し、ストライキをはじめ、見えないところで教育を続けた。学校は閉鎖し、何万もの子どもたちも自宅で待機した。すると、重要な支柱――学齢期の子どもを持つ親たち――も教員の運動と手を組む方向に動いた。何十万もの親たちがこの国をもとどおりにするためにクヴィスリングの政策を直ちにもとに戻すよう要求する書簡を書いた。これに対し、クヴィスリングのゲシュタポ〔秘密警察〕は、千人の教員を逮捕し、牢獄に入れ、彼らを非人道的に扱ったというニュースを公にすることで、教員たちを震え上がらせ、命令に従わせようとした。しかし、教員たちは降伏しなかった。それどころか、コミュニティをなす人びとが、ストライキを実行する教員の家族を支援するためのお金を集め、連帯する教員を増やした。続いて、一九四二年四月、クヴィスリングは五百人近くの教員を、北極に近い、

ノルウェー北部の強制収容所に送った。ところが、クヴィスリングは次のことを聞いて眩暈を覚えた。ノルウェーの農業従事者たちが、線路沿いに並んで、列車で北へ向かう被収容者たちのために歌い、彼らに食料を提供したというのである。一九四二年十一月までに、クヴィスリングは以下の結論に達した。市民をさらに厳しく扱っても、ノルウェーの人びとの間で正統性を維持することはできない。それゆえこれ以上残虐なことはできない。なぜなら自分自身が権力の座にいられるのは、市民がそれを黙って認めているからだ。クヴィスリングはノルウェーのカリキュラムをナチ化するのをやめたほか、ノルウェーの公的・文化的機構をナチス支配に統合する試みもやめた。

この事例——くわえてその他多数の事例——は、いかにストライキが、広範な基盤の人びとから集団的支持を得るとき、真の意味で政権の権力支配を脅かすことができるかを示している。また、ストライキのための基金を創設したり、食料や水を貯えたり、その他のコミュニティの自助の実践により、大衆運動がいかにそうした大規模な非協力活動を仕込めるかもわかる——このような方法すべてが、抵抗運動を持続的な運動にするのだ。大勢の市民が参加する場合には、こうしたやり方がもっとも効果的である。

▽抑圧を前にしても規律と強靭さを保つこと

第四に、運動は、とどまる力を培うと成功する傾向にある。つまり、強靭さを養い、規律を保ち、政府が暴力的に壊しにかかってきても大衆の参加を保持できることを意味する。もっとも重要な点は、組織性を維持することである。政権側が何をぶつけてきても——暴力で仕返しをするのでも、暴力に反応し退こうと散り散りになるのでもなく。これを達成できる運動は、たいていはっきりとした組織構造を有する。指導者が投獄、殺害、あるいはその座から外された場合を想定して、引き継ぎ計画がある。また、抑圧が激化した場合にどう対応するかという、緊急時対応計画もある。[10] くわえて、幅広く、たくさんの人びとを関与させ続けられることも強さの秘訣だ。たとえ銃火を浴びているときも。なぜなら、相当に多様な抵抗運動を抑えつけることは、敵にとって裏目に出る可能性が高いからだ。政権にとって、主流派にいる、あるいは政権側の仲間内に近い市民を攻撃することは、社会全体を代表しているとはみなされていない小規模な集団を標的にするよりも、（不可能ではないにせよ）はるかに難しい。[11] 結局、警察・軍隊にとって、自分たちの子ども、いとこ、経理事務員、僧侶やイマームがその中にいるかもしれないのに、大衆に対して暴力を行使するよう求められるのは往々にして心地がよくないことだ。この逆効果の可能性のために——そして集中と分散の技術を行ったり来たりする非暴力運動の巧みな工作のために——非暴力運動は暴力的な運動よりもはるかに成功しやすい。たとえ政権が勢いよく非暴力運動参加者に攻撃や殺害を試みてきたとしても。実際、一九〇〇年から二〇一九年まで、暴力的抑圧に直面したマキシマリスト〔つまり政権転覆や分離独立を求める〕非暴力運動は四十五パーセントが成功しており、暴力的な運動はたった二十二パーセントの成功にとどまる。

以上の四つの要素——大規模な参加、忠誠心の移行、戦術的イノベーション、抑圧を前にしたときの強靭さ——は、市民的抵抗運動が、長期的闘争に向けてよく組織化され、備えが整っていると、より上手くやれる。多くの政権が大衆の非暴力蜂起を前にいかに早く崩壊するように見えても、騙されてはいけない。そうした大衆動員の前に、何カ月、あるいは何年にもわたる計画や組織化があって、組織的で規律の取れた運動がはじまるのだ。たとえば、セルビアのオトポール運動関係者——この運動はスロボダン・ミロシェビッチを二〇〇〇年に倒すことに貢献した——がよくいうのは、彼らは九十五パーセントの活動エネルギーを、計画、訓練、準備、そしてフォローアップ活動、たとえば活動の写真やビデオの配布、活動を解釈する論評の執筆、動員活動などに費やしていた。[12] 彼らの活動の残る五パーセントだけが抵抗活動それ自体に使われていた。同じように、アメリカ公民権運動時代、テネシー州ナッシュヴィルで人種による公的施設の使用差別を撤廃しようと座り込みなどをおこなった学生活動は、しばしば授業開始前の早朝に集まって、計画、準備、そして戦略を練っていた。[13]

これらの事例が教えてくれるのは、成功した非暴力運動というのは、自然発生的であることはほとんどないということである。成功するためには、時間、努力、計画が必要になる。実際、平均して、成功した大衆非暴力運動は動員に十六カ月をかけている――この期間には、最初の大衆活動を開始する前におこなう計画、訓練や戦略策定は含んでいない。とはいえ、念頭に置いてもらいたいのは、この期間というのは、成功する暴力的な運動の平均準備期間よりも相当短いのである。後者は五年以上を要する。

市民的抵抗運動を機能させるためには、運動の規模が大きく、運動が革新的かつ持続的であり、そして政権側の支持コミュニティに対して、政治の風向きが逆向きに変化しているという合図――そして反体制派に移ることが自分たちの長期的利益になるという合図――を送らなければならない。規模、統一、創造的戦術上のイノベーション、そして離反を通じた梃子の作用が、非暴力抵抗キャンペーンを成功させるのだ。

非暴力の市民的抵抗運動はどのようにして大勢の支持者を惹きつけるのか?

では、そうした運動は実際にはどのようにあらゆる社会的地位から大勢の人びとを惹きつけるのだろうか? 社会学者ダグラス・マックアダムが「認知的解放」[14]と呼ぶものが重要になる――大勢の人びとが集合的に次のように決定するプロセスである。深刻な不正義がおこなわれたこと、こうした状況を変える行動を取らなければならないこと、自分たちが望む変化を生むために自分たち自身がみなと共有する気持ちを胸に関与しなければならないこと、こうした不正義に気づいていなかった過去、あるいは行動に移すリスクを取るより不正義を受け入れようとしていた過去にはもう後戻りはできないこと。そう、これは大きな飛躍だ。でも、マックアダムは、運動は、次のような条件下で認知的解放を作動させやすいと主張する。運動の主張をあらゆる社会的地位の人びとが共感するような表現にする場合、ある政治的事件が集合行為のきっかけとなり集団行動を促す場合、そして運動が持続的な動員に挑戦するのに十分なまでに組織化される場合、である。[15] 以下では、それぞれの要素をもう少し細かく見てみよう。

成功を収める市民的抵抗運動はどうはじまるのか?

市民的抵抗キャンペーンがはじまる理由は数え切れないほどある。不正義や尊厳に対する侮辱が長期間にわたって、多くの人びとのあいだで積もりに積もる――人びとはさまざまな方法でその不適切な仕打ちに抵抗するために集まりはじめる――と、いつどこからはじまったのか正確に言い表すことは難しい。そのような大衆の動員をおこなった事例の理由を一般化することも、なかなかできるものではない。

当然のことだが、だからといって研究者が一般化しようという取り組みをやめるわけではない。二〇一七年に世に出された研究で、ジェイ・ウルフェルダーと筆者は、抗議と革命に関する多くの主要な社会学理論を分析した。うちいくつかの理論は、集団的義憤を強調した。他の理論は、政権が弱体化あるいは移行期にあるときに、いかに政治的機会が開かれるかに目を向けた。また別の理論は、徐々に展開する自由化のプロセスに着目し、それが突然雪玉のように転がって成功する大衆運動に変化すると考える。さらに別の理論では、大衆運動が利用可能で適切な資源を持っているのか――つまりコミュニケーション、時間がある若者、資源を引き出せるメンバーや経験を有する組織的ネットワークが存在しているか、考えた。[16] 筆者らは、これらの理論のうちいずれかが、いかに市民的抵抗キャンペーンがはじまるかを正確に説明あるいは予測できるかを知ろうとした。

驚いたことに、以上の標準的な理論は、少なくとも一九五五年以降の時期に、非暴力蜂起が世界のどこで起こるかを正確に予測できなかった。[17] 条件は実にさまざまだったからだ。

とはいえ、市民的抵抗の蜂起のはじまりと相関関係を持つ要素はいくつかある。第一に、どの年であっても、大きな人口を有する場合には運動が発生しやすい。単純に、そうした国は大きいため、中国、インド、アメリカ、ロシアといった大きな国では、さまざまな政治的事件がほかの国よりも起こりやすい。もうひとつの要素は、「ユースバルジ」と呼ばれる、十五歳から二十五歳の人口層が全人口の圧倒的多数を占めている場合である。[18] この点は重要である。なぜなら青年活動家――とりわけ学生――が、抗議や抵抗活動を引っ張る傾向があるからだ。理由としては、若者には時間があり、失うものより得るものの方が多く、そして多くの場合、学校のような人びとが集まれる場所に集中しているからである。[19] ほとんどの人びとが電話契約をしていれば、市民的抵抗運動はよりはじめやすい。もし、多くの人が都市部に住んでおり、大勢の人びとが簡単に議論、調整、動員できるほど近くにかたまっていれば、これもまたはじめやすい。[20] 大規模製造部門があると、交渉力がつくかもしれない。なぜなら、大勢の人が労働の提供を停止するというような、経済に死活的な影響を与えられるからである。[21] そして、既存の社会組織――労働組合や専門家協会、宗教施設、学校や大学――は、噴出する不満を持続的な政治力に発展させていく上で、とりわけ重要であり得る。[22]

これらすべての要素が、大規模な抵抗の参加者を動員する機会の窓を開く。とはいっても、リスクが高い集団行動をはじめようと、人びとを動機づけるものは何なのだろう。とくに、敵があらゆる武器を有し、積極的に使ってくるかもしれない場合において。短期的なきっかけと長期的な動機の両方をみてみよう。短期的なきっかけは抵抗運動によって特徴がある。事前に予測することが難しく、それが起こっているときには必ずしも容易には認識できない。たとえば、二〇一〇年十二月、果物屋のモハメド・ブアジジは、現地警察による度重なる嫌がらせを受け、賄賂を要求され、商品を没収され、知事に問題を訴えても聞き入れてもらえない怒りと絶望で、チュニジアの街シディ・ブ・サイドにおいて、自分の身体に火をつけた。ほとんどの人びとが、彼の抗議が二〇一〇年十二月のチュニジアでの尊厳革命を引き起こし、それがより広く「アラブの春」につながったと考えている。しかし、その他大勢の人びとが、この事件の前にも政治的抵抗や絶望からチュニジアで焼身自殺を図ったが[23]、何ら大ごとにはならなかった。なぜ、革命に火をつけたのがブアジジの抵抗や自暴自棄の行動だったのかは、ほとんどだれにもわからない。

同じように、二〇一八年十二月にスーダンで、経済危機のさなか、政府はもうこれ以上食料や燃料に補助金を支払わないと発表した。スーダンの人びとは、抵抗するために街頭抗議に出た――そして二〇一九年四月に専制的なオマル・アル＝バシール政権を倒すまで続けた。くわえて、現金不足のレバノンでWhatsApp〔メッセンジャーアプリ〕への課税案が出されると、二〇一九年十月革命の引き金となった。この間、何万ものレバノン人が、抗議、デモ、ストライキに参加し、首相を辞任にまで追い込んだ。こうしたきっかけというのは本当に予測や一般化が不可能なのである。

多くの人びとは、民衆蜂起がおこなわれるもっとも一般的な理由は、経済への不満であると考えがちである。しかし、経済的な苦境という条件――貧困、不平等、インフレや突然の経済生産高の低下などの経済ショックで測定されるものだが――は、少なくとも一九五五年から二〇一三年において、大衆の市民的抵抗キャンペーンのはじまりを一貫して予測することはできなかった。そうウルフェルダーと著者はつきとめた。では何だったのか？　権威主義体制のような政治犯、拷問、むち打ち、政治的収容などの目に見える人権侵害、あるいは警察や政府による恣意的な殺害が主要な要因であった[24]。実際、筆者らが発見したのは、ある国の人権パフォーマンスがある年から次の年に低下すると、お決まりのように市民的抵抗が起こったということである。別の表現を用いるなら、ある国がより抑圧的になると、その国はより非暴力の蜂起を経験する可能性が高くなるということだ。

なぜ、抑圧が高まると非暴力蜂起を惹起するのだろうか。抑圧されると、市民は怖くなって、逆に静かにしていようと思うものではないだろうか。政治学者ウェンディー・パールマンは、「アラブの春」の運動に参加した活動家に聴き取りをおこなった結果、集団のきわめて強力な感情的な状態――プライド、喜びや希望と混ざり合った怒りのようなもの――が、恐怖を克服し抵抗活動に飛び込むよう背中を押すことを発見した[25]。そうした集団的な怒りは、尊敬されている個人や無垢の人びとの暗殺ないし警察による殺害など、広く認識された不正義への反応であったりする。アメリカでは、二〇二〇年五月、ミネソタ州ミネアポリスで、武器を持たない黒人ジョージ・フロイドが警察に殺害されると、その反動で、国中で大規模抗議が発生した。集合的な怒りの感情は、正当でない、人びとから支持を得ない法律が通過することで燃え上がることもある。たとえば、香港の逃亡犯条例改正案は、政治犯が裁判や刑罰を受けるために中国本土に引き渡されることを認める案であり、もともと民主的な土地柄の住民たちが突然中国の厳しい司法システムの従属者になってしまうという怒りが広まった。希望はあるのか。希望というのは、市民が手を取り合って動くことで、不正義に対して何かできるという感覚からやってくるのである。

民衆が動員の機会と動機を持つとき、なぜ武力抵抗ではなく非暴力を選ぶのか？

ひとつ影響しているのは、ある国の直近の抗議の歴史である。民衆がごく最近、抗議に参加した、あるいは非暴力の抵抗という方法に関心を寄せていた場合、単純にそうしたアプローチを身近に感じ、非暴力の方法が他者と共有する言語のひとつだと考え、新たな非暴力闘争に訴える際にまた用いるのである。[26] アメリカでは、二〇二〇年の選挙の前に出現した民主主義運動は、黒人の命、移民の権利、女性の権利、銃規制、環境正義、経済正義や投票権のために、すでに何年も前から動員されていた集団の大規模な連合体を基盤にしていたのである。この連合体には組織力があって、メッセージの発出を調整したり、資源を共有したり、投票ハラスメント、投票集計の干渉や州ごとの投票結果の証明を覆そうとする行為に対して、人びとを動員したり即応するために増員したりもできた。

非暴力行動への親近感は国境を越える。非暴力蜂起が発生した国が地理的に近くにあると、民衆は、今度は自分たちが立ち上がる番かもしれないと考えはじめるようになることがある。[27] だから、民衆の《ピープル・》力による運動《パワー・ムーヴメント》は、東欧のカラー革命やアラブの春然り、一定の地域で波のように広がることがよくあるのだ――これを政治学者マーク・バイシンガーは「モジュラー革命」[28] と呼んだ。

まとめると、いくつかの要素が確かに市民的抵抗運動を発生させやすくするようだ。同時に、どの要素はそうした運動を促さないかについても覚えておくと役に立つだろう。[29] 後者に含まれるのは、ある国が裕福か貧困か、教育レベル、最近武力紛争が発生したか、民族的あるいは言語的分断があるか、権威主義体制のタイプ（軍事支配、個人支配、一党支配制、君主制）、そして経済成長やインフレである。これらの要素は、なぜ特定の国の人びとが反乱を起こすのかを説明する理由のひとつではあるかもしれない。しかし、これらの要素は、ある特定の国で、特定の年に、市民的抵抗運動が見られるか否かということと、一貫した関係性がありそうにはない。[30]

実際、大衆運動の発生数は年を経るにつれ驚くほど増えているが、どの年をとっても民衆蜂起はかなり珍しい。記録に残る歴史の中でもっとも活動的であった十年――二〇一〇年から二〇一九年――には、六十八カ国がこのような非暴力革命を少なくともひとつ経験した。世界の約三分の一の国々だ。

効果的な市民的抵抗キャンペーンに定式はあるのか？

普遍的な定式は存在しないようである。国、市民、怒りはそれぞれにユニークなのだ。同時に、成功する抵抗キャンペーンに一貫してありそうな際立つパターンを見出せる。

第一に、国の政府を挿げ替えるための最小必要人数がある。[31] どの運動も、その国の人口の十パーセントを動員し、彼らが一番盛り上がっているときに積極的に参加すれば、失敗することはない。三・五パーセント動員できた運動はほとんどが成功してきた。この点は後述する。

第二に、〔成功する〕運動は圧力を生み出すようであり、この点はニュートンの物理法則の比喩を使うとよくわかる。抵抗運動の中には、いかに長期間にわたって勢いを生み出し維持できるかという戦略を考えるものがある。政治的な機会の一瞬をつかんだり、自分たちの基盤を構築したり、戦術を並べてみたり、敵が連合を組むのを妨害したりという方法をつうじてである。ネイチャー・ヒューマン・ビヘイビアー誌に掲載された二〇一九年の論文で、政治学者のマルゲリータ・ベルジョイオーゾと筆者は、抵抗運動の勢いは、ある任意の日に政府が崩壊するかどうかを予測するのにとりわけ適していると主張した。[32] ニュートンの法則では、勢いは、大きさと速度のかけ合わせに等しい。抵抗運動では、大きさは運動の規模、つまり参加する人数に関係する。速度は、速さ、つまり敵に対する抵抗が起こる速さに関係する。筆者らは、アフリカで一九九〇年から二〇一四年に起こった抗議事案のデータに依拠し、大きさと速度の代替指標をつくり出した。対象国で、ある任意の日に何人の人が抵抗活動をしていたかで大きさを測った。それから、その値にその前の週に起こった抗議運動の回数をかけ合わせた。つまりこれが速度の測定だ。この単純な測定基準——大きさ×速度＝運動量——は、抵抗運動の進展について測定を試みようとするなら強力なツールになるだろう。

第三に、鍵となる運動の課題は、乗り越えられれば、多くは成功に導くものだということを多くの人が発見してきた。筆者はすでに四つに言及してきた。つまり、多様で大規模な参加があること、政権側を強く支持してきた集団や部門を動かすこと、戦術的なイノベーション、そしてとどまる力である。他にも独自のチェックリストを発展させた者がいる。たとえば、ピーター・アッカーマンとハーディー・メリマンは、二〇一四年に刊行した「専制政治を終わらせるためのチェックリスト」と題する論文で、抵抗運動の参加者が自分たちの進展や力を評価できる六つの項目を挙げた。[33] これらは三つの能力と三つのトレンドに分かれている。能力については、（1）民衆をまとめる能力、（2）活動計画、（3）非暴力の規律——を構築するよう提案した。トレンドについては、（1）市民的抵抗において市民の参加を増やす、（2）抑圧や巻き返しの影響を最小限にする、そして（3）抵抗運動の敵陣営からの離反者を増やす——といった点を注意深く見ることを提案した。

だれが市民的抵抗運動に参加するのか？

あらゆるタイプの人びとが、あらゆる社会的立場から〔参加する〕。実際、このような市民的抵抗の包摂的な性質が、非暴力運動がこれほど成功する中心的な理由である。非暴力行動は、集中的な体力鍛錬、自宅や家族から長期間離れた活動、または敵に暴力を行使することをいとわない無条件の意思を必要とせずに、不正義に戦いを挑む方法だ。

そのため、非暴力キャンペーンは、女性、少数派グループの人びと、子ども、老人、障がい者、非暴力を貫く道徳観を持つ人、幼児を抱える親、周辺に追いやられた人びと、その他武装闘争には必ずしも手を挙げない人びとを参加させやすい。[34] その結果、非暴力運動は武装闘争よりも多くの市民を関与させる傾向がある。一九〇〇年から二〇一九年、平均的な非暴力革命は、ピーク時において全国民の一・六パーセントの人びとによる活発な参加を実現した。この数値は平均的な武装蜂起よりも四倍大きい。武装蜂起はたった〇・四パーセントしか積極的な参加を生み出せなかった。

非暴力抵抗は、内戦が発生している国においてさえより参加しようという気にさせる。たとえば、二〇一五年にウクライナの内戦が激化しているとき、研究者のマシエジ・バーコウスキとアリーナ・ポルヤコバは、戦争被害のあった東部に住むウクライナ人たちに対し、彼らがロシアのウクライナ侵攻にどう反応しようとしているのか、調査をおこなった。回答者たちは、ストライキや労働停止、非協力、抗議、占領軍への説得や誹謗、国家統一を示す象徴的な展示、その他の方法を含む特定の戦術を使った運動に参加するか否かを問われた。七十パーセント以上の回答者がこれらの活動の少なくともひとつには参加したいという意思を示した。ただし、自分たちの街の防衛目的であっても、武装活動に参加したいと回答したウクライナ人はたった三十五パーセントだった。[35]

女性はどのように市民的抵抗に関わるのか?

女性はしばしば市民的抵抗運動の最前線に立つ。[36] 例に挙げられるのは、フィリピンやミャンマーで治安部隊と民主主義運動の活動家の間に立つ尼僧たち、アメリカでブラック・ライヴズ・マター運動を組織するクィアの黒人女性たち、スーダンの軍事司令部の外で座り込みをおこなうお茶売り、アルジェリアの孫に代わって独裁に抗議する祖母たち、エジプトの一月二十五日革命を記録する詩人や劇作家、それから現在地球規模の気候変動運動の最前線に立つ若い女性たちだ。

さらにいえば、市民的抵抗運動に女性を参加させることは、成功に不可欠だ。第二次世界大戦以降、女性が最前線に立つことを避けていた市民的抵抗運動のほとんどは成功していない。[37]これは、第一の理由として、女性を除外すれば、その運動は人口の少なくとも半分を失うからだ。運動の政治力をつくりも壊しもする重要な変数――大衆の参加――を損なう。

第二に、女性が関与していると、抵抗運動の社会的ネットワークが広がり、敵を支持する者を離反させる説得に使える。[38]伝統的なジェンダーの役割分担により、女性の方がよく知っているのだ。どこでどのように、ある製品や生産者に対して購買活動あるいは購買ボイコットをすべきか、さまざまなコミュニティが長期間のストライキを継続するのにどのような物資を供給する必要があるか、彼女らの軍人の夫や息子がその週のある日に任務で報告をするかどうか。さらにいえば、アンジェリーナ・グリムケが認識していたとおり、女性は、運動の政治的な梃子の作用を劇的に増幅し得る、社会的な力や影響力も持っているのだ。

第三に、女性が参加すると、抵抗運動にとって、戦術的イノベーションの機会も相当増える。チリの女性たちは「カセロラソ」、つまり鍋・フライパン抗議を編み出し、一九七一年にはじめて使い、サルバドール・アジェンデ政権下の食料不足に抵抗したことで知られている。この方法は、フィリピンでは「騒音の集中砲火」、英語圏の一部では「キャセロール（蒸し焼き鍋）」とも呼ばれているが、人びとが自宅にとどまったまま（それゆえたいていは害を受けずに）、一日のうちみなで取り決めた時間に空の鍋やフライパンをバンバン叩く方法だ。都市部なら、この運動に何千人もが参加でき、耳をつんざくほどの騒音を生む。みなが嫌悪感を抱いて憤慨さえしているという強烈な印象を残し、普遍的かつ非政治的な憤りを鮮烈に象徴する。それは「空腹」だ。こうした抗議の戦術を女性が編み出すというのは驚くにはあたらないだろう。伝統的な社会では、女性は何時間も台所に立っている人たちであり、自宅の中から抵抗活動をおこなうことには前向きになれるのである。このイノベーションは、いかに女性が抵抗運動の戦術的な可能性を拡げるかをよく表している――より多くの人びとが参加すれば、より多くの想像力が働くのであり、この例のように、女性特有の社会的立場が有意義で創造的な活動をするユニークな機会をもたらすのだ。

もっといえば、女性が参加すれば――男性と一緒でも、男性から独立していても――抵抗運動が示す憤りが普遍的で非政治的なものであると伝えることにも役立つ。たとえば、アルゼンチンの首都、ブエノスアイレスでは、「行方不明者の母たち」――「プラザ・デ・マヨの母たち」としても知られる――は、こうした普遍的な主張を伝達した。彼女たちはアメリカの支援を受けた右派の軍事政権に対する抗議活動を結成した。そしてこの政権が一九七六年から一九八三年の「汚い戦争」と呼ばれる時期に、政権に反対した疑いがある人びとを何千人も行方不明にしたと訴えた。この母親グループは、ブエノスアイレスの大きなマヨ広場に毎週木曜日に集まりはじめ、自分たちの子どもがどこにいるのか知らせるよう要求した。自分たちも行方不明にされるリスクを負いながら、それでも何十年も抗議を続け、ついには平和を象徴する白のスカーフをかぶり――そして自分たちの愛する子どもたちへのアカウンタビリティと正義を追求するために、母親として強く心に訴える主張を展開した。母親たちの努力は独裁政権に立ち向かうより大きな運動参加者の気持ちを鼓舞し、一九八三年に民主化に移行するという結果に至らしめた。母親、妻、姉妹たちは、ボスニアからスリランカ、リベリアまで、戦争のさなかに自分たちが愛した者たちの殺害に対する正義を追求した。

マヨ広場の母たちに倣い、右派独裁者アウグスト・ピノチェト将軍支配下のチリに住む女性たちは、類似の技術を使って、政権による誘拐、拷問、何千もの反対派の殺害に抗議した。この女性たちは議会前広場に集まり、静かに、チリの民族舞踊である「クエッカ」を踊った。行方不明になった愛する家族らの写真を掲げながら「クエッカは男女がペアになってハンカチを振りながら踊るものだが、それができないために写真を掲げて踊った」。このように強く訴えかける方法は、咎めなく殺人を犯す政権の暴力がいかに不正かを象徴的に表し、女性たちの正義に対する心からの叫びに目を向けさせる。この時期に結成された女性団体は、一九八〇年代半ばに勃興した民主化運動の強力な土台となった。最終的には、女性たちは、ピノチェト将軍が任期を延ばそうと世論に訴えながら引き続き政治を牛耳ろうとしている中で実施された国民投票で「反対」票を集めることにも一役買ったのである。「反対」票が五十六パーセント近くの圧倒的な得票率を占めた。ピノチェト指揮下の軍人たちもこの結果を支持し、一九八九年におこなわれた選挙で、ピノチェトと独裁体制は政治から葬られた。クエッカが示した影響力のある象徴的パフォーマンスは国際社会の注目を集め、イギリスの歌手スティングが一九八七年に抵抗歌「彼女たちは一人で踊る（They Dance Alone）」を発表するきっかけにもなった。他のアーティストやマヨ広場の母たちとともに、スティングは隣国アルゼンチンで一九八八年、アムネスティ・インターナショナルの連帯コンサートでこの歌を披露した。

女性たちは、常に新しく創造的な戦術的革新をおこなってきたのであり、現在当たり前のように使われている戦術的な教材に重要な手法を加えてきた。十九世紀、アイルランドの婦人土地連盟（Ladies Land League）は、イギリス支配からアイルランドが脱却し独立が保たれることを願い、新しい非協力の戦術を生み出した。封建的な状況を引き継いでいたアイルランドの女性は、作物を栽培し、土地所有者、ただしその多くは居住していないイギリス人に地代を支払うことが多かった。しかし、彼女たちが懸命に仕事をしても、恣意的な立ち退きに対する保護などの土地の権利が保障されることはなく、社会的・経済的な移動の機会が与えられるわけでもなかった。アイルランドに対するイギリスの経済的影響力を低下させるために、女性たちは地代の支払いや収穫物の運び込みを手伝うことを拒否するという運動を開始した。一八八〇年、これらの運動の中には、マヨ郡の土地管理人であるキャプテン・チャールズ・ボイコットを標的にしたものがあった。婦人土地連盟構成員は、現地の商店経営者、鍛冶屋、パン屋、コック、洗濯屋、メイド、郵便配達員などと組んで、このボイコットに奉仕することを拒み、ボイコットをイギリスに帰そうとした――ここから「ボイコット」という言葉が生まれた。この手法はアイルランド全土に広まった。一年後、英国議会における包括的土地改革法案はボイコットをする人びとの要求を認め、土地所有者と借主の間の共同管理、公平な地代手数料、立ち退きに対する保証を盛り込んだ。

ときには、女性は、女性と男性がどのように振る舞うべきかという保守的なジェンダーの期待を利用し、それを裏返して力を生み出してきた。たとえば、二〇一〇年のチュニジアでの尊厳革命に触発されて、二〇一一年のはじめ、何千ものエジプト人がホスニー・ムバラク大統領の独裁に抵抗しはじめ、ついには何百万ものエジプト人が参加する大衆蜂起にまで拡大した。二〇一一年一月半ば、二十五歳の女性アスマー・マフフーズがYouTubeに動画を投稿し、エジプトの男性たちに向けて、打倒ムバラクのために立ち上がろうと呼びかけた――すでにタハリール広場で抵抗をはじめている女性たちに合流して勇気を示そうという呼びかけであった。タハリール広場には、一月二十五日、大規模な参加を予想して何千ものエジプト人たちが集まった。このようにして、マフフーズは政権に対してエジプトの男性性の方向を変えようとした。

同様に、女性たちは、ジェンダーの役割を利用して、警察や治安部隊がデモ参加者に対応する際に恥をかかせ、彼らがより抑制的になるように促してきた。たとえば、ケニアの環境運動・フェミニズム運動であるグリーンベルト運動は、治安部隊に対抗するためにジェンダーに基づく社会的タブーを創造的に活用した。森林破壊や環境の悪化に対する一九九二年の座り込みで、警察は抗議参加者たちを叩きはじめた。デモの前線にいた女性たちは服を脱ぎ、胸を露わにすることで警察に公の場で恥をかかせ、引き下がらせ、事態を落ち着かせた。このような動きはケニアではとくに強力だったとグリーンベルト運動の指導者で二〇〇四年のノーベル平和賞受賞者であるワンガリ・マータイは説明した。マータイによれば、女性は「男性に影響すると伝統的にいわれてきた手段に訴えたのです……自分たちの裸体を息子たちに見せたのです。男性にとって、母親の裸を見るというのは呪われることを意味するのです」[39]。ウガンダでは、権威主義体制に反対する女性たちが同じような方法を取った[40]。イスラエルでは、女性たちが宗教的過激主義の男性を追い散らすために服を脱いだ。ウクライナでは、反権威主義フェミニスト集団のＦＥＭＥＮが、家父長制に対する路上抗議の重要な一形態として、公共の場で裸になるというパフォーマンスを定期的におこなった。

市民的抵抗運動はどのように政権支持者の離反を促すことができるのか？

政権にとって鍵となる忠誠者が既存の権力構造を支持しなくなる場合を、研究者たちは「離反」と呼ぶ[41]。いかなる権力構造も、社会の下から上まで、幅広くさまざまな集団の日々の貢献や、消極的であったとしても彼らの支持がなければ機能できない。警察や軍人、企業経営者や銀行員、教員や弁護士、トラック運転手、ごみ収集員、外交官、他にもいる。これらすべての集団が――直接的にせよ間接的にせよ――政権のために動き続けることにもはや利益はないと思い直すようになる、ということはあり得る。

離反を促すことは重要だ。離反は変化を生む要諦だからである。マリア・ステファンと筆者は、一九〇〇年から二〇〇六年の間に展開された百以上の市民的抵抗キャンペーンの歴史的な記録を検討し、治安部隊が離反すると、非暴力抵抗の成功の可能性を劇的に高めることを発見した[42]。これらの事例の中で、治安部隊の離反の中身は非常に多岐にわたる――将校たちが命令遂行を公に拒否することから、担当官たちが指令を受けないふりをすること、前線に立つ者が自分たちの任務の幅を狭め、武器を手放すことまでさまざまだ。

最近の研究では――とくに製造業における――組織労働者が、下からパワーバランスを変えることができることがわかってきた。[43] 工場労働者が職場から立ち去ったり――あるいは職場に閉じこもって仕事をしなかったり――すると、経営者は体制側に圧力をかけて運動を受け入れさせることがある。大衆運動を支える労働組合のリーダーは多様な手法を取り入れることができる。たとえば、交渉、ストライキや自宅待機といった団体行動を素早く調整できる大多数の労働者たち、それから政権に対する経済的圧力などである。

こうした離反を進めるために、運動は、現状維持派とうまくやっている人びとに、そうし続けることが果たして自分自身にあるいは集合的に良いことなのか問うよう仕向ける必要がある。人びとがこう考えるようになる理由はさまざまだし、集団の違いによっても理由は異なる。[44]

治安部隊――警察、民兵、軍隊――は、次のような場合に離反する傾向がある。抵抗する者たちあるいは彼らの社会的ネットワークと民族的・社会的つながりがある場合、政府や上官が自分たちを公平に扱っていないと考える場合、あるいは競争関係にある治安部隊――たとえば軍のライバル部隊やエリート警察隊――の方が自分たちの所属部隊よりも良い処遇を受けていると感じる場合である。[45] たとえば、二〇一一年の夏、シリア軍のスンニ派徴兵部隊は、同国の多数派スンニ派からも参加者がいた非武装の抵抗者たちに対して実弾を打ち込めという命令を拒否した。もし治安部隊関係者の家族や愛する者が政権に対峙していれば、家庭内で圧力をかけやすくなる。あるセルビア人警察官はジャーナリストに対してこう述べた。自分は二〇〇〇年にミロシェビッチに抵抗する群衆の中に自分の子がいると思った、だから彼らに発砲せよという命令に従わなかったのだ、と。[46]

同様に、ストライキ、ボイコット、その他の消費者・労働者運動は、企業経営者、銀行員、その他の経済エリートの懐事情に影響を及ぼすことができる。なぜなら、こうした者たちは、費用が掛かりすぎると判断すれば、現状維持派に忠誠を誓わなくなるからだ。例を挙げれば、カリフォルニア農場労働者運動に参加した輸送労働者たちがいる。彼らは一九六〇年代、昇給とより公平な労働環境を求めてストライキをおこなっていた農業従事者への連帯を示し、ブドウを農場から流通センターへと運ぶ輸送業務を拒否したのである。一九八〇年代および一九九〇年代には、国際的な制裁および売却運動が、国内消費者によるボイコットと組み合わされることにより、多くの南アフリカ人企業経営者たちのアパルトヘイトへの態度を変化させ、反対に転じさせた。同じ理由で、パレスチナの自決を求める活動家たちは、イスラエルのヨルダン川西岸地区支配により利益を得ているイスラエル企業に対する消費者ボイコット、国際的な制裁、企業売却を展開してきたのである——こうした運動は潜在的にとても強力であるため、アメリカ議会は大学キャンパスでおこなわれる活動を鎮圧するための法制化を検討したほどである。アメリカ国内のより最近の動きとしては、銃規制活動家が小売店にミリタリーグレードの銃の販売をやめるよう圧力をかけた——その結果、一例としてメガショッピングストアであるウォルマートが、半自動式ライフルAR－15の販売を停止した。

公務員も、政権にとっては機能するために支持を獲得し続けることが必須の集団である。公務員は、さまざまな理由で働き続けることを拒否する可能性がある。治安部隊と同じように、運動参加者の中に友人・家族がいる場合、あるいは運動が戦っている理由に共感して憤る場合、給与未払いや不当な扱いを受けている場合、あるいは危機に際して法の支配や職能規範を堅持すべきという道義的責任を感じる場合である。たとえば、ナチス支配下のノルウェーでは、教員たちはナチスが承認した教科書を使って教育することを拒否し、複数年にわたるストライキを展開し、一方で自宅やその他の私的な空間で地下学校を開いて教育を続けたのである。一九九〇年から一九九三年にかけての中央アフリカ共和国の民主化運動では、医療労働者、解雇された公務員、労働組合連盟がストライキをおこなった――その大規模な非協力のレベルは高まり、ついにはコリンバ大統領を辞職させ、一九九三年に同国ではじめての自由で公平な選挙の実施に道を拓いた。新大統領アンジュ゠フェリクス・パタセは、就任式で、公共部門の労働者に対して、十二カ月間遡って給与支払いをおこなった。(47) 二〇一〇年から二〇一一年のチュニジア尊厳革命では、何千もの弁護士や教員が蜂起の最終段階でストライキをおこなった――ほとんどの公共部門が労働を停止し、政権をさらに孤立させた。

筆者は、間違った印象を与えたくはない。運動は、上述のような効果を生み出すために、あらゆる集団の関係者に対して、積極的に説得したり、心変わりさせたりする必要は必ずしもない。ただし、それぞれの文脈がとてもユニークであるため、多くの活動家や組織者は、運動の戦略を発展させる際に、「支柱分析」(この表現を使うのは「支柱」という言葉がとても標準的な用語だから)をおこなう必要があると理解してきた。支柱分析では、図2－1で描くように、運動は、どの集団や部門が現状維持勢力を下支えしており、それゆえ運動が前に進むことを妨害しているのかを図にするのである。

広範な国民の中の多様な人びとがこれらの各集団や機構にかかわっている。これらすべての人びとがそれぞれに自分自身の個人的利害関心を持っており、自分の上に立つ者の利害関心と一致している場合もあれば、そうでない場合もある。多くの運動は各「支柱」の中のさまざまな影響力ある下位集団を調べようとする。こうした分析には、図2－2で示すように、運動がこれらのより小規模な集団それぞれの中にいる人びとに影響を及ぼしたり、人びとを分裂させたりできる可能性があるか推定することも含む。それぞれの同心円あるいは半円は、おおよそ、そのグループの権力への近さを描いて

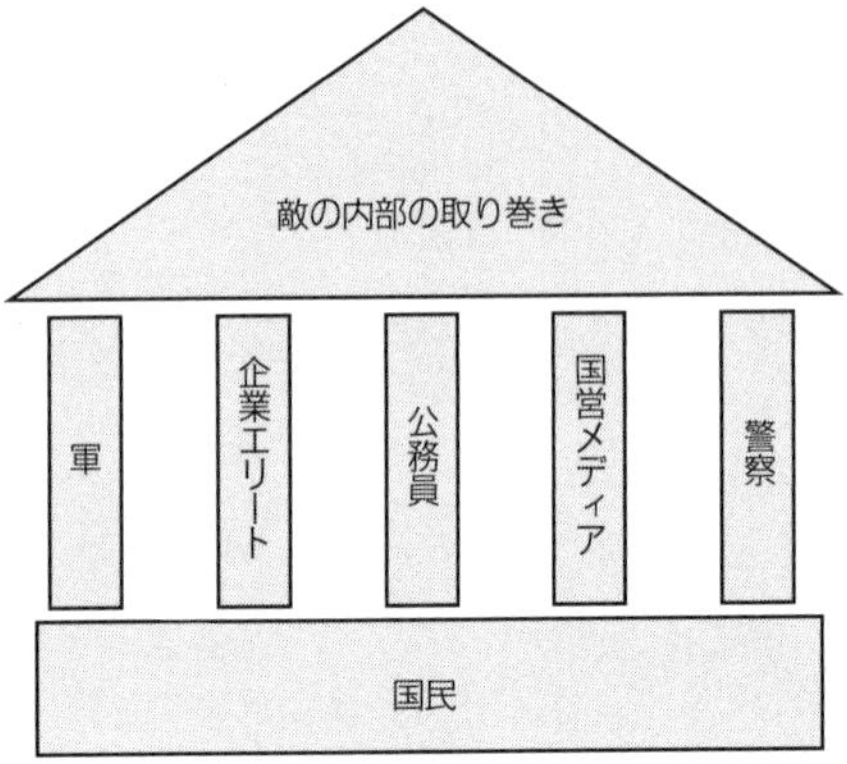

図２－１　政府の支柱分析の例

いる。支柱の中にあるが権力からより遠いグループにおいては、中心に対する忠誠心の強固さは低くなるだろう。

ここで、たとえ支柱の中心に近い下位集団や集団群が政権に忠誠を誓ったままであったとしても、その中心ではなお権力を維持するためにその他多くの人びとに頼っているということがわかる。たとえば、軍の将軍は政権に忠実かもしれないが、彼の部下である士官部隊や召集部隊が協力を拒む場合には、この将軍は自分の権威に関して厳しい人民投票にかけられると表現できるだろう。国内世論の圧力によって支援を控えることを決定した国外の同盟者は、軍事力や軍事的決定をも大幅に弱めるかもしれない。

重要な支柱の中で深刻な離反が起これば、政権にとっては権力を握り続けることが非常に困難になり得るのである。

離反とクーデターの違いは何か？

クーデターでは、軍事部門が現職の指導者を追放し、自分たちで実権を握る。[48] 言い換えれば、治安部隊が離

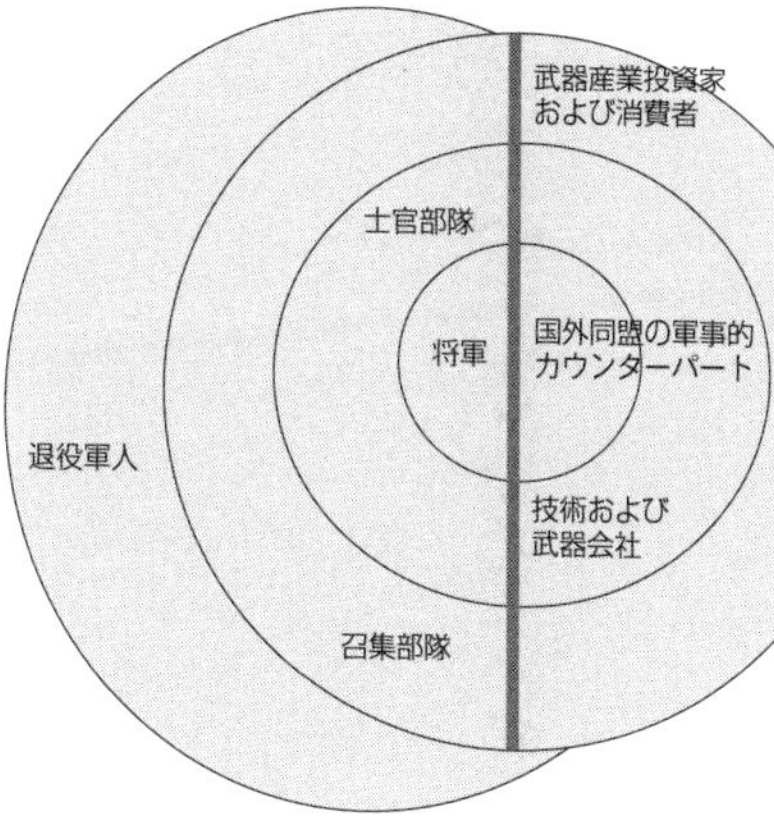

図２−２　影響サークル演習の例：軍事的支柱

反する——が、文民統制下にとどまるのではなく、自分たちで権力を握るのである。

たとえば、二〇一三年のエジプトでは、良く組織された何百万規模の反ムハンマド・モルシー政権を掲げたタマロド・キャンペーンによる数日間のデモや抗議の後、エジプト軍がモルシーを追放し絶対的指導者アブドルファッターフ・アッ＝シーシーを権力の座に就かせるほか選択肢はないと宣言した。タマロドの組織者および軍事エリートはこの計画を何カ月も調整してきた。二〇一三年二月にはすでにエジプト軍高級将校がリベラルな反体制派グループと私的な議論をおこない、モルシーを軍事的に追放することを承認するかどうか尋ねていた。非暴力の民衆の力と治安部隊の間で行き過ぎた馴れ合いがあったといえるだろう——あるいは、少なくとも前者が後者を信頼しすぎたとはいえるだろう。この事例は、抵抗が誘引した離反というよりは、人民に支持されたクーデターであったことが推測される。アッ＝シーシーは、モルシー支持派の残存する反対勢力をすぐさまつぶしにかかり、二〇一三年八月のクーデターに抗議していたムスリム同胞団活動家数百人を虐殺し、大規模な逮捕劇に乗じて六万人にのぼる人権・民主化活動家を投獄した。人権団体は、アッ＝シーシー支配下のエジプトでよく起こっていた死刑、拷問や失踪を引き合いに出し、政治囚の取り扱いに深刻な懸念を表明した。アッ＝シーシーは、自分に従順な議会において虫のいい法律を通すことですさまじい権力を獲得し、少なくとも二〇三〇年まで大統領の座に居続けられるようにし、軍隊が国内政治に介入することを認め、また裁判官の指名において自分の政府によりを大きな権限を与えた。米国のトランプ政権の支援を受け、アッ＝シーシー政府は、自分たちの権力獲得への明らかな反対の声を瞬時に黙らせた。

こうした訓話が教えてくれるのは、離反にもさまざまなタイプがあるということだ。こうしたタイプを「完全な離反」、「部分的離反」、「消極的職務忌避〔さぼり〕」、および「徹底的不服従」と呼ぼう。

「完全な離反」では、機構全体——たとえばエジプト国内の軍——が、公然と協力することをやめ、指導力を発揮する支配者の入れ替えをおこなおうとする。こうした行為はクーデターとなる。

「部分的離反」という用語が示すとおり、このタイプでは、機構の一部だけが支持を取り下げる。軍事組織内の一部の不満を持った集団がクーデターを試みてもうまくいかないだろうと認識する——しかしながら政権に正面から挑戦するには十分な力を持っていると計算する場合が考えられる。これは、二〇一一年のリビアやシリアで発生したような内戦を含む。リビアのムアンマル・カダフィ政権とシリアのバッシャール・アル＝アサド政権それぞれに対し、軍の分派が反乱を起こしたが、軍内の相当数は忠誠を維持し続けた。これらの事例では、離反者は文民の反対運動と一緒になった——とはいえ、武器を携行した。

「消極的職務忌避〔さぼり〕」は、政権傘下の役人たちが控えめに従うことをやめつつ否認の余地を残すという離反のタイプである。一般に、この離反タイプでは、足を引っ張る、仮病を使う、わざと怠業する、といったことがみられる。こうした行為に及ぶ離反者は、こうした縮小行為は意図的だとか政治的であるという事実を容易に否定することができる。その結果、行動に出る者たちには、完全な離反、部分的離反や徹底的服従ほどはリスクがない。セルビア人の運動組織者でトレーナーのイワン・マロビッチは好んで次のようにいう。「民衆は不服従をおこなって厄介な事態に直面するが、無能だったらそうならない。司令官たちは無能な馬鹿者には寛容でありながら、賢い反対者には罰を与える」[49]。さぼりの形跡がある場合、治安部隊の忠誠は、より損害を伴う形態の離反が起きてもおかしくないほど脆弱かもしれない。

「徹底的不服従」では、それまで忠誠を誓っていた者が命令遂行を拒む――しかし、運動と完全に足並みを揃えることはない。独裁者が警察や軍に対して非武装のデモ参加者に銃を放てと命令しても、治安部隊は拒むだけかもしれない。このようなことが、二〇一一年初旬にチュニジアで起こったとされる。軍の高級司令官らが非武装の抵抗者たちに攻撃せよというベン・アリの命令に背いた。軍はしかし、路上のデモに参加することはなく、ベン・アリの頭に銃を突きつけることもなく、クーデターを起こすわけでもなかった。彼らはただ「ノー」を突きつけ、政治的帰結がどうなるかは成り行きに任せた。ベン・アリはその直後に辞任し、チュニジアの革命が民主化へと移行するきっかけとなった。

似たようなことは、フィリピンにおける一九八六年のピープル・パワー革命でも起こった。軍の高級司令官複数名が離反すると、フェルディナンド・マルコス大統領は、離反者の一陣に立ち向かうよう戦車と輸送車を送った。忠誠を誓う部隊が陣営に近づくと、戦車の前で市民が人間の盾をつくった。デモ参加者は、部隊の隊員にアメ、食料、タバコや花を差し出し、進軍しないよう求めた。結局、戦車は前進しはじめた。忠誠を誓う司令官は、部隊に対し、実弾で群衆を一掃し、市民が行く手にとどまってもとどまらなくても、迫撃砲と大砲で離反陣営を攻撃しろと命令した。

しかし、カトリックの修道女たちが戦車の前で跪き、祈りはじめ、戦車の行く手を阻んだ。部隊の責任者は、上官に対し、部隊は位置に就こうとしていると説明することで〔進軍を〕引き延ばした。部隊付近の海兵隊が非武装の抵抗者たちを狙いつつも、泣き出して引き下がったのと同じく、戦車は最終的には一発も撃たず撤退した。この地域を攻撃するよう展開した戦闘機も銃撃を拒否した。戦闘機のパイロットの中には、銃撃すれば市民の被害が広まることは避けられないと述べた者や、見下ろした先にいる群衆が組織的に十字型をつくっており攻撃の意思を削がれたと述べた者もいた。数日の内にマルコス政権は終焉を迎え、コラソン・アキノ率いる文民主導の新政権が選挙で権力の座に就いた。(50)

しかしながら、徹底的不服従が、指揮系統の上層部で起こるか下層部で起こるかにかかわらず、政治的帰結は同様になり得る。よくあるのは、権力の座にある人物が、治安部隊の協力と黙従を失ったことを悟り、その座から離れるケースである。より大きな文民支配を模索する市民的抵抗運動にとって、徹底的不服従はほぼ常にもっとも期待が持てる離反タイプである。理由は、治安部隊が人民の意思に従う用意があることを意味するからだ。

とはいえ、離反がいかなるかたちをとろうとも、最大の課題は、抵抗運動がその離反を引き起こすことを確実にすることだ。運動は、単に権力者たちが初めからしようとしていたことを実行する機会を奪うのではなくて、権力の座にある者に、何かされなければやるつもりはなかったであろうことをさせる必要がある。エジプト軍はどうやらモルシーを処分したかったようであり、そうするために運動を利用したようだ。ただし、離反は、既述のリビア、シリア、そしてエジプトの例でみたように、非暴力キャンペーンにとってリスクを伴う。リビアやシリアでは、非暴力行動は軍隊内での早期離反につながった。しかし、離反者たちは武装した挑戦者として組織し直し、非武装闘争を弱体化し、これに取って代わった。

他方、既述のセルビア人警察官によれば、彼は命令に従わないつもりは全くなかったのだが、運動が自分にそうするよう強要したそうだ。ちょうど圧倒的な市民の圧力によってフィリピン軍関係者が自分たちの立場を再評価したように。離反者たちに対して運動の支配力を構築、維持することは、離反者たちが運動に背を向け、内戦をはじめ、軍事政権に向けて力を固める可能性を大幅に低くする。

もちろん、市民的抵抗キャンペーンがいつも離反のタイプを決められるわけではない。権力の支柱に属する者たちは、はっきりとわかりやすいかたちでの離反を望んでいないかもしれない。南アフリカの反アパルトヘイト運動を考えてみよう。白人経営ビジネスのボイコット、国際的な制裁、売却キャンペーンによって、南アフリカ政府がANCと交渉のテーブルにつくことになったときでさえ、治安部隊は居住区で最後まで黒人を攻撃し続けていた。

こうした事例が示唆するのは、市民的抵抗キャンペーンは、たったひとつではなくいくつかの異なる支柱——たとえば、経済・企業エリート、国営メディア、国の教育制度、宗教権威者や文民官僚の間——において変化をもたらすことに焦点をあてるべき場合が多いということだ。治安部隊と比較して、これらの集団の忠誠の変化は割と容易に管理できるものであり、長期的には社会へのリスクがより低い。

一方で、歴史の記録が示すのは、民衆や軍はめったに「ひとつ」になることはないということだ。二〇一一年（そして再び二〇一三年）のエジプトでは、抵抗者たちが「軍と民衆はひとつだ!」と連呼したけれども、そうではなく、治安部隊は自分たちの利害関心を持っており、キャンペーンを悪用して自分たちの目的に合致させたり運動の中核課題を台無しにしたりといったことを容易におこなってしまう。[51]

歴史上、大規模で幅広い層の参加があり、非暴力的規律や抑圧に耐える力がある運動は、政権内の人間を変化させることができてきた。ただし、成功には条件がある。すなわち、キャンペーンがエリートに対して、自分たちの利害関心の追求を一旦やめるか再検討するような圧力をかけるときのみ、彼らは真の変化に道を譲るのである。

政権の攻撃を受けながら、いかに運動は支持者を惹きつけるのか?

正当な理由があるだけでは、運動の支持者を集めることも、体制側の関係者を離反させることもできない。歴史上、組織者や活動家は、その両方を促すために精力的に行動してきた。あらゆる立場の賛同者と反対者がどこにいるのかを可視化することが有効だと主張する者もいる。たとえば、気候変動対策団体350は、図2−3に示すような「同盟のスペクトラム」という頭の体操をおこなってきた。グループは、半円の中に五つのくさび〔あるいはカットしたケーキやピザ〕を描き、左から順に、積極的な支持者、消極的な支持者、中立的あるいは不関与の者、消極的な敵対者、積極的な敵対者として——それぞれのくさびに属する集団や部門をワークシートに記入する。そして、それぞれの集団を動かすにはどのような主張や行動が必要かを考える。多くの運動は、最初から中立派や消極的・積極的な敵対者を動員しようとするのではなく、消極的な支持者を積極的な陣営に引き入れるために、意識改革、討論会やリスクの低い抗議などの小規模な活動、公務員への手紙の書き方、請願書の書き方、訴訟の起こし方などの法的・制度的なアドボカシー（可能な場合）、そしてその他の組織的な努力をおこなうことからはじめる。積極的に活動する人の数が増えたら、これまで中立的な立場にあった人たちにアピールし、積極的、消極的を問わず、運動の支持者になってもらおうとする。たとえば、運動は、教会——非政治的と思われがちだが——に、組織会議や企画会議のための空間を提供し、政治的に迫害され国家の暴力から保護を求めている人たちを住まわせてほしいとさえ呼びかけることがある。

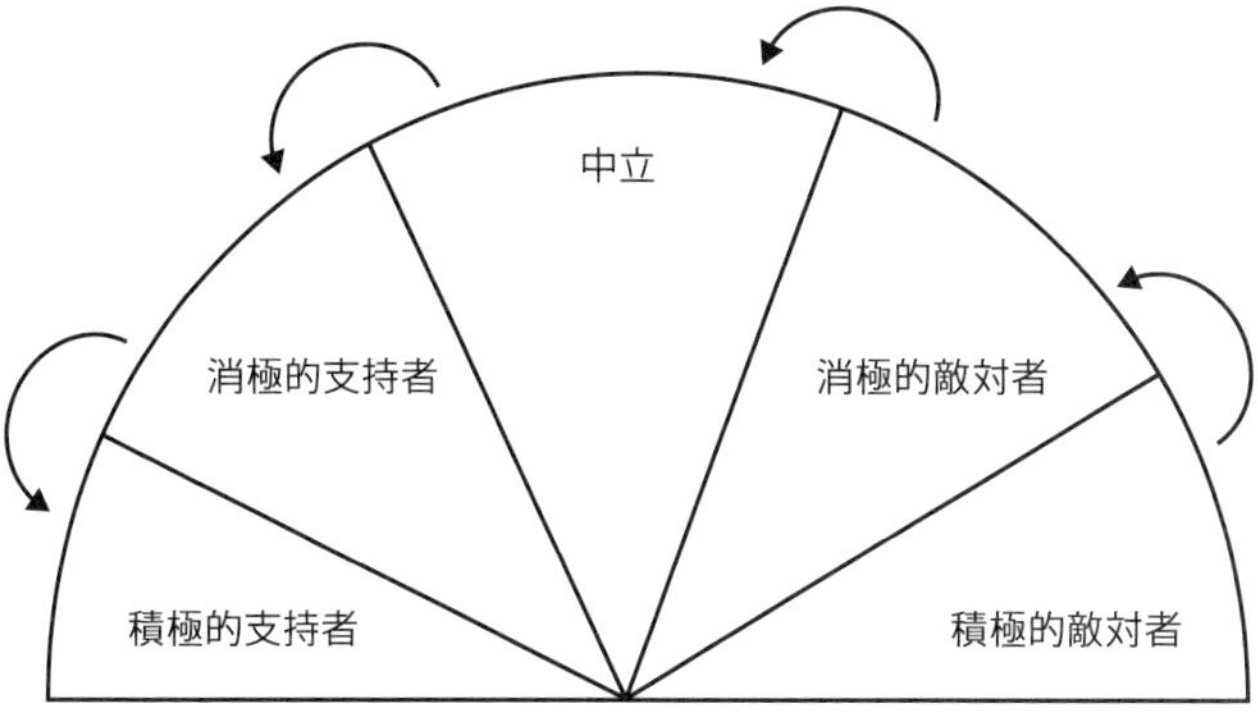

図2−3　同盟のスペクトラム

同時に、運動の組織者は積極的・消極的な敵対者を〔政府から〕離反させようとする。

ここで重要なのは、組織者は必ずしも積極的な敵対者を説得して運動を支持させようとすることからはじめるわけではないということだ。そうではなくて、消極的な敵対者——例として、企業経営者や特定の警察グループに、紛争に中立的な立場でいてもらうか、少なくとも、先に述べたような方法で、積極的な敵対者を支援するのをやめてもらおうとするのである。たとえば、政治的支援を差し控える、命令に従わない、といった方法が含まれる。

実際にこうしたやり方がどう機能したか見てみよう。二〇〇〇年十月七日、セルビアで、警察は、独裁者スロボダン・ミロシェビッチの辞任を求めるデモ参加者に発砲せよという命令を拒否した。警察のほとんどは抵抗に参加したわけではない。彼らの多くは、ミロシェビッチの社会主義的かつ国粋主義的レガシーから離れるよう国を変革しようという抵抗運動の目的を支持したわけでもなかっただろう。しかし、運動が勢いづく中で決定的な瞬間に警察は積極的敵対者から消極的敵対者へと変化した。つまり、ミロシェビッチは危機の中で警察という重要な支持基盤に頼ることができなかった。その日、ミロシェビッチは職を退いた。

ごく稀に、抵抗運動は実際に積極的敵対者の立場を変え、運動に一緒に参加するよう促すこともあった。しかし、そうした例は稀であり、かつ運動の成功には必要なさそうである。[52] 言い換えれば、成功する抵抗運動にとって、宿敵を積極的支持者に変化させることは必ずしも必要ない。市民的抵抗において重要なのは、敵対者の立場を変える、あるいは残忍な独裁者の心を溶かすことではない。市民的抵抗にとって必要なのは、重要な時に独裁者から支持者を引き離すことである——独裁者の選択肢を奪うことなのである。

どの市民的抵抗戦術がもっとも効果的、あるいはもっとも非効果的か?

あらゆる事例にあてはまるような法則はない。研究ではほとんど明らかになっていない。この種の詳細な情報を提供するデータソースがないためだ。しかし、いくつかのアプローチについては合意が得られつつある。

第一に、経済的非協力は、相手に即時的かつ直接的なコストを負わせるのに非常に効果的なようである。ストライキは、労働者の権利、賃金問題、職場慣行について短期的な譲歩を勝ち取る上で、かなり信頼できる方法である。[53] ストライキは、労働争議に勝利する以上の効果があり、より広い市民的抵抗キャンペーンと組み合わされた場合には、権利と正義のための闘争においても強力な手段となり得る。とくにゼネストは強力だ。ボイコットもまた、コミュニティ全体が取り組む場合には、効果的な非協力の手段となる。先に述べたように、南アフリカの反アパルトヘイト運動では、白人経営の企業に対する黒人主導のボイコットが、経済的非協力の戦術として非常に重要な戦術だった。黒人たちは仕事を続け、給料を受け取りながらも、白人が経営する店やビジネスでお金を使わないようにした。その結果、数カ月後には、白人企業が主要な政治家に働きかけて改革を求めざるを得なくなった。

第二に、参加者をできる限り守りながら、現状維持派の人びとに圧力を強めていく一連の戦術によって、勢いをつけることが肝要である。そのためには、安全な行動からはじめて支持者を増やし、多様な人たちが参加するようになってからリスクの高い行動に移る必要がある。こうしたアプローチによって、相手の支配を一貫して破壊しながら、政府の抑圧に直面したときにも持ちこたえられる運動になる。[54]

反対のアプローチ——大きくはじめて参加者の規模や多様性を縮小するやり方——は、めったに長期的な勝利にはつながらない。一般市民を仲間はずれにする戦術はもっとも効果が低い。一般的に、運動は、活動を進めるにつれて市民に人気がないものは何かを見出し、何を避けるべきかを学ぶ。

どれかひとつの手段に頼りすぎると、非暴力の蜂起が予測可能になってしまう。そして、予測可能性とは、戦場であれ路上であれ、脆弱性を意味するのだ。

ソーシャル・メディアやデジタル技術は非暴力運動にどう影響するか？

ソーシャル・メディアは、運動が迅速に連絡を取ったり調整をおこなったりする上で素晴らしいツールである。運動が不正に光をあてたり、自分たちの主張を流したり、メッセージを拡散したりすることも容易にできる。二〇二〇年のコロナウイルスのパンデミックでは、運動が物理的に停止し複数の危機が重なる中で、つながり続け、能力構築をおこなう上で、デジタル・オーガナイジングがとりわけ重要な方法となった。[55] Facebook、YouTube、Twitter といったソーシャル・メディア・プラットフォーム、Tor のような匿名ブラウザー、Zoom のようなウェブキャスト・サービス、WhatsApp、TikTok、

Telegramのようなアプリが、レバノン、アメリカ、ベラルーシといった多様な事例で、大規模な動員を支える重要な役割を果たした。ただし、これらのツールそのものが、相手側に利用されると、抵抗勢力に対して向けられた――他のあらゆる武器と同じように。戦闘中と同じように、抵抗勢力側の戦略担当者は、特定の連絡方法が遮断されたり妨害されたりした場合を想定して、他の活動家といかに連絡調整をおこなうか、常にバックアップ計画を準備しておかなければならない。

結局のところ、ソーシャル・メディアは変化を起こそうとする運動にとって良いものなのか悪いものなのか？　見解は分かれる。楽観的見解では、新たなメディアは活動家たちにとって相手にはない強みとなる――なぜなら、他者と直接、迅速かつ効果的に連絡することがより容易になり、ジャーナリストの解釈、編集委員会や検閲のフィルターを排除できるからだ。[56]

ソーシャル・メディアは新たな公共圏も生み出す。圏内にだれも存在しない場合には、新しいグループの人びとと対話を重ねる上で、とくに有用である。[57]そのような対話をつうじて、活動家と反体制派は新しい代替政策や代替機構のデザインを打ち出すことができる。たとえば、二〇〇九年にアイスランドにおいて汚職政府転覆の成功を収めたカトラリー革命の後、市民は世界初の「ウィキペディア憲法」――インターネット上で共同起草するクラウドソース文書――をつくる計画を立てた。

おそらく、市民的抵抗の目的にとってもっとも重要なのは、ソーシャル・メディアがあると非常に迅速に動員できるということである。Facebookのイベント・ページや、Facebook、Twitter、WhatsApp、Instagramの増幅効果によって、人びとは瞬時に大多数の他者とやりとりできる。これらのプラットフォーム上で、人びとは重要なニュースや更新情報を即座に共有できる。状況が非常に危険になるか、グループが医療的・法的支援を必要とするようになれば、ソーシャル・メディアではぼ即座に反応を得られる。世界中でこうした成果が出ており、たとえば二〇一〇年から二〇一一年のチュニジアあるいは二〇一九年のスーダンにおいてうまくいった革命でもそうであった。[58]

ただし、ソーシャル・メディアがこうした革命を生み出したと信じる人はいるかもしれないが、Facebook、Twitter、YouTubeなどは、必ずしも最近の蜂起の原因ではなく、特徴と描写した方が良いだろう。政治学者で非暴力抵抗の実践者でもあるメアリー・エリザベス・キングによれば、運動は常にその時代に使える最新技術を取り入れる。[59] 注意すべきは、それは運動の相手方も同じだということだ。だから、革命を組織するのにデジタル・メディアだけに頼る運動は、非常に脆弱だ。

こうなると、われわれはデジタル技術に対して悲観的な見方になり、たくさんの懸念を抱く。第一に、ソーシャル・メディアは、単にリツイートするだけ、「いいね」を押すだけ、あるいはリンクをクリックするだけで、人びとを運動に参加しているという気にさせる。この「クリック主義」によって人びとが直接参加しているという間違った錯覚に陥り、実際にはより分断を促進し、効果的な直接行動への関与を減らしてしまうという批判もある。

第二に、短時間で大規模な抵抗を調整する能力には、決定的な欠点がある。ジーネプ・トゥフェクシは、変化を起こしたい運動ははじめに長期にわたる闘争を可能にするような、持久力と組織構造を構築しなければならないと主張する。[60] ところが、デジタル技術は、長期戦に向けた関係構築、連合体の発展、戦略計画、代替機構構築、人びとの獲得といった重要な段階を簡単に省いてしまう。ソーシャル・メディアが便利であるため、多くの運動が短期的にしか組織化しないという罠にはまり、あるイベントから別のイベントへと動いていくだけで、運動の支持基盤〔となる人々〕をより長期的な運動の追従者へと吸収していくことができない。あらゆる運動が戦略の前に戦術を考える誘惑にかられる。ソーシャル・メディアはこの誘惑を劇的に大きくする。

第三に、持続的な組織構築ができないということは、ソーシャル・メディア上で組織化をおこなう運動が、異なるソーシャル・ネットワークから他者を取り込むことで自らの支持基盤を拡大できないということも意味する。おそらく、物理的な世界以上に、人びとは自分に好ましい社会契約や知的な視点を提供するオンライン・ソーシャル・ネットワーク、ニュース・ソース、情報フィードを選ぶ。多くの研究が、ソーシャル・メディアは、異なる見方や経験を持つ人びとと協働する摩擦に耐えるのではなく、小さく、同質的な集団に固まる人間の傾向を加速させると論じる。このような傾向があると、オンライン中心におこなわれる運動が、政権支持者に接したり影響を与えることや、政権の自己満足を崩壊させたり、より広い支持者の連合体を取り込んだりということは、一層困難になる。[61]

さらに重要なことに、抑圧的な政権もソーシャル・メディアを使える（し、実際使っている）。権威主義政権にはさまざまな資源があり、彼らは、安定的かつ持続的な力を回復するためにそれらの資源をどう使うのが最善か、戦略的に考えている。政権はまず活動家のデジタル・メディアに直接反応する。二〇一一年のエジプトでホスニー・ムバラクが、二〇一九年にイランの市民が政府に対して抵抗をはじめたときにはイラン政府が、あるいは同じく二〇一九年にインドでイスラム教徒のカシミール市民がインド占領軍による人権侵害に対して抵抗をはじめたときにはインド政府が、それぞれ国内のインターネットを遮断した。しかし、ほとんどの政府は、もっと賢い対応方法があると、すぐさま悟る。政治学者のアニータ・ゴーデスが指摘するところでは、活動家がインターネットに頼れば頼るほど、政府にとっては、反体制派を追跡し、重要な参加者や組織者を特定し、使われているネットワークを妨害し、うまく組織化させないといった手段を容易に取れるようになる。[62]

もっといえば、政権は、これらの手段を用いて、自分の支持者を組織し、偽のニュースや名誉を毀損するような情報を広め、運動にかかわる人を害そうとする。政治学者のセバ・ガニツキーによると、多くの権威主義政権は現在、自分たちのデジタル・メッセージや伝達者を生み出し、プロパガンダや運動が正統であるという主張に対する対抗的分析を広めているという。「ディープ・フェイク」――録画された、しかしデジタル世界で修正が加えられた「証拠」――が使われると、運動の参加者がプロパガンダに対抗するのはとりわけ難しくなる。[63]

さらにいえば、活動家が組織する上でインターネットが役立つのと同様に、政府の忠誠者や抵抗運動対抗勢力にとっても、運動への反応を調整する上でインターネットは役に立つ。二〇一一年にバーレーンで、蜂起のさなかに、まさに政権側がFacebookを駆使して失敗させたのである。政権は、Facebookを使って抵抗運動対抗勢力を組織し、忠誠者を使って脅迫メッセージを送り、ハラスメントを加えながら、抵抗者を妨害した。パトリック・メイヤーの報告によれば、スーダンで二〇一一年にオマル・アル＝バシールに対する蜂起は失敗したが、その際、政府はFacebookを使って、遠隔地で支持者の分隊をつくり、政権を「防衛」した――かつ、〔Facebook上で〕偽の抗議ページをつくり、反体制派を罠にかけた。ある事例では、

何千もの活動家たちがすぐにこのグループに参加した。すると政府は、意図的にその日の抗議実施時間を変更し、混乱を生み、集合場所に警察を配置させ、何十人もの抵抗者たちを即逮捕した。信頼できる情報筋によれば、逮捕された多くの人びとは拷問され、Facebook（とEメール）のパスワードを無理矢理吐かされた。[64]

活動家たちにできることは何か？　ある事例では、彼ら彼女らは敵ならどう考えるかと想像し、生じ得る問題を予測し、対応を計画し、暗号化されたプラットフォームやソースに連絡手段を切り替えた。オンラインで探知されないように、印刷した紙の冊子や他の紙媒体の資料を直接手渡しすると

いった、二〇一一年にエジプトの活動家たちがやったことも、こうした対策に含まれるだろう。[65]多くの活動家たちはプランCまで考えている――紙媒体でも情報提供ができなくなった場合でも、連絡や調整を続けられる隠れた方法である。

三・五パーセント・ルールとは何か？[66]

「三・五パーセント・ルール」とは、運動の観察可能な出来事の絶頂期に全人口の三・五パーセントが積極的に参加している場合、革命運動は失敗しないという仮説だ。こうした運動には、戦闘、大衆デモ、その他の大規模な非協力のような、さまざまなかたちがある。筆者は、「三・五パーセント・ルール」という表現を、二〇一三年のTEDトークに登壇した際につくった。それ以来、世界中のさまざまな運動――二〇一八年から二〇一九年のエクスティンクション・レベリオンから二〇一六年から二〇一七年の韓国でのろうそく運動まで――が、この三・五パーセントという数字を使って参加者を鼓舞したり、変化を生み出すための自分たちの能力を測ったりしてきた。

革命や大規模抗議に関心を持つ他の研究者たちは、この点について考えたことがあった。たとえば、マーク・リックバックは、彼の一九九四年の著作『反乱軍のジレンマ』[67]で「五パーセント・ルール」に言及している。彼のルールは次のようなアイデアを提示した。(a)いかなる政府も人口の五パーセントの挑戦を前に持ちこたえることはできない。そして(b)いかなる反乱者たちもどのみち人口の五パーセント以上の動員は期待できない、なぜなら多くの人びとは「ただ乗り」を選ぶからだ――自分たちでリスクを取らずに他人のリスクに乗じて利益を得るのだ。

運動が人口の三・五パーセントをデモに巻き込めさえすれば必ず成功するのか？

必ずしもそうとはいえない。第一に、この数字の裏にあるデータは、過去に何が起こったかを語るもので、将来も同じことが必ず起こるとはいっていない。この歴史的傾向は、だれかが意識する前から存在した。人びとがこの閾値を意識的に達成しようとするようになってもこのルールがあてはまるかはだれにもわからない——とくに、市民が単に数字の達成だけを求めて、過去の抵抗運動がそれだけ大多数の人びとを動員するためにしなければならなかった、戦略立案、コミュニティ・オーガナイジング、訓練や準備を怠る場合には。

第二に、デジタル・メディアが到来する前に、人口の三・五パーセントを動員した抵抗運動が広く一般に共感を得ずにそれを達成したと想像することは難しい。政府や政府に対抗するマキシマリスト運動を世論がどう思っているか信頼して測定できる方法はないが、成功する革命的運動は、たとえ積極的に参加している人数が比較的少なくても、民衆から圧倒的な共感と支援を享受する可能性がかなり高い。たとえば、ホスニー・ムバラクを引きずり降ろすために路上を埋め尽くしたのは人口のたった一パーセントだったが、人口の八十パーセントがムバラクの退陣を希望していたというようなことがある。

第三に、筆者は三・五パーセント・ルールをはじき出す際、ある時間の大まかな情報に依拠している。計算では、ある出来事が一番盛り上がった際の参加者数を推定する（通常は非暴力キャンペーンにおける大衆デモか、武装闘争における最大合計戦闘者数）。参加者数が時間の経過によって増えていく流れは説明しない。問題になるのは、大規模な参加と分裂の累積効果かもしれない。成功を予測するためには、単純な参加者の数よりは、勢い——これは、既述のとおり、大人数かつ速度が速いことの両方を説明する——の方が有用かもしれない。(68)

最後に、この発見はめったにない出来事に依拠している。一九四五年から二〇一四年までの間に、三・五パーセントというハードルを超えたのは、三百八十九の抵抗運動のうちたった十八事例だけである。これは対象期間中に起きた抵抗運動全体の五パーセント未満である。

三・五パーセントルールに例外はあるか？

二〇一九年に公表したデータによれば、三・五パーセント・ルールは二つの例外を除けばあてはまっている。[69] 例外の第一はブルネイで一九六二年に起こった反乱である。報じられるところでは四千人――つまりブルネイの全人口の四パーセント――が武装蜂起を開始したが、結局は失敗した。

しかし、ブルネイは小さな君主国であり、かなり異例である。同国では、北カリマンタン解放軍が、英国に支えられたスルタンを転覆させようと試みた。解放軍の目的は、スルタンがブルネイをマレーシアに統合させることを防ぐことだった。たった十日後、スルタンは迅速に反乱軍を抑え込んだ。ブルネイの軍は、政権に忠実であり続けた。異例だったのは、イギリス政府がブルネイの安定を強化するために地域警備隊の一部を差し向けたことである。一年後、スルタンは、ブルネイはマレーシアと一体にならないと決定したが、自分自身は権力を保持した。〔政権転覆により抵抗を成功と判断する〕筆者らの厳格な基準によれば、この事例は失敗と考えられる――一年経って、抵抗運動にとって好ましい結果が達成されたという事実はあれど。

第二の例外は、二〇一一年から二〇一四年にバーレーンでハマド王に対する蜂起が失敗した例である。二〇一一年二月二十二日、報道によれば十万の市民が大衆デモに参加した。これは全人口の六パーセントを超える割合である。続く数週間から数カ月間にわたり、バーレーンは、銃砲を放ってデモ参加者を散り散りに追い払い、反対勢力を包囲し、投獄し、政治犯を拷問するなど、暴力的に取り締まりをおこなった。数週間後、ほとんどのデモ参加者は退散し、異議を唱える声はほとんど聞かれなくなった。

バーレーンの事例では、いくつか当時の状況を考慮すべきだろう。第一に、反体制派はとりわけ強固な敵に立ち向かっていた。バーレーンは、少数派のセクトが、強力な地域の大国であるサウジアラビアとアメリカの支援を得て権力の座に居座る君主制である。一九六〇年代のブルネイの政権がそうであったように、バーレーンの指導者たちは、サウジ軍や私設治安部隊を含む外部勢力に頼ることができた。それにより、治安部隊がバーレーン軍から離反する可能性を減少させた。抵抗運動内で下支えされた組織化やリーダーシップがほとんどなかったため、抗議の声を上げた者たちは、ストライキや他の非協力のかたちに移行することができなかった。政府が百人近くを殺害し、抵抗運動の重要人物を逮捕すると、市民は抗議や行進といった活動から離れていった。

これら二つの事例では、大規模な参加による運動はかなり短命だった。おそらく、三・五パーセントという基準が意味をなすのは、大規模な参加が長期間にわたって維持できる場合のみだろう。あるいは、三・五パーセント・ルールは、圧倒的な外国軍の力の行使により支援された小さな君主国ではあてはまらないのだろう。こうした例外的状況を除いては、このルールはあてはまるようだ。とはいえ、これは鉄則というよりは大まかな指標である。[70]

もっとも高い割合の人びとが参加したのはどの運動か？

図2－4は、一九四五年から二〇一四年の間に、人口の少なくとも二パーセントを動員したすべての革命を列挙している。[71]

この図が示すとおり、もっとも大規模な三十二の革命のうち二十四が完全な成功を達成し（七十五パーセント）、一方で三十二の革命のうち二十七（八十四パーセント）が権力側から大きな妥協あるいは

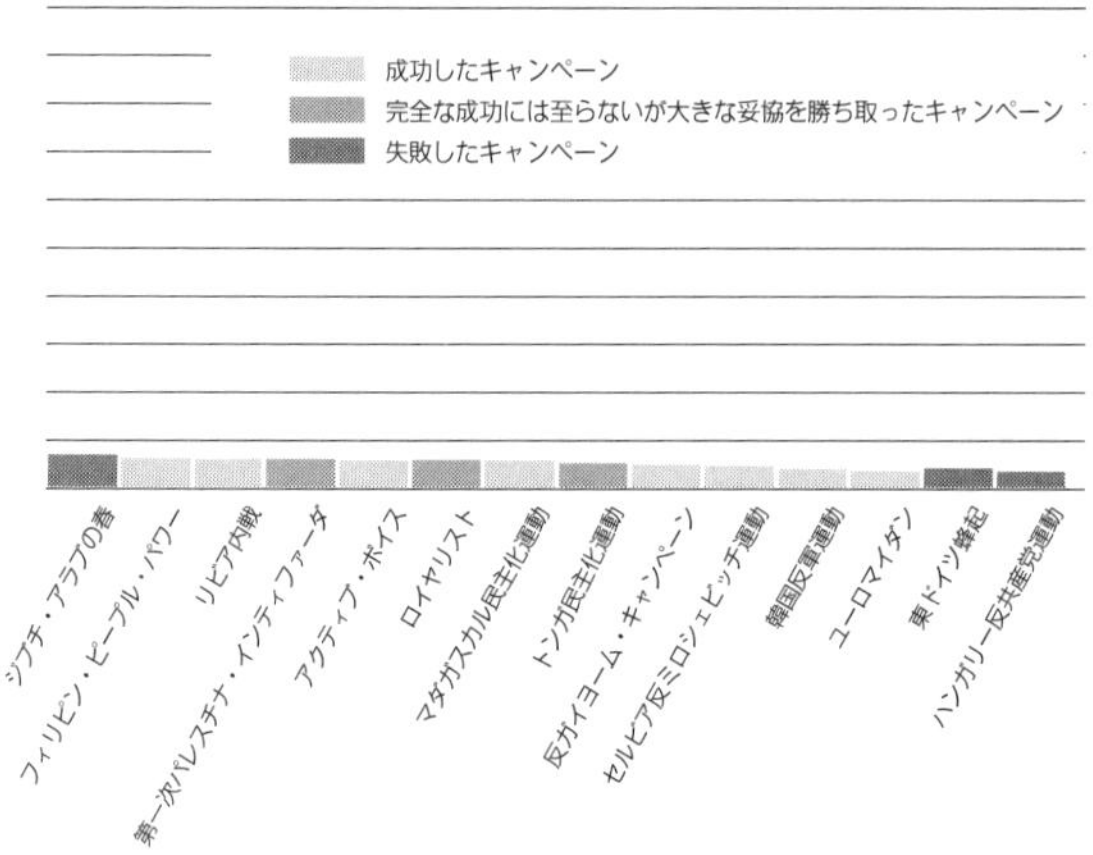

完全な成功を獲得した。

もちろん、何百万もの人びとを運動に連れ出しながら、必ずしも持続的な変化をもたらす革命運動に転換しえなかった大規模運動も多くある。最大規模の運動に含まれるのは以下である。

・アメリカ、一九六九年。いわゆる「ベトナム戦争を終わらせるためのモラトリアム」において、何百万もの人びとが授業や大学キャンパスから退出し、大衆デモを実行し、徴兵およびベトナム戦争に反対した。

・アメリカ、一九七〇年。何百万もの人びとが、環境正義のために、討論会、コミュニティ・プロジェクト、意識向上活動および抗議活動を組織し、初の公式「アース・デー」につながった。

・世界的デモ、二〇〇三年。世界のいたるところで、報じられるところでは一千万の人びとが、ジョージ・W・ブッシュ政権の対イラク戦争準備に抗議して路上デモをおこなった。

・アメリカ、二〇一七年。四百万の人びとがドナルド・トランプの大統領就任に反対した抗議。ウィメンズ・マーチに出向き、ワシントンDC、その

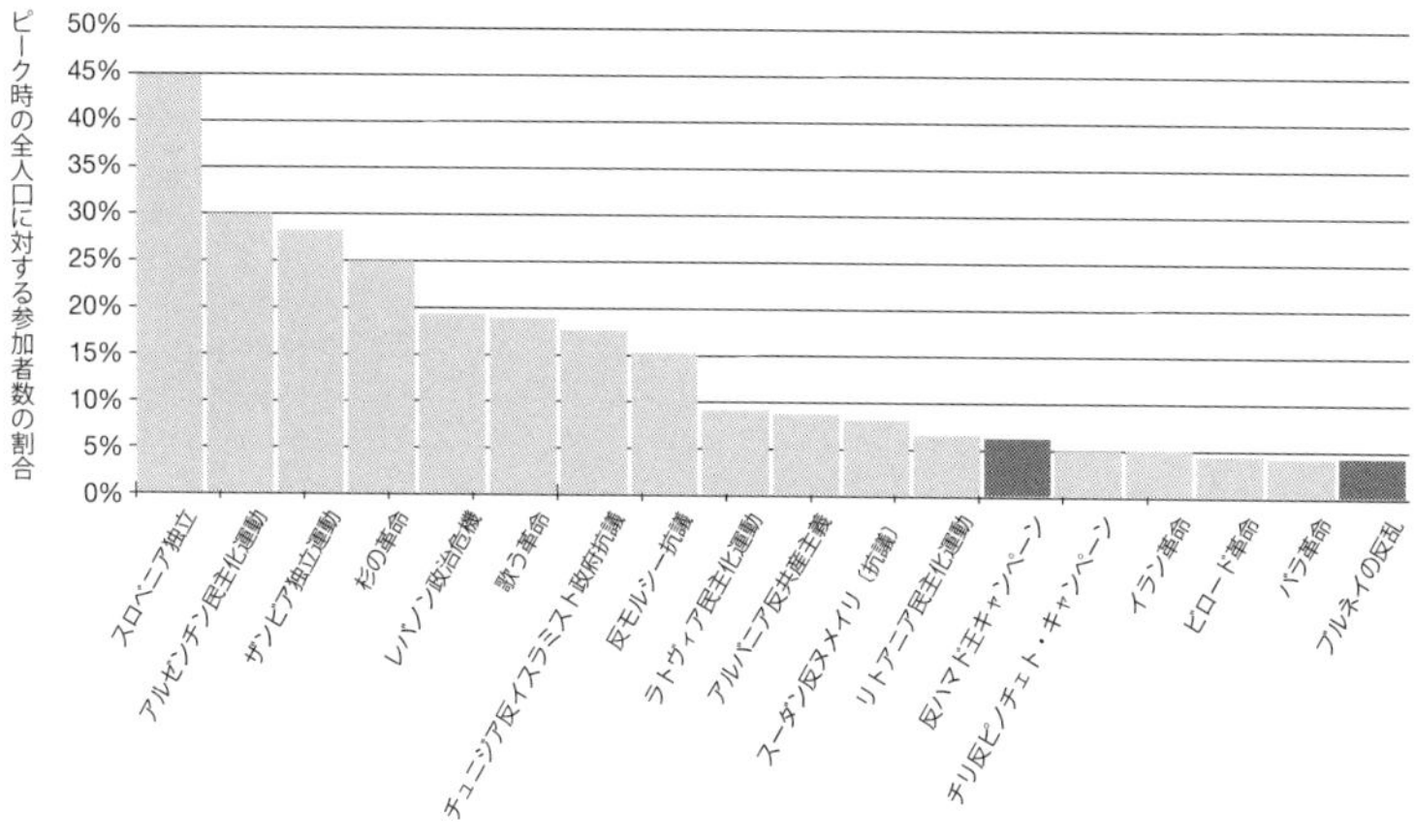

図2－4　最高動員時に少なくとも人口の2パーセントが参加した革命、1945年－2014年（n=32）

他アメリカ諸都市の路上を埋め尽くした。これはアメリカ史上一日で完結したデモの最大記録となった。[72] この二〇一七年のウィメンズ・マーチには、アメリカ全人口の約一・八パーセントが参加したと思われる。これはもちろん驚くべき数字だが、市民的抵抗運動の平均的な規模よりも少し大きなだけである――革命的変化を起こすための重要な基準〔三・五パーセント〕に達するには半分をほんの少し超えた数字である。

・インド、二〇二〇年。何百万人もが、ナレンドラ・モディ首相の立法府による市民権修正法案可決に反対してゼネストに参加した。この法案は、パキスタン、アフガニスタン、そしてバングラデシュからの移民に市民権を与えるものだった――ただし、イスラム教徒でない限りという条件付きで。この法案は、インドにいる一億九千五百万のイスラム教徒――徐々に右傾化するヒンドゥー・ナショナリスト国家の少数派――に対する攻撃であると広くみなされた。

ない。

三・五パーセント・ルールは指導者の退陣や独立を達成するといった大きな変化を目的としない運動に適用可能か――たとえば、気候変動運動や、地方政府、企業や学校に対する運動はどうか?

だれにもわからない。三・五パーセント・ルールは、具体的ではっきりとした、大きな目標がある非常に限定的に分類された革命群から引き出された数字である――達成することがとても難しい目標が。他のタイプのキャンペーンでも、似たようなレベルで人びとの参加があれば成功させられるかもしれないが、他の種類の運動における参加については、信頼にたる世界規模のデータが収集されていない。

たった三・五パーセントという少数で政府を転覆できるということは民主主義にどういう意味を持つか?

覚えておいてほしい。人口の三・五パーセントを路上での運動に参加させられるほとんどの抵抗運動には、実際にはもっと広範な支持基盤があるのだ。すべての国民的危機に関する世論を確実に測定する方法はないが、三・五パーセントくらい大きな割合の人口が積極的に公に姿を現す抵抗運動のほとんどは、圧倒的な人数の人びとの支持を得ている。一九六四年および一九六五年にアメリカ公民権運動が成功裏に終わったことを考えてみてほしい。行進、座り込み、ボイコットや他の行動に積極的に参加したのはたった数十万人だった。けれども、大多数のアメリカ人はある種の包括的な公民権法が通ることを望んでいた。[73] ある目的を持った行動に出る上で人口の三・五パーセントを取り込むことができるということは、確実に、大多数の人びとがその目的を支持しているということだ。かなり大きな規模で抵抗参加者を路上に導き出せることは、おそらく、抵抗運動が人びとの支持を得ることの原因ではなく結果である。[74]

もうひとつ覚えておいてほしいのは、三・五パーセント・ルールはある出来事でもっとも盛り上がった時点を指しているが、技術としての抵抗運動がたった一度の出来事で大勢の人びとを路上に連れ出すことはめったにないということだ。ここで話しているのは、進行中で、よく組織された運動のことである。そうした運動は明確な目標を持ち、必要に応じてさまざまな戦術で戦い方を変える。

市民的抵抗運動が成功するためには、たったひとつの明快な運動理由が必要か?

多くの抵抗運動では単一の目標が目指されているのではない。こうした運動は包括的なプラットフォームであり要求の集まりなのである。通常、そうした複数の主張や要求については運動の中で白熱した議論が繰り広げられる。運動が多様な社会的立場のより多様な方向性の支持者を取り込む場合にはとくにそうなる。

多くの活動家はこう信じている。単一の目標を持つことよりも重要なことは、明確で具体的な目標を持つことである、と。たとえば、「ムバラクは出ていかなければならない」は、「わたしたちは九十九パーセントに属する」よりも明確で具体的なスローガンだ。エジプトの一月二十五日革命とウォール街を占拠せよ運動が革新的な側面で共通していたのは、経済的正義、政府のアカウンタビリティ、そして二〇〇八年の地球規模の財政危機後の深刻な不平等状況について議論できる類似のプラットフォームだ——とはいえ、独裁者を引きずり降ろすのは具体的な目標であるが、経済的不平等への全体的な反対はそうではない。

二〇一九年におこなわれている多くの市民的抵抗キャンペーンには明確な目標がある。二〇一九年の香港民主主義運動は、本土中国が市民権と自由権を乗っ取ろうとしていることに反対して六カ月間路上で抗議をしたが、明確な要求をし、集団で主張した。香港特別行政区行政長官の辞任、警察による残酷な取調についての捜査、刑務所からの抗議活動者の解放、民衆蜂起を表現する際の「暴動」という表現の撤回、そして香港での投票権の拡大を求めた。気候変動〔対策要求〕運動であるエクスティンクション・レベリオンには、イギリス政府（およびより広くは世界中の各国政府）に対して明確で具体的な要求が三つあった。権力の座にある者は気候変動の真実を伝えること、グローバル市民の議論の場では気候変動問題を取り上げること、そしてすべての政府は二〇二五年までに二酸化炭素排出ゼロを達成することである。

たいてい、何か悪いことを終えるよう要求する方が、何か良いことをはっきりと要求するよりも容易である。それゆえ、皮肉にも、民衆の力による運動《ピープル・パワー・ムーヴメント》は残酷な独裁者を権力の座から降ろす（「市民は政権崩壊を望む」）方が、だれが統治するかに同意したり、どのように政府が選ばれるべきか議論したりするよりも容易なのである。独裁者を倒すためには剛強さが必要だ。一方、政府をつくるには時間と、交渉と、妥協が必要なのである。(75)

明確で具体的な目標を追い求めることは、運動にとっては一時的に他の主張を手放さなければならないことでもあり得るし、段階ごとの勝利が、運動にとってより抽象的な究極的目標につながるように少なくとも一連の目標に照準を合わせなければならないことでもあり得る。たとえば、公民権運動には、明確で具体的な目標——国の人種的な隔離をやめる——が、人種差別的な慣習や政策を終える、貧困の根源を断つ、そしてアメリカの軍事主義を終えるといったより大きく、長期的な目標の中にあった。しかし、これらの要求をどのように、そしてどのような順序で取り上げるかという点で、運動内の穏健派と過激派で大きな論争となった。

これが、大規模かつ広範囲で連合体を構築し維持する上で一番難しい部分のひとつなのである。つまり、一番難しいのは、異なる視点から異なる要求を交渉したり優先づけたりすることだ。公民権運動組織者のバーニス・ジョンソン・レーガンは、かつてこういった。もし、連合内でだれとでも気持ちよくやっていけるのであれば、あなたがいるのは連合ではない。勝てる連合を維持することは、明確で具体的な目的を選ぶことよりも、もっとずっと難しいことである。なぜなら、それには熟練した仲介者と、運動全体である決められたプロセスで紛争を解決していこうという前向きな気持ちが求められるからである。

どのようなタイプの組織構造がもっとも有効か?

まだ大きな一致には至っていない。成功した市民的抵抗運動には、認められた指導者がいて、重要な局面を乗り越えるよう運動を導いたものもあった。このような指導者たちは、全体のビジョンを描き、期待は何かを話し合い、運動の規範を強め、一般市民との関係を調整し、戦略的決定を下し、運動を代表して交渉したり取り引きをする。たとえば、一九八七年から一九九〇年のパレスチナ第一次インティファーダ――イスラエルによるヨルダン川西岸およびガザ地区の占領に対する蜂起――の特徴は、連合を基盤とする指導者評議会であった。[76]数百の市民グループが手を取り合い、上級指導者たちが計画を策定・実行し、運動の要求リストをつくり、アメリカに仲介されながらイスラエル政府と交渉することに同意した。しかし、結局これらの交渉は、イスラエル政府とパレスチナ解放機構（PLO、ヤーセル・アラファトに率いられ当時パレスチナの草の根では盤石な支持がなかった亡命軍事組織）がオスロでおこなった秘密交渉で無碍にされた。

同様に、一九八〇年、ポーランドの連帯運動――ソ連が押し付けた共産党政府に抵抗し、最終的にはその座から追放した労働者集団――は、さまざまな労働組合からなる共通の意思決定構造を持っていた。こうした合意に基づく指導者がさまざまな重要な任務を遂行した。労働協会、地下大学、投獄された反体制派の家族を支援するコミュニティ救済基金、九年間にわたる違法新聞の発行を組織的におこなうことに時間を費やしたのち、指導者たちはポーランドの共産党からさまざまな譲歩を引き出す交渉をした。共産党政権から国政選挙で戦うチャンスを得て、連帯は候補者を立てた。民主主義の反汚職プラットフォームとして選挙キャンペーンを展開し、一九八九年七月の国政選挙に勝利した。

他の市民的抵抗運動は、戦術およびイデオロギーの両方の理由で、指導者不在の抵抗アプローチを採ってきた。戦術的には、運動に明確な指導者がいない場合、政府は逮捕することで運動の首謀者を捕えることも、侵入して運動を破壊することも困難になる。イデオロギー的には、指導者不在の運動であれば、抑圧的構造、ヒエラルキーや汚職と戦う人びとに純粋にアピールすることができる。

とはいえ、指導者不在の抵抗アプローチであると、長期的には大きな戦略上の負担をもたらす。とりわけ、運動が多くのグループや要求を調整できる組織的な形態を構築・維持し、効果的な行動につなげていく方策を見つけられない場合にはそうなる。[77] 第一に、運動に参加する者が、特定の仕事――たとえば交渉、公的なやりとり、連合構築、戦略――を、信頼に足る指導者の仲間内に割り当てなければ、運動は、もしかすると妥協するつもりである相手方との交渉に必ずしも入ることができない。言い換えれば、こうした運動は、結論としての「イエス」をなかなか受け入れられないのである。

第二に、指導者不在の運動は、渉外上の危機を乗り越えることが難しい。たとえば、その運動に参加する者が、暴力や暴力行使によって市民一般を阻害する場合などである。渉外担当者がいない運動では、路上での闘争や工作員を非難したり文脈に沿って説明することができないため、部外者がその運動のイメージや正統性を弱体化させたり揺るがすことが容易になる。

第三に、指導者不在の運動は、他の組織と実務的な関係を構築するのが難しい。もし運動が相手方に影響力を行使したいのであれば必要なものである。運動が支援者を拡充し、敵の支援者に侵食していきたいのであれば、連合体を構築することが不可欠である。連合パートナーを探し、信頼に足るコミットメントをする互恵的な運動関係者がいないと、運動は自分たちの目標を達成するのに十分なほど拡大するまでに困難な時間を要する。

第四に、運動には多くの場合、戦略的決定を評価するため、進路を変更するため、そして新たな方向に動いていくための方法が必要である。指導者不在の運動では、短期的に即興で編み出していくかもしれないが、戦術を変化させ新しい計画を議論する力を持つ、合意に基づく中央の権力がないと、運動は、成功に必要な規律である自省、適応、調整を維持することが困難だろう。たとえば、既述のポーランドの連帯運動は、中国政府が北京の天安門で民主派の学生運動参加者を大量虐殺してからたった数週間後に勝利を収めた。ポーランドと中国の運動の重要な違いのひとつは、前者は紛争の重要局面において、不可欠な戦略的決定を下すことができたということである。

この中国の事例において、指導者不在の抵抗がいかに運動を展開させたか見てみよう。天安門での虐殺の前、一九八九年五月、中国共産党指導部が対話を持ちかけたが、中国人学生代表たちはそれを鼻であしらった。大きな理由は、選ばれた学生代表だけがより大きな運動を代表して交渉する権利があるのか、内部でもめて結論が出ていなかったからである。それに対し、学生運動内でカリスマ性のある個々人が、五月中旬に予定されていたミハエル・ゴルバチョフソ連大統領の訪問にあわせて、ハンガー・ストライキや天安門広場を非暴力で占拠するなど、対抗的な戦術を取るべきだと主張しはじめた。五月二十日、中国共産党は戒厳令を敷き、広場を掃討する意図を公表し、抗議者は広場を離れるか、さもなければ圧倒的な軍事力に直面するという厳しい警告を発した。北京の大多数の抗議者たちは、はじめは中国人民解放軍（ＰＬＡ）が天安門広場に接近するのを防いだものの、天安門広場での座り込み後、敵に対する次の一手についての内輪揉めや論争、軍隊に暴力で攻撃するか非暴力抵抗を貫くかにも折り合いがつかない危機に陥った。こうした危機のさなかに指導力を発揮しようとした個々人は、運動の民主的価値に背を向けたと、あるいは国と共謀していると非難された。大虐殺が起こる数日前、軍隊が広場に近づいている中、大学教授や知識人たちがPLA指導者たちと交渉し、もし学生たちが自主的に広場から離れるならば害を与えないという約束を取り付けた。ところが、広場を離れた学生はほんの少数しかおらず、学生たちは、自分たちを代表して交渉するような権利を教授陣は有していないと言い張った。一九八九年六月四日、PLAは圧倒的な力で運動に攻撃を仕掛け、数百から数千人を殺害し、その他にも数千人の負傷者を出した。この大虐殺によって中国の民主化運動は解体する結果となった。

もちろん、指導者を擁立・承認する必要性は、抑圧的構造を再生産・強化することを避ける必要性と緊張関係にある。多くの革新的運動は、とりわけその運動が運動内の特権的個人に重要な意思決定権を与え他者を排除しようとしている場合には、中央集権的な組織に焦がれる。

このような緊張関係は古くからある。一九七〇年、フェミニスト活動家兼学者のジョー・フリーマンは演説で、そしてのちに論考でも、「構造不在の暴虐[78]」を論じた。この中で、フリーマンは、女性解放運動の第二の波におけるまさにこの側面について、以下のとおり批判した。

> 大きく強調されてきたのは、運動の——唯一ではないとしても——主要な組織形態として、指導者不在、構造不在のグループと呼ばれるものであった。この考えはもともと、わたしたち自身が置かれている過度に構造化された社会と、それによって他者がわたしたちを支配することへの自然な反応であり、そして、この過度の構造と戦っているとされる人びとの中で、左派や類似のグループが継続的にエリート主義を貫いていることへの自然な反発であった……しかし、「構造不

在」という考えは、こうした傾向に対する健全な対抗策から、それ自体が女神のような存在になってきている。この考えは、この言葉がよく使われているわりには、ほとんど検討されていないが、女性解放のイデオロギーの本質的で疑う余地のない部分となっている。……ほとんどのグループは、任務を変えても構造を変えようとはしなかった。女性たちは、「構造不在」という考えを、その用途の限界を認識しないまま、完全に受け入れていたのである。人びとは、「構造不在」のグループや非公式な会議を、本来は適さない目的のために使おうとした。それは、他の手段が抑圧的である以外にありえないという盲目的な信念からであった。このような初歩的な発達段階を超えて運動を成長させるためには、組織や構造に対する偏見を解かなければならない。どちらも本質的に悪いものではない。しかし、間違った使い方をしているからといって、それを頭ごなしに否定することは、さらなる発展のために必要なツールを自ら否定することになる。[79]

運動は、指導者不在の抵抗の価値を過大評価している場合がある。指導者不在であると、運動は意識向上から長期的な調整や資源獲得という任務に移行する能力を欠く可能性がある。指導者不在の抵抗は権力嫌いな民衆の心にイデオロギー的に訴えるかもしれないが、いかなる市民的抵抗の努力にとっても戦略上の深刻な欠点となる。すべてのキャンペーンにおいて厳格な階層や、支配的地位にただ一人の指導者が必要だというわけではない。とはいえ、市民的抵抗が効果的に展開されるためには、ある種のリーダーシップ、調整、組織は必要である。

フリーマンは、次のようにも指摘する。たとえ運動に公式には構造がないように見えても、あらゆる人間集団には非公式の構造や階層があり、ある個人が権力的立場に上り詰める――そうした権力が正式には認められていなくても。このように、あらゆる運動に公式あるいは非公式のリーダーシップが、さまざまなレベルのアカウンタビリティを持って存在している。ここで、運動が抱える重要な課題は、民主的な手続きを進め、任務を割り当て、任務を任せた人たちに自分たちの行動に責任を持ってもらうような組織構造を発展させることである。[80]

カリスマ的指導者は必要か？

そんなはずはない。政治学者のマリア・ステファンとアダム・ガラガーが指摘するように、スーダン、アルジェリアやレバノンで二〇一九年に起こった革命におけるカリスマ的指導者を一人特定することは難しい。[81] 過去一世紀にわたる、ほとんどの大規模蜂起にも同じことがいえる。その多くは、ガンディー、キング、アキノやマンデラといった先導者がいなくても成功した。同じように、アメリカで現在おこなわれているブラック・ライヴズ・マター運動も、個人を崇めるリーダーシップ・モデルは採用せず、その代わり、連邦的で、連合を組む構造とし、前線に立つ組織者や活動家の活発な調整や彼らへのアカウンタビリティを優先する。[82]

実際、組織全体で熟達したリーダーシップを発展させずに特定の個人を強調しすぎるような運動は、路上運動グループから次期政権まで、指導者不在にされたり、取り押さえられたり、単純に死活的な間違いをすることにおいて、ローカル・レベルで組織し、長期的移行を率いる者を育てる指導者がいるような良く組織された運動よりも非常に脆弱である。

他にも、運動のイメージを一人の先導者だけに頼ることを避けるべき重要な政治的理由がある。多くの運動は、膠着した階層や権力的リーダーシップに対し、積極的に抵抗する。運動が一個人やその人格に近すぎると、より民主的で説明責任ある制度を求める民衆を不安にさせる。運動が広範囲の人びとに訴えたいのであれば、一人の人に頼りすぎないことが一番だということは、どうやら一致した意見であるようだ。

非暴力抵抗は民主主義体制、先進国、あるいはよりリベラルな文化でのみ有効なのか?

「いいえ」だ。自分たちの努力を非暴力抵抗とは表現せずとも、服従させられた人びとは、帝国、植民地支配、全体主義、独裁制、その他の抑圧的政権に対し、千年にわたって市民的抵抗を実践してきた。アプローチとしての市民的抵抗は、明らかに非民主的な文脈で醸成された。ロシア帝国下の農民たちの間で、アメリカ大陸中の英国植民地で奴隷にされた人びとや労働者の間で、インド帝国のヒンドゥー教徒やイスラム教徒の間で、はたまたジム・クロウ法が適用されたアメリカ南部で奴隷にされたアフリカの人びとの子孫たちの間で。初期の思想的指導者や実践者は、たいてい、母国で周縁化されたり、不適切な取り扱いをされたり、抑圧された人びとであった。民主制のもとでは、平和的集会の権利を守るための個人的な抵抗がより一般的だろう。しかし、抵抗は大衆運動と同じではない——かつ、大衆運動は独裁制よりも民主制のもとで機能する傾向があるとはいえない。実際、第二次世界大戦以降のもっとも大規模な百の非暴力運動の中で、たった二十五パーセントだけが民主制のもとでおこなわれた。なぜなのだろう?

第一に、民主制においては、民衆はすでに政治的圧力弁を持っている。たとえば、選挙において民衆は政府とその政策に介入するチャンスがある。選挙への立候補において、対立候補は運動の構築から選挙運動へと移行することがよくある。選挙は民衆が民主政治に参加する主要な方法であるという事実によって、人びとにとっては、非暴力抵抗という機構外の戦い方に頼る緊急性も必要性も感じられないようだ。対照的に、独裁制下では、選挙が不正操作されるか、そもそも実施されないため、大衆の動員が民衆にとって不満を表明する唯一の方法であるということがよくある。

第二に、運動は、独裁制が徐々に時間をかけて正統性を失うにつれて大きくなるということがよくある。[83] 一人の独裁者が居座り続けるほど、市民は自分たちの不幸の源泉として独裁者（および独裁体制）を容易に特定でき、独裁者は権力の座から降りるべきと集団で容易に合意できる——たとえ民衆が、独裁者の代わりにだれを置くかについてそれぞれ大きく異なる考えを持っているとしても。しかし、民主制においては、運動は個人レベルでの敵に焦点を定める傾向は低く、自分たちが変化をもたらしたい政策や制度により重きを置く。とはいえ、こうした運動が議論の俎上に上げる経済的、社会的、政治的な政策の中でいずれの改革がより緊急性が高いかについて一致をみることはなかなか難しい。その結果、民主主義国では、行動や要求を必ずしも常には調整しない多様な利益集団が存在するようになる。実際、こうした集団間で競争がよく起こっている。[84]

市民的抵抗が起こりやすい特定の文化というのはなさそうである。市民的抵抗は世界中で起こっており、キャンペーンは、東南アジアや中東でも、欧州やラテンアメリカと同じようにはじまる。[85] ただし、アフリカは、市民的抵抗が際立って効果的な地域かもしれない。おそらくその理由は、ほとんどのアフリカの国で若者の人口比率が比較的高いからである。[86]

市民的抵抗は、西側のリベラルな価値からのみ、あるいは「ユダヤ゠キリスト教」の信条からのみ出てくるわけではない。ガンディーは、ヒンドゥー教への信仰から着想を得た。ダライ・ラマは仏教の教えにある非暴力抵抗を支持する旨の表現に触発された。平和と正義に関するイスラム教の教えは、イスラム教徒の世界で多くの非暴力運動を活気づけた。[87] 世界の主要な宗教すべてが、市民的抵抗を正当化するのに十分な言葉や実践を包含しており、かつ、それに基づく宗教信仰者の例も豊富にある。確かに、主要な世界宗教それぞれの聖典に、市民的抵抗（あるいはより一般に非暴力）の種があるのだ。[88]

非暴力キャンペーンが失敗することがあるのはなぜか？

既述の、成功する運動に備わる四つの特徴を思い出してほしい。大規模な参加、忠誠心のシフト、戦術的イノベーション、そして抑圧に直面した時に持ちこたえる力である。

ここで、四つの特徴を反転させてみよう。非暴力キャンペーンが失敗するのは、人口規模は同じであるにもかかわらず、比較的小規模の支持集団からなる運動で、敵の支持者を離反させることができず、ひとつの戦術に固執して政権の手足を真の意味で取ることができず、抑圧を前にすると崩壊してしまうからである。(89)

これらの特徴の中で、運動が失敗する一番共通の理由は、おそらく二番目の特徴だ。つまり、運動が敵にとって重要な支持者集団を離反させ、変化を要求するよう仕向けることができないからである。それは、通常、政権の支持者たちが、政権は継続する力があるということを信じてやまない、あるいは政権支持者たちが、運動が生み出そうとしている社会の中で自らの繁栄を想い描けないという理由による。たとえば、シリアでの大衆蜂起において、重要な集団——アラウィー派、中流階級のスンニ派、キリスト教徒やクルド人——は、独裁者バッシャール・アル＝アサドへの忠誠を誓い続けた。その理由のひとつは、抵抗運動に浸透し、紛争を暴力的なものに激化させようとしていたイスラム教過激派に恐怖を抱いていたからだ。(90) また、政権の支持者は、強力な国際同盟者が政権を下支えすると信じるために忠誠を誓い続けるのかもしれない。シリアでは、アル＝アサドは、イラン、ロシア、ヒズボラからの軍事的・外交的支援の恩恵を受けてきたのであり、彼らがシリアの肩代わりをして侵攻することで、アル＝アサド政権は生き延びてきたのである。アメリカがエジプト、バーレーン、サウジアラビアの抑圧的な政権をずっと支援し続けていることは、確かに政権が国内の重要な支柱からの支持を維持することに役立っている。

市民的抵抗が企業相手に成功したことはあるか？

ある、何度もある。市民的抵抗キャンペーンは、労働者や消費者を組織して、数え切れないほどの勝利を収めてきた。たとえば、ストライキ、商品・消費者ボイコット、公の恥さらしキャンペーン、座り込み、デモ、死んだふり抗議、その他たくさんの技術によってである。政府のように、企業も多くの集団に頼っており、そうした集団は離反の圧力をかけられ得る存在だ。労働者、消費者、契約相手、卸売業者、輸送業者、投資家、政府の規制当局、他にもいる。これらすべての集団が圧力や分裂に屈しやすく、ひいては企業行動に影響する。

ひとつよく知られる市民的抵抗キャンペーンの成功例を挙げるなら、アメリカで企業相手におこなわれた運動で、一九六五年から一九七〇年にカリフォルニア州農業従事者たちによる運動がある。運動を率いたのは、セザール・チャベスとドロレス・ウエルタだ。農業従事者たちは、産業利益ばかり考えるブドウ農園経営者に対し、賃上げし、各種手当てを出し、労働者が殺虫剤にさらされることがないよう強く要求した。途中、運動は、国中で何十万もの労働者を巻き込みながら労働停止やストライキを組織しつつ、多岐にわたる戦術を駆使した。ブドウの大規模な買い控えや、ブドウ産業に対する情報公開キャンペーンを並行しておこなった。具体的には、食料品店の外に立って、客にブドウを買わないよう求め、店に対してブドウを売らないよう求めるといった行為もあった。財政的に追いつめられはじめると、ブドウ農園経営者はアメリカ政府の支援を求めた。ニクソン政権はブドウ農園への手当てを承認し、国外に駐留するアメリカ軍に大量にブドウを輸送するための購入もした。しかし、運動は勝利した。農業従事者たちのストライキを尊重し、トラック運転手や港湾労働者たちが、卸売業者にブドウを発送することを拒否したのである。一九七〇年までに、ブドウ農園経営者は農業従事者たちの要求を呑むことを余儀なくされた。

既知の事実だが、アメリカでは、労働者の組織力は一九七〇年代以降縮小している。アメリカ労働省労働統計局によれば、労働組合加入者数は、一九八三年から二〇一六年にかけて半減しており、アメリカ人労働者で現在労働組合に入っている人の割合は十一パーセント未満である。ウィスコンシンなどの州では、団体交渉を削減するような法案が通過した。それでも、運動は動員が可能であった。アメリカ企業の社会的責任を改善するために、活動家たちはますます企業に対して正面から立ち向かうようになっている。市民的抵抗キャンペーンは次のような圧力をかけてきた。

- ネスレに対し、粉ミルク販売に際し倫理に基づくマーケティングを導入することが、一九七七年から一九八四年までおこなわれたキャンペーンで求められ、現在もさまざまな進行中のキャンペーンがある。
- ブラウン大学に対し、HEIホテル・アンド・リゾート（ヒルトン、ハイヤット、ウェスティンを経営）を売却することを二〇一〇年に求めた。理由は、ホテル従業員および清掃員にとって不公平な労働環境であったこと、たとえば職員が団体で組織化することを妨害しようとしたこともあった。
- スターキスト、バンブルビー、チキン・オブ・ザ・シーに対して、供給元の漁業慣行を変え、漁船がマグロ延縄漁業中にイルカを殺さないよう求めた。
- マリオットや他の企業に対し労働条件改善を求めた。
- PNC銀行に対し、山頂除去〔山の表面を爆破する行為〕による炭鉱事業への融資をやめるよう求めた。

世界中で、労働者や消費者が、他にもさまざまな状況下で、企業行動を変えてきた。タイ、ブラジル、メキシコ、インドネシアにおける企業の人権侵害に対するキャンペーンについての研究によれば、この四カ国すべてにおいて、市民的抵抗キャンペーンが企業から大きな譲歩を勝ち取ったことが明らかである。[91] これらの運動が企業に勝利した理由は、運動が政権から勝利するのに必要な要件と非常に似通っている。つまり、大規模な人びとの参加によって息の長い活動を組織化した場合に、こうした運動は敵の支持者が方向転換するよう圧力をかけ、譲歩を引き出せたのである。

いうまでもなく、企業を標的とした市民的抵抗キャンペーンの中には失敗したものもある。けれども、通常考えられているよりは、はるかにうまくいっている。

市民的抵抗が人種差別のような長きにわたる抑圧体制に対し成功したことはあるか?

市民的抵抗の中には、長きにわたる抑圧体制に対して成功を収めてきたものもあるし、失敗したものもたくさんある。成功のひとつは、アフリカ出身者やその子孫を奴隷としてきた動産としての奴隷制度を終わらせたことである。この制度は何世紀も続き、何百万もの人びとが当然のこととみなしていた。しかし、この制度は、約十年間にわたる地球規模での人種差別撤廃運動によって終焉した。運動は、こうした制度を終わらせようと、国内および地球規模で連合をつくるため、市民的抵抗の方法を非常に重視した。大英帝国は、奴隷にされた人びと自身による武装・非武装の反乱両方に応えるかたちで奴隷制度を廃止した。アメリカでは、南北諸州の間での四年間にわたる南北戦争後、一八六五年に廃止された。ここで重要なのは、何十年にもわたって奴隷制度廃止の支持者たちが組織化や抵抗をおこなったのち、奴隷解放が続いたことである。十八世紀から十九世紀にかけて、黒人奴隷廃止論者たちは数々の代替機構――地下鉄道、相互扶助、以前奴隷にされていた人びとへの補償体系もそうである――を創造した。また、講演会や討論会を開催したり、自由権を求める訴訟を起こしたり、陳情をおこなったり、さまざまな抵抗や経済的非協力行動も展開した――奴隷解放を進めるために。

とはいえ、構造的な人種差別は根強く残った。アメリカでは、さまざまなかたちで繰り返し人種差別反対を掲げる市民的抵抗キャンペーンが、根強い白人至上主義的な傾向に挑戦してきた。たとえば、アメリカ公民権運動、ブラック・ライヴズ・マター、そしてムーヴメント・フォー・ブラック・ライヴズ〔黒人の命のための運動〕がある。これらのキャンペーンによって、アメリカ国民は構造的な人種差別がまだあることを学んだ。法律は改正され、多くの都市で警察の行動を変容させた。アメリカではまだ人種差別は撲滅されていないが、こうした運動は、人種差別反対運動にはたくさんの形態があることを、かつてないほど広く国民に知らしめた。その結果、人種差別反対の抵抗キャンペーンは革新的な団体、機構、政党を味方につけ、白人至上主義について考えさせ、かつこうした団体の最優先課題として人種正義を進めさせた。[92]

以上は、システムレベルで変容をもたらしたキャンペーンの一例にすぎない。第二次世界大戦以降、運動は、人種、民族、少数派の立場に基づき国家が差別や暴力をおこなうことを非難し犯罪とする国際人権法や条約をつくるよう圧力をかけ、成功させてきた。大規模な組織化や抵抗をすると、文化的に維持されてきた、世界中でかつてはどこでも見られた暴力行為は減少した。暴力行為とは、たとえば決闘、血で血を洗う争い、女性器切除などである。平和運動によって、戦争は、これまでの世紀と比較して、ずっと支持されないものになった。戦争は撲滅されていないが、国家指導者たちが上から目線で占領や帝国主義的行為をおこなおうものなら、大きな政治的抵抗や巻き返しに遭うことは避けられないだろう。

女性たちは、何世紀にもわたって世界中のたくさんの国々で続いてきた、明らかな服従や非人間化からの自由を勝ち取った。世界中で一世紀以上にわたり展開されたフェミニスト・アクティビズムは、性差別や女性嫌悪に抵抗した。女性の参政権運動から女性解放まで、児童婚からサウジアラビアで女性が車を運転する権利まで、市民的抵抗キャンペーンは、政府が女性の抑圧を正当化しようとしてきたことを抑え込んだ——非常に伝統的な社会においてさえも。

さらにいえば、何十年もの間、ＬＧＢＴＱ＋解放運動は、カミングアウトやジェンダーさらに性的マイノリティのための平等な権利を求めて、差別的な雇用、物件の賃貸、警察活動、公衆衛生に挑戦してきた。結果として、多くの国で若い世代が徐々に、ジェンダーや性的マイノリティの平等な権利を支持するようになっている。大きな理由は、何十年にもわたる組織化や抵抗が功を奏し、多くの人びとが共通の人間性に目覚めたためである。

市民的抵抗キャンペーンは、他にも長期的に続く制度に巧みに挑戦してきた。さまざまに異なる文脈で発生する汚職を相手にし、ケニア、トルコ、シチリアなど異なる場所で、現地での勝利を収めてきた[93]。行き過ぎた、抑制のきかない資本主義やグローバリゼーションでさえ、大きな抵抗に遭ってきた。グローバル・サウスで何十年にもわたって動員や抵抗がおこなわれたのち、一九九九年、大衆抗議がシアトルで開催された世界貿易機関の会議を妨害した。この一連の抗議は、グローバリゼーションがいかに不平等なかたちで少数者を豊かにしながら世界中の何百万もの人びとを貧困化させ害しているかということへの反抗をドラマチックに表現した。十二年後、「ウォール街を占拠せよ」運動が同じように拡大するグローバルな不平等に焦点を定めた。ひと握りの人間が世界の富の大部分を握っており、他の大多数の人びとは生活に苦しんでいるのである、と。欧州、ラテンアメリカ、そしてアジアにおける運動は、緊縮財政政策は悲惨な結果をもたらすと抵抗してきた。緊縮財政政策とは、たとえば、食料支援、公共交通、医療、ベーシックインカム、教育のような公的サービスの削減である——これらは、豊かなものをより豊かにする一方で、貧困にあえぐ者をより困窮させる。

気候変動に対して地球規模での行動が足りないことも、市民的抵抗キャンペーンの爆発を促した。グリーンピース、日の出運動、未来のための金曜日、エクスティンクション・レベリオン〔絶滅反乱〕といった団体が出現し、地球上の生命体を脅かす現状の経済・社会的行動を変化させるような緊急かつ体系的な措置を要求するようになった。

抑圧的制度——資源、権力、慣習が凝り固まっており、人びとがそうした制度を当然と思い込んでいる——を転覆させる上でもっとも難しい挑戦のひとつは、現状維持よりもよい、人びとが受け入れるであろう現実的かつ建設的な代替機構を想像することである。たとえば、気候変動を否定することは、地球規模で気候変動改革をおこなう上で有害な障壁である。多くの人びとは、化石燃料を基盤とする経済そのものは良い、あるいは人間の行動は気候が温暖化する原因ではない、気候変動の速さを遅くする、あるいは逆戻りさせるためにできることなどない、あるいは環境に優しいエネルギーに変えていくことは経済的に費用が高すぎる、そう信じている——あるいは信じているものとして行動している。化石燃料の採掘、販売、分配および使用をつうじて利益を得る強固な既得権益が存在し、かつ他の二酸化炭素排出産業は、こうした既得権から利益を得、既得権を強化することで自分たちの企業を経営してきた。こうした強力な団体や利害によって、可能な代替措置を生み出す道が阻まれ、代替措置が必要だという考えが馬鹿にされたり、努力は無駄だと批判されたりする。

とはいえ、気候変動問題はたったひとつの例にすぎない。多くの運動にとって、人びとが既存の制度に代わる機構を創造することや生み出すことを助けるのは非常に困難である。とりわけ、広範な連合体参加者の心に響くような代替機構を想像する必要がある場合には——かつ制度が複雑で自己増強型である場合にはより難しくなる。スロベニア人哲学者スラヴォイ・ジジェクは、とりわけグローバルな経済制度に関してかつてこう述べた。「資本主義の終わりよりも世界の終わりを想像する方が容易なことだ」[94]。

抑圧体制に立ち向かうためには、敵を克服し打ち負かせるくらい十分に広範な連合体に訴えるような代替機構を提案する必要もある。グリーン・ニュー・ディールを支援する日の出運動が経済の全面改革を提案するのはまさにこの理由による。化石燃料から環境に優しいエネルギー資源に再投資し、こうした変化に伴って職、キャリアおよび財産を失う人びとに広範な安全策を講じることを求めるのである。

抑圧体制は多くがひどくしつこく続くものであり、変えることは難しい。しかし、過去に民衆が抑圧体制に挑戦し、体制を撤廃した事例では、たいてい複数世代にわたる市民的抵抗運動があり、抑圧体制に立ち向かい、制度を崩壊させた——そして新たに想像された現実と入れ替えるべく活動した。

市民的抵抗は深く分裂した社会で機能し得るか?

世界中で、多くの社会が、大きく異なり、互いに激しく対立するふたつの政治陣営の間で、ひどく分断されている。二〇一八年の世論調査では、七十パーセントのアメリカ人が、この国は少なくともベトナム戦争中、大多数の国民がデモに参加した頃と同じくらい政治的に分断されていると回答した[95]。

しかし、分断は必ずしも障壁ではない。多くの大規模運動は、ひどく分断された社会でも成功している。民衆は、さまざまな分野の機構を支配する権威主義的政府のもとで立ち上がり、ひどく人種差別的で不平等な状況下でも、帝国主義的ないし植民地支配をおこなう権力者を追放してきた。

それでも、社会的・政治的な分断が深刻なものであると、運動が克服するのは難しく、運動の戦略としていかに変化を生み出すかが状況に左右されてしまう。たとえば、市民的抵抗キャンペーンが成功するもっとも重要な要素のひとつは、幅広くさまざまな支持者を取り込む力である。政治学者のチェス・サーバーの研究によれば、ある集団は全員一緒になって非暴力抵抗をすることを避けることを選択した――そして代わりに武器を取った――なぜなら、自分たちに対する民族的・人種的嫌悪が深刻であり、自分たちに対する支持を広めることも、治安部隊を味方につけることも不可能だという結論に達したからである。(96) むろん、暴力的紛争に訴えることはこうした分断をさらに深める。

ある国における深刻な分断は、民衆蜂起も引き起こし得る。こうした中で、権力は、何年もの間、ふたつの競争陣営の間を行ったり来たりする。一方が勝利すれば他方の陣営では奮起するために動員が図られる。エジプトでは、民衆蜂起がふたつ続けて起こった――ひとつは長らく独裁者であったホスニー・ムバラクの転覆であり、もうひとつは数年後にムバラクの後任にあたる、新たに選挙で選ばれたムスリム同胞団のムハンマド・モルシーが転覆されたものである。その後、ムスリム同胞団はモルシーの後任であるアブドルファッターフ・アッ゠シーシー大統領に対して短期間反乱を起こした。この事件は、エジプト軍がラバで抵抗活動をおこなっていたムスリム同胞団関係者を千人近く殺害することで終了した。同様に、ボリビアでは、二〇〇〇年代、二〇一〇年代、そして現在二〇二〇年代をつうじて、ふたつの陣営間での動揺や民衆蜂起で大きく波風が立っている。一九九二年、タイでは、非暴力蜂起が軍事独裁制を倒し、その後、二〇一五年に軍隊が再び実権を握るまで、約六つの民衆蜂起が数々の後継政府に介入した。

過度な政治的分断は、経済的な苦境にあると一層激化する傾向にある。たとえば一九二九年の大恐慌や二〇〇八年の世界金融危機に至る数年間がそうである。往年の組織者で活動家でもあるジョージ・レイキーはこう主張する。わたしたちは非常に異なる歴史的な事例から、社会が深刻な政治的分断から脱出するさまざまな方法を学ぶことができる。スウェーデンやノルウェーでは、「民主社会主義運動が経済エリートの鼻をへし折り、平等主義の北欧経済モデルを編み出した」のであり、さらに「平

等、個人の自由そして共有された豊かさという歴史的に新しいレベル」を生み出した。(97)

それはいかにして起こったのか？　レイキーによれば、北欧の活動家たちは何もないところから自分たちの新社会を構築した。緊急のニーズを満たす助けになるような生活協同組合や文化団体を設立することによって。それから、草の根の社会・政治基盤を駆使して、企業経営者や経済エリートに訴えかけ、喫緊の社会問題を解決しながら公平に扱われたいという市民の要望を尊重する民主社会主義の展望を広めた。たとえば、貧しい人だけを対象にするサービスを提案するのではなく、医療や最低限の所得保障など普遍的な基礎サービスを約束した。そしてついに、運動の大きな流れをつくった。広範な連合体ができ、抵抗、ストライキ、行進やピケなどの一連の非暴力活動を成功させ、金持ちエリート――選挙で選ばれた政治家たちに影響力を持つ人たち――に挑戦することができるようになった。(98)一九三五年までに、ノルウェーは、経済エリートの権力独占を打ち壊し、国の生産手段に公的な所有を広めようとする労働者や農業従事者の連合体に権力を移譲する歴史的合意を勝ち取った。本章ですでに述べたとおり、次の十年間、ノルウェーは、一連の教員ストライキ、連帯活動をつうじてナチスの占領を乗り切ったのであり、これはこの社会の団結および一丸となって効果的な抵抗を展開できる能力を反映しているといえる。

このように、市民的抵抗は、確かにひどく分断された社会でもうまくいくことがある。そうであっても、競合する下位文化が分断された集団間のやりとりや社会化を促進せず、お互いの不信感や軽蔑をもたらすならば、注意深く、時間をかけた計画が必要である――アメリカの民主党と共和党にせよ、エジプトの世俗主義者とイスラム教主義者にせよ。

市民的抵抗はどのように広まるのか？　何がその広まりを促進あるいは阻害するのか？

市民的抵抗は、国内でも国境を越えても広まる傾向がある。市民的抵抗キャンペーンは、自国の過去の抗議や抵抗を振り返り、そこから学び、それを基礎とする傾向にある。たとえば、パークランド高校で、アメリカの高校生が二〇一八年三月に銃暴力への抗議として大規模な立ち去りや行進を組織した際、彼らはブラック・ライヴズ・マター、ウィメンズ・マーチ、スタンディングロック・スー族居留地のキーストーンXLパイプライン事業に対する抗議から学んだとされる。そしてある国の抗議者は近くの国での成功を模倣しようとすることもよくある。例を挙げれば、二〇一一年、エジプトの抗議者はチュニジアの活動家に触発されて、チュニジアの尊厳革命のエジプト版をはじめた。学者たちはこれを「拡散」と呼ぶ。[99]

ところで、ある国の活動家――どれだけ近隣国と民族的にも宗教的にも近いと感じていても――が近隣国の運動を模倣できると思っても、失敗に終わることが多い。この理由を説明する上で、政治学者のカート・ウィーランドは、一八四八年に起こった多くは暴力的な革命のグローバルな波を挙げる。フランスでは、革命家が君主を倒し、共和国を打ち立てた。それに感化されて、多くの他国の革命家が同じ戦略を試みた――しかし、より用意周到で資源も豊富な君主に阻止された。君主は大きく異なる類の敵であった。[100]フランスで起こったことを見て、支配者は、革命家の動きを予測することができたため、蜂起を鎮圧し、支持者を分断したのである。

過去十年間に、中東、とりわけ「アラブの春」以降に民衆が立ち上がった国で、同じようなことが起こった。[101]例を挙げれば、シリアの支配者バッシャール・アル＝アサドは二〇一一年三月、同郷の人びと〔アサドと同じ少数派のアラウィー派〕を動員し、二〇一〇年十二月に蜂起の波が起こりはじめたチュニジアのベン・アリよりも周到に備えた。拡散のマイナス面といえるだろう。

ある国の政府が他国の市民的抵抗運動を煽り立てたことはあるか?

断じてない。ただし、説明を始める前に、各国は敵国の内政に口を挟もうとすることはよくあると、はじめに認めさせてほしい。アメリカは、コンゴ、チリ、イランといった国々の左派政権を倒す暴力的クーデターを裏で支援してきた――あるいは計画を支援した。アメリカは、キューバやベネズエラでクーデターを遂行しようとしたが失敗した。そしてアメリカは、情勢不安を掻き立て、ニカラグアのコントラから、一九六五年から一九六六年の反共大規模殺害の際のインドネシア軍傘下の武装民兵まで、右翼運動を支援してきた。

アメリカだけが転覆という邪悪な術に手を出した唯一の国ではない。イランは、仇敵イスラエルを苦しめるために、レバノンやパレスチナの武装運動を支援した。パキスタンは、インドの都市部を攻撃したジハーディスト集団の行為に目をつぶった。その中には、二〇〇八年にムンバイで死者を出した〔パキスタン国内にも拠点や構成員を持つ〕ラシュカレ＝トイバによる一連の攻撃もあった。最近では、ロシアがアメリカ国内でブラック・ライヴズ・マター運動について分断を進めるような情報を広めたり、白人至上主義のレトリックを増幅したりして、情勢を不安定化させようとした。つまり、主要大国はこうしたゲームをよくするのであり、こうした動きが確かに有害な政治言説、社会不安のパターンそして政治的不安定に影響を及ぼしていることがある。

ところが、市民的抵抗キャンペーン――組織化された、下からの、草の根の民衆の力に頼るのだが――は、アメリカやその他の国から有益なかたちで輸出入されることはあり得ない。これは重要な点である。なぜなら、多くの権威主義体制の指導者は、非暴力闘争に訴える人たちを「国外の煽動者」や敵国政府に操作されているのだと訴えて、こうした人びとの信用を落とそうとするからである。実際、一九〇〇年から二〇〇六年まで、他国の政府から直接に物的支援を受けた非暴力革命は十パーセントにも満たない。支援を受けた運動でも、そうした直接支援はあまり役立たなかった。[102] なぜか？すでに論じたように、非暴力キャンペーンが成功するのは、国民の非常にさまざまな立場の人びとを莫大に集められる場合だけなのである――これは運動が正真正銘草の根あるいは地元の人びとの憤りから大きくならない限り不可能なのである。信用は、純粋に参加している人を知ることで高まる。運動が社会的な違いを越えて広がるのは、地元の人びとが、自分たちの懸念や希望が広く共有されていると自信を持てるときだけなのだ。普通の人たちは、もし自分たちが地政学ゲームの手先ではないかと疑う場合、自分たちの命をかけるようなことはしない。

直接的な財政支援が大量に運動に送られても過去に市民的抵抗の成功には寄与しなかったかもしれないが、外国政府の行動は別の意味で紛争の様態に影響を与え得る。政府は外交力を用いて次のようなことができる。政権に改革圧力をかける、外国人ジャーナリストが国内の事件を報じることを認めるよう圧力をかける、国内の独立系メディア、人権弁護士や市民社会グループを支援するために少額の支援金を提供する、外交声明、プレス・リリース、電話をつうじて反体制派への精神的支援を提供する、そして人権の尊重を拒む政権に対する経済・安全保障上の援助を停止する旨警告する、といったことである。[103]

より一般的には、過去に国外の者が非暴力キャンペーンを支援した中でもっとも効果のあった方法のひとつは、訓練ワークショップの提供であった。[104] 一九九四年から二〇〇三年にかけて、非暴力に注目する国際NGOは飛躍的に増加した。たとえば、非暴力紛争国際センター、非暴力インターナショナル、国際平和旅団であり、これらは非暴力運動に対して教材、訓練、技能構築を提供している。社会学者のセリーナ・ガロ゠クルスによれば、こうした組織の勃興は、世界中で非暴力抵抗キャンペーンが増えたことと相関関係にあるという。国際NGOは、訓練、法的支援、国際報道掲載支援、活動家の生活や仕事に付き添うことでの国家暴力からの保護、といったことを通じて、市民的抵抗キャンペーンを手助けしてきたのである。[105]かつ、訓練ワークショップという場が、活動家と組織者がはじめて顔を合わせて互いに学び合い、戦略を立てる場であることがよくあり、連合構築、組織化、計画、動員といった、より長期にわたって必要な力を構築する機会も提供する。

まとめれば、外国政府からの直接支援は、運動の正統性を低下させるかもしれないという意味で市民的抵抗運動を害するかもしれないが、それは運動が国際的支援を全く受けずに自分たちで何とかせよという意味ではない。

ある程度の国際的な支持がなくとも市民的抵抗はうまくいくか？

これは運動の目的による。分離主義運動や反植民地運動にはよく国際的な支援――とりわけ外交承認――があり、これは運動の成功に不可欠なものである。国際的な支援なしに領域を分離することは非常に難しい。地球規模で国家承認がない場合、分離主義キャンペーンが成功したことはない。[106]だからこそ、カタルーニャ、西サハラ、パレスチナ、コソボで展開する運動は、地元の運動を支援するために外交努力もおこなってきたのだ。[107]

とはいえ、ほとんどのキャンペーンは、自国で独裁者を転覆させようとするものも含めて、国際的な支援があまり有益ではない。外国政府の援助は、実際には市民的抵抗キャンペーンの力の源泉を損なう可能性があるからだ。それは、大衆の参加である。もし、一般の人びとが、この運動は外国権力の傀儡であると思えば、純粋に地元で育った運動のような正統性はないとみて距離を取る。これは、二〇一九年および二〇二〇年にベネズエラの民主化運動で起こったことのひとつであるといわれている。ニコラス・マドゥロの権力に挑戦する運動は多様で包括的であったが、アメリカがマドゥロや側近への経済制裁を倍に強化し、反体制派の指導者ファン・グアイドを積極的に支持し、彼を登用するよう武力介入を示唆すると、運動の規模も多様性も縮小しはじめたのである。

しかし、外国政府や国際NGOは間接的に非暴力の活動家や人権擁護者を支援できる。既述のとおり、地元の運動指導者や参加者が、運動の運転席でハンドルを握っている限り。[108]

なぜ多くの人びとがソ連崩壊に驚いたのか、そして二十年後に「アラブの春」でも驚いたのか？

経済学者のティムール・クランは、革命はもともと予測困難なものであると主張する。[109] 権威主義支配下では、ほとんどの人びとが、その反動を恐れて個人的にどう考えるか、どう感じるかを公に口に出さない。それゆえ、ひどく人気がない政権であるかもしれなくても、事実を知ることは難しい——国内の市民たち自身にとっても、あるいは外から見る者にとっても——なぜなら市民全員が自分たちの憤りを内に秘めているからだ。

クランによれば、決定的な瞬間、たったひとつの事件が、突如として大勢の不満を噴出させるきっかけとなることがある。まさにチュニジアで二〇一〇年に起こったことである。果物売りのモハメド・ブアジジが、侮辱されたため、自分の身体に火をつけたのである。アメリカでも二〇一四年に同様のことが起こった。ミズーリ州ファーガソンで、白人警察官が非武装の黒人で十八歳のマイケル・ブラウンに発砲し、その遺体を白昼数時間路上に放置した。このことがわかると、ショックを受け激怒した家族と隣人が集まり、ブラック・ライヴズ・マター運動を率い、全国展開の運動が広まっていった。プエルトリコでも二〇一九年に同様のことが起こった。報道機関がメッセージアプリ Telegram 内でプエルトリコ知事と当局関係者の間で交わされたグループ・チャットのリークを報じた。リーク情報によれば、彼らは政敵やライバルを中傷する計画を立て、ハリケーン・マリアの被災者について、性差別的、同性愛嫌悪的発言や馬鹿にするような言葉を交わしていた。当時、被災者はまだハリケーン後の深刻な経済危機に苦しみ、ハリケーンで死亡した家族を埋葬することもできずに悲しみが広がっている状況であった。

政権の正統性は、ゆっくりと、長い時間をかけて、だれも大胆に挑戦しなくても、崩れ落ちていくことがある——そして、たった一人の抵抗者や一件の反抗行動をきっかけに、他の人びとも、長らく腹の中でふつふつと沸いていた恨みつらみや怒りが噴出し、突如として大衆が路上に繰り出し、政権の終焉を求めるのである。

ところで、こうした出来事は何が、いつ、きっかけとなるのだろうか？ こうした噴出に直面する政権に何か構造的に共通していることがあるのだろうか？ だれにもわからない。こうした大規模蜂起について競合する理論を評価した研究によれば、どの理論も、いつどこで非暴力キャンペーンが起こるのか正確に予測できるものはない。[110] 武装蜂起、クーデターや政府の崩壊を予測する上ではよい研究がある。[111] しかし非暴力の大規模キャンペーンにはあてはまらないのである。こうしたキャンペーンはいかなる理由でも、ほぼどこでも起こり得る。研究者らが、きっと反体制派の動員が難しいだろうと考える場所で起こることがよくあるのだ。そうした動きがどう広まるのか、いかに活気を維持するのか、はっきりとしない。民衆の力による運動《ピープル・パワー・ムーヴメント》は、単純に現地の文脈によるところが大きい——市民たちの気分、特定の非暴力の方法の経験、天気さえも——だから通常使われるような予測ツールやデータ構造では一般化できる原因を特定できないのである。言い方を変えれば、非暴力蜂起を組織する人びとは、期待を裏切る創造的な方法で、不利な条件を克服できるのだ。[112]

こうしたことがまだよくわからないから、権威主義政権の脆弱性についてあらゆることがわかっているにもかかわらず、わたしたちはいつも驚かされるのだ。民衆の力による運動《ピープル・パワー・ムーヴメント》が出現して政権に挑戦するのを目のあたりにすると、なぜうまくいくのか、と。

非暴力抵抗が不可能な状況——あるいは暴力抵抗がより有効な状況はあるか?

ある状況では、非暴力的方法も暴力的方法もあまりうまくいかない。たとえば、分離主義キャンペーンは、武装であるか非武装であるかにかかわらず、すぐに成功することはめったにない。というのも、既述のとおり、他の政府や国連のような超国家的組織が、新政府として、世界で認められた国の承認リストに掲載することを認めなければならないからである。ふつうはこうしたことは積極的にはおこなわれない。なぜなら、ある領域の国家承認を決定すれば、他の分離主義者を活気づけてしまうからである。スペイン政府は、二〇一四年のスコットランドの独立を問う住民投票に反対した。この住民投票では、少数派であるスコットランド人の大多数が英国からの独立に投票した。スペインは、仮にスコットランドが独立に成功した場合には、欧州連合(EU)はスコットランドを欧州共同体の一員として受け入れるべきではないと主張した。スペインには分離主義運動がいくつかあるからだ。バスクとカタルーニャである。もし、スコットランドが住民投票で英国からの分離を選択し、EUに迎え入れられれば、カタルーニャの独立運動も同じことを要求してくるとスペイン指導者層は考えたのである。

第二に、大虐殺あるいは全体主義政権は、暴力・非暴力にかかわらず、どんな種類の抵抗であっても対峙するのが難しい。たとえば、アメリカ大陸におけるスペインのコンキスタドール、カリブ・南米における奴隷を所有するプランテーション経営者たち、モスルのイスラム国、植民地の文脈ではコンゴを植民地化したベルギー、満洲を占領した日本、ナチスドイツを支配したヒトラー、北朝鮮の金正恩である。しかし、こうした文脈であっても、人びとは不可能を可能にし、政権に抵抗してきた。

影に隠れながら、あるいは小規模な毎日の反抗行為によって。[113] さらにいえば、こうした極限状況であっても、大衆運動によって敵が大虐殺をおこなう力を抑えることができる。大規模暴力は、その実行者の意思を必要とするのである。二〇一一年、チュニジアでは、ベン・アリは、命令を下そうにも、自分の軍隊が市民を何人も殺すことに積極的でないと理解した。軍隊が命令遂行を拒否したことが、最終的にベン・アリが二〇一一年一月に権力の座から降りる理由のひとつとなった。[114]

まとめると、非暴力抵抗が成功しないであろう体制や構造を特定することは、大衆キャンペーンが起こり得る瞬間を特定することと同じくらい容易でないということだ。

とはいえ、本章の要点は覚えておいてほしい。市民的抵抗が成功するか失敗するかは、主に、あらゆる立場から、大多数の人びとを参加するように促せるかどうか、そして政権の支持者たちの離反を促す能力にかかっているということだ。個人の勇敢な行動で戦車や銃を打ち負かすような人でも、一人だけであらゆる変化をもたらすことはできない。かつ、多くの人びとが一緒になってやってみても、非暴力抵抗はいつもうまくいくわけではない。

しかし、多くの場合、非暴力抵抗より良い代替手段はない。容赦ない状況に直面した場合には、何もしないというのが唯一の選択肢かもしれない。暴力に訴えることは、非暴力抵抗よりももっと悲惨な結果となり得る。

暴力は避けられないものであり、かつ変化を生むには必要な方法であるという信念は、驚くほど根強い。大規模動員を唱える多くの人たちでさえ、非暴力抵抗それ自体ではうまくいくはずがないと疑っている——だから、市民的抵抗をしながら小規模な戦略的暴力を用いることで、運動を勝利に導けるというのだ。この反対が真実と考えられる。この問題は、抵抗キャンペーンの命運を左右するという意味でとても重要なので、一章を割いて説明する必要がある。

第三章　市民的抵抗と運動の中から生じる暴力

暴力と非暴力は相互に排他的ではない。いずれか一方の支配的な方が闘争のラベルになるのだ。
——ネルソン・マンデラ、一九九九年

市民的抵抗運動は、もし、〔中心でなく〕周辺で、参加者の一部が暴力を使ったとしたら、より早く、決定的に勝利するのだろうか？　何世紀もの間、運動の参加者たちは、武器を取るべきかどうか議論してきた。アメリカだけでも、奴隷廃止運動、労働運動、公民権運動、一九六〇年代の反戦運動、その他過去五十年の間に起こった運動で、こうした議論が沸き起こった。一九六〇年代と一九七〇年代には、アメリカの左派が、ときどきであれば暴力は賢い方法か、あるいは必要かをめぐり意見を分裂させた——この分裂は非常に大きく、リベラル派、革新派、過激派が各々独自の方法に走り、何十年もの間、運動の効果が低下していた。(1)

シアトルの戦い——一九九九年にシアトルで開催された世界貿易機関（ＷＴＯ）閣僚会議を混乱させた一連の抵抗、封鎖、立ち去り——の後、世論は再びこの議論で盛り上がった。労働組織、環境組織、学生組織、無政府主義組織、反グローバル組織が、一連の抵抗、道路封鎖、人間の鎖、その他非暴力の市民的不服従運動を計画し、ＷＴＯの幹部らの間でおこなわれる貿易交渉を妨害した。何万ものデモ参加者が集まり、当時アメリカ史上もっとも大規模な反グローバル活動であっただろう。警察は、催涙ガス、閃光弾、抵抗者たち数百人の逮捕といった対応に出た。何百もの人びとが破壊行為に及び、家屋の窓や警察車両を叩き壊し、警察に向かって催涙ガスのスプレー缶や他の発射物を投げ、路上での闘争もおこなった。最終的には、ワシントン州知事が州兵を展開させ、抵抗者たちを鎮圧した。貿易交渉はうまくいかずに終わった。理由のひとつは、会議出席者たちの抵抗への対応が一致しなかったからである。所有物の破壊や路上闘争は運動参加者の中でも物議を醸したが、活動家たちはシアトルの戦いは成功という見方でおおむね一致していた。ＷＴＯの貿易交渉を混乱させる効果があったためであり、かつ、それによって反グローバリゼーションが国中から注目されることになったからである。

十二年後、二〇〇八年にグローバルな景気後退が起こり、アラブ世界での蜂起を呼び起こす波がうねる中で、「ウォール街を占拠せよ」運動が、アメリカ、カナダ、ヨーロッパでこの問題を再提起した。活動家たちは、世界中の何百という場所で、いくつものテントで野営をおこない、経済的不平等や経済的正義をグローバルな議論の最前面にまた戻したのだ。ところが、警察が力づくで、公園、街角、大学の野営を退散させた。そのため、運動の参加者たちは議論をはじめた。路上で警察と揉み合うこと、所有物を破壊すること、対抗的抵抗者たちに戦略的暴力を用いることで、運動の目的である収入の不平等の撲滅とグローバル資本主義に代わるものを生み出すチャンスは大きくなるのか、損なわれるのか、と。

より最近では、西側諸国で、白人ナショナリスト、白人至上主義、ネオファシスト集団の拡大に対してこうした議論が見られる。ファシストのイデオロギーは、過度に暴力的、排他的であり、かつ、混乱と恐怖を利用して支持者を惹きつけたい指導者にとっては、ぞっとするほど効果的である。こうした自身の存続にかかわる脅威を前に、多くの反ファシストたちは、物理的な攻撃も用いながら、ネオファシスト集団を完全に封じ込めるか、ばらばらにさせなければならないと議論した。

いうまでもなく、こうした議論はアメリカやヨーロッパだけに限定されるものではない。二〇一九年、香港の民主化運動は、何カ月にもわたる大規模な抵抗活動を繰り広げ、特定の犯罪者を中国本土に送還するという脅迫的法案に抗った。香港の政治指導者たちがこの抵抗に暴力で反応すると、運動は要求を拡大した。その中には、林鄭月娥（キャリー・ラム）香港行政長官の辞職、警察の暴挙の捜査、収容されているすべての抵抗者の解放、政府が抵抗に「暴動」と誤ったイメージを植え付けたことに対する釈明、そして香港における普通選挙権の拡大が含まれた。これら「五大要求」は、中国の権威主義体制が香港の民主的権利を奪うであろうという募る不安を反映していた。香港の何百万もの住人たちが、行進、抵抗、デモ、道路封鎖、限定的ストライキに参加したと報じられた。二〇一九年九月のいくつかのデモおよび香港大学占拠のさなか、活動家の中には警察や中国本土の市民に標的を絞って攻撃をした者もいた。この運動には認められたリーダーや公式の報道担当者はいなかったが、活動家たちの中には、ジャーナリストにこうした攻撃を擁護する発言をおこなった者もいた。つまり、自己防衛目的でこうした暴力行為は正当化される――そして自分たちが暴力を使っても、市民からの支持を失っていないと述べたのである。

こうした行動は、運動が追求する目的を助けるのだろうか、それとも害するのだろうか？　この問いは、デリケートで、物議を醸し、非常に政治的である。多くの運動は、警察や軍から厳しい抑圧に遭いながら、暴力、逮捕、暗殺に耐え続けている。国家による行き過ぎた暴力――軍事的に優位な国家により行使される直接的および構造的暴力の両方――が、抵抗者側にとっては、立ち上がろうと思わせる最初の一歩であることが多い。多くの人びとは、自分たちも、少なくとも散発的には、武器を持って反撃しなければならないと信じている。自分と家族を守るため、あるいは尊厳をもって抵抗するためである。くわえて、暴力を用いれば、勝利をより短期間に得やすくなると信じる者もいる。なぜなら、暴力で一般の人びとの注目を集め、運動の意思や決意を伝え、この瞬間の緊急性をドラマチックに表現し、そして運動を国中のさらには国際的な目にさらすことができるからだ。またある者は、暴力的な分派がいると、相対的に非暴力キャンペーンをより穏健に見せることができ、非暴力運動の交渉上の立場を有利にすると主張する。(2) 公民権運動でひとつ支持されている見方がある。それは、武装したブラック・パワー運動が盛り上がることで、マーティン・ルーサー・キング・ジュニアは白人のアメリカ人にとってより受け入れやすい存在となり、公民権に関する穏健な（しかし過激でない）前進に必要な空間が生まれた、という見方である。

こうした見方は理解できるし、合理的である。自分たちを恐怖に陥れるような政府のもとで生活している場合——肌の違い、自分が属するエスニシティ、言語、宗教、ジェンダー、性、政治的信条を理由として——こうした人びとには、自分たち自身を統治できるよう、反撃する権利がある。国際法は多くの状況において、こうした権利を保護する。国連〔総会〕決議第三三一四号は、一国が他国の領域に侵略することを禁じ、必要があれば、抵抗運動が武器を取って反撃する権利を認めている。こうした論理を拡大して解釈する向きもある。抵抗者たちが、大衆デモのさなかに、路上で、警察、治安部隊、武装した対抗的抵抗者に対峙している状況がある。こうした状況では、抵抗する者たちには、必要ならば、武力を用いる国家の暴力から自分たちを守る権利があると主張するのである。

人びとは、抑圧体制や政権から自分たちを解放するよう、自由に自分たちが持つ手段が何であれ、選ぶことができる。ただし、民衆による非暴力運動の目標に近づくために暴力を行使することを提唱する者たちは、多くの場合、こうしたアプローチの戦術的リスクや戦略的結果を軽視している。実は、歴史上の記録は、暴力を用いることの莫大な費用とリスクを示している——こうしたアプローチが賢明か非暴力の市民的抵抗それ自体がより強力かをめぐる際限ない論争と同様に。もっとも重要なことは、周縁暴力が運動の言説を、内的にも外的にも、しばしば複雑にしてしまうということである。戦術的な選択肢〔暴力〕を残そうとする運動は、国家暴力の圧倒的な力――そして運動の主張する正統性――に市民の目を釘付けにするのは難しい。[3]

本章では、周縁暴力がいかに市民的抵抗運動による主要な政治変化獲得のチャンスに影響するのかを考察する研究を紹介する。たとえば次のようなよくある問いを扱う。

- 何を暴力に含めるか？
- 真の意味で非暴力の運動などというものは存在しないのか？
- 周辺で暴力がおこなわれると、非暴力の市民的抵抗キャンペーンは強化あるいは支持されるのか？
- 散発的な暴力は非暴力活動家を守る手助けとなるのか？
- 非暴力の市民的抵抗キャンペーンは、一度暴力が勃発すると、失敗すると決まってしまうのか？

何を暴力に含めるか？

中身に入る前に、重要な用語を確認しよう。ここでは、「暴力」を、他人に身体的危害を加える、あるいは危害を加えるぞと脅す、一時的または繰り返しの行為、という意味で使う。[4]

政治学者は、「暴徒」という言葉を用いて、分類としては確実に非暴力のキャンペーンの中で、暴力に訴える個人や集団を指す。暴徒が用いる暴力の程度はさまざまである。暴徒〔が用いる暴力〕には二つのタイプがある。第一は、武装暴力であり、人びとは殺傷能力のある武器を取る。拳銃から弓、ロケットランチャーまでである。第二は、非武装暴力であり、非暴力の抵抗としてはじまった運動の中で、相手方にパンチやキック、体当たり、投木や投石があり得る。非武装暴力では、デモ参加者が道路上で警察やデモ反対者との間で小競り合い、暴動、石や即席火炎瓶を投げはじめることがある。(5) 多くの場合、非武装暴力は突発的に生じたり、最初から意図していたものではなかったりする。そのため、全体の運動からすると組織力に欠け、周辺でおこなわれるにとどまる。

運動に参加する者は、こうした行動を「戦術の多様性」とか「黒い塊戦術」と呼ぶことがある。つまり、非暴力ながら、より身体的な対立を組み合わせることを意味する。個人の所有物の無差別的破壊（たとえば、会社や家の窓を叩き割ること）、またはより標的を絞った破壊（たとえば、保護森林を危険にさらすブルドーザーのエンジンの破壊）、暴動、当局やデモ反対者と道でやり合うこと、または「ナチスにパンチ」である〔二〇一七年、白人ナショナリストのリチャード・スペンサーが、ワシントンDCでインタビューを受けているさなかに、反ファシストから殴られる事件が発生し、人種差別が悪いか、暴力が悪いかという議論に発展した〕。(6)

周縁暴力とは、非暴力運動の中でおこなわれるさまざまな暴力の総称である。典型的には、周縁暴力ではごく少数の個人が戦いをはじめるだけであり、非暴力運動に参加する大多数の者は暴力に加担しない。こうした暴力は、その場の雰囲気で自然発生することもあれば、はたまた念入りに組織・計画されたものであったりもする。偶発的、つまり全体の運動の中で一、二回にとどまるものであったり、反対に運動がいつもおこなうことの一部として、ルーティーンになったりもする。とはいえ、運動の規律のたがが外れて戦いが頻繁になると、その運動はもう非暴力とはいえなくなる。

筆者の暴力の定義は狭いのではないかと疑問を持つ読者がいるかもしれない。ある個人が、無差別に銃撃したり催涙ガスを投げてくる重装備の戦車に火炎瓶を投げたら、火炎瓶を投げる行為は純粋な意味で暴力的なのだろうか？　当然だが、火炎瓶と戦車は対等ではない。戦車は火炎瓶より圧倒的に破壊力がある。ところが、広く一般の人びとは、これらの武器が狙う効果は同じだと考える。つまり、規模は違っても、いずれの武器も、他者を害したり、傷つけたり、破壊する目的で使われる。

暴力が自衛のために使われる場合にはこの定義が一層あてはまる。だから、世論はよく、暴力を先にはじめたことで責められるべきはだれなのか、明らかにしようと腐心する――抗議者なのか警察なのか。[7] 政権にとっては、この曖昧さを利用するのが常套手段である――抗議する者たちは非常に危険な過激分子だと世論を説得するのである。

組織立った武装集団が非暴力運動と共に戦うことはどのくらい一般的か?

武装集団が非暴力の大衆運動と一緒に行動するということは、普通みられない。たとえば、労働権や選挙権を求めるような現代の改革キャンペーンではかなり珍しいことだ。政府を転覆させようとする、あるいは新たに独立国をつくろうとするような革命運動であっても、こうしたやり方はどこでも見られるわけではない。一九五五年から二〇一八年の非暴力革命運動データベースによれば、[8] 武装集団が参加した非暴力運動は四十パーセント未満である。

武装集団がよく出現するのは、非暴力運動が解体するときであり――多くの理由は、過激な政府による抑圧のため――残存するより急進的あるいは過激な構成員が、運動のやり方を激化させよう、武装行動も含もうと決めた場合である。[9] このようなパターンが見られる事例として、ウムコントウ・ウェ・シズウェ（民族の槍）がある。南アフリカで、シャープビルの虐殺後、一九六一年にアフリカ民族会議（ANC）の武装部門として現れた。

別の例では、暴徒が非暴力運動を完全に乗っ取ってしまうことがある。こうした流れは、北アイルランドで「厄介事」〔北アイルランド紛争の呼称〕として知られる時期の最初に起こった。一九六〇年代半ば、北アイルランド公民権協会（NICRA）と呼ばれる団体は、イギリス支配下の北アイルランドに住むカトリック信者やアイルランド人の平等を求めていた。同地では、六つの郡に住むプロテスタント信者ばかりが優遇され、カトリック信者が経済的にも政治的にも差別的取り扱いを受けていたからである。アメリカの公民権運動に触発されて、ＮＩＣＲＡは一連の大衆デモを組織し、北アイルランドのカトリック信者と貧しい人びとには北アイルランド在住イギリス人と平等な権利が認められるべきと要求した。

しかし、過度な抑圧と抗議への対抗的抗議が起こり、ＮＩＣＲＡ運動を苦境に陥れた。デリー住宅行動委員会（ＤＨＡＣ）の活動家は、一九六八年十月八日にデリーで平和的な行進を企画し、カトリック信者の投票権と住まいの差別を終えることを求めた。イギリスの住宅担当大臣は、プロテスタントが多い地域で彼らが行進をおこなうことを禁止した。ＤＨＡＣは行進を進めるべきだと言い張った。ＮＩＣＲＡは行進を支援することに同意した。ただし、ＮＩＣＲＡのリーダーは、不必要な対立の可能性を懸念した。北アイルランド警察庁（ＲＵＣ）の警官隊が棍棒で活動家を暴行したため、活動家や近隣の若者がこれに暴動で対抗した。状況は悪化し、警察による攻撃、逮捕、さらなるデモの禁止といった取り締まりが一層強化された。

体制派は、煽動的な対抗的デモ活動も計画した。一九六九年八月のデリーでの平和的な行進のさなか、イギリス軍と警官隊がまたデモの参加者を攻撃しはじめた。これらの事件の後、カトリック信者を代表する若者とプロテスタントの警官隊が互いに攻撃しあう宗派間暴動が何日も続いた。ＲＵＣは、カトリック信者の参加者を標的にしながら介入した。三日間にわたる都市部での暴動に発展したこの事件は、ボグサイドの戦いとして知られている。

この事件をほとんど抑えられず、ＮＩＣＲＡは影を潜め、アイルランド共和軍暫定派（ＰＩＲＡ）が重要なプレーヤーとして現れた。ＰＩＲＡは、イギリス軍や体制派に対抗するために武力攻撃を用い、アイルランドとの再統合という過激な目標を掲げた。PIRAはイギリス軍を攻撃し、プロテスタントと警官隊の所有物を爆破し、政敵を暗殺した。イギリスは抑留政策を取り、罪状なしで疑わしいPIRA工作員を拘束し、彼らを公にさらして共感が広がらないように秘密裁判にかけた。

一方、NICRAの活動家は、抑留に対するデモとして、一九七二年一月三十日にデリーで行進をおこない、後々まで記憶されることとなった。俗にいう、血の日曜日事件である。イギリス軍が行進する一団に火を放ち、十四人のデモ参加者が死亡した。この事件が北アイルランドでの非暴力運動に終止符を打ち、その後三十年間にわたる「厄介事」がはじまった。この事例は、いかに政府寄りの集団による過激な抑圧や対抗的動員活動が、暴動や路上闘争を惹起し、完全な武装闘争に激化させ、非暴力運動を乗っ取ってしまうかを示している。[10]

これよりは小規模ではあるが、類似の過激化プロセスは一九六九年にアメリカでも起こった。民主社会学生同盟（SDS）と呼ばれる全国左派学生活動グループが、次年度の活動課題を決定するという目的で年次大会を開いていたときのことである。このとき、革命的青年運動（RYM）という分派が、帝国主義、資本主義、人種差別主義に対して、SDSにより軍事的な方針を採るよう求めていた。RYMは、ついにはこの年次大会でSDSを乗っ取り、RYMにとっては保守的すぎると思われる構成員や分派を追放し、組織をウェザーメンとして刷新した。ウェザーメンは、帝国主義に対抗するための真の革命には暴力が必要だと信じていた。この団体はアメリカ国内で爆破事件を引き起こしはじめ、ウェザー・アンダーグラウンドという国中にある秘密の隠れ家から活動した。この団体が解体される一九七〇年代終わりから一九八〇年代はじめまでそれは続いた。

純粋な非暴力運動はいまだかつてあったのか――つまり、道路上の殴り合いや暴動といった非武装暴力のない運動はあったのか？

あった。たくさんあった。

数々の大規模な市民的抵抗キャンペーンの中で、こうした非武装暴力が散発的に噴出する事態は、組織された武装暴動よりもよくあることである。とはいえ普遍的な現象ではない。筆者がクリストファー・シャイと収集したデータによれば、[11] 一九四五年から二〇一三年の間に、独裁政権を転覆させようとした大規模な非暴力蜂起のうち八十パーセント以上が、ある段階で何らかのごく小規模な暴力を行使していた。路上での闘争や、その場で自然発生的に出てきた行動もあった。[12]

対照的に、二十パーセント近くの大規模な非暴力キャンペーンは、暴力を完全に拒み、避けた――所有物の破壊も、路上での闘争も。例として、ホンジュラス（一九四四年）、チェコスロバキア（一九八九年）、モンゴル（一九八九年）、ジョージア（二〇〇三年）、タイ（二〇一五年および二〇一三年）、トーゴ（二〇一二年）で展開された民主化運動、その他何十もの事例がある。

非武装暴力は、既存の体制を転覆させる目的のキャンペーンよりも、政治的、社会的、経済的改革を追求する大衆キャンペーンでより発生率は低い。たとえば、一九六〇年、ナッシュヴィルで人種隔離政策の終了に一役買った軽食カウンターでの座り込み、インドで土地所有権改革につながった二〇〇七年の抵抗の盛り上がり、くわえて一九九五年のアンゴラで昇給を達成した教員のストライキがある。一九五五年から二〇一八年におこなわれた二千五百件以上の大規模改革キャンペーンの中で、二十六パーセントのみが、暴力、路上での闘争、暴動を用いたが、主には非暴力行動をおこなっていた。[13]

もし、筆者らが非武装暴力の発生確率を、全体を意味するキャンペーン――通常いくつものイベントを含む――でなく抗議イベントで数えれば、非武装暴力はさらに珍しいものになる。たとえば、アメリカで二〇二〇年の夏に発生した何万件もの抗議イベントのうち、九十七パーセント以上が一様に非暴力であった。この期間、警察が何千人もの抵抗者たちを逮捕し、さらに何百人も攻撃し負傷させたにもかかわらず――そして武装した対抗的抵抗者たちが時折デモの参加者たちを煽動、攻撃、脅迫しようとしたにもかかわらず、抵抗事件はほぼ非暴力だったのである。[14]

非武装暴力を含むキャンペーンにはどのような例があるか?

ポーランドの連帯運動は、何十年にもわたる、規律ある非暴力抵抗の典型例とみなされる例であるが、その始まりは、当時若き造船所労働者であったレフ・ワレサが、共産党に支援されていたボスのところに挑戦的態度で出向き、ボスの鼻にパンチを喰らわせたことであった。

二〇一九年の香港の民主化運動では、この運動に参加する圧倒的多数が、暴力に訴えることなく、抗議、行進、デモ、ストライキをおこない、手荒な警察に立ち向かった。とはいえ、ごく少数の活動家たちは、自然発生的にその場で起こるいざこざで、警察とやりあったり、たまたま居合わせた中国人を攻撃したりした。

また、非武装暴力の例は、二〇一一年一月二十五日にエジプトでもみられた。チュニジアのベン・アリに対する運動に触発され、カイロにいた若い活動家たちは同様に抗議を計画しはじめた。その目標はホスニー・ムバラク大統領の追放であった。抗議は一月二十五日にはじまり、その際若い活動家たちの連合は、カイロ中心部にあるタハリール広場への秘密裏の行進と占拠を企てた。抗議運動は瞬く間に大きくなり、当初は若者中心であったが、参加者はついには信じられないほど多様になった。イスラム教徒やキリスト教徒に女性も、そして主要政党や主要な社会集団、さらに禁じられていたムスリム同胞団もである。エジプトの治安部隊はあの手この手で抗議を抑え込もうとした。最初は暴動対応の警察が警棒、催涙ガス、放水砲を使い、次第に自警団に金を払い、タハリール広場で陣営を張る民衆を、棍棒、ナイフや銃で攻撃させた。若い活動家たちは、自衛のための暴力行為に及ぶようになり、自警団員や警官と小競り合いをしたり、たくさんの警察署を焼き尽くしたりした。とはいえエジプト人の圧倒的多数は非暴力のままであった。二月八日および九日には、見過ごせない動きとして、労働組合が運動に加わった。何万もの労働者たちがエジプト中の工場でストライキを起こし、タハリール広場で活動する抗議者たちへの支持と、昇給と労働環境改善の要求を表明した。二月十一日、軍の圧力を受けて、ムバラクは辞職し、軍の最高評議会に権力を移譲した。

それから、二〇一七年二月、カリフォルニア大学バークレー校では、反ファシスト（アンティファ）の活動家たちが、オルタナ右翼代表の一人マイロ・ヤノプルスがキャンパスで予定していた講演を中止させ、黒い塊戦略の支持者たちが勝利宣言をした。約千五百人の抗議者たちがＵＣバークレー構内のメイン広場に集まり、建物への入場を防いだ。すぐに約百五十人のアンティファのデモ参加者たちがその場に到着した。彼らは、テレビ取材を受けているさなかに、ヤノプルスの支持者たち何人かを猛撃した。金網を破り、岩、火炎瓶、花火を警官に投げつけたりもした。そして付近のたくさんの建物を破壊した。六人が負傷し、ヤノプルスの講演は中止となった。この暴力は、国、州、自治体当局から、広く非難を受けた。それでも、アンティファの支持者たちは祝った。なぜならいかに小さな暴力でも、広範な基盤の非暴力運動にとって有効な補完機能を持ち、ファシストが共感や支持を得る能力を奪うことができると証明する事件だったからである。

暴力を暗にほのめかす非暴力キャンペーンばかりではないのではないか？

ある懐疑論者たちは、非暴力の市民的抵抗の真の力というのは、民衆の力が危険にさらす大衆暴力という潜在的脅威であると主張する。この見方が想定するのは、民衆がまとまって立ち上がるとき、彼らが武器を取ることを選択すれば、社会に深刻なダメージを与えるシグナルになる――そして、その非暴力行動が警告に匹敵するというのだ。「私たちの要求を呑め」と。

この論理には大きく三つの問題がある。第一に、実証的証拠がない。もしこの論理が正しいのであれば、不満がたまった市民的抵抗運動は武装闘争に転換するという事態をよく目のあたりにするはずだ。ところが、実証研究によれば、こうしたことはめったに起こらない。一九四五年から二〇一三年にかけて、政府の転覆を目的とした三百八十四件の抵抗キャンペーンのうち、一貫した非暴力抵抗から武力紛争に激化したのはたった十三件(三・四パーセント)であった。[15]

筆者らが作成したデータベース上記録されている二百十一の内戦のうち、暴力に激化する前に少なくとも一年間非暴力抵抗に依拠していたのはたった六・二パーセントであった。この中には、アルジェリア――一九五四年、フランスに対する独立キャンペーンが、非暴力キャンペーンから内戦へと激化した――南イエメンで起こったイエメン・アラブ・ナショナリスト運動(一九六三年)、グアテマラの左派闘争(一九六五年)、北アイルランドの自決闘争(一九六九年)、エルサルバドルの左派闘争(一九八〇年)、西サハラの独立運動(一九八二年)、南アフリカの反アパルトヘイト・キャンペーン(一九八四年)、第一パレスチナ・インティファーダ(一九九三年)、その他にもいくつかの事例がある。残る九十三・八パーセントの武力紛争では、開始時点で、市民的抵抗を展開していこうという試みはほぼあるいは完全になかった。

第二に、大規模な非暴力の市民的抵抗に参加するほとんどの人びとは、組織化した武装蜂起に積極的に参加しようとはしない。武装闘争をはじめる過激派集団の構成員は、非暴力闘争を組織する人びととめったに重なることはない。すでに論じた、北アイルランドにおけるアイルランド共和軍暫定派

（ＰＩＲＡ）の盛り上がりは、まさにこの例である。ＮＩＣＲＡの滅亡で政治空白ができると、武装した過激派が都市部でのゲリラ闘争を進めはじめ、はるかに過激な要求を掲げるようになった。たとえば、北アイルランドがイギリスから分離し、アイルランド共和国として加わるか、完全な独立を認めることを求めた。イギリスの一部であり続けたい反動プロテスタント民兵らは、ＰＩＲＡやその分派に反撃するために、暴力的なキャンペーンを開始した。

北アイルランドの事例は、第三の点もよく表している。非暴力反乱が内戦になってしまう事例のほとんどで、紛争を激化させるようなことをしているのは、たいてい政府や武装した政府支持者たちなのである。この点で、次のような見方ができる。政府による鎮圧によって、非暴力アクティビズムは抑圧され、脇に追いやられ、同時に過激な小集団が力の真空に足を踏み入れ、武装した対抗的組織をつくる動きを強化する。

例を挙げれば、シリアでは、二〇一一年三月、非武装の反体制派が非暴力に抵抗し、バッシャール・アル＝アサド大統領の専制支配を終わらせて民主主義を取り入れ、アル＝アサドおよび彼の治安部隊が平和的な反体制派を殺害・拷問した罪を裁こうとした。これに反応し、アル＝アサドは、非武装のデモ参加者を相手に、対反乱掃討作戦に出た。機銃闘争をおこなったり、シャビーハ（政府系民兵）を送り込み、主要な政敵やその家族を殺傷したり、政敵と疑われる者を何万人も拘束、拷問、殺害した。アル＝アサド政権による、九カ月間にわたる市民への残虐行為の後、市民的抵抗キャンペーンは実質的に解体し、地下に潜んだ。代わって、自由シリア軍という、アル＝ヌスラ戦線、イラクとシリアのイスラム国、その他の武装集団のようにアルカイダと関係を持つ集団が地元民兵から離れ合体しはじめた。紛争が激化するにつれ、アル＝アサドは一層無差別的な暴力で応戦し、砲兵射撃で家屋や地区を破壊し、市民が集まる地区に樽爆弾を落とし、化学兵器でグータのような都市を攻撃し、アレッポ、ホムス、ダマスカス郊外のダライヤやムアダミヤットのような都市全体を包囲した。

第四に、権威主義体制の指導者がたいてい主張するのは、いかなる非暴力抗議も、実は武装反乱の脅威をベールで隠しているということだ。権威主義体制の指導者は、自国の反体制派の信用や正統性を低下させようとしているのである。平和的な抗議者たちを「過激主義者」あるいは「テロリスト」と非難することで、暴君は、自分こそが国民の守護者であると描き、政権内の忠誠心を強化しようとするのである。二〇一三年にトルコのゲジ公園の蜂起で起こったことを考えてみよう。活動家たちは当初、デモを企画し、人気のある公園を駐車場に変えようとする政府の計画に抵抗した。ところが、警察がデモ参加者に対し、ひどく叩いたり、ゴム弾や催涙ガスを放ったり、逮捕をすると、抗議運動は大規模な蜂起に膨れ上がり、レジェップ・エルドアントルコ大統領の辞職を要求するようになった。デモ参加者たちは平和的な活動を続けたにもかかわらず、暴動対応の警察は路上でトルコ市民を死傷させ、エルドアンはゲジ公園の蜂起にかかわる非暴力の活動家たちをテロリストやフーリガンであるといつも非難した。同じようなことはロシアでも起こった。ウラジーミル・プーチン大統領は、過去十年にわたって、数々の小規模な民主主義支持派の動員を目のあたりにしてきた。二〇一九年、民主派活動家の一団は、活動中に急に検挙され、ロシアのきわめて厳しいテロリズム法の下で、国家反逆罪を言い渡された。それから、アメリカでは、ドナルド・トランプ政権はいつもリベラルや左派の政敵に対し、暴力的レトリックに加担していると非難し、この国は内戦の瀬戸際にあると警告した。左派の政治活動は圧倒的に平和なものであったにもかかわらず、である。

非暴力蜂起に直面する政府に対し、伝えたいことはシンプルだ。内戦にしたくないなら、自らはじめることのないように。とはいえ、権力者は、大規模な非暴力行動の方が暴力的な混乱よりも自分たちを脅かすことを知っている。だからこそ、独裁者たちは、非暴力の活動家たちは暴力的売国奴だというレッテルを貼るために、どんなことでもする——そして、非暴力運動を暴力闘争へと掻き立てるのである。

周縁暴力の中には非暴力運動の成功を助ける暴力があるか？

学者の中には、一定の周縁暴力は、市民的抵抗キャンペーンを助ける傾向があると主張する者もいる。そして懐疑的な研究者もいる。表3－1は、周縁暴力の戦術的・戦略的効果について、研究でわかってきたことを整理したものである。

はじめに、利益、なかでも周縁暴力の直接的効果からみてみよう。暴力事件は確かに瞬時にメディアの注目を集める。運動が大きくスポットライトを浴びる、あるいは運動の主張をより広い観衆に広める手助けになることもある。実際、周縁暴力に関与した者たちは、自分たちは次のようなことを目的としていたとよくいう。つまり、財産破壊、路上闘争や放火といった報道が集中的になされることを目指していたのだ、と。公民権運動に関する一九八四年に出された研究で、社会学者のハーバート・ハイネスはこう主張した。暴動その他の過激な行動は、ブラック・パワー運動の知名度を上げ、彼らの要求により注目が集まるようになった。[16] 二〇一七年、ワシントンDCでおこなわれたトランプ大統領の就任式近くでは、窓割り、オルタナ右翼抵抗者たちとのいざこざ、警察に向けた発射物の投げ込みがあった。その後、一人の自称無政府主義者が、ニューヨーク・タイムズ紙に対し、自分たちのグループの暴力的戦術を擁護する発言をおこなった。抗議は成功したのだ、なぜなら自分たちは、ほんの短い時間であっても、テレビ局の目を就任式からそむけたからだ、と。[17]

ある研究によれば、暴動や路上闘争は路上を混乱させるため、警察や治安部隊が、この暴力に対応するために、より時間や資源、エネルギーを使わなければならなくなるという。[18]

	周縁暴力の利益	周縁暴力の不利益
戦術的（直接的）効果	キャンペーンに対するメディアの短期的な注目を引く。 警察や治安部隊が状況を落ち着かせるあるいは管理しようとより資源投入を拡大させる。 反撃によって逮捕、攻撃、あるいは死を予防できることがある。 ある出来事を中断あるいは中止できる。 ある出来事に先立って、キャンペーンの参加者の間で調整や合意がより少なく済む。つまり、その瞬間個人行動が認められる。	多くの場合平和的抵抗や平和な参加者からメディアの目を逸らせてしまう。 対立を激化させ予防可能な死傷者を出す。不必要な被害を出し、周縁化された集団やコミュニティを脇に追いやる。 観衆が運動の目標に対し首をかしげるようになる。
戦略的（長期的）効果	決意を発信する。混乱させる能力があるぞと発信する。主張や不正義への気づきを生み出す。 過激な参加者たちの結束を深める。治安部隊の恐怖を増幅しモラルを低下させる。参加者の抵抗文化を強化し、集団や目標に対するより長期的な関与につながる。 運動の穏健派をより魅力的にし、穏健派に交渉の機会をもたらす。 自決の原則を貫きながら、個人に完全な自治を与える。	多くの場合潜在的な同盟者や共感者を疎外する。 混乱させるぞ、あるいは敵、見物人、その両方を害するつもりだぞと発信する。 主張や不正義に関する混乱を生み、運動の偽善の罪をあばく。 運動の支持者と非暴力行動を求める横からの声を分断する。 離反の可能性を減らす。 参加者や支持者の多様性を減らす。 より集中的かつ無差別的抑圧を引き起こす。人びとが寄り付かなくなる。 武装闘争や内戦への激化のリスクを高める。 キャンペーン後の民主的改革の可能性を低くし、権威主義的揺り戻しのリスクを高める。

表3−1　市民的抵抗キャンペーンにおける 周縁暴力の利益と不利益

周縁暴力を支持する者たちは、自分たちの行動は他者を守り、保護する手助けになっているのだとしばしば主張する。さらに敵が非常に強力で容赦なければ、抵抗する者はあらゆる戦術を使えるべきであると議論を進めるのだ。たとえば、二〇一七年にバージニア州シャーロッツビルで開催された「右派団結」集会では、武装したファシストや白人至上主義の行進参加者が、非暴力の抗議者たちにパンチをしたり、棒や即席の武器で叩いたりと攻撃を加えた。抗議者たちを守るため、反ファシストや社会主義の活動家たちの連合は非武装のまま反撃した。彼らによれば、規律だった非暴力行動は、鼻持ちならない嫌悪に屈した、という。

ある出来事を混乱あるいは中断させるために暴力を積極的に使えば、人びとから活動の場や観衆を一時的に奪うという意味で、短期間は機能する。[19] 現在、多くの反ファシストたちは、二十世紀にヨーロッパでおこなわれたさまざまな反ファシスト行動に影響を受けている。たとえば、イギリスの反ファシストは、しばしば同国で公衆を前に演説する「黒シャツ」ファシスト集団に対抗した。その目的は、黒シャツたちがイデオロギーを広めること、新たな構成員を迎えること、力や影響力を増大させることなどを止めるためだった。彼らの技術は、ナチスのパレードや行進を非常に効果的に中断させた。同様に、現代の反ファシストたちは、ケーブル・ストリートの戦いをよく例に挙げる――共産主義者・社会主義者・無政府主義者そしてユダヤ人からなるグループ、ロンドン警視庁、さらにイギリス・ファシスト連合（BUF）が、一九三六年十月にロンドン東部で起こした大きな対立である。BUFの指導者オズワルド・モズレーは、何千もの黒シャツ・ファシストたちを、ユダヤ人が多数住む地区で行進させる計画を立てた。イースト・エンドの居住者たちによる大衆抗議〔反対署名〕があったにもかかわらず、イギリス内務大臣は行進を認め、何千もの警視庁警察官が動員されて、ファシストを守り、公の秩序を維持しようとした。約二千人の社会主義者、共産主義者、無政府主義者そしてユダヤ人グループが通りを封鎖し、棒、テーブルの脚、その他即興の武器を持って、何千もの警視庁警察官と戦った。居住者たちは、警察が来ると、踊り場からゴミ、汚物、寝室用便器を投げ落とした。この暴動は、行進を巧みに妨害し、ＢＵＦは解散するほかなかった。イギリスの反ファシスト・グループは、別の機会にもモズレーの行為に対する妨害や攻撃を継続し、ついに彼らの政治基盤の拡大を阻止するに至った。現代の反ファシストたちも、第二次世界大戦中にヨーロッパ中でナチスと戦ったパルチザン・ゲリラ運動の戦術的効果に注目し、なぜとりわけ反ファシスト運動が、ファシズムを止めるために必要な手段を用いるべきなのか説明する。[20] 今日、ネオファシスト運動に反対する平和的抗議を求める声がある中で、アンティファの一人がこう述べた。「〔平和的抗議を求める〕この類の主張は「何もしないで過ぎるのを待て」に代わってしまう。ただ過ぎるなんてことはないのだ[21]」。

他によくある主張は、非暴力の活動家を高度に軍事化した警察部隊から守るために暴徒が必要だという主張である。とくに、大衆が活動家たちの苦しみに冷淡あるいは無関心である場合には。この見方によれば、活動家――とりわけ疎外されたコミュニティ出身の活動家――には、自分たちを守るために多岐にわたる戦術を使えることが必要になる。だから、リスクを受け入れ権力者と戦うつもりがあるならば、暴力も認められるべきである、と。たとえば、『この非暴力とかいうものがあなたを殺す』という本（二〇一四年）の中で、活動家のレイモンド・コブはこう主張する。暴力は、最悪の迫害から非暴力の活動家を守るためにしばしば必要になる。[22] 周縁暴力を望ましいと考える者は、公民権運動で、マーティン・ルーサー・キング・ジュニアがはじめ、自宅に弾丸を込めた銃を置き、武装警備を雇用して、自分の家族を白人至上主義の自警団から守っていたという点をよく挙げる。ただし、キングはのちに、何が起ころうと、運動の中で自分はリーダーとして徹底的に非暴力アプローチに徹する必要があると決意し、銃や武装警備を手放した。

次に、周縁暴力を許容するということは、運動の中で参加者がどう振る舞うかについて、高度な調整や合意をせずに運動を進めることを意味する。規律ある非暴力運動のためには、どこまでの行動が許されるかという境界線や限界について、多くのコンセンサス、調整、訓練が必要になる。もし、運動が規律ある非暴力を遵守しないのであれば、そんなに骨の折れる準備に努力をつぎ込む必要はないし、個人個人が、自分たちあるいは他者を圧倒的な国家の暴力から守るために、非暴力の技術を使うか、暴力で反撃するか、自分たちで決められるという議論になる。[23] このアプローチも、非暴力抵抗支持者を過度に独善的で他者に支配的であると批判する者を満足させる。

周縁での暴力を許容することは長期的な価値も持つと考えられるかもしれない。第一に、暴力だけが、目的に対する真の決意と専心を伝えると主張する者もいる。[24] 暴力に移ると、その運動は自分たちの要求が満たされるまで、人びとを傷つける意思と能力があるということを示す。また、暴力は、運動の言い分が通るまで、引き下がらず、敵に痛みを与え続けるという意思を示す。その結果、政府内の一部は膠着状態から抜け出そうと、何年にもわたる不安定や暴力を避けるために交渉を選ぶことがある。同様に、ある研究者によれば、警察や治安部隊を攻撃すると、彼らが怯え、倫理観が低下し、持ち場を離れ、暴動を起こしやすくなるという。[25]

暴力を用いれば、短期的および長期的な政治的効果を持ち、憤りや不正義に対する注意を引くこともできる。たとえば、ライアン・エノス、アーロン・カーフマン、およびメリッサ・サンズは、暴動が起こるとそれを見た人が重要な不正義に気づかされ、市民はその運動の主張に反応するような政治家や政策に投票したいと思うようになると主張する。[26] たとえば、一九九一年、偶然その場に居合わせた者が、四人のロサンゼルス警察官による、非武装の黒人ロドニー・キングへの暴行をビデオに録画した。高速での追跡劇後のことだった。携帯電話やインターネットが到来する数年前の衝撃の映像だった。これに反応し、ロサンゼルス中南部の黒人が多数住む地域で、何日にもわたる暴動が発生し、その他複数の都市にも波及した。エノス、カーフマン、サンズは、暴動にさらされた地区では、暴動から何十年か経ったあとでさえ、人種正義を支持するよりリベラルな政治家に投票したということを発見した。[27] ただし、この研究は、暴動の効果とともに、警察の厳しい取り締まりに対し、これも国中でおこなわれた明確な平和的抗議の効果を比較していない。実際、公民権運動研究で明らかになってきたことは、非暴力抗議も同様に全国各地で長期的な効果を有するということだ。[28]

次に、暴力的な集団では、関係者の間で強い結束を生むという意見もあるかもしれない。たとえば、好戦的な労働活動家に関する研究で、ラリー・イサークおよび共著者は次のように主張した。人びとが、過激な理想のために、一度でも財産破壊、暴動、路上闘争をおこなうと、その経験者たちは人生をとおしてずっとこうした理想に専心する――しばしば指導者的な立場まで上り詰め、他者にも人生をかけた行動主義を呼びかける。[29] 事例によっては、暴力行動には大きな社会的・文化的効果があり、権力の誤った使い方に反対しようという誓いを広める。たとえば、アフリカ民族会議（ANC）の反アパルトヘイトの活動家であったハワード・バレルによれば、ANCの武装部門によるゲリラ攻撃は、非暴力行動に参加している者たちをより破壊的で、対立的で、勇ましく、大胆にさせたという。[30]

周縁暴力は、より間接的な意味で、市民的抵抗運動に利益をもたらすという主張もある。とくに、暴力的な周縁が好戦的で非妥協的な印象を与えると、非暴力運動はそれよりは脅威ではなく、交渉相手にするにはより合理的に見えるという議論がある。[31] アメリカ公民権運動はこう解釈されていることが多い。マーティン・ルーサー・キング・ジュニアは一九六〇年代はじめにジョン・F・ケネディやリンドン・ジョンソンに対して優勢になった。というのも、この二人の大統領は、もし連邦政府がキングや他の平和的な集団が掲げる公民権要求に対応しなければ、もっと過激な要求を掲げる黒人の急進派集団を相手にしなければならなくなると認識したからである。

こうした主張の背景には、強いイデオロギー的伝統が横たわっている。たとえば、無政府主義者の伝統では、絶望的に腐敗しているとして、どんなものであれ社会階級や権力、政治への「普通の」アプローチ、すなわち選挙、司法制度、あるいはリベラルな経済政策を否定する。彼ら彼女らは、これらは人間の生活よりも私的財産に価値を見出していると解釈している。同様に、無政府主義者は市民的抵抗運動が参加者の行動をコントロールしようとすることも拒む。このコントロールを、無政府主義学者のデヴィッド・グレーバーは「暴力的平和警察」であると拒絶的に呼んだ[32]。突き詰めていくと、無政府主義者は、改革主義あるいは覇権的で暴力的かつ国家中心的な政策実行に協力的とみられる政治プロジェクトを拒むのである。無政府主義者には、現状を変えたい、人びとの支配や征服を終わりにしたい、完全な平等、自治、および自決を獲得したいという欲求がある。無政府主義者の伝統に感化された人は少なくない。多くの集団――社会階級や人種のヒエラルキーに注目する人たちを含む――は、取り残された集団がいかに行動できるかあるいは行動すべきかをめぐり特権的な地位にある人が議論することを拒む。たとえば、アメリカの白人至上主義や人種差別の歴史を挙げれば、非暴力の規律を求めること自体が家父長的であり人種差別的である――白人が黒人に対しよく振る舞いましょうというのも同じだと主張する活動家もいる。

まぎれもなく、周縁暴力は短期的な戦術的利益をもたらすことがあり、過激な者たちの連帯感を強めることも多い。過激な者たちは、情報を欲しがる主要メディアのカメラを惹きつける。周縁暴力は混乱や不安定をもたらすのに十分な影響力があり、大学、市民グループ、過激派政党もがイベント中止を余儀なくされる。周縁暴力は、怒り、憤り、絶望、自治、独立や現状維持に対する完全な拒絶を、公の場でドラマチックに表現できる。そして非暴力の規律を徹底していくことを拒むことで、個人個人がしたいように表現し、自己防衛することを許容する。

ただし、周縁暴力は戦術的リスクも深刻な長期的不利益ももたらす。これは重要な点である。なぜなら、ここまで論じた短期的な戦術的かつ戦略的な利益というのは、提唱者たちがよく曖昧にしたり、無視したりする重大なトレードオフとセットだからだ。

暴徒は非暴力キャンペーンを損なうか?

表3－1の右側の縦列で見たとおり、周縁暴力は、周辺暴力がなければ非暴力の市民的抵抗であるキャンペーンに、いくつかの方法で戦術的にも戦略的にも不利益をもたらす。

はじめに、戦術的リスクをみてみよう。暴動、路上闘争、武器を取る民衆――衝動的であれ、組織的であれ――には、たいてい治安部隊が即応する。そして、こういった直接対決においては、ふつう、治安部隊が優勢である。[33] 催涙ガス、そしてゴム弾にせよ実弾にせよ、治安部隊による鎮圧行動はいつも、路上の闘争やその他の暴力行為に加わった者だけでなく、平和的な行動を取った多数派の人びとにも被害者を生む。つまり、たくさんの人びとが害され、逮捕され、あるいはそうしたリスクを受けることに同意していない人が殺されるのである。[34]

第二に、暴力は、ほとんどの場合メディアの注目を集めるが、そうしたメディアの視点が必ずしも運動に同情的な光をあてて話を構成するわけではない。典型的なのは、スポットライトが運動の中核的要求からそれて、暴力そのものにあたってしまうことである。人間の脳の働きのために、暴力や破壊行為を目にした者は、抵抗者たちが本当に欲しているのは何なのかと理解するのに時間がかかってしまうのである。暴力的な人が他者に危害を与えるのだと推測してしまう――運動の目的が正当かどうかを考えることができなくなる、あるいは考えようとしなくなるのである。[35]

周縁暴力の長期的な戦略効果を検証する方がいくらか容易である――理由のひとつは、運動の片隅で暴力があったにせよなかったにせよ、その後何が起こったのか比較するデータが十分得られているからだ。一九〇〇年から二〇一九年まで、周縁暴力が発生しなかった非暴力キャンペーンのうち六十五パーセントが、政権転覆あるいは自決を手に入れることに成功した。運動が非暴力的手段に訴えると、大きく異なる立場から積極的に参加する人びとを大勢集めることができるのである。対照的に、何らかの周縁暴力があった非暴力キャンペーンでは、たった三十五パーセントしか成功しなかった。

なぜ違いがあるのだろうか？　理由はたくさんある。第一に、周縁暴力が起こるということは、通常、その目的を支持して関与する人の数は少なく、かつ関与する人はより同じような特徴を共有する傾向にあることを意味するためである――つまり、非暴力の市民的抵抗のもっとも重要な特徴が欠けているということである。実際、平均して、周縁暴力が発生した非暴力キャンペーンでは、発生しなかった非暴力の市民的抵抗キャンペーンと比較して、関与した人は十七パーセント少なかった。[36]同様に、ある年に暴力が起こると、次の年の運動への参加率は低くなる傾向がある。[37]こうした傾向は、非暴力キャンペーンの流れの中で大規模暴力が発生した革命運動に関する研究をもとに議論されている。ただし、改革キャンペーンや抗議イベントを研究する者も、異なる国や文化的文脈を越えて同じ結論に達している。二〇一四年から二〇一七年にかけて、五カ国二十四都市で起こった抗議イベントと政府の対応をすべて記録したソーシャル・メディアのデータを使った研究で、ザカリー・シュタイナート＝トレルケルト、ジョンソク・ジョー、そしてアレクサンダー・チャン（二〇一九年）は、抗議者による暴力が起こると、その後続くイベントでは運動の群衆規模が小さくなる傾向にあると論じた。

なぜだろう？　いくつかの理由がある。第一に、抗議者による暴力が起こると、抗議が、攻撃を仕掛けた者だけでなく、一人ひとりに身体的リスクが大きなものとなるためである。もちろん、非暴力行動は常にリスクが伴う。しかし、抗議者による暴力が起こるとそのリスクが劇的に大きくなる。というのも、通常、治安部隊が強制的な対応に出るからである。たとえば、催涙ガスやゴム弾を発射したり、警棒で殴ったり、大量の人を逮捕したり、実弾を撃ったりするのである。[38]

第二に、歴史研究からわかっていることは、民衆は、積極的に他者を害するくらいなら自分たちが被害に遭う状態に身を置く方を選ぶ傾向にあるということである。[39] 大衆運動が、路上での闘争、敵や居合わせた人への攻撃、抑圧的な部隊によるより手荒な反撃に発展したと思われるケースでは、暴力にはかかわりたくないと思っているたくさんの人びとが運動から離れるのである。こうした傾向は、これから立ち上がってくれそうな抗議者たちが運動は点でばらばらで混乱に陥りそうだと思いはじめたときにとりわけよく見られる。

第三に、抗議者による暴力が起こると、重要な集団が離れてしまう。それは女性だ。[40] 女性がもともと平和的だとか危険を恐れるからだというわけではない。第二章で論じたとおり、女性は自分自身に大きな危険が降りかかろうとも大衆運動にはよく参加し、運動に対する抑圧をも圧倒してきたのである。女性が積極的にかかわって、先頭に立つ市民的抵抗運動は、その成否に大きな違いをもたらし得る。ところが、暴力を含むあるいは採用する運動では、女性は脇に追いやられる傾向にある。さらに、他にも疎外された個人や集団が暴力的運動から距離を取るようになる。こうした人びとは、治安部隊が路上での闘争を鎮圧しようとするとき、自分たちがより狙われやすく、害されやすいと感じていることが多いからである。[41] 学者兼活動家のスティーヴン・ズーンズによれば、一般に、運動は周縁暴力を使うか、多様な参加を維持するかの選択に迫られるという。[42] 両立は難しい。

次に、運動の支持者たちが周縁暴力によって離れなかったとしても、潜在的支持者を近づけなくさせることはあり得る——すると運動が大きく成長することは非常に難しくなる。二〇一六年五月、政治学者のジョディ・ムニョスとエバ・アンドゥイザは、スペインのM15、またの名をインディグナドス〔怒れる者たち〕と知られる反財政緊縮グループを調べているさなかであった。そのとき、運動にかかわりがある過激派グループの間で路上暴動が勃発した。これを目のあたりにしたムニョスとアンドゥイザは、暴動の前と後で、運動に対する民衆の態度がどう変わったのか比較することが可能になった。そして、インディグナドスは、暴動が起こった後、暴動前の平均と比較し民衆の支持を約十二パーセント減らしたと論じた。こうした支持の度合いは、反応する人びとが運動や運動の主張に対してどういう態度を取っていたかによる。中核的支持者は、運動が何をしようが支持を続ける意思が固い。ところが、自分は運動に対し中立的だ、弱いが支持している、あるいは反対だと思っている人びとの間では、支持を大きく失う。換言すれば、たとえほんの少しの周縁暴力でも起これば、運動にとっては、盤石な支持基盤以上に支持を広げることが難しくなるのである。

心理学者や社会学者も、同様に、実験環境で、暴力と非暴力アクティビズムに対する個人の態度を調査した。二〇一四年、心理学者のエマ・トーマスとウィニフレド・ルイスは、反石油・天然ガス開発および反捕鯨運動に対するオーストラリア市民の態度を検証した成果を論文に出した。実験調査をおこなった結果、市民は非暴力的な集団活動に前向きな反応を示した——つまり非暴力を正統で効果的と認識している——集団的暴力よりもはるかに前向きに、である。(43) 心理学者のサイード・ニマ・オラザニとバーンハード・リードナーによるより大規模な研究は、女性の権利、反捕鯨、反中絶、銃規制その他のさまざまなイデオロギーや主張を持つ二十三の運動に対するアメリカ人の態度を分析した。(44) その結果、一様に、運動が非暴力を貫くと掲げていると、アメリカ人はその運動に対する支持を高め、運動に参加する意思を強くすることがわかった。彼らの主張によれば、非暴力的方法に依拠する運動は、より大きな道徳的信条を持っているという印象を与え、共感や尊敬を引き出す——そしてそうした非暴力行動によって、対する政府の激しい反応が完全に不当に見えるのである。また、この研究では、アメリカ人は非暴力活動が実際に成功するものだと信じていることが明らかになった。民衆は勝者の側にいたいものであり、それゆえ、自分もより参加したくなる、あるいは活動目標により共感したくなるのである。

こうした傾向はアメリカだけに限られているわけではない。アデルマン、オラザニとリードナー（二〇一七年）は、この研究をイランとバーレーンでもおこない、社会的・政治的に多くの点で異なる世界でも、規律の取れた非暴力によって市民の支持も参加の意思も増加することを示した。[45] マレーシアでの研究で、心理学者のヘマ・プレヤ・セルバナサンとブライアン・リッケルは、二〇一六年十一月に調査をおこなった——汚職に対する大衆行動日の前と後である。[46] 研究の結果わかったことは、マレーシア人が非暴力抗議を見ると、その運動と運動の主張をより支持したくなるということであった。反対に、その抗議により脅威という認識を抱くと——たとえば、その反汚職デモが暴力的で、混乱しており、安全でないと見る場合——運動やその主張に対する支持は低下する傾向にある。

別の最近の研究では、周縁暴力に対する大衆の態度は、いくぶん運動の要求によるところがあると示された。社会学者のブレント・シンプソン、ロブ・ウィラーおよびマシュー・フェインベルクも、同じくアメリカにおいて、インターネットで一連の調査実験をおこなった。この実験は、反人種差別主義者や白人ナショナリストの抗議者に対する回答者の態度を観察するもので、ある集団が非暴力的あるいは暴力的方法を用いた場合に態度が異なるかどうかを確認した。[47] 研究の結果、回答者は白人ナショナリストを反人種差別主義者が攻撃するのは合理的でないとみる傾向があり、そうした暴力によって反人種差別主義者への支持は減少し、白人ナショナリストへの支持は増加することがわかった。

不思議だが、白人ナショナリスト集団が暴力を使っても、回答者の認識に変化はなかった。こうなる理由は、白人ナショナリスト集団がすでにひどく人気がないからであり、彼らの敵対的態度からして、アメリカ人は白人ナショナリスト集団がそもそも暴力的だと考えているからであろうと、この研究の著者たちは推測する。この発見は、革新的集団にとって、かなり直感的な（ひどく不公平であるにせよ）政治的現実を示している。彼らの正統性が、暴力的あるいは有害な体制への反対から来ているというまさにその理由によって、大衆は、そうした運動実施者が自分たち自身の行動において、より高い倫理基準を持つことを期待するのである。

実験研究以外にも、規律ある非暴力抵抗によって、少なくともアメリカの事例では、運動に対する世論をより好ましく形成できることを示す手堅い歴史的根拠がある。政治学者のオマル・ワソウは、一九六〇年代に公民権運動がいかに世論に影響を与えたかを調べた。この研究で明らかになったのは、特定の地区での非暴力抗議によって、公民権への支持が高くなり、世論調査で公民権が世論の関心のトップに押し上げられたということである。対照的に、より暴力的な抗議では、より多くの人びとが、公共の課題でもっとも重要なのは法と秩序であると考えるようになった。一九六五年以後、暴力的抗議がより一般的になるにつれて、公民権運動に好意的であった世論は離れて警察の対応の方を支持するようになったのは偶然ではない。運動は重要な支柱へのアピール拡大をやめた。そして世論の変化は選挙結果に表れた。ワソウの研究によれば、法と秩序への支持は、共和党リーダーへの投票と高い相関があり、アメリカにおける異なる抗議タイプが息の長い政治的効果を持っているということを示した。この研究結果は、さらに別の最近の研究でも支持された。政治学者のショム・マズムダーによれば、公民権運動中に非暴力の座り込みが展開された選挙地区に住んでいた人びとは、そうでない人と比べて、アファーマティブ・アクションを支持し、自分たちを民主党支持者であると何世代にもわたり自認する傾向が高い。[48]

これらの研究結果は、大まかにいえば、さらに別の洗練された統計手法による研究とも一貫性がある。経済学者のエミリアーノ・ユエ＝ボーンは、操作変数法の技術を用いて、いかに暴力がフランスの労働争議において異なる結果をつくり出したかを特定した。[49] 研究でわかったことは、暴力や財産破壊によって、労働者集団が譲歩を勝ち取る確率は低くなる傾向にあるということである。言い換えれば、周縁暴力は逆効果ということだ。

なぜ周縁暴力が非暴力キャンペーンの成功の可能性を低くするのかというさらに別の理由は、周縁暴力によって治安部隊が離反する可能性が低くなるからである。路上での闘争が起こると、非常に不人気の政権では警察や軍隊の士気が低下するが、より長く続く、政治的に強力な体制下では、暴力は警察や軍隊の結束を強めるのである。支柱に関する節で確認したとおり、離反が起こらないことは、広範に変化を起こす上では深刻な障害となる。[50]

次に、周縁での暴力によって、平和的な活動家たちが国家の手荒な対応から守られるという主張があるが、ほとんどの場合、その反対である。抗議者による暴力が起こると、多くの場合、政府軍がすべての抗議者や反体制派をより激しく無差別的に鎮圧する免罪符となる。グローバルな研究で、エリザベス・トンプキンスは、周縁暴力が起こった非暴力運動は、より無差別的な抑圧の標的にされる傾向があると論じた。[51] 別のグローバルな比較研究では、政治学者のサビーン・カーリーも、同じく、致死的な抑圧――つまり、反対派の殺害――は、暴動やゲリラ的暴力の後に発生する傾向があると結論づけた。対照的に、政府は、抗議、ストライキやボイコットには、より限定的でより死に至らしめない方法で反応する傾向にある。[52] こうした研究結果は、より最近の国際比較研究によって支持されている。政治学者のザカリー・シュタイナート＝トレルケルト、ジョンソク・ジョー、そしてアレクサンダー・チャンは、二〇一四年から二〇一七年の間、五カ国で発生した二十四の社会運動で、政府はたいてい、抗議者の暴力に対しさらなる暴力で反応すると論じた。[53] 政治学者のヨナタン・ルプとジェフリー・ウォランスは、インド、アルゼンチン、イスラエルの市民は、暴力を行使した者に対する人権侵害を支持する傾向にある——ただし、総じて、政府は非暴力の抗議者たちの人権を尊重すべきであると考えていることを突き止めた。[54] この結論は別の研究結果とも一致している。政治学者のコートニー・コンラッドとウィル・ムーアによれば、政府の人権侵害——たとえば拷問——は、暴力的反乱期に続く傾向があるが、挑戦者たちが非暴力抵抗に依拠する場合には政府の人権侵害は減る傾向にある。[55]

つまり、研究上一貫しているのは、もし非暴力運動の抗議者たちが暴力的になると、政府はそうした運動をただではおかない傾向にある——たとえ周縁暴力が非武装に分類されるものであっても。もっとも抑圧的かつ専制的な政権は、自分たちの反対派が何をしようとも、彼らを悪党、殺し屋、あるいは裏切り者と非難する。ところが、見物人やその他の市民は、たとえ暴力を使ったのがごく少数の活動家だけであっても、政府を信じる傾向にある。たとえば、イスラエルでは、政府は非武装のパレスチナ人活動家の大量の取り締まりの正当化根拠として、いくつかのパレスチナ人およびイスラエル人グループの過激さを持ち出した。ごく少数の者による暴力行為によって、イスラエルの指導者や市民は、徐々にしかし決定的に保守傾向に動き、一般市民はますます治安と安全を求めた。パレスチナ人による暴力という恐怖によって、いまや二国家解決案の夢はほとんど失われた。十年以上、大多数のパレスチナ人の自決行動は非暴力であり続けているにもかかわらず、である。

もちろん、現状維持に真剣に立ち向かう運動は、たいてい政府の抑圧に直面するものである。とはいえ、必ずしも抑圧が運動の運命を決めるというわけではない。市民的抵抗キャンペーンがたくさんの人びとの積極的な関与を維持でき、部外者からより共感を獲得でき、政権の支柱を少しずつ削っていくことができる限り、運動には生き残る可能性――あるいは勝利する可能性がある。周縁暴力を使わない運動は、この三点すべてができる傾向にある。

当然のことながら、攻撃、逮捕、訴追、鎮圧や長期間にわたる差別に遭うと、運動の参加者たちは、武装闘争にエスカレートさせるべきか議論をはじめる。抑圧がひどくなると、運動の指導者たちは、非暴力の規律を貫こうと主張し続けることが難しくなるのである。

しかし、周縁暴力を支持する者は、周縁暴力を使うことによって、ある一部の人たちを運動から――おそらく永久に――阻害してしまうということをめったに認めない。かつ、みなが周縁暴力を支持するわけではないという事実も無視することが多い。強力な敵に対して「必要なあらゆる手段」を使おうと求める者は、そうすることで、他者を議論の外に追いやってしまうことをめったに認めない――あるいは他者を危険な状態に置くことさえも認めない。[56]

抵抗を効果的にするには、敵が欲することに対し、規律をもって、非妥協的に「ノー」を突きつける必要があるようだ。戦略的にいえば、周縁暴力は運動の闘争を政府の土俵でおこなう傾向があり、規律ある非暴力抵抗の利点を失ってしまう。[57] 敵が抑圧的になればなるほど、抵抗は敵のゲームをすることを強く拒否しなければならない――逆説的に、抵抗運動の指導者たちにとって非暴力行動を貫くことが困難となっても。

ここで、議論の根拠を振り返ってみよう。研究上現れてきた、一致した見解は、周縁暴力が起こると、その他の者が非暴力を貫いても、支持者はその運動から距離を取るようになるということである。周縁暴力によって、潜在的同盟者を斥け、政府の抑圧は増し、政権からの離反を支持する者の気持ちを損なう。こうしたパターンを考えると、周縁で暴力を起こす運動が、成功するよりも負けに苦しむ傾向があるのは何ら驚くことではないことがわかる。政権側が社会運動に潜入して運動を暴力化させようと仕向けることも、何ら驚くにあたらない。アメリカでは、二〇一一年の「ウォール街を占拠せよ」運動のさなか、FBIがさまざまな左派、無政府主義グループに潜入しようとした――そして議論を巻き起こしたコインテルプロ・プログラム〔対防諜プログラム〕の際には、一九六〇年代から一九七〇年代にかけて、FBIはブラック・パワー運動、アメリカ・インディアン運動、プエルトリコ独立集団、その他さまざまな新左派運動に潜入し、運動を分裂させた。二十世紀初頭には、さまざまな政府や企業グループも、労働運動に潜入しようとした。政府や企業は、煽動者を入り込ませて、暴力を焚きつけ、社会運動を弱体化させようとするのである――ここからわかることは、強者は暴力が助けになることを知っているということだ。抵抗を効果的にするためには、敵に対して断じて協力しないよう努力することだ――意図的でも、意図的でなくても。敵が運動にしてほしい行動を拒むということも含まれる。

このような結論によって、運動にとっての政治的トレードオフがよく見えるようになる。もし、運動の組織者が市民的抵抗を、運動を前に進めるのにもっとも効果的であると考える場合、構成員に対し、非暴力の規律を維持し、路上での闘争、限定的暴力や即時の破壊行為にかかわるパートナーと組むことを拒否するよう、訓練しようとするようになる。しかし、非暴力の規律を保つためには、運動内で一定の強制が必要になる。この強制によって、運動の中でもっとも熱心な支持者たちからの批判を招いてしまうのである。彼ら彼女らは、運動の指導者が参加者の行動を監視していると批判する――「良い」抗議者と「悪い」抗議者を分けようと、単純化した言説を強化してしまうのである。

別の方法として、運動は、自分たちの熱心な支持者それぞれの環境、文脈や意識に応じて、個人の抵抗権の保護を優先することにより、支持者の活動を束縛しないようにもできる――それによって、解き放たれた破壊的力も創造的力も運動の利益になるよう期待する。しかし、制限なく広い戦術を受け入れようとすると、運動が鎮圧されたり、公衆の面前で非難されたり、脱することが難しくなるような数々の政治的な巻き返しに陥る危険が高まってしまう。換言すれば、周縁暴力を認めると、運動の内からも、また潜在的参加者、シンパや潜在的同盟者といった外からも、より大きな批判を受けるようになるということである。

こうした根拠やトレードオフがあるにもかかわらず、この議論をどう解決するかはいつも運動自身が決めることである――権力者でもなく、運動の脇に座っている自称評論家でもなく。

暴力は長期的にはいつも市民的抵抗運動を害するか――あるいは状況によっては運動の助けになるのか?

平均的にいって、周縁暴力は、長期的には、市民的抵抗運動の成功の助けにならない。仮に当該国の富、人口、民主主義や権威主義の度合いを考慮に入れても結果は変わらない[58]。

すでに引用した調査データを参考にすると、一般に適用できそうな指針がある。ほとんどの見物人は、暴力的運動よりも非暴力運動を好む。運動がおこなったことに対して政府が暴力という行き過ぎた反応をする場合に、とりわけ非暴力運動に共感する。非武装行動は、社会的、経済的、政治的領域を超えて支持者をより集める傾向もある。

こうした傾向には見過ごせない例外がある。ある研究によれば、深刻な社会的分断――人種、エスニシティ、社会階級やその他の亀裂――があると、取り残された人びとは、たとえ自分たちが非暴力の規律を維持しても、支持者を獲得することが難しくなる。たとえば、ある調査実験によれば、アメリカで、白人の回答者はアフリカ系アメリカ人の抗議者たちに共感を示さない傾向があった――抗議の方法や暴力的か否かにかかわらず[59]。同じようなことが、イスラエルとパレスチナで起こっている。

イスラエルのユダヤ人とパレスチナ人の間の敵対意識——アメリカからイスラエルに対する無条件の支援はいうまでもない——によって、パレスチナ人による市民的抵抗が自決を獲得することが、不可能とまではいわないが、困難になっている。アメリカでもイスラエル＝パレスチナ間でも、特権的集団に属するほとんどの人びとはたいてい、取り残された人びとから出てきた抵抗者たちに対し、警察や軍が暴力を行使することを認める。取り残された集団にとって、これも、多数派からの積極的な参加や支持がなければ成功することがいかに難しいかを示す例である。[60]とはいっても、抗議者の暴力——あるいは組織的な武装行動——によって、運動が支持基盤を構築するとか、力の非対称性を克服するとかいった証拠はほとんどない。

当然のことだが、どのくらいのレベルの暴力になると受け入れがたいとみなされるかは、文脈によって変わってくる。いつもではないが、ときどき、見物人は、興奮した大規模運動に並行して現れる荒らしに寛容なこともある。たとえば、二〇一一年にエジプトでは、非常に嫌われていた警察に対し自然発生的と思われる反抗的行動が発生し、反体制派の人びとがタハリール広場近くでたくさんの警察署に火をつけた。こうした行為は同盟希望者を不快にしたわけではなかった。実際、よりたくさんの人を惹きつけて、一月二十五日の革命の参加に結び付けたようである。当時の蜂起の絶頂期に、エジプト軍は、腐敗した警察やかつての司令官、ホスニー・ムバラク側ではなく、民衆側についた。

同様に、香港で、最近の調査が明らかにしたのは、若者主導の運動は、警察の厳しい取り締まりに対して、ときには武器を使って反撃した者がいるにもかかわらず、人気を集め続けているということである。とはいえ、エジプトで起こったことと同じく、それは香港警察が広範囲で非常に不人気で、とても嫌われていたために、警察に対抗するならばどんな行動でも、人びとは共感を持って歓迎するからである——必ずしも市民の参加という形ではないけれども。抵抗者の暴力は、すでにその運動に共感を持っている人びとの間でだけは人気を集める傾向がある――ただし、そうでない者は遠ざける。[61]

ただし、こうした行為が運動に不可欠であり、究極の目標であるということをいっているわけではない。運動を組織する者にとって、行為が非暴力と分類されるかどうかよりも、見物人たち――積極的支持者、消極的支持者、中立的集団――がその運動の戦術を、賢く、正統で、割に合い、究極的な目標と一致していると見るかどうかの方が重要なのである。つまり、多くの運動にとって鍵となる問いは、運動参加者の行動が、裾野を広げ、多様なグループからもっと多くの人びとを取り込むことで、力を拡大しつつあるかどうか――あるいは運動の戦術によって人びとが離れていってしまっているかどうかである。

周縁暴力は、長期的にはどのように各国に影響を及ぼすか?

周縁暴力がおこなわれる運動は、暴力にもかかわらず成功するものもある。ただし、その過程で解き放たれる政治ダイナミクスは、長期的には抑制することが難しい場合が多い。暴力は分断を深め、分断はさらなる暴力の激化を進める。たとえば、歴史的に、革命的な〔つまり政権転覆を目指す〕非暴力キャンペーンの中で周縁暴力が現れると、より内戦に陥りやすい傾向があった。たとえ紛争が沈静化してから何年もたったあとでも。[62] もっというと、革命運動が周縁暴力を含む場合、その国では、紛争後に権威主義体制が導入される傾向にある。[63]

煽動者は周縁暴力を煽ることにどれくらいの頻度で成功するのか?

絶頂期、市民的抵抗運動は生きるか死ぬかの瀬戸際にある。このとき、社会のさまざまな部分からたくさんの人が集まっている――こうなると、互いによく知る創設メンバーだけの小規模な秘密集団だった頃よりも潜入に弱くなる。[64] 市民的抵抗のパラドックスは、強さの一番の源――民衆の力――が、煽動者にとっては一番脆弱でもあるところだ。

煽動者は潜入者だ――たいてい、敵から金を払われて、敵の代わりに活動している――そして活動家のふりをしている。こうした者たちは、運動の計画や活動といったより重要な情報を得るために、組織化作業や指導者グループに漕ぎつけ、運動の弱点を見定め、被害妄想、個人対立、分裂を掻き立て、運動を弱体化させる。

政府は、何世紀にもわたり、こうした煽動者を使って、運動に潜入したり、破壊発動をおこなったり、運動を弱体化させてきた。ロシアの秘密警察はボリシェビキを含む反皇帝運動に潜入し、ロシア革命の前に、不和と不振の種をまいた。[65] デトロイトを拠点とする黒人過激派集団である新アフリカ共和国が弱体化し解体する結果となった大きな理由は、連邦捜査局（ＦＢＩ）のコインテルプロにおける潜入のためであった。[66] ニューヨークの覆面捜査官は、ブラックパンサーのブロンクス支部を開く支援をした。マルコムＸのボディーガードは、マルコムＸが撃たれたときに蘇生しようとしたが、この人物も覆面捜査官であった。[67] より最近でも、警察部局は、ブラック・ライヴズ・マターのような革新的組織による抵抗運動に覆面担当官を送り込み、テキスト・メッセージやその他の私的情報を得ている。また別の陰険な動きとしては、ロシアのエージェントが、ブラック・ライヴズ・マターのサイトとして偽のソーシャル・メディアのアカウントを立ち上げ、アメリカ国内での緊張を高めようとしている。これに該当する「ブラックティビスト」というFacebookアカウントには、五十万人のフォロワーがおり、シンパ、支持者、反対者のさらなる怒りを焚きつけ分断させることを企図した、争いのもととなるような投稿をおこなっている。[68]

またあるときには、煽動者や私服警察官が公の集会場に姿を現し、警察、見物人、対抗的抵抗者との暴力的紛争を焚きつけることがある。開催イベントを混乱させ、運動にこの混乱を説明させたり擁護させたりすることが目的だ。もちろん、究極の目的は、この運動に対する人びとの共感や支持を消し去りながら、政府による、打ち叩き、大規模な逮捕、死に至るような強制といった高圧的な戦術を正当化するためである。第二の目的は、運動を分断させることであり、常套手段は、非暴力的な規律を守ろうと言い張る人たちの過激さは十分でないと非難することである。

周縁暴力は深刻な分裂や分断をもたらし得るので、政府が運動に対して暴力に向かわせようとすることが多いのは、驚くにはあたらない。二〇一七年、活動家のスティーヴ・チェイスはこう書いた。「私が知る限り、政府や企業の覆面エージェントが、活動家たちに対し、戦略的に市民的抵抗の戦術を続け、非暴力的な規律を維持するようにと促した事例はひとつたりともない。彼らには、非暴力運動の活動は自分たちの関心ではないのである[69]」。

暴徒を参加させたり、受け入れたり、許容する非暴力運動があるのはなぜか？

ある状況になると、運動は非暴力の規律を失う傾向にある[70]。第一に、警察や治安部隊が脇にとどまることをやめ、運動の参加者を攻撃したり、殴ったり、銃撃しはじめる場合である。こうなると、運動にかかわるさまざまな立場の人は、非暴力の方法がうまくいくのか疑問を持ちはじめる――あるいは、非暴力行動をつうじて戦うには敵は残酷すぎるのではないかと考えはじめるのである。

いくばくかの暴力はありだと考える市民的抵抗キャンペーン実施者の多くは、暴力を最後の手段だとして正当化する。しかし、彼ら彼女らはしばしば「平和的方法」とは抗議だけだととらえている――あるいは、もっとよくあるのは、どのように選挙を実施するかについての交渉、訴訟、改革ととらえていることである。このような主張をする者は、非暴力抵抗の方法が抗議よりはるかに多くの方法を含むという事実を無視している。第一章で、変化を求める運動が使える、広くさまざまな非暴力の方法について紹介した。自宅待機、非協力、その他、リスクは低くても大きな効果を発揮し得る方法があった。効果を測ることは難しいが、暴力を認め、暴力に移行するほとんどの運動では、こうしたあまり考慮されていない多くの非暴力行動を、はじめに検討してみよう、あるいは試してみよう、という動きがない。学者であるマイケル・ウォルツァーが二〇〇一年にこう記した。

最後の手段に到達することは容易ではない。そこまでたどり着くには、まさにあらゆること（つまり相当多くのこと）を試さなければならないからだ――たったひとつ試せばいいわけではない。政党や運動がひとつデモを企画し、すぐに勝利できないと、殺すという方向に移っていくことを正当化するときだと主張するように……これは選択肢が尽きたということでは決してない……万策尽きたというとき、では実際何をしたのだろう？[71]

重要なことだが、厳しい抑圧に直面した非暴力運動すべてが、自動的に暴力に移行したわけではない。すでに、筆者はたくさんの革命キャンペーンを挙げた――ホンジュラス（一九四四年）、チェコスロバキア（一九八九年）、モンゴル（二〇〇三年）、タイ（二〇〇五年および二〇一二年）、そしてトーゴ（二〇一二年）――これらの事例で、運動は、政府の抑圧を前に、非暴力の高い規律を保ったまま対応した。このほかにも、非革命的な改革目標〔政権転覆や分離独立以外の目標〕を持ち、非暴力を貫いたキャンペーンは何千とある。政治学者のウェンディー・パールマンの研究結果によれば、非暴力の規律を維持しながら抑圧に立ち向かった多くの運動が備える条件は、強固な組織的団結があること、非暴力戦略について広く合意があること、そして将来に向けた明確な集団的ビジョンがあることである。[72]とはいえ、強固な組織構造がなければ、運動の指導者は、参加者たちに対し、抑圧を前にしても非暴力行動に徹してほしいと説得することは難しい。

第二に、いくぶん皮肉にも、政府側が譲歩しはじめると、運動は非暴力的な規律を失う傾向にある。[73]その理由は、こうした譲歩があると、運動側が穏健派と過激派に分裂しやすくなるからだ――完全な成功がみえない中でこうした譲歩を前向きに受け入れる者と、完全勝利しか受け入れたくない者の間で。こうした分裂が起こると、過激派グループは暴力を激化させて、穏健派と敵の交渉を台無しにし、自分たちを穏健派とは違うと示し、動員や支援で競り勝ちたい気分になることがよくある。[74]

最後に、非暴力的な規律がより崩れてしまいやすいのは、運動が路上行動にばかり頼ってしまう場合である。抗議や座り込みが該当し、これらは抵抗者と警察の間で直接対立が発生する機会を増加させる。ストライキやその他の非協力の形態であれば、抗議や座り込みよりは、抵抗者たちが暴力に陥る可能性は若干低くなる傾向にある。理由のひとつは、治安部隊が非協力をおこなう抵抗者たちに直接攻撃することが想定しにくいためであり、また別の理由としては、煽動者たちが潜入しにくいためである。[75]

ここまで、わたしたちは何を学んだのだろう？　まとめれば、周縁暴力は、ときとして、短期的なプロセスの目標を達成することがある。たとえばメディアの注目を集めること、自衛の認識をすること、急進かつ過激なグループが結束すること、あるいは怒りを噴出させたあとに排出すること、といったことである。周縁暴力によって、人びとは階級制度から解放され、参加者たちは運動内での行き過ぎた取り締まり問題を回避することができる。ところが、これらは運動が戦っているはずの問題のある力関係を強化してしまう。非暴力的な規律に執着しない運動は、周縁暴力が自分たちの長期的な戦略的目標を損なうということを、多くの場合気づく。戦略的目標とは、徐々に大規模で多様な運動を構築すること、部外者に運動の目標を支持するよう促すこと、さまざまな支柱の層から離反者を味方に引き入れること、などである。周縁暴力を伴う非暴力キャンペーンは、場合によっては戦闘で勝つかもしれないが、戦争には負ける傾向がある。

では、非暴力運動は周縁暴力をどのように予防あるいは制限できるか?

暴力的少数派の政治的な影響を最小化する確実な方法は、非暴力に訴える大衆が圧倒的多数になることである。こうなれば、運動は勢いを保ち、大多数の運動参加者は非武装の市民であると発信できる。もちろん、周縁暴力をおこなう者たちが運動の人気を失いはじめ、暴力支持者を自宅待機させるようになる場合も、影響を及ぼすことは難しくなる。

多くの市民的抵抗運動は、自分たちの方法を計画する際に、煽動者が注目をさらってしまうようなチャンスを減らす方法を考える。たとえば、深い悲しみや恐怖がある場合――例として、政府対応が厳しさを増し、テロ戦術を使うようになった場合――運動の指導者たちは大規模な公の抗議を中止し、断食や会合の計画、沈黙の行進をおこなう。沈黙の行進は、大衆の参加があることを示しながら、規律を守ることを促し、怒りと悲しみを厳粛な公の表現につなげることができる。このような行為によって、自然発生的かつ軽率な暴力が起こる可能性は低くなる。沈黙の行進は、だれが運動の計画に忠実で、だれがそうではないかを、驚くほどはっきりさせる。政治学者のジョナサン・ピンクニーの研究によれば、ストライキや他のかたちでの非協力方法を用いると、政府が取る措置を厳しくしそうな場合でも、参加者が非暴力的な規律を維持することを助けるという。一方、もっと抗議や座り込みに頼れば、警察との直接対決の可能性が高まる――ひいては、さらなる抑圧、計画になかった殴り合い、あるいはより激しい暴力が起こる可能性を高めてしまうという。[76]

対立が避けられない場合、運動は、数日間、あるいは数週間にわたり、活動家や参加者に訓練をおこない、いかに紛争を非暴力に落ち着かせるかを教える。ある運動は、運動に参加したい人全員に、最初に非暴力の直接行動訓練を受けることを義務づけさえした。これによって、メンバー間の信頼を構築し、まさにリスクのある行動を取ろうとする人びとの気持ちの準備を整え、参加者がそうしたリスクを完全に理解、予測することを確実にするのである。公民権運動中、学生非暴力調整委員会（SNCC）所属の黒人活動家たちは、攻撃に遭った際に非暴力の規律を守るロールプレイを、ナッシュヴィルその他の教会の地下で、事前にひそかにおこなった。録画映像を見ると、彼らは舞台上で、しかし現実に似通った状況で、リハーサルをおこなっていた。たとえば、舞台に白人がいて、軽食カウンターに座る黒人女性に侮辱的な言葉を浴びせているなどである。彼ら彼女らは、自分たちの恐怖や怒りを管理する練習をし、「品行方正」に見えるようにではなく、軽食カウンターでの座り込みという任務をうまく遂行できるよう備えた。自分たちが逮捕され、非暴力的に牢獄を占拠し、聴取室から脱け出し、そして軽食カウンターに戻ってまた座り込むまで。

行動についての共通のガイドラインや境界線を事前に公開・公表することで、参加者がリスクを把握し、それでも非暴力の規律を守ることに専念する手助けとなる。民衆が自分たちは暴力を行使せずともさまざまな抵抗のかたちを熟知しており、うまく使うことができ、それに専心していると感じられるようにすることで、運動それ自体が暴力に向かう衝動を抑え、困難があっても非暴力の規律を維持しやすくなるのである。

このようなガイドラインには称えるべき歴史がある。なぜなら、大規模な運動が、非常に困難な状況においても規律を維持する備えをするのに、ガイドラインが大いに役立ってきたからである。南アジアの英植民地下で、ある運動がパシュトゥーン人の間で生まれ、イギリスの植民地支配に抵抗した。

それが今ではパキスタンとなっている。その運動の指導者であったバッシャー・カーンは、十万人を「非暴力軍」に入隊させた。運動のメンバーは、イギリスの植民地支配に対し、ガンディーらが用いた大衆による非協力の技法や建設的プログラムを用いて戦うという厳粛な誓いをした。

一九六五年、アメリカ公民権運動に関与した主要なグループのひとつである、人種平等会議（CORE）の指導者たちは、COREの行動や活動に参加する人たちへの規則やガイドラインを開発、配布した。規則の中には、「暴力攻撃を受けた場合、COREメンバーは言葉や行動で報復できない」というものもあった。

他の運動も同じような約束をおこなった。その多くは大衆全体に広く共有された。たとえば、一九六八年のプラハの春のさなか、ソビエトが、軍事的にチェコスロバキアを支配し、民主主義国となることを認めなかったとき、反体制派は「十カ条」として知られるガイドラインを配布し、ソビエト軍への非協力を求めた。[77]ソビエト軍による侵攻からたった六日後の一九六八年八月二十六日、新聞紙ヴェチェルニ・プラがガイドラインを公表した。

ソビエト兵士があなたのもとに来たら、あなたは

一、知らない
二、気にしない
三、伝えない
四、持たない
五、どうするかわからない
六、与えない

七、できない
八、売らない
九、見せない
十、何もしない

より最近では、アルジェリアの独裁者アブデルアジズ・ブーテフリカを追放した二〇一九年の笑顔革命において、アルジェリアの作家ラザリ・ラブテーが、「穏健主義で教養ある行進者」のために十八カ条を公表した。[78] その中身は次のとおり。

(1)私は平和的に、静かに歩きます。
(2)私は厳かに、教養を持って行動します。
(3)私は水と酢を持参します(催涙ガスを受けた場合の処置のために)。
(4)私はいかなる煽動にも反応しません。
(5)私は煽動者を孤立させ、警察に変えます。
(6)私は石をひとつも投げません。
(7)私は窓をひとつも割りません。
(8)私は口汚い罵りをしません。
(9)私は人びとやその所有物に手を触れません。
(10)私は警察官や憲兵に笑いかけます。
(11)私は女性にバラを贈ります。

(12)私はのどが渇いた人に水を分けます。
(13)私は老人、女性、子どもを見守ります。
(14)私は決意を持って歩きます。
(15)私は困難と闘います。
(16)私は、ノベンバリスト(Novemberists)の後継者としてふさわしくなります〔ノベンバリストは、アルジェリアの独立を掲げ、一九五四年十一月にフランスの植民地支配に対して反乱をはじめた反乱軍〕。
(17)行進が終わったら、私は路上や地区を清掃します。
(18)私を見ている世界に対し、私は教訓を与え、見本となって奉仕します。なぜなら、自由は道の終わりで私を待っており、腕を広げて歓迎してくれるであろうことを知っているからです。

運動の周縁で暴力が起こると、指導者の中には、運動にかかわる集団と対話を開く良いきっかけとみる者もいる。たとえば、オレゴン州ポートランドの退役軍人兼平和活動家兼学者のトム・ハスティングは、計画した平和活動の前に暴力的戦術を受け入れ承認した集団と連絡を取った。そして、公表した非暴力の行動指針を尊重し、それに従うことができるなら大歓迎だが、できないのであれば、暴力が発生しない限り「家族友好的」であるイベントから離れるよう求めた。ハスティングの報告によれば、ときには、彼ら彼女らはハスティングの説明を聞き入れ、身を引くか、イベント中は非暴力の規律を維持することに合意するという。[79]

既述のとおり、最近の研究もまた、敵が譲歩し、運動の要求をひとつふたつ受け入れる場合には、運動側では周縁暴力が起こりやすくなることを示している。こうした状況では、運動の中で穏健派と過激派が分裂する、あるいはその分裂が大きくなることがある。運動は、これを予期して、短期的・

戦略的に得られるものよりも団結を強調するような、核となる運動の原則を開発することによって、こうした傾向に備えたりできる限り予防できる。(80)

とはいえ、暴力を行使するつもりで大規模なデモに来る人もいる。こうした事態に備えるため、ある運動は事前に訓練を受けた平和維持従事者を配置し、潜在的な暴力の激化を監視させる——警察や治安部隊によるものや、あるいは故意に煽動的な参加者によるものを。こうした平和維持従事者は、紛争解決や紛争管理分野で訓練を受けた者であることが多く、迅速に事態を落ち着かせ、緊張を緩和することができる。仮に失敗すれば、平和維持従事者は全員を安全な場所に移動させる手助けをするか、「インターポジショニング」と呼ばれる方法を使うこともある。これは、たくさんの人びとを煽動者と煽動者の標的の間に立たせ、人間の盾をつくって距離を取る技術である。ときには、小さな集団が煽動者を取り囲み、煽動者を素早くその場から退場させることもある。セルビアでは二〇〇〇年、何十万ものセルビア人が、スロボダン・ミロシェビッチによる選挙不正の試みに抗議していると き、学生の運動組織者たちはタクシー運転手に金をわたし、主要な抗議運動の近くで待機するよう求めた。運動の平和維持従事者が、群衆から煽動者を連れ出し、タクシーに乗ってくれと頼み、運転手たちはそのイベントからはるか離れた場所に煽動者を降ろしたのである。

ときには、運動がこうした方法を使えないこともある。とはいえ、暴力を非難するニュース・リリースや公の声明を使ってこうした暴徒の政治的効果を最小化したり、暴力実行者から運動が距離を取ったり、単純に運動の中核の主張に言説を再焦点化するなどはできるかもしれない。こうした方法がもっともうまくいくのは、この運動が非暴力運動だときっぱりと明示する場合である。

ただし、運動の指導者たちが、暴力を使う者を責め立て、非難することができない場合もある。例を挙げれば、アメリカで、人種正義のために戦う活動家たちは、人種正義を求めて暴動やより過激な手段で戦う人びとを非難すれば、政治的費用を払うことになる。マーティン・ルーサー・キング・ジュニアは、警察の取り締まりに抗議して暴動を起こす者を非難しなかった。キングは、暴動が戦略的に役立つものではないが、公民権運動内部に亀裂があることを露呈すれば、究極的な目標を実現するためにもっと戦略的に有害だと理解していたのである。さらに、そうすることで、キングの中核的支持者の間で彼自身の政治力を低下させることにもつながる。くわえて、運動の連合体の弱点をさらせば、権力当局がそれにつけ込んでくるだろう。にもかかわらず、偽りの主張――少数の暴力活動のために非暴力運動が暴力を支持しているといわれる主張――に逸らされれば、政府を助けるプロパガンダの好機となってしまう。

これが、なぜ多くの非暴力運動の指導者たちが、共通の目的を持つ暴力的な集団にしばしば沈黙するのかを説明する理由のひとつである。つまり、指導者たちはわかっているのだ。暴力が、より広い民衆を相手にしたとき、政治的に自分たちの運動を害するであろうということを。それでも、指導者は次の点もわかっている。自分たちの支持者は、より大きな運動の中で、一人ひとりのために話してくれることを期待している――かつ、もし指導者が暴力的な参加者を非難すれば、運動への批判を増幅し、指導者たち自身が裏切り者とみなされてしまうということを。指導者にも――そして運動にも――倫理的姿勢が求められるのである。

このように、戦術的な規律よりもさらに重要なのは、言説的規律かもしれない。つまり、自分たちの核心的要求の明確さと焦点、主張の緊急性と正統性、明日へのビジョン、ますます広がる支持基盤、こうした目標への進歩といったものを維持する能力である。防衛、非難、少数者の行動やさまざまな抵抗方法の倫理についての議論に気を散らせるのではなく、運動による運動の言説をコントロールすることが、その影響や成功に不可欠である。(81)

暴力を使うかどうかで根本的に意見が一致しないとき、運動はいかに団結を維持できるのか？

団結を維持できないこともある。多くの運動は、非暴力の規律に傾倒する者と、必要があればいかなる手段を取ってでも目的を追求しようとする者の間で大きく分裂する。運動の中にはこうした分裂を回避するものもあるが、これは一般的な流れではない。いずれのアプローチもその運動独自の状況に固有のものである。ある場合には、運動の指導者層が内部非難メカニズムを発動し、運動の名の下に暴力を行使した者を罰しようとする。たとえば、ガンディーは、ときに暴動が起こると国中での非協力キャンペーンの中止を宣言し、インド人がイギリスの帝国主義に対し効果的な闘争をおこなうことに以前は十分備えられていたことを集団で振り返り、償いをする必要があると主張した。それから、カリフォルニア農業従事者運動のセザール・チャベスや他の指導者たちは、運動の名の下に暴力を煽動したり用いたりする運動参加者を非難する目的で断食をした。運動におけるチャベスの道徳的権威は非常に大きく、断食行動によって過激派の仲間は説得され、歩調を合わせるようになった。

ただし、こうした技術がうまく運動の団結を守るのは、有能でカリスマ的な指導者や指導者層が背後にいるからだ――現代の運動にはあてはまらないことが多い。かつ、国家が抵抗者に対し、殴る、殺害する、拷問する、大量虐殺することさえいとわず、暴力を激化させれば、民衆に非暴力の規律を貫かせることはますます難しくなってくる。こうしたぞっとするような状況において、理想主義的な希望が幻滅や絶望にかわることは理解できる。運動の中には、こうした傾向を落ち着かせるため、長期間にわたる困難な闘争にむけて参加者に訓練や備えを提供しているものもある。こうした運動は参加者に対しリスクを知らせ、非暴力闘争が武装闘争と同様に、その過程で犠牲や苦労してやっと得られる小さな勝利の積み重ねが多いということを理解させる。くわえて、こうした運動は、強烈な喪失の悲しみや痛みを共有するためのたくさんの機会を提供する。癒しの集会、芸術的表現や新しい闘争技術の創出などをつうじて。たとえば、チリの女性たちは一人で踊ることによって、ピノチェトの拷問室や処刑室で自分たちの愛する人を失った悲しみを象徴的に表現した。

では、市民的抵抗の組織者たちは、新たに目覚めた大人数の民衆を動員することができるのだろうか？　それらの人びとには、真の意味で社会的・政治的変化を起こそうという運動に、積極的にかかわる意思がある――そのとき何千もの人びとが真の変化には暴力が必要だと思っていたら？

ここで覚えておいてほしいことがある。学者兼活動家であるマイケル・ナグラーの指摘によれば、運動は、たとえ大きな集団であっても、周縁暴力を理由に正義のための闘争を投げ出してはならない。確かに、暴力的な集団を扱うのはチャレンジングである――民衆の一部を疎外し、ときには連合をピリピリさせる。しかし、民衆の力による運動が闘争を放棄してしまうと、諦めになってしまう。ちょうどこうした運動が厳しい取り締まりを前に諦めてしまうことと同様に。そうした行為は、他のあらゆる挑戦のように成功までの途上で巻き返しを何とか克服するというより、暴力的な少数派が引き起こす巻き返しを増幅してしまう。(82)

暴力的にはじまった運動は市民的抵抗キャンペーンに移行できるのか――そして成功するのか？

答えは「はい」だ。一九四六年から二〇一三年の間に起こった武装蜂起のうち約四パーセントが、やがて非暴力の市民的抵抗運動になった――そしていくつかは勝利した。これが起こったのが二〇〇六年のネパールであり、君主制の政府と毛沢東主義の反乱軍との間での十年間にわたる過酷な内戦の後であった。(83)二〇〇五年には、大規模な市民的抵抗運動が政府を追放し、反乱軍を店じまいさせようと立ち上がり、二〇〇六年に内戦を終え独裁者を倒す結果となった。南アフリカでは一九九四年、法律で認められたアパルトヘイトが終焉を迎えた。それはANCによる何十年にもわたる武装闘争によるものというよりも、非暴力の経済的混乱によるものであった。たとえば、黒人居住地で十年以上白人ビジネスのボイコットがおこなわれていた。行進、デモ、ストライキがあった。世界中の組織者たちが売却や制裁といった手段を用いて、国際的な経済圧力をかけるよう調整した。他国に植民地化されていた太平洋の島々である東ティモールと西パプアの両方で、市民的抵抗運動が武装独立闘争に取って代わった。ティモールは二〇〇〇年にインドネシアからの独立を勝ち取ったが、西パプアでは、この原稿執筆時点で、インドネシアの支配に対して戦いを続けている。他にもまだ例はたくさんある。武器を置き、市民的抵抗に置き換えることによって、確かに多くの武装集団の勝利へとつながっていったのである。

周縁暴力は不可避なのか?

一九六二年、ジョン・F・ケネディ大統領はこういった。「平和的革命を不可能にするものは、暴力的革命を不可避にする」。

運動が自分たち側で暴力を容認した、あるいは包摂さえした場合、関係者はよくこう主張する。暴力は避けられなかったのだ、と。訓練を受けておらず、激怒した膨大な数の人びとがあちこちで抑圧に遭ったとき、大群衆が警察や治安部隊の煽動や攻撃に遭ったとき——議論はこう進む——その反応として、規律の取れた非暴力活動を期待することなんてどうやったらできるのか? と。武器を取った活動家は、自分たちの決定を正当化するためにこういう。抑圧のレベルから考えて、他に選択肢はなかったのだ——たとえば、バッシャール・アル゠アサドのシリアでは、二〇一一年以降、非暴力抵抗にかかわった市民も武装反乱軍の近くに住んでいた市民も情け容赦なく扱われた、と。事例によっては、非暴力の活動家たちは、武器を取って自分たちを守るためにアル＝アサドの治安部隊に忠誠を誓う民兵と戦ってくれた地元の闘士たちに感謝した。

しかし、こうした活動家たちが主張しないことがある。それは、こうした地元の闘士たちによる暴力が、自分たちの政治的勝利を助けるということである。

学者であるジョン・ブレイスウェイトによれば、多くの事例で、暴徒は理想的ではないが、運動は暴徒の出現を予防することはできない。そのため、非暴力運動は、そうした暴力的な周辺グループと調整し、政権に対する政治圧力を最大化するよう考慮しなければならないという。[84] 同様に、二〇一九年のワシントン・ポストの論説で、歴史家のポール・アドラーはこう主張した。一九九九年のシアトルの戦いでは、非暴力の直接行動を用いる運動と同時並行的に、小規模な活動家集団が路上での闘争や破壊活動に関与し、運動参加者たちが異なる戦術を追求できるのだという進歩をみせた――かつ、暴力的になってもなお、自分たちの共通の目標を追求するために協力・協調できるのである、と。[85]

しかし、本当にそうか？　政府が市民的抵抗を扱うのが難しいのは、政府にとって、政権への協力を拒む膨大な数の市民たちに対応する有効な手立てがないからである。たとえば、市民が、市内バスへの乗車や支払いを拒否する場合、鉱山採掘現場や工場や店から離れ、すべての企業活動を凍結する場合、鍋やフライパンを長々と鳴り響かせて他に何もできなくする場合、地下大学をつくり、違法な新聞を配布し、影の政府を組織して、政府は正統だという主張を空っぽで日々の生活上ピント外れなものと示す場合である。

ほとんどの政府は、容易に、混沌とした路上の闘争を抑える――うまく取り繕ってほとんど政治罰も受けずに逮捕や攻撃できる――効果的に訴える大規模な非暴力キャンペーンよりも容易にそれをやってのける。

周縁暴力は非暴力キャンペーンすべてをはるかに効果の小さなものにする。暴力によって支持者は離れ、運動はもっとも献身的なコア・グループに縮小してしまう――政府を停止させるには数の上で十分とはいえなくなる。暴力によって潜在的同盟者たちが退く傾向にあり、政府支持派のエリートたちによる離反の可能性も低くしてしまう傾向がある。これによって、運動が成功するチャンスを害してしまう――政権が攻撃、逮捕、あるいは運動の抑え込みをしてくるときでさえ（あるいはそういう場合にとくに）。

くわえて、より長い目で見ると、暴力はさらに害をもたらす。歴史研究が示すのは、周縁暴力は、その国が権威主義に滑り落ちていくリスクを高めるということだ。極端な例では、非暴力の市民的抵抗と並行して活動する暴力集団の存在によって、結局は武力紛争や内戦に陥ってしまうことがある。[86]

では、いかにして運動は政権の暴力や抑圧に対して行動することができるのだろうか？　次の章で考えよう。

第四章　市民的抵抗と運動に対する暴力

ひどく困難なときだって、チャンスはある。
――ワンガリ・マータイ、二〇〇六年

市民的抵抗は、ひどく残酷な敵を打ち負かすことができるのか？　多くの人びとはこう信じている。答えは「いいえ」だと――そして、暴力だけが、大量虐殺、投獄、拷問、その他、力を維持する非倫理的・非人道的手段に訴える暴政を覆すことができるのだと。そう信じる人たちが主張するのは、非暴力の市民的抵抗キャンペーンが成功するところでは、単に敵側が運動に参加する市民に対して大規模暴力を行使する意思あるいは能力がなかったからだ、ということだ。さらに、失敗したキャンペーンを指して、非暴力行動は絶対に成功しない、なぜなら相手方がひどく残虐だからだ、という――暴政の軍事力に対して武器を取って立ち向かうことの方が、反乱分子には安全策なのだとでもいうように。こうした意見はよくあるもので、たとえば、一九八九年に中国人学生が天安門で抗議に出たときに、民主派活動家たちが中国軍に酷い攻撃を受けた例でも指摘される。より最近では、二〇一一年のシリアでの非暴力の蜂起についても同じことがいわれる。この事例は何年にもわたる内戦に激化し、何十万人が死亡し、何百万人も国を追いやられた。これとは別に、よくある意見として、ガンディーのインドの独立運動が最終的に成功したのは、インドが、ヒトラーのドイツではなくイギリス工室に立ち向かっていたからだ、というものもある。

政府の残虐性に対する恐怖が、人びとが立ち上がろうとする気持ちを抑えるというのは真実だが——かつ、激しい抑圧がたくさんの抵抗の試みを押しつぶしてきたのも本当だが——歴史の記録が示すのは、逆もまた真ということだ。本章で考察するとおり、過度な抑圧がある場合にはより難しくなるが、市民的抵抗はこうした環境においても不可能でもなく、完全に効果がないわけでもない。以下では、暴政が非暴力キャンペーンを握りつぶそうとする際にもっともよく用いられた方法を説明し、いかに民衆の力による運動《ピープル・パワー・ムーヴメント》がこうした反動に対応したのか——かつ、それにもかかわらずうまくいったのかをみていく。

抑圧とは何か?

本書で、「抑圧」という用語は、政府や政府関係機関（軍隊、治安サービス、準軍事組織、警察）が、強制力を使って相手の行動に影響を及ぼす場合を指す。さまざまな政府が多様な方法で抑圧を用いる。以下の点で、方法は多岐にわたる。

- 範囲、つまりどれだけ多くの人が強制力にさらされたか。
- 烈度、つまりどのタイプの強制を政府が用いるのか、それは逮捕、ハラスメント、訴追か。あるいは大量虐殺やジェノサイドか。拷問、恣意的かつ政治的な投獄、裁判なしの殺害、その他の人権侵害か。
- 致死性、つまり国家が人びとを殺害するのは失踪をつうじてなのか、裁判なしの殺害や死刑執行なのか。あるいは国家が死には至らしめない程度の抑圧を行使するのか、たとえば身柄の拘束、ハラスメント、脅迫、失業、土地の収奪、家屋の破壊、あるいは強制的に集団を解散させるために催涙ガス、むち打ちや大人数の逮捕といった手段を用いるのか。
- 継続性、つまり用いられる強制行動は、特定の社会的、政治的、民族的、あるいは人種的集団に対する短期的・長期的な行為のいずれなのか。

政府は、力の正統な行使を独占しているのだと主張する——そして正統な独占の主張というのは、いうなれば、警察と自警団の間にある基本的な違いである。なぜなら、多くの市民がこの独占を受け入れるからだ。つまり、圧制的な政府は直接的な強制を全くおこなわなくても抑圧することが可能だ。単に、やろうと思えばできるぞと示すだけで。こういうわけで、政治学者エミリー・リッターとコートネイ・コンラッドが主張したのは、どの日を確認しても政府が市民に対する抑圧行動を実際に取っていなかったとしても、その政府が相当抑圧的であるということはあり得るということだ。[1]

人びとは残虐な独裁者に対して非暴力市民的抵抗キャンペーンを試してみることはあるのか?

答えは「はい」だ。実際、国家の残虐性が高まることは、人びとが立ち上がるようになる主要な理由のひとつだ、ということを政治学者のジェイ・ウルフェルダーと筆者は発見した。[2] わたしたちは、なぜある国では非暴力蜂起が起こるのに別の国では起こらないのかという問題意識があったため、影響がありそうだと考える指標のリストを使ったデータセットを構築した。指標には、国の民主主義や独裁の度合い、人口規模、人権侵害の記録、最近の労働ストライキ事例、若者人口、エスニシティを理由とする分裂や分断、政府の不安定性、貧困、内戦の歴史、グローバルな経済統合を取り入れ、それから当該地域——あるいは世界——で抵抗の波が確認されるかも含めた。第二章で述べたとおり、非暴力蜂起の開始にいつも影響している変数を特定することは非常に困難であった。こうしたものは元来予測不可能なのである。

とはいえ、気づいたことがある。非暴力の抵抗を予測するのに一貫して最有力候補の変数は、国の人権に関する記録であるということだ。より悪い記録がある国では、比較的良い記録を持つ国と比較して、大規模な非暴力蜂起が起こる可能性がより高い。直感とは反するように聞こえるかもしれないが、説得力ある点を明らかにしている。つまり、人権侵害――恣意的な投獄、拷問、裁判によらない殺害、失踪――は、社会のさまざまな立場にある人びとに対し、政府の行為がいかに正統でなく、脅威に満ちており、自分たちが行動に出るほかないと考えさせ得るものなのだ。こうして人びとは、とても抑圧的な場所において、立ち上がる恐怖の壁を乗り越えるのである。

非暴力キャンペーンに対する抑圧はどれくらい一般的なのか?

どれくらい一般的かは、非暴力キャンペーンがどれくらい敵を脅かすかによる。反体制派が現状を深刻には脅かさないのであれば、政府はたいてい非暴力キャンペーンを無視するか、彼らの要求のいくつかを飲む。(3) 政府は、ふつう、大衆抗議やデモというのは不満を発散するよくある試みであると――あるいはちっぽけなイベントで深刻な政治的脅威には及ばないととらえる。

しかし、大規模な非暴力キャンペーンが、主要な社会的、政治的、経済的、文化的機構や制度に挑戦する場合には、政府は多くの場合、抑圧で対抗する。根底から揺り動かそうという目標を持つ非武装の反体制派に対する暴力的抑圧はよくあることで、政治学者のクリスチャン・ダベンポートは、「強制的反応の法則」と呼ぶ。(4)

数字で示してみよう。一九〇〇年から二〇一九年の間に起こった非暴力革命の中で、政権が致死的な抑圧で反応したのは八十八パーセントの確率であった（かつ、暴力革命に対しての抑圧反応は九十四パーセントの確率であった）。市民的抵抗キャンペーンが政府を転覆させようとするとき、権威主義政権を退陣させようとするとき、あるいは領域的な独立を宣言しようとするとき、敵対する政権側はほぼ例外なく人権侵害という対抗措置に出る。失踪、恣意的な身柄の拘束、拷問、法によらない殺害などである。しかし、政府主導の大量殺害――おそらくこれはもっとも過激な抑圧形態である――は、非暴力の蜂起に対しては比較的起こらないことである。

言い換えれば、非武装の革命的挑戦を受ける政府は、たいてい力を用いて戦う。とはいえ、どれだけ広く、どれだけ破壊的に、どれだけ強く抑圧をするか――別の言葉を使えば、抑圧の程度、範囲、烈度――は、すべて異なる。その相違が生まれる理由のひとつは、抵抗それ自体の性格にもよる。

抑圧は非暴力キャンペーンにどのような影響を及ぼすのか?

多くの市民的抵抗のダイナミクスにあてはまることだが、抑圧の効果は予測できない。研究者がおおむね一致していることは、行き過ぎた抑圧や「スマートな」抑圧――つまり相当に洗練された選択的な抑圧――が、大衆運動にとって、事態を難しくするということだ。しかし、研究者は次の点でも見解を一にしている。残虐な事件は、実際には圧倒的な暴虐体制に対する非暴力キャンペーンを、終えるというよりは焚きつけることがあるという点だ。一九五五年にミシシッピ州で十四歳のエメット・ティルがリンチされ、激しい暴行にさらされた事件がある。ティルの遺体が戻った後、母親は葬式で棺桶を頑として開けたままにし、見るに堪えないほどの残虐行為があったことをさらしたのだ。怒り、支援、共感の波が何千もの人びとの背中を押し、アメリカ公民権運動への参加や支持が広まった。ジョージ・フロイド、アマード・アーベリー、ブレオナ・テイラー殺害事件にも同じことがいえるかもしれない。彼らが殺害されたことで、二〇二〇年の夏、アメリカ史上最大かつもっとも広範囲にわたる黒人の命のための大衆動員がはじまったのだ。

既述のとおり、突如抑圧が強まると――あるいは暴力事件が国民にショックを与え、抑圧体制への反抗に向かわせると――一貫して大衆非暴力蜂起の開始に結びつく。[5] 二つの点が、いかに運動が抑圧を切り抜けるかに強く影響している。第一に、運動の組織的なまとまり、第二に、その運動を代表するグループの政治的立場である。

この二点とは、具体的には何なのか。「組織的なまとまり」とは、運動の組織者や組織連合がいかにうまく人びとを団結させ続けられるかであり、行動計画が共有され受け入れられていること、運動が何を創出しようとしているかという集団的アイデアがあること、一人かそれ以上の指導者が拘束あるいは殺害されても運動が活動を続けられるようなある程度の組織的継続性があることが重要だ。「政治的立場」とは、政府がどの程度そのグループが自分自身の政治的生存において不可欠とみなしているかである。

これらの点をそれぞれもっと詳しく見てみよう。

▽組織的なまとまり

ある研究が提起するのは、強い組織であるということが、市民的抵抗キャンペーンが抑圧を受けても存続する助けになる最重要要素であるということだ。パレスチナ人の民族運動に関する著作で、政治学者のウェンディー・パールマンは、組織のまとまりがあるかないかという点が、なぜ運動が時間の経過に伴って非暴力と暴力を行ったり来たりするのかという問いをもっともうまく説明すると主張した。[6] 抑圧に直面したときに、組織のまとまりがいかにパレスチナ独立運動の二つの異なる時間区分に影響を与えたかを見てみよう。二つの時間区分とは、第一次および第二次インティファーダである。

第一インティファーダは、一九八七年、イスラエル国防軍（IDF）のトラックが通行車両に衝突し、四人のパレスチナ人労働者が死亡した事故をきっかけに、あらゆる立場のパレスチナ人が立ち上がったことではじまった。パレスチナ人たちはこの事故に激怒した。この事故をその前にガザで起きたユダヤ人殺害に対する意図的な集団処罰であると解釈したのである。衝突事故で亡くなった四人のうち三人の住まいがあるガザ地区のジャバーリヤ難民キャンプで蜂起がはじまったが、ガザ地区およびヨルダン川西岸地区にある多くの村や町にすぐに広まった。

草の根および市民社会の目に見えるリーダーシップがまとまった。一九八七年から一九九一年にかけて、パレスチナ人コミュニティや草の根グループは、広範な連合である、占領地闘争民族統一指導部（UNLU）を組み、パレスチナ人の独立、自決、およびイスラエル軍の暴力からの自由を要求した。主に女性コミュニティのグループから組織されているUNLUは、死に至るような暴力は避けることを正式に宣言しており、地元コミュニティに対し、イスラエル軍が死に至るような軍事力を行使しても、パレスチナ人は非暴力を貫こうと説得するための大規模なアウトリーチ活動をおこなった。暴力に訴えれば、自分たちに同情してくれているイスラエル人や潜在的な国際的同盟者の目に映るインティファーダの正統性が損なわれると主張した。[7] 何十万ものパレスチナ人が、労働停止、ストライキ、抗議、イスラエルの行政機構でのボイコット、そして非暴力デモに参加した。

ニュース報道では、第一次インティファーダの象徴的イメージとして、パレスチナ人の若者が石を投げている姿が注目されがちだが、パレスチナ人のデモの九十八パーセントは非暴力であったとIDF自体の記録が示している。[8] しかし、イスラエル軍はパレスチナ人活動家たちに、実弾、殴打、家屋やオリーブの木の破壊といった攻撃をおこない、裁判なしに拘束し、運動を抑え込んだ。この蜂起で千二百人以上のパレスチナ人が殺害され、さらに多くの人びとが負傷し、あるいは投獄された。百五十人以上のイスラエルの文民や軍人も、主にＵＮＬＵの統制がきかないところで活動していた過激派グループによって殺された。とはいえ、ＵＮＬＵの合意に基づくリーダーシップ、集団的な将来構想、規律ある話し方、運動をまとめる明確な内部規範および規則によって、パレスチナ人たちは圧倒的に非暴力の方法に依拠することができた――たとえば大衆デモ、税の支払い拒否、道路封鎖、イスラエル製品のボイコット、イスラエル人居住区でのストライキなど――イスラエル政府の対応がどんなに抑圧的であっても。非武装のパレスチナ人が、自分たちが住む村でイスラエル軍の戦車や制服要員と対峙する映像を見て、国際世論やイスラエルの世論はパレスチナ人の権利を認めようという方向に動いた。ＩＤＦの一部は、パレスチナ地区での任務遂行を断るようになった。「兵役拒否者」と呼ばれる、離反者の一部は、イスラエルの世論をさらに動かし、世論はパレスチナ人の自決という基本的な望みを認める必要があると考えるようになった。こうした出来事が、マドリードやオスロでの政治交渉につながり、一九九四年、パレスチナ当局を設立した歴史的な合意に帰結した。この合意によって、パレスチナ人には、ヨルダン川西岸地区とガザ地区を統治する大きな自治権が与えられ、両地区からＩＤＦの一部撤退もおこなわれることとなった。合意において、ヤーセル・アラファトが代表を務めるパレスチナ解放機構（ＰＬＯ）も、イスラエルの存続権を認めた。(9)

ところが、第一次インティファーダを活気づけていた統一性や組織的なまとまりは長くは続かなかった。オスロ合意交渉のさなかおよび締結後、ハマス――パレスチナ人でイスラム教過激派グループ――が、一九八八年の小規模な殺害から一九九三年の致命的な自爆テロへと、イスラエル人に対する攻撃を強化していた。このテロの波は、パレスチナ人の過激派グループが二〇〇〇年から二〇〇四年まで――第二次インティファーダとして知られる時期――暴力闘争に傾倒していく前ぶれだった。

ここで、分裂――組織的まとまりの逆――が紛争のこの時期にいかに影響を与えたか、ハマスの登場から考えてみよう。ハマスは、より世俗的な左派のPLOに代わる、過激派イスラム組織であると自分たち自身を位置づけ、PLOはイスラエルの存続権を認めるなど相手に合わせすぎだとみなしていた。一九八八年に書かれたハマス憲章では、イスラエルの崩壊を謳っている。オスロ合意が成立すると、一九九三年および一九九四年に、ハマスは相次ぐ自爆テロをおこない、和平プロセスを脱線させ、イスラエルの世論を分断しようとした。ハマスのテロはイスラエル世論の分断という、ハマスが望んだ結果をもたらしたが、この分断は、主にイスラエル国内の強硬派、たとえばタカ派リーダーのアリエル・シャロンなどを力づけることで起こったものである。激化する暴力の矛先はイスラエル市民に向かい――カフェで食事を摂っているさなかに、あるいはバスで通勤途中に自爆テロで殺害された――イスラエル人による平和運動を黙らせた。こうした運動参加者たちは、大衆が悲しみと怒りで弱っているときに、イスラエルに対し、パレスチナに自治を与えるという誓いを維持するよう説得することがますます困難になっていると考えるようになっていた。

しかし、二〇〇〇年、敵であるイスラエルの防衛大臣アリエル・シャロンがエルサレムの神殿の丘――イスラム教の聖域――を訪問したことがきっかけとなり、第二次インティファーダがはじまった。エルサレムのパレスチナ人はこの問題のある訪問に自発的に抗議をはじめ、イスラエル軍が抗議者に催涙ガスを発射したり、殴ったり、殺害した。これに対して、パレスチナの過激派グループ――ハマス、パレスチナ・イスラム・ジハード（PIJ）、パレスチナ解放人民戦線（PFLP）やアル・アクサ殉教者旅団――がイスラエル人を標的としてさらに一層激しい自爆攻撃をはじめ、その結果、約千人のイスラエル人が死亡した。この闘争で、パレスチナ人過激派グループは、リクルートや支持を得るために互いに争い、「競り上げ」〔アウトビディング。支持基盤から支持を得るために、それ以外の人びとを犠牲にして、より大きな要求に応えようとすること〕と呼ばれる動きにつながっていった。[10] イスラエル政府は銃撃、戦車やヘリコプター攻撃、標的殺害、家屋破壊、大量拘束、軍事占領で応戦し、その結果何千ものパレスチナ人が死亡した。

第二次インティファーダはどのような結果をもたらしたのだろうか？　イスラエルは、圧倒的な抑え込みで、相次ぐテロをついに掃討した。イスラエル政府は、自爆テロの容疑者家族の家屋を破壊し、何千もの反体制派のパレスチナ人を投獄し、ガザ地区とヨルダン川西岸地区でイスラエルとパレスチナの領域を分けるコンクリートの障壁を建設しはじめ、小規模な境界線抗争がたくさん勃発した。というのも、この障壁が村々の真ん中をとおり、パレスチナ人たちとオリーブの木――パレスチナで暮らしを支える糧――を乖離してしまったからである。二〇〇五年、IDFはガザ地区から撤退、同地で二〇〇六年にハマスが選挙で勝利し、二〇〇七年の内戦で世俗的な競争相手を追い払った。以来、ハマスがガザ地区を支配、ファタハ（PLO）がヨルダン川西岸地区を支配し、パレスチナの政治指導者たちは分裂し、頼りなくなった。イスラエル国内では、タカ派の政治家への国民の支持が増大した。二〇〇一年以降、イスラエル政治は右翼政党に支配されているが、こうした政党はパレスチナ人の抵抗――非暴力であれ、暴力であれ――に対して圧倒的な軍事的対応を取っている。他方、パレスチナ人居住地区でユダヤ人の定住を拡大するとともにガザ地区を封鎖し、和平プロセスを再開しようという動きがあっても、パレスチナ人指導者に意味ある妥協をすることを拒否している。今日、パレスチナ人の独立という目的は一九九〇年代初頭よりもはるか遠く手の届かないものになってしまったようだ。

以上のように、第一次インティファーダと第二次インティファーダは、二つの異なる道を歩んだといえる――一方は根本的に非暴力であり、もう一方は暴力的であった。パールマンによれば、イスラエル政府の抑圧は、第一次インティファーダの非暴力運動期間中も、第二次インティファーダ中と同じくらい激しかったという。[11] しかし、第一次インティファーダが二国家解決策に向けて意味ある前進を可能にしたのに対し、第二次インティファーダはそうではなかった。なぜか？ パールマンによれば、第一次インティファーダの特徴は、合意に基づく連合の指導者構造、大規模な民衆の参加、そして目的と目的を達成する方法について適切かつ正統であるという共通感覚を伴う、はるかにまとまりのあるキャンペーンにあった。第二次インティファーダは、いくぶん自然発生的に組織的認識からはじまった――そのきっかけは、二〇〇〇年の和平プロセスがうまくいかなかったことへの不満であり、当時防衛大臣であったアリエル・シャロンの煽動的行動であった――そして草の根組織を基礎とする調整の取れた構造は含まれていなかった。その結果、第二次インティファーダは、過激派組織間の戦いを特徴とするようになり、組織間で何ら指導者レベルでの調整は取られなかった。さらに、第二次インティファーダには、第一次インティファーダのパレスチナ人のような大規模な民衆参加はなかった。第二次インティファーダ中の武装抵抗の激化それ自体が、ライバルであるそれぞれの過激派グループによる支持獲得合戦であった。[12] まとめると、パールマンによるパレスチナ人の民族運動研究が示すのは、運動が残虐な仕打ちを前に大きく前進できるのは、運動が団結と組織を維持する場合だということである。一方、運動が即席であると、抑圧はすぐさま運動の激化につながる――とりわけ、武装した過激派グループがすでに混在している場合には激化していく。

より最近の研究は、別の文脈でもパールマンの見方が支持されることを示す。一九八九年から二〇一一年に発生した四十六の大規模殺害を考察した研究で、政治学者のジョナサン・サットン、チャールズ・ブッチャー、イサク・スヴェンソン[13]は、量的データで政府の殺害が非暴力デモの結果にいかなる影響を及ぼしたかを検証した。この研究でわかったことは、非武装のデモのさなかに政府が百人以上の人びとを殺害した場合でさえ、運動がよく組織されたキャンペーンの一部に組み込まれているならば、その運動は長期的には成功するということだ。社会科学者のクリフォード・ボブとシャロン・ネプスタッドの研究では、運動は指導者が暗殺されても――運動がよく組織化され、闘争を続ける明確な計画をすでに持っている場合には――生き残れると結論づけた。[14] 運動の指導者が、管理構造、継承計画、そして比較的団結しまとまった組織を発展させた場合には、運動は導き手や指導者を失っても生き残れる傾向にあるということである。

確かに、新たに登場した反体制派の非暴力運動が、高度に洗練された抑圧的政権に立ち向かうのは非常に厳しい――とくに大量虐殺もいとわない処刑人がいる政権では困難であることを示す研究もある。たとえば、政治学者のクリストファー・スリバンは、国立公文書館にある一次史料で、一九六〇年代から一九七五年の間、グアテマラの治安部隊が、非暴力運動が連合して有効な非暴力抵抗キャンペーンになる前に、同国の非暴力の左派反体制派の組織的解体をおこなった詳細を調べた。[15] この間、アメリカで訓練を受けた軍、警察、準軍事組織（「暗殺部隊」）が、知名度の高い組合組織者、知識人、学生、先住民族の長、カトリック教会の聖職者、その他疑いのある反体制派の人びとを大勢、失踪、殺害、拷問、大量虐殺した。こうした動きにより、反体制派グループは地下への潜伏を余儀なくされた。この過度に残酷な期間に生き残った多くの左派は、主に非暴力抵抗をやめ、ゲリラ戦に移り、地方で小規模な爆破や一撃離脱の攻撃をおこなっていた。グアテマラの独裁者は、対反乱焦土作戦で対応し、その中には反政府と疑われるマヤ人に対するジェノサイドもあった。[16]

このような、政府による非武装の市民に対する行き過ぎた蛮行の例でわかることは、反乱勢力となろうとしている者たちが連合を組織しはじめたり、参加者の基盤を確立したり、大規模な非暴力抗議を動員しはじめる前でさえ、殺害されてしまうという身も凍るような事実である。

ただしこうした蛮行は政府にとってもリスクがあると覚えておいてほしい――こうした政府はいつも、まさにその行動によって、自分自身の支持者たちが離れていく可能性に直面している。[17]政権が非武装のデモ参加者を抑圧すると、しばしば裏目に出る。道徳的憤りを生み、より多くの支持者がデモに引き込まれ、部外者も運動を支持するようになり、治安部隊が離反する背中を押す。[18]大衆の非暴力蜂起に直面すると、政府は自らに従う者の忠誠をつなぎとめておくことはできない。

▽運動の政治的地位

では、いかなる場合に政権は非暴力の抗議者たちに対する蛮行の罪から逃れてきたのだろうか？答えのひとつは、抵抗する民衆が自ら変化を生み出せる政治的、経済的、あるいは社会的な力を持っているかどうかにかかっているようだ。

政治学者のラルフ・サミー[19]は、抑圧がより裏目に出やすいのは、政府の生存が直接市民の服従にかかっている場合であると主張した――多数派の民衆が政府の行動の受け入れを拒む場合にこうしたことが起こる。たとえば、セルビアで二〇〇〇年、三年にわたる学生主導の抵抗運動によって、ついに独裁者スロボダン・ミロシェビッチがその座を降りた。ミロシェビッチ政権は、比較的同質であるセルビア人がいなければ、存続できなかったのである。平和的な反体制派の抗議者を攻撃したことは、「脅威のない仲間」に対する抑圧という、セルビアで非常に評判がよくない行動であった。

ときどき、軍事的占領において、占領中の部隊が地元民の協力を頼りにすることがある。たとえば、ナチスドイツがノルウェーとデンマークを占拠した際には、戦争努力――工場労働、鉄道整備、現地農場からの食料提供、児童の通学など――に継続的賛同を続けるこれら二カ国の人びとに頼っていた。

ノルウェーとデンマークではほとんどの人が占領軍への協力を拒んだ――鉄道遮断、教育拒否、軍需工場への通勤停止、そして燃料タンクに砂糖を詰めるなどさまざまな体制転覆の方法を使って、ドイツが自分たちの任務を遂行することを防いだ。服従を強いるための大衆抑圧は逆効果であり費用も高いため、ナチスは、市民全体を狙うのではなく、反体制派グループの首謀者と思われる者を狙う、より選択的な抑圧を用いた。

ところが、政府が少数派グループ――たいてい人種的あるいは民族的集団、あるいは地方や遠方の地域に住む集団――を服従させなくても支配できると考える場合には、暴力的に抑え込んでも政治的に裏目に出ないことがある。たとえば、中国共産党は、一党支配体制を維持する上で、チベット民族の服従を必要としない。チベットは、中国西部の辺境に位置し、人口が集中している都市部から離れている。また、チベット民族の人口は、中国全体の人口と比較すると非常に小さい。そのため、中国政府はチベットにおける目に余るいかなる抵抗も完全に抑え込む。国に不安定化をもたらしかねないと思われる地域で厳重な監視を続け、抗議に関する情報を入手したりチベット民族の亡命者と連絡が取れないようにインターネットを遮断したり、少しでも抵抗の気配があると、チベットの僧侶や若者活動家を一網打尽にし、処刑する。

チベットのような状況で、少数派の活動家たちは「非暴力で戦う場を拡大[20]」しようとするとマリア・ステファンが表現したように、戦いを自分たちのものとして戦ってくれる強力な第三者と関係を構築するのである。チベットの独立を要求する活動家たちは、中国政府が権力の座にとどまる上で支持を得ることが必要な人びとと関係構築をすることで、これを実現しようとしてきた。チベットの活動家や亡命者たちは、さまざまな西側政府や機関と協調し、中国の人権侵害に圧力をかけてきた。二〇〇八年に北京オリンピックが開催されたとき、チベットの独立要求活動家たちは、この機運を逃さず、チベットにおける中国政府の弾圧に国際的な注目を集めようとした。具体的には、世界各国の中国大使館前で抗議をおこない、いくつかのケースでは、各国に北京オリンピックをボイコットせよと要求した。広く報道され、世界中の人権団体や政府からも非難が上がったが、ほとんどの国は、中国を疎外することを恐れてオリンピックをボイコットすることには消極的であった——中国はグローバルな経済力を持つからだ。たった一人の世界的リーダー——ポーランド首相——だけが、中国によるチベットでの暴力に抗議し、二〇〇八年オリンピックの開会式をボイコットした。チベットの独立を求める人には残念なことに、中国本土でこれを支持する人はほとんどいない——人権やリベラルな価値観を評価する人たちの間でも支持する人はほとんどいないのである。国際圧力も中国に対応を変えさせるほど強力で一貫したものにはなっていない。トランプ大統領のもと、アメリカはチベット亡命政府の代表をホワイトハウスに招き、中国による対チベット政策に非難声明を出した——これは、必ずしもチベット民族を独立に近づけることはない、効果はほとんど伴わない動きである。こうした一歩一歩は、トランプ政権の「中国に厳しく」という方針を反映したものであり、より大きな自治や独立が欲しいチベットの人びとを助けようという純粋な関心によるものとはいえない。

非暴力の戦いの場をうまく拡大させた人たちもいる。たとえば、一九七五年、東ティモールは、人口六十万弱のちっぽけな島だった。この島は、十六世紀からポルトガルの植民地支配下にあったが、一九七五年、世界最大のイスラム教国で一億三千万の人口を擁する隣国インドネシアが侵入、合併、支配した。これに対し、ティモール人の自決運動が応戦した——しかし、インドネシア軍は武装反乱勢力を鎮圧した。このとき、対反乱焦土作戦によって、島の人口の最大約半数が殺害された。インドネシア軍の軍事力を前に戦うことはできず、東ティモールの活動家たちは、人権を擁護するインドネシア本土の学生たちとの関係構築に動いた。インドネシアの学生たちは、東ティモール行動ネットワーク

（ＥＴＡＮ）というグローバルな連帯団体を組織する動きを支援した。このネットワークは、巧みにさまざまな政府――アメリカも含む――に働きかけをおこなった。インドネシア軍へ援助を送れば、東ティモール占領に使われるとして、援助の停止を求めた。一九九一年、首都ディリにおける葬儀中の虐殺〔サンタクルス事件〕が広く報じられると、国際的な怒りを買い、インドネシアに対する非難がおこなわれた。東ティモール独立を支持する国際世論が大きくなり、インドネシア軍は撤退した。だが完全撤退ではなかった。それから一九九七年、アジア通貨危機が起き、インドネシアの通貨ルピアの価値が暴落すると、スハルト大統領は財政援助を求めて国際機関に接近した。これがＥＴＡＮや国際組織がインドネシアに圧力をかける力の源になった。国際通貨基金などの国際金融機関やアメリカはじめ大国が、スハルトに対し、緊急援助の条件として、東ティモールで独立を問う住民投票の実施に合意せよとつきつけた。一九九九年に国連が支援する住民投票がおこなわれ、圧倒的多数のティモールの人びとが独立を求めると投票した。インドネシア軍や民兵がティモール人に対する残虐行為を続けていたため、波乱かつ暴力的な独立の移行期に、国連平和維持ミッション〔国連東ティモール暫定行政機構、ＵＮＴＡＥＴ〕が東ティモールに展開され、二〇〇二年に活動を終了した。

東ティモールの独立までの道のりは、長く、流血を伴うものであった。しかし、東ティモールの事例は、明らかに力のない少数派グループの市民的抵抗キャンペーンがどのようにして勝利できるのかを説明する――たとえ抑圧側が少数派グループの服従を必要としない場合にも。非暴力で戦う場を拡大すること――多数派グループや、影響力のある、あるいは強力な部外者を巻き込むこと――によって、非常に大きな違いをもたらすことができるのである。たとえ多数派の人びとが政府の抑圧を支持している場合でさえも。アメリカ公民権運動経験者であるメアリー・エリザベス・キングは、かつて筆者にこう話した。「抑圧された人びとは、常に自分たち自身の解放の条件を決める主体であるべきである。しかし、抑圧された者たちの運動は、常に抑圧者階級のメンバーを取り込むべきである」[21]。

要するに、抑え込むことで、少なくとも一時的には、市民的抵抗運動を鎮め、散り散りにさせることができる。あるいは、抑え込みが裏目に出て、運動を大きく拡大する結果にもなり得る。どちらの道をたどるかは、運動のリーダーシップがどう組織されているか、だれが関与するか、そして運動の参加者が自分たちのグループの外にいる支持者たちにうまく接触を図り、敵の支柱に影響を及ぼす力を構築できるかどうかにかかっている。

市民的抵抗はどのような意味で危険なのか？

現状を根底から変えようとする非暴力運動は、とても危険である。抵抗運動が、法的・制度的規範を犯して力のある敵に挑み、そうした現状維持への抵抗が無視できないレベルにまで至ると、相手方は大抵、暴力的抑圧で反応する。身体攻撃のリスクはもとより、他の種類のリスクもある——評判を落とす、恥をかく、失業する、さらに医療・衣食住・親権を失うリスクがある。

とはいえ、リスクのレベルは、あなたがだれで、何を、いつ、どのような文脈でしているかによっても異なる。たとえば、あなたが大衆デモの参加者で、同時に他の場所では暴力的な抵抗運動が政権を攻撃している場合、政権はあらゆる挑戦にすべて同じ方法で対抗しようとする可能性があり、そうなるとあなたが国から暴力で握り潰しを受けるリスクはより高いだろう。部分的には、敵側の事情によるところももちろんある。政権、企業、その他の権力構造は、武器を持った警察、民兵、刺客を送り込んで、有名な街の広場などからあなたのグループを暴力的に排除しようとする意思や能力があるだろうか？

ところで、このリスクは何と比較してのリスクなのだろう？　一部の人びとにとって、非暴力抵抗は現状維持のままにしておくのとリスクの差はない。なぜなら、こうした人びとはすでに政権からの危険を感じているからだ。もし抵抗が唯一の選択肢ならば、非暴力抵抗は政権に対して武器を取るよりもリスクは低い。さまざまな要素を調整して分析してみると、一九四六年から二〇一三年の間に権力構造を変えようとした非暴力運動では、武力による抵抗と比べると驚くほど死者が少ない。この期間における武力を伴う平均的な反乱では、年に二千八百人以上が死亡するのに対し、平均的な非武装の抵抗で死亡するのは、毎年百五人ほどである。(22)

それから、参加者のリスクに責任を持つ市民的抵抗キャンペーンに訴える方法がある。非暴力抵抗は、すでに脇に追いやられ、差別されている人びとにとっては常によりリスクが高いものである。これまでに議論したとおり、治安部隊はこうした人びとに残虐な行為をするつもりになっているし、こうした場合には治安部隊が離反する可能性が低いからだ。だから、権力的立場にある人との「拡大戦場」連合を組むことは、こうしたグループにとってとても重要であり、自分たちの力や梃子の作用を高めることに役立つのである。たとえば、アメリカ公民権運動中、黒人の運動組織者たちは、南部の人種差別的な警察が平和的抵抗者たちに暴力を振るう命令を忠実に遂行するだろうとわかっていた。彼らを離反させることは使えるカードにはなかった。そして、公式の警察組織の背後には、白人至上主義グループやクー・クラックス・クランがいて、法的な権力構造に深く関与し、警察による暴力以上に黒人コミュニティのリーダーを脅かすことにかなり積極的だった。だからこそ、公民権運動の指導者たちは、地元の企業経営者をターゲットにして、隔離ビジネスをボイコットしたり、軽食カウンターへの座り込みや「白人専用」の場所に座って隔離の規範を破ったり、放送局のニュースを招いて規律ある抗議活動や行進を地元や全国的に見てもらったり、運動中に投獄された人びとのために法的・経済的支援を集めたりすることで、経済力を示すことに注力したのだ。その結果、経済的にも政治的にも危機的な状況に陥り、白人コミュニティの指導者たちはテーブルにつくことを余儀なくされ、人種差別撤廃と統合への全国的な支援を獲得し、ジム・クロウ法を犯罪とする連邦政府の政策を勝ち取り、過去五十年間の民主党の綱領に人種的平等を中心的な目標として明記させた。[23]

政権が非暴力キャンペーンに大虐殺という手段で対応することはどれくらいよくあることなのか？

社会科学者は、「大量殺戮」を、非武装の民間人が少なくとも千人以上殺害された国家暴力事件と定義する傾向がある。これには、いくつかのデモでおこなわれた大規模な殺害や、運動の過程で蓄積された殺害も含まれる。エヴァン・パーコスキと筆者は、一九五五年から二〇一三年の間に、政権の転覆を目的とした非暴力革命の約二十三パーセント――つまり約四つの革命うちひとつ――で大量殺戮がおこなわれたことを発見した。[24]これは異常なレベルの致死的な抑圧であり、運動に参加した人びとが、現状の下での日常生活が死の危険を冒すほど残酷であると感じていたことを強く示唆する。

しかし、繰り返しになるが、問題は「何と比べて？」だ。服従と比べれば、市民的抵抗はリスクが大きいかもしれない。しかし、武力による抵抗と比べればリスクは小さい。政府は、暴力的な抵抗運動の約七十パーセントに対して大量殺戮をおこない、武装した反乱軍を支援していると疑われる民間人を虐殺した。武装蜂起に対して、国家が圧倒的な暴力で対応する可能性ははるかに高い。

市民的抵抗キャンペーンは抑圧にどう反応するのか？

この問いに対する答えをいくつかに分解して、それぞれ詳しく説明しよう。第一に、抑圧に備える運動にし、一カ所に大勢を集合させる方法から、攻撃がより難しい分散させる方法に変えて即応する運動のやり方である。第二に、抵抗運動の中には、暴力があったことを広く知らしめ、より多くの人に、自分たちの運動に参加する、あるいは自分たちを支持するよう呼びかけることで、勢いを維持しようとするものがある。第三に、また別の運動は、撤退したり、再グループ化したり、戦略を練り直したりする。第四に、運動の中には、衝動的にあるいは明確に組織化した武装闘争に訴える決定をし、暴力行為を激化させることで反応を示すものもある。最後に挙げる残虐な弾圧に対する市民的抵抗キャンペーンの反応は、解散や混乱である。

▽ある運動は弾圧に対し迅速に戦術を変えて対応する

運動の中には早い段階で、政権が暴力で反応してくるだろうと認識するものがある。そのような勘が働けば、一カ所に大勢が集まる戦術から人びとを散り散りにする戦術にさっと変える準備をしておける。たとえば、二〇一八年十二月、スーダンでは、パンの価格が急に高騰したことで人びとが立ち上がりはじめた。スーダン政府は桁違いの力で反応し、催涙ガス、実弾、ゴム弾を抗議者に向け、何十人もが殺害された。怒りに満ちた人びとは、国中で抗議をはじめ、三十年間にわたって権力の座にある非道な独裁者であるオマル・アル゠バシール大統領の辞任を求めた。その後数カ月間、労働者、女性グループ、医者・弁護士・その他の専門職組合、学生を含む、広範な連合が動員の調整をはじめた。スーダン専門職組合（SPA）は、こうした動きを調整し、運動の計画や戦略について国中に連絡を取る中心組織となった。戦術的なイノベーションがたくさんあった。たとえば「バケツ男」の出現――デモに参加するあるスーダン人の若者が有害ガスで運動参加者が動けなくなる前にバケツで催涙ガス含有物を覆うといったこともあった。

この運動は、二〇一九年四月十一日に大きな突破口を開いた。スーダンの軍人たちがアル゠バシールを追放、暫定軍事評議会（TMC）の設置を宣言し、スーダンの市民にデモを終えるよう呼びかけたのだ。これに反応して、何千ものスーダン人が抗議を続け、文民の反体制派である自分たちが民主主義に向けた移行プロセスで役割を担うべきだと要求した。四月末に進むにつれ、こうした市民運動からの要求への譲歩としてTMCの中核メンバーの何人かは辞任したが、TMCは権力を維持した。スーダンの市民は抗議を続けた。TMCは権力を維持した。四月末に進むにつれ、民主化を保証することや交渉のテーブルにもっと文民の席を用意するよう求めた。六月三日、治安部隊がハルツームの抗議運動キャンプを襲い、百人以上を殺害、七十人をレイプし、ナイル川に死体を捨て、病院で回復に努めていた負傷した文民に攻撃を加えるなどした。このハルツームの大虐殺は、スーダンの反体制派メンバーが持つ抵抗の精神を打ち砕く目的があった。しかし、SPAは、市民に対し厳格に非暴力の規律を維持し、完全な市民的不服従に徹し、労働を拒否し、道路や店を封鎖し、三日間のゼネストに備えるよう呼びかけた。このストライキは六月九日から十一日におこなわれ、この間、学校や大学はもぬけの殻となり、公共サービス従事者は電気や火力サービスを止め、給油所・銀行・商店や輸送サービスも止まった。新聞は印刷を止めた。緊急以外のあらゆる医療関係施設も閉鎖した。ストライキは道を空にし、文字どおりストライキの参加者が攻撃を受けない位置に連れ出しながら、TMCに対し、SPAの要求に応えるようにと経済的にも政治的にも圧力をかけた。六月十二日までに、TMCはSPAとの対話を再開すること、そしてハルツームの大虐殺の実行犯十数名を拘束したと発表した。

スーダンの革命家——多くの過去のあるいはそれ以降のものと同様に——は、異なる非暴力の方法がさまざまなリスクを抱え、さまざまな政治的効果を生むことを予想してきた。人びとを物理的にばらばらにする方法は、物理的に寄り集まっている方法よりも、残虐性をもってしても攻撃することが難しい。さらに、慣習に逆らう行為に及ぶ方法——作為の方法——は、期待にそうことを拒否する方法――つまり不作為の方法――よりもリスクが高い。高リスク、低リスクの方法を行き来することにより、抵抗運動は抑圧を切り抜けることができる。

こうした方法を表4－1にグループ分けした。

アウグスト・ピノチェト大統領下のチリを例に挙げよう。ピノチェト将軍は一九七三年、選挙で選ばれたサルバドール・アジェンデ社会主義政権を覆した軍事クーデターを率いた。ラテンアメリカ中がアメリカの支援を受けた右翼独裁状態にあったため、ピノチェトはしばしば拷問や失踪といった手段で頻繁に対応していた。目に見える大衆の抵抗は相当リスクが高かった。ピノチェトは地方での自らの正統性を高めるために民族音楽を使うことを目論み、伝統的な民謡・民族舞踊であるクエッカをチリの国歌とすると宣言した。政権は、愛国パレードや集会で、男女が共に歌い踊るようにお金を払った。しかし、一九七八年、国際女性デーの祝賀に際して、チリの女性たちがクエッカを女性だけで踊りはじめた。公共の場で勇気を振り絞った抵抗の行為として、失踪した愛する人の写真を抱えながら。女性の中には、これを定期的に、大統領官邸前でさえ、はじめる者もいた。女性たちは、ピノチェト政権が行方不明にした愛する者を思い、アルピジェラと呼ばれるパッチワークも縫いはじめた。さらに女性たちは、重要な並行機関として、アルピジェラ・ワークショップ、公共キッチン、低価格で食料を購入する卸売りの調整を含む、生存者グループも組織しはじめた。サンティアゴのカトリック教会は、女性たちがタペストリーを海外に売るための原材料供給と販売支援をしている「連帯の代理人」とともに、民主派グループが集まり、計画を立てるための空間を提供した。一九八三年、チリの人びとはピノチェトへの不満を表しはじめた。鍋やフライパンを窓の外に出し、バンバンと叩いて音を出すことによって――このシンプルな行動は、過去のチリ市民の抵抗でもおこなわれたもので、近隣へと瞬く間に広まり、ピノチェトの政策や非道さに対し多くの人びとが拒絶していると示す行動

	作為		不作為	
分散 （集まるより広がる）	調整・拡散したフラッシュ・モブ、代替市場の開発、政治ボイコット、自宅待機デモ、株の売却、通商停止、代替機構の開発、違法な歌を歌う、行政制度に過負荷をかけるなど。		調整に基づく送電停止、自宅待機ストライキ、病欠報告など。	
集中 （一つに集まる）	座り込み、非暴力的占領、行進、デモ、集会、討論会、逆ストライキ、進んで投獄される、背を向けるなど。		沈黙、牛歩デモ、立ち去るなど。	
リスク・レベル	最高	高	中	低

表４－１　非暴力の方法と関係するリスク・レベル

となった。

これらのグループは、路上に集まったりせずに力を構築し不満を表したので、ピノチェトは、サンティアゴ中の家々の台所で起きていることに対し、通常の戦術――反体制派の拘束、組織の中核者と疑われる者を行方不明にさせるなど――には訴えられなかった。ゆるく調整された行動――鍋フライパン抵抗、クエッカの象徴的ソロダンス、秘密裏の組織化、労働行動――が何年もおこなわれた後、一九八八年、ピノチェトはさらに八年間大統領として奉仕すべきかを問う国民投票を実施することにより、自らの正統性を改めようという行動に踏み切った。反対派の指導者や草の根グループはこの機をとらえた。勧誘活動、集会、「反対」投票を促すキャンペーン・スローガンを組織化する連合体をつくり、ピノチェトが負けた場合に結果を受け入れることを確実にするため、独立した検証可能な投票集計が実施されるよう投票監視係を訓練した。連合体は大きな成功を収め、アントファガスタからサンティアゴまで、七百万のチリの有権者が「反対」票を投じた――これは全体の五十六パーセント近くだ。ピノチェトが負けたと明らかになると、軍は大統領ではなく人民を支持することを選択し、憲法改正や大統領を交代させるための選挙を支援した。一九八九年、ピノチェト退陣後、チリの市民は改正された憲法を採択し、選挙を実施した。[25]

▽ある運動は抑圧のダメージを最小化する戦術に集中する

第二に、一部の運動は、抑圧がもたらす特定の問題に慎重かつ戦術的に対応することで、その勢いを維持している。たとえば、これまでの章で見てきたように、運動は、メンバーを拘束から解放するのに役立つ創造的なアプローチを考案するかもしれない。また、運動の支持者を反逆罪やテロリズム、その他の重大な犯罪で告発する政権のプロパガンダに対抗するために、人権侵害を記録し、その可視性を高めることもある。運動がすでにこれらの点で明確なメッセージを打ち立てている場合にはとりわけ効果的に作用する。運動はたいてい参加者に対して暴力に暴力で対抗しないよう注意深く説明する――なぜなら、暴力的に反応すると、第三章で述べたように、市民の支持を失い、治安部隊が運動を抑圧する命令に従う可能性を高めるなど、深刻な負の影響をもたらすからだ。非暴力を貫くことで、運動はより高い道徳観を保ち、より幅広い一般の支持者を集め、政権の支持者の忠誠心を弱めることができる。

▽ある運動は再グループ化のために一時的に撤退し、次の一手を計画する

戦術的な撤退は、公共の場での行動――どれだけ散り散りにおこなわれていても――がリスクが高すぎる場合に有効だが、運動が十分に組織化されており、十分な準備が整っていれば、オルタナティブ・スクール、メディア、社会福祉プログラム、日常的な抵抗の形態など、並行機関を構築すること

に注力できる。シリアでは、二〇一一年に非暴力革命が崩壊し、何年にもわたる内戦に突入した。内戦には、何千もの武装集団、強力な国際的プレーヤー、そして権力を維持するため自国民を攻撃する軍事力を駆使する残忍な政府が関与してきた。このように、本書執筆時点では、シリアでのあからさまな市民的抵抗はあまりにも危険な行為だ。しかし、「シリア地域非暴力調整委員会」に関与する人びとは、内戦下の恐怖や大規模暴力の絶え間ない脅威にさらされる人びとの当面のニーズに応え続けている。具体的には、停戦の仲介支援、人道的避難の支援、食料や医療支援の提供、人権侵害の記録などである。シリアの複数の女性グループもまた、停戦の仲介、国際和平プロセスの開始、そして内戦中におこなわれた犯罪に対して人びとが責任や正義を追求できる戦後シリアを構想すべくさまざまな試みをおこなっている。

▽ある運動は暴力にエスカレートする

市民的抵抗運動が計画なく突如暴力化していくこともある。二〇一九年の香港では、周縁暴力を用いたデモ参加者は警察の横暴が動機となって動いたと述べたが、デモ参加者のエスカレーションはほとんど即興でおこなわれたものだった。あるいは、シャーペンビルの大虐殺をきっかけにアフリカ民族会議（ANC）内で起こったように、運動が組織的な武力闘争に踏み切ることを明確に決定することもある。一九六〇年三月二十一日、南アフリカのシャーペンビルで、数千の黒人抗議者が警察署の外に集まり、人種差別的なパス法に抗議した。パス法とは、南アフリカの黒人に身分証明書の携帯を義務づけるもので、人種隔離を強化し、黒人の居住区外への移動を制限しようとするものだった。この抗議行動に対し、警察は群衆を分散させるために発砲し、最終的に六十九名が死亡、百五十名以上が負傷した。死傷者の中には二十九名の子どもが含まれていた。虐殺から逃げようとした多くの人びとが背中を撃たれた。その数週間後、南アフリカ政府はＡＮＣを禁止した――ＡＮＣは南アフリカの黒人と白人の平等を求める中核的政治団体だった。武装集団は、国家による激しい弾圧によって非暴力や平和的な行動が不可能になったため、暴力に走ったと説明するのが一般的だ。シャーペンビルや政府によるＡＮＣへの弾圧を受けて、ＡＮＣの指導者たちは、このような暴力的で人種差別的な政権に対抗するためには、武装闘争が正当化され、必要であると結論づけた。[26] ＡＮＣは、都市ゲリラ戦と破壊工作によって政権を攻撃するために、ウムコントゥ・ウェ・シズウェ（民族の槍）という武装組織を設立した。しかし、注目すべきは、第一章と第二章で詳しく述べたように、大人数の消費者によるボイコット、デモ、抗議行動、ストライキなど、非暴力の抵抗も継続しておこなわれ、アパルトヘイト政権に圧力をかけたことだ。

▽**ある運動はばらばらになる**

あるときには、非道な弾圧によって市民的抵抗キャンペーンが壊れて混乱や解散に向かうことがある。とりわけ、大衆動員の初期段階で弾圧が起こるとこうなりやすく、人びとが自発的に動員をおこなったり、その過程で組織構造を改善したり構築しようとするときによくある。[27] 既述のスットン、ブッチャー、スヴェンソンの研究を思い出してほしい。この研究は、弾圧がいかに市民的抵抗運動の成功率を左右したかを評価した。[28] 一九八九年から二〇一一年に起こった非武装の抵抗に対する一方的な政権による暴力事件四十六件を分析した結果、彼らは、運動が非暴力抵抗のより大きな運動に統合される場合以外は、結果として変化をもたらしたデモはひとつもなかったことをつきとめた。より大きな運動に統合されたもののうち、約半数の事例で、一方的暴力は裏目に出た。そして、これらのうち半数にはぎりぎり満たない数の運動が、大規模な政権の暴力に直面してもなお、最終的には自分たちの目標を達成した。

インドの塩の行進は、大英帝国ではなくヒトラーに対する闘いであったら、非暴力を維持できたか?

これはよくある質問だ。だから、こう質問したくなる憶測を注意して考察してみよう。欠点のあるいくつかの憶測がこう質問したい気持ちにさせるのだ。第一は、大英帝国がインドやその他の場所で寛容な植民地制度を営んでいたという考えだ。第二は、ヒトラーの政権は非暴力抵抗に遭ったことがなく、ほんの少しでもそうした動きがあれば握りつぶしていたという考えだ。これらについて、それぞれもう少し詳しくみてみよう。

第一に、イギリスの植民地主義がいかに残酷であったかを認識することが重要である。大英帝国は、カリブ地域、アフリカ、当時はイギリス領インドとまとめられていた、現代のインド、パキスタンおよびバングラデシュを含むアジアにおいて、植民地支配を維持するためにたくさんの野蛮な戦争を仕掛けた。帝国は、大規模虐殺など、衝撃的な残虐行為に出た。ガンディーの運動は、何度も暴力の波のような攻撃を受け、あまりのひどさにインド人たちが国中で大規模蜂起に立ち上がったほどである。たとえば、一九一九年、イギリスの植民地軍は、インドのパンジャーブ州の都市アムリトサルに集まった非暴力抵抗者たちを何百人も殺害した。何千ものインド人が、ヒンドゥー教とシーク教の祭日であるバイサキを祝うために、そして、数日前に逮捕された独立支持派の二人の指導者――サティヤーパルとサイフディン・キッチリュー――の逮捕と追放に平和的な方法で抗議するために集まっていた。大規模暴動が起こると見込んで、イギリス軍の准将代理は、英領インド陸軍を送り込み、群衆に向けて発砲するよう命じた。何百人もが殺害され、千人以上が負傷した。事件について、J・P・トンプソン英領インド帝国パンジャーブ州知事は、こう日記に記している。「血のビジネスで二百から三百人が庭で殺害されたようだ……が、おそらくその行為は結果をもって正当化されるだろう」[29]。

この冷淡な表現が意味するのは、植民地行政は暴力をもってこの地域を支配していたということだ。事実、アムリトサルの大虐殺は、インドにおいて例外事例ではなかった。一九三〇年、ガンディーは塩の行進で大衆運動を率い、何千もの支持者が同伴してインド洋を目指し、イギリス植民地法が独自に塩を生産することを禁止する規定に背き、違法に塩をつくりはじめた。一行が到着すると、イギリス植民地行政当局はガンディーと約六万のインド人を拘束した。この事件に対し、国中の大勢のインド人が市民的不服従行動に出た。インド人の詩人で独立主義者のサロジニ・ナイドゥは、何千もの人びとを率いて、ボンベイから百五十キロほど北、ダラサーナ製塩所に向け行進した。彼らが到着すると、先端が金属製の棍棒を持った植民地軍が、活動家を叩き、何人かを殺害し、数百人を負傷させた。

かねがねイギリス本国の市民は、反対意見もありながら、自分たちの政府が軍事力を投入して反植民地の反乱を鎮めているという事実を受け入れていた。政府は、植民地の反乱者たちを、植民地支配者や家族に対してもっと残虐な暴力を用いる「野蛮人」と言い表していた。白人であるヨーロッパ人には他者を従属させる権利があるという人種差別的な考えにより――かつイギリス軍兵士がこれらの戦争で死傷していたという事実によって――イギリスの市民はこの構図を受け入れていたのだ。しかし、ジャーナリストが、非暴力闘争に訴えるインド人に対する大虐殺がおこなわれているという残酷な事実を報じはじめると、世論は変わりはじめた。報道をつうじて、反乱者と扱われているのが非武装の子ども、女性、男性であることが明るみになったのだ――そして彼らの家族の一部はイギリス軍とともに、第一次大戦から第二次大戦にかけてドイツと戦った人たちだった。

ここからは、本節のタイトルにもなっている仮定的な問いの第二の誤謬を考えよう。ヒトラーであれば、自分の支配の意のままにするために、非暴力抵抗を握り潰しただろうという主張だ。実際には、ナチスが占領したヨーロッパ中で、人びとは暴力抵抗でも非暴力抵抗でもナチスに挑戦していた。しかし、ヒトラーがとくに対応に困った脅威とされているのは非暴力抵抗である。ヒトラーと部下の将軍たちは、実は、ナチス支配領域に広まるようになった非武装の抵抗をどう打ち負かせるのかわからずにいた。支配下にあったノルウェーやデンマークでは、人びとは、さまざまな手段で抵抗をおこなった。たとえば、ナチスの車両の燃料タンクに砂糖を流し込む、抵抗方法についての情報を秘密出版で広める、情報を集め抵抗グループに渡す、武器を盗む、限定的なストライキや自宅待機を組織する、学校のカリキュラム変更命令に対する協力を拒む、指示や労働者の仕事についてわからないふりをし、武器工場を破壊するといったことである。デンマークでは、ドイツが占領を続けるために、自前で車掌を揃えるまでの間デンマークの列車を使おうとした。その計画を遅らせるために、デンマークの車掌らが職場に姿を現さなくなった。秘密発行の抵抗新聞が国中で配られ、さまざまなかたちでドイツの軍事車両や武器が破壊され、毎日の労働停止をつうじた徹底抵抗もおこなわれた。組織的な怠業——昼間に二分間起こった——は、ナチス支配に対するデンマーク人たちの継続的な抵抗の象徴的デモとして、よくおこなわれていた。ナチスがデンマーク国内のユダヤ人を拘束して強制収容所に送る準備をしているといううわさが広まると、何千ものデンマーク人が近所のユダヤ人を自宅に匿い、沿岸に運び、海を越えてスウェーデンに避難させる船に乗せた。それにより七千人以上のユダヤ人の命が救われた。[30] こうした行動のすべてに、かなりの計画、組織、秘密——そしてデンマークの一般市民の幅広い関与が必要だった。

戦略家のバゼル・リデル・ハートは、こう述べる。「〔ナチスは〕暴力を専門としており、同じく暴力的手段に訴える敵の扱い方は訓練されていた。しかし、それ以外の形式の抵抗がナチスを困惑させた——その方法がとらえがたく、隠されていたために、さらに一層当惑させた」。[31] ヒトラーは、一九四三年七月、顧問のアルフレート・ローゼンベルクにこういった。「支配地域で人びとを思うがままにすることは、むろん、心理的な問題であるといえるだろう。力だけで支配することはできない」[32]。また別のところでヒトラーはこう記している。「長い目で見れば、政府制度は軍事的な圧力のみを用いてまとめ続けることはできないもので、むしろ政府制度が国民の利益を代表し促進するような質と真実性を持っており、それらがあるという信頼により維持できるものである」[33]。

確かに、ヒトラーが力を確立してしまうと、ナチスドイツの中で、非暴力にせよ暴力にせよヒトラーに抵抗しようという組織的で広範囲にわたる試みはなされなかった。しかし、非暴力的抵抗に訴える意味はあると思える余地はあった。非暴力抵抗が可能であり、場合によっては、いくらか効果があると示す余地があったのだ。とりわけ痛ましいエピソードにおいて、白いバラと自称する学生グループが、ヒトラーとナチスの失脚、戦争と軍国主義の終焉、そして民主主義への回帰を求めて、一九四二年六月から一九四三年二月の間、地下運動を展開した。このグループは六冊のリーフレットを印刷し配布した――ヒトラーの全体主義国家においてはきわめて危険な取り組みだった。ミュンヘン大学の守衛がこの動きを発見すると、この学生や共謀者たちは捕らえられ、処刑された。しかし、彼らは、ナチスが描こうとしてきた、ヒトラー政権を支持する社会的一致、熱意、同意といったイメージ、抵抗の意欲を削いできたイメージを壊した。

白いバラおよび若き反乱分子の処刑のニュースはドイツ中に広まり、一方では一般のドイツ人の士気を低下させ、もう一方ではその他の非協力ショーを促した。たとえば、謎に包まれた「執行委員会」が個別メッセージをナチ党支持者に投函しはじめ、戦争終了後すぐにナチ党支持者はナチ犯罪の共謀で対価を支払うことになるだろうと警告した。日記の中で、プロイセンの貴族フリードリヒ・レック＝マレクツェウェンは、白いバラのニュースとその後の出来事が、自分の街にいるナチのシンパに多大なる影響を与えたことを書き記している。
死者の亡霊がもう仕事をはじめており、ナチの支配構造に対する制度的な弱体化という効果が感じられる。数週間経った今、階級の下位にある者たち、地区職員、郡区長、そして政権の砦となっている人びとが、ナチス神話の崩壊だと気づいてもらおうと、徐々に態度に示しはじめている。(34)

レック＝マレクツェウェンはヒトラー君臨中ひそかに反対していた者であり、以上の動きは、政権に対する人びとの支持が自分が予期するより早く崩壊することを示していると受け取った。しかし、彼にとっては十分には早くなかった。レック＝マレクツェウェンは一九四四年十月に逮捕され、ダッハウに連行され、三カ月後に処刑された。

ドイツ人の中には、運よくナチのプログラムに抵抗できた者もいる。一九四三年二月から三月のベルリンでは、約百人の女性貴族がゲシュタポ事務所の外にあるローゼンシュトラーセ［バラ通り］に集まって、ユダヤ人の夫の帰還を求めた。その夫たちは、拘束され、強制収容所に連れていかれる予定となっていた。ゲシュタポ職員がマシンガンで女性らを脅し、家に帰れと命じた。にもかかわらず、彼女たちは泊まり込む場を設営しはじめた。この女性たちをどう解散させるかという問題が、ナチ党の最高幹部たちに持ち上がった。上級幹部たちの間では、スターリングラードにおける敗戦やナチスに対する国内での抵抗行為による最近の士気の低下に続いて、ベルリンで多数のドイツ人女性を殺害すれば政治的崩壊が起こり得るという点において意見が割れていた。党はジレンマに直面していた。勇気と夫への信義を示すアーリア人女性たちを殺害するか、たとえ一時的であっても、彼女たちのユダヤ人の夫を静かに引き渡すか。結局、ヨーゼフ・ゲッベルスはすべての男性を解放するよう命じ、混乱を避けるためにダビデの星をもう身に着けないようにと指示した。この一件は、全体主義のもとでの注目に値する、効果的な反抗行為であった。[35]

こうした非暴力抵抗の集団的行為の他にも、ナチの計画を覆す効果的な個々人の努力があった。ドイツ人実業家オスカー・シンドラーは、約一万二千人のユダヤ人を自分の軍需工場で雇用し、彼らの命と引き換えにナチ職員に賄賂を渡すことにより、絶滅収容所行きから救った。同様に、ベルトールド・ベイツは、ドイツ人石油産業家であったが、多くは病気やけがで働ける状況にはなかったにもかかわらず、約八百人のユダヤ人に労働許可証を与えることで、絶滅から救った。イスラエル政府は、自らの命の危険を冒しながらユダヤ人の逃亡を助け、ホロコーストのさなかで絶滅収容所から救った非ユダヤ人の記録をとっている。「諸国民の中の正義の人」であり、多大なるリスクを取り、実質的で幾度にもわたる支援を提供し、何ら見返りを期待しなかった人びとが選ばれる。二千七百人以上の名前がリストに掲載されている——うち、六百人以上はナチスドイツに住んでいた。

まとめると、イギリスの植民地主義に抵抗した人びとは、残虐で暴力的な植民制度と戦っていた。サッティヤーグラハというガンディーの実験的方法は、こうした抑圧的な環境、つまりイギリスの人びとの目には触れない遠い場所で、反抗的行為は残酷に処罰される環境で、考案された。イギリス統治下のインドで何百万もの人びとを独立闘争に参加しようと思わせたのは、まさにこの残酷さだった——結果として、一九四七年にインドは独立と分割に至った。さらに、ナチス支配下の非暴力抵抗は単に存在しただけではなく、場合によっては効果を発揮した。そのような抵抗がナチス政権を崩壊させられなかったとしても、それでも何千もの命を救い、かつドイツ国内のナチス支持者の忠誠心を弱めていった。ガンディーがドイツ人ではなくイギリス人と戦っていたから市民的抵抗だけで済んだのだという指摘は、いずれの地でも非暴力抵抗の軌跡があったことを無視している。

武装抵抗は大量虐殺政権と戦うことが求められるのか？

いかなる類の抵抗も大量虐殺をおこなう政権下では非常に難しい。集団全体を滅ぼそうとする政府は、たいてい、あらゆる武装・非武装の反対勢力やその関係者なら、その関係が真実でも想像でしかなくても、だれでも殺すことをいとわない。政府や政府の権力構造が人種差別的あるいは民族中心的分断をもとに構築されている場合には、虐殺の傾向は一層悪化する。グアテマラ、ルワンダ、ボスニア、インドネシア、カンボジアやその他の大量虐殺政府とその支持者は、標的にした集団に属する人びとを一掃することしか考えておらず、武装か非武装か、そして政権に抵抗しているかを問わなかった。

とはいえ、ジェノサイドを含め、国家主導の大量殺害は、戦争中にもっとも起こりやすい。[36] 第二次世界大戦中、ポーランド、ユーゴスラビア、ベラルーシで、武装集団やパルチザンがナチ職員を暗殺したりナチ軍車両を攻撃すると、ナチスは、筆舌に尽くしがたい報復をおこない、家族・親族全員あるいは村人全員を殺害した。[37] その他多くの戦時環境において、同様のダイナミクスが働き、国家は反乱攻撃を罰するために市民に対する戦争を仕掛けた。言い換えれば、戦時の文脈で活動する武装運動は、非武装運動よりも、ジェノサイドに匹敵する暴力を受ける傾向が高いといえる。[38]

しかし、大量虐殺政権に対する武装抵抗があるところには、おそらく並行して非武装抵抗も存在する。たとえば、一九四〇年にポーランドを占領すると、ナチスは四十万以上のユダヤ人をワルシャワのゲットーに移動させ、十分な食料やその他の必需品を提供せずに閉じ込めた。それから数年の間、閉じ込められた者たちは、残虐行為や強制収容所への強制送還に遭うにもかかわらず、広くさまざまな方法で抵抗した。新しい学校、祈禱グループ、印刷・文書作成センター、貸出図書館をつくった。

ポーランド人の抵抗活動と協働するために非ユダヤ人として「パス」できそうな個人を脱出させた。孤児院や食料密輸ルートを確立し、食料を配布し、全員の生存を守ろうとした。自分たちで交響曲オーケストラを組織することさえした。こうした代替機構を構築することにより、ワルシャワのゲットーに閉じ込められた者たちは、ナチスが何千人も強制収容所や絶滅収容所送りにしはじめても、尊厳のある生活、ユダヤの伝統や文化活動の維持、抑圧に対する不服従の抵抗姿勢を見せた。

一九四三年四月、ゲットー中の人びとが強制労働あるいは絶滅収容所に送られようとしていた前夜、ユダヤ人の抵抗活動者は、ゲットーの外に住むポーランド人の抵抗活動者から支援を受けながら、武装反乱を開始した。彼らは、ナチスがゲットーを全焼させるまで、数週間にわたる蜂起でナチの軍人を殺害した。ほんの一握りのユダヤ人は逃げられたが、一万人以上が蜂起のさなかに殺害された。残ったワルシャワ在住のユダヤ人は強制収容所か死刑収容所に送られ、そこで殺害された。ポーランド・ユダヤ闘争組織のかつての指導者マレク・エデルマンは、この蜂起を経験した数少ない生存者のひとりである。彼は、武装抵抗で蜂起することの理論的根拠をこう説明した。「われわれは、勝つ見込みなんてないと完全にわかっていた。それでも戦ったのは、単純に、ドイツ人だけにわれわれの死の時と場所を選ぶことを許さないためだった」[39]。

ほとんどのジェノサイドは非常に組織的におこなわれ、工業的スケールの殺害となる。つまり、大量殺害は、人びとが集団絶滅を目論まれた収容所内で起こるということだ。そのような環境の中で、リスクがあるにもかかわらず、あらゆる種類の抵抗がおこなわれた。民族、人種、性的指向や身体障害といった理由で殺害対象に選ばれた政治囚や収容者は、それでも、武装あるいは非武装により抵抗した。ホロコーストのさなか、ゲットーや絶滅収容所に閉じ込められた者たちは、繰り返し立ち向かうために――密輸か窃盗で手に入れた――武器を取った。もっとも成功した蜂起のひとつは、ナチス占領下のポーランドにあったソビボルでおこなわれた。そこでは、一九四三年、ガス室送りにされる予定となっていたポーランド系ユダヤ人囚およびソビエト系ユダヤ人捕虜が、集団脱走を率いたのであり、十一人の刑務所看守を殺害、収容所の武器庫を接収し、そして収容所を取り巻く地雷原を抜けて森林に脱走することからはじまった。この蜂起に参加した数百人のうち、半数は再び拘束された。五十八人が生き残った。あるいは、別の収容所、たとえば百人の非武装ソビエト人囚が門を出ようと走ったマウトハウゼン強制収容所では非暴力抵抗がおこなわれた。歴史家で、イギリスの元諜報専門家でもあるフットによれば、約三十人が外に出て、一人だけ門外に脱出したという。(40)

つまり、しばしば自殺行為ではあったが、大量虐殺政権下で非暴力抵抗は起こったのだ。武装抵抗を用いた者と同様に、非暴力で抵抗した者も、すぐに政権を引きずり降ろすことはできなかった。とはいえ、政権への協力や支持を減退させ、場合によっては、ジェノサイドの過程を、一時的にでも頓挫させたり、あるいはその過程に影響を与えたりした。もちろん、本章、そしてこの本でずっと言い続けているように、ナチス占領下のヨーロッパ中で、多くの人びとはナチスに非暴力的に抵抗した。(41)実際、別の場所で起こったジェノサイドのさなかの非暴力抵抗は、数え切れないほどの命を救ってきたのだ。抵抗者が生き残るにせよ生き残らないにせよ、彼らの努力は、見た者、聞いた者、そして彼らが抵抗した暴君の心理や判断に深く影響してきたのだ。(42)

社会は、大量虐殺的、全体主義的支配に対する武装抵抗の勝利を祝福することはよくあるが、たいてい、非暴力抵抗の数え切れないエピソードが同時にある——そして暴力と同じくらい計画、規律、スキル、および勇気を必要としているのだ。

政府下の民兵、暗殺部隊、その他の非政府武装集団が暴力的に攻撃してくるとき、キャンペーンはどう対応してきたのか?

多くの大衆運動は、政府の暴力に対応するだけではなく、抵抗反対者、民兵集団、自警暗殺隊による暴力にも対応しなければならない。こうしたことが、一九七九年から一九九二年のエルサルバドル、一九六〇年から一九九六年のグアテマラ、その他の場所で、右翼政権を失脚させようとした運動に起こった。これらの事例すべてにおいて、アメリカで訓練を受けた集団がテロ、拷問、性暴力、その他の形態でひどい残虐行為をおこない、左翼集団を恐怖によって服従させようとした。別の状況では、麻薬密売者を含む組織犯罪集団が、テロ集団として機能し、近隣のコミュニティを抑圧した。内戦中には、文民主導の平和運動が非常に多くの武装集団に対処することがよくある。たとえば、アメリカ南部の再建期およびジム・クロウ〔黒人差別〕時代、黒人は、彼らの土地、財産、政治拠点や選挙権を奪おうと地元および州警察、法律家と共謀したクー・クラックス・クランに脅かされた。

こうした状況は、間違いなく市民的抵抗を難しくする。運動が政府に対抗している場合、世論はどの社会セクターが権力を支持・維持しているのかを容易に理解できる――ビジネス、宗教的階級、軍関係者家族、市民サービス、あるいはその他かもしれない。その結果、運動はより容易にどの集団に向けて反対勢力に忠誠を誓っても利益にならないと説得すればいいか特定できる。非政府の民兵や武装集団に対してはもっと難しい。だれが彼らを支持しているのか――政府、外国政府、金持ちの企業エリート、戦争で利益を得る者、宗教組織、その他――それらの集団に対する影響の及ぼし方、彼らが現状維持を支援し続けることはコスト高であると感じさせるやり方を見分けることは容易ではない。武装勢力に統治の意思がなく、紛争から利益を得たいだけの場合には、とりわけ難しい課題となる。

こうした戦略的課題にもかかわらず、コミュニティによっては、武装集団の利益を見出し、コミュニティとの共生をしやすくするための行動をそっと促すべく行動し、武装集団に抵抗する道を開こうとした。[43] どのようにしたのか、いくつか事例を見てみよう。

一九六四年から二〇一六年まで続いたコロンビアの内戦は、二十二万人の死者を出した。主要な戦闘集団のひとつは、左翼のコロンビア革命軍（FARC）であった。FARCは主に、小規模な村落で活動していた。コロンビアの軍隊に加え、右翼の準軍事集団がFARCを攻撃し、陣地や支持基盤を取り払おうとした。一九八〇年代はじめ戦闘の渦中にいくつかのコミュニティ組織が手を取り合い、自分たちの地域を「平和村」であると宣言しはじめ、非暴力といかなる武装集団にも協力しないことを互いに約束した。[44] これらの平和村は、さまざまなゲリラや政府側民兵集団と、村に手を出さないこと、だれにも危害を加えずに通過することなどをしばしば交渉した。平和村の多くは、戦闘中、驚くほど争いから距離を取っていた。政治学者のオリバー・カプランは、なぜあるコミュニティはこのようなことを効果的になし得たのかを考察した。彼の主張は、これまでの議論にも親和性のある形でまとめられる。第一に、長らく存続するコミュニティ組織が地元民からとても尊敬されている場合、協力はもっとも効果的であるようだということである。なぜなら、協力は組織的一貫性を導き、コミュニティ内部での、あるいは武装戦闘員の間での信頼を強化するからである。第二に、非暴力を広く約束しあうコミュニティは規律を維持することに非常に長けているということだ。そうしたコミュニティは、効果的な対話や交渉に重きを置き、一触即発の可能性にもかかわらず紛争の激化を防止する。[45]

他にも、武装手段に対する非暴力抵抗の稀有な例としては、イラクのモスルで、一般の人びとがイスラム国（IS）に非暴力的に抵抗する術を見つけたものがある。ISが二〇一四年にはじめてモスルを占拠したとき、ISはカリフ制国家の樹立を宣言し、自分たちの指図に従わず抵抗していると疑われるいかなる者もすぐに処刑した。その結果、反抗をあからさまに公に示すことはあまり見られなくなった。しかし、完全に身を引いたわけではなく、多くのイラク人が日常生活の中で抵抗をおこなった。二〇一四年から二〇一七年まで強圧的にISが占拠および統治したモスルで、千人以上の居住者に対しておこなわれた二〇一八年の調査によれば、八十パーセント以上の回答者がIS支配に対し何らかの非暴力抵抗に関与したと回答した。(46)たとえば、市民は、一日の決まった時間に祈るというISが決めたルールに従うことを拒否し、喫煙や飲酒、音楽視聴、(男性が)ひげを生やすこと、(女性が)顔を覆わずに公に姿を現すことに関する禁止令を無視した。こうした行為を公におこなったと答えた人はたった六パーセントだったが、約二十二パーセントの人が、反ISの象徴やスローガンを示し、ISが集会を禁じる公共空間を占拠し、IS構成員の残虐性を非難し、咎めるなど、危険な行為に及んだと答えた。そして六十二パーセントもの回答者がIS支配に協力することを拒んだ。具体的にはISが率いる学校や大学を退学したり、税の支払いを拒否したり、別の学校を建てたりした。つまり、ISの残虐な支配のもとであっても、人びとは正統でない権力とみなすものに逆らう術を見出したのである。(47)

非武装運動に対する抑圧が裏目に出るのはいつか?

ときどき、市民的抵抗を停止させるのではなく、政府の抑圧はよそ者の怒りを買うことがある——運動の支持を加速させるのだ。実際、抑圧が裏目に出ることはよくある。(48)以下のよく知られた例を考えてみよう。

・一九七八年九月、イラン人がジェラ広場の祭日のためにテヘランに集まったとき、イランの軍隊が発砲し、約九十人を殺害、さらに数百人を負傷させた。このジェラ広場の大虐殺は暗黒の金曜日と知られるようになった。イラン中でこの虐殺に関する報道が広まるにつれ、怒りに満ちたイラン人たちが何万にもなって革命に参加し、その中には一九七八年十月にストに突入した石油産業労働者もいた。シャー〔国王〕の治安部隊の多くは離反した――そして一九七九年二月までには、シャー・レザー・パフラヴィーはエジプトに亡命させられた。

・一九九一年、インドネシア軍は独立活動家セバスチャン・ゴメスの葬式に集まった約二百五十人の東ティモールの文民を殺害した。ティモールの市民を殺害するのみならず、インドネシア軍および警察は、軍と市民の間に立とうとした、アメリカ人レポーターのエイミー・グッドマンを含む、西側のジャーナリストも複数名殺害した。あるイギリス人ジャーナリストがこの虐殺を記録したビデオを国外に持ち出した。その結果、この虐殺に関するニュースが広まると、インドネシアによるティモール島占拠に対する国際的な糾弾が発生した。それが十年間にわたる国際連帯運動に弾みをつけ、東ティモールが独立を宣言するまで続いた。

・一九八七年十二月、四人のガザの若者が殺された。イスラエル軍トラックがその若者らが通勤のために乗っていた車に衝突したのである。彼らの死がニュースで広まり、ガザ市民が次の日に抗議をはじめると、イスラエル国防軍（ＩＤＦ）は群衆に向かって発砲し、十七歳のムハンマド・ハテム・アブ・シーシを殺害した。そこから、何千ものパレスチナ人が抗議に立ち上がり、ヨルダン川西岸からガザ地区まで行進した。ＩＤＦが市民に死をもたらすほどの暴力で応じると、車による市民の殺害が、イスラエルの人びとやアメリカのようなイスラエル支持者の良心にもショックを与えた。何百人ものイスラエル軍兵士がパレスチナでの軍務を拒み、イスラエルの平和運動はイスラエル国内で政治的影響力を強めた。ジョージ・Ｈ・Ｗ・ブッシュ大統領のもと、アメリカはイスラエルに対し、パレスチナと和平プロセスを追求するよう促した。イスラエル国内の極右集団からの反対にもかかわらず、イツハク・ラビンイスラエル首相は、パレスチナ解放機構（PLO）のヤーセル・アラファト議長と協定に署名し、パレスチナの自決に向けた前例のない発展を期待させた。

以上の三つの事例すべてで、報道がとりわけ重要であり、抑圧の話をより広く人びとに届ける役割を果たした。[49]これは有用な点だ。研究者のブライアン・マーティンとデイヴィッド・ヘスは、抑圧が裏目に出やすいのは、抑圧の前に、運動が対抗する政権の検閲やプロパガンダを迎え撃つ計画を準備している場合であると主張した。[50]事件が起こった場合、抵抗運動は、ビデオ映像、プレス・リリースや一貫したコミュニケーションによって、すぐに何があったか関係する観衆に伝えるべきであるという。そうすることで、抵抗運動は、抑圧が不当、不公平、行き過ぎで、やり過ぎであるということを示すのである。

もちろん、これらだけでは暴力が必ず裏目に出ることを保証するのに十分とはいえない。しかし、よく組織され、抑圧に備えた非暴力運動は、油断をして襲われてしまう運動よりも、事件を自分たちの長期的な便益に転換する準備がより良くできている。

市民的抵抗キャンペーンは抑圧に弱い参加者や潜在的参加者が抱く恐怖をどう扱うのか？

大規模な非暴力抵抗に参加するには勇気が必要だ――なぜなら危険だからだ。勇気とは、恐怖があっても、その恐怖がどれだけ大きいかをわかっていても、行動を取ることを意味する。そして、確立された権威に挑戦するほとんどの市民的抵抗キャンペーンは、参加者が恐怖とうまく付き合えるよう手助けする。これはつまり、参加しようとする者が十分に危険やリスクを理解するように、キャンペーンの組織者が手伝うということである。どこに恐怖が存在するのかという恐怖を認識できることが手助けになり得る。多くの運動は、事前に、訓練、教育や身体的・精神的準備をつうじて、参加者の支度を整えようとする。ガンディーのサッティヤーグラハは完成に数年を費やした。理由のひとつは、ガンディーとインドの独立運動の指導者たちが、甚大な犠牲を伴い得る、長期にわたる危険な闘争をおこなうために、インド人が精神的に準備をしなければならないと考えたからである。アメリカの公民権運動では、友人や同胞に暴力的なやじ飛ばしや警棒を使う警察を演じてもらい、抑圧に対し、落ち着いて勇気を持って対応するための教会地下訓練をおこなった。他の運動は即応能力を構築した。拘束された参加者を勾留から解放するため、効果的な応急処置や手当をするための動員をおこなうため、そしてさまざまな攻撃形態——催涙ガス、ゴム弾、消防ホースなど——から身を守る技術を説明し、実際に見せるための方法を準備した。組織者たちは、潜在的な参加者に対して、どんな攻撃を受けることが想定されるか、それにどう対応するかを説明することもあった。アメリカの公民権運動では、活動家たちは歯ブラシやリップクリームを携行し、拘束される恐怖を取り除く支援をした。[51]「ウォール街を占拠せよ」運動中、活動家たちは、自分たちの手や腕に弁護士やその他の支援ネットワークの電話番号を書いておき、逮捕時に連絡先が取り上げられないようにした。二〇一一年にシリアで起きた非暴力蜂起では、活動家たちはバッシャール・アル＝アサド政権を不安定化させようと取り組みながら、拘束された場合に特定の拷問形態をいかに回避するかという知識を広めていた。たとえば、爪を整えて常に短くしておくことなどだ。

デモや抗議のさなかには、運動は、ダンス、音楽、路上パフォーマンスをつうじてお祭りのような雰囲気を保ち、恐怖を克服しようとしてきた。運動は、参加者に紛争緩和の訓練をし、暴力が続く場合にどの経路で逃げるかも教え込んだ。徐々に、運動は先回りで情報を共有するようになってきた。

たとえば、民衆に対し、自分の水筒、スカーフ、応急処置キット、その他家庭にあるものを携行し、催涙ガスやペッパースプレーを目から洗い流し、小さな傷を手当てするように促す。傘、工事用コーン、バケツを持ってきて催涙ガスやスプレーから守るように、あるいはマスクをつけて顔認識ソフトウェアや新型コロナウイルスにさらされないように、さらにはヘルメットをかぶり頭の怪我を回避するように。例を挙げればきりがないが、こうしたことを促すようになっている。

もっとも酷い虐待の多くは投獄中に起こるため、運動は、攻撃を受けやすい人びとを拘置所からできるだけ早く脱出させられるよう備えることが多い。どのような準備をするかは状況によりさまざまだが、前もって法的な支援を組織的に準備しておくことや、警察署や拘置所で直接行動をはじめられるグループを準備しておくことなどが含まれる。危険で長く続く政権に対峙する多くの市民的抵抗運動は、メンバーに自分の健康に注意を向け、感情的、心理的、あるいは精神的支援を求めるよう促す。自前でこうした支援を提供する運動もあれば、運動の外にある支援リソースを紹介する場合もある。

しかし、集団行動に関する多くの異なる研究によりわかってきたことは、民衆は大勢でいると安全を感じるということであり、訓練や準備をすることによってもっと自信を持つということである。運動が組織的で、団結し、虐待を公にしつつ、記録する場合、参加者が恐怖に立ち向かいやすくなる。

市民的抵抗運動は虐殺を予防あるいは減少させ得るのか？

また似たような回答になるが、これは環境による。独裁的な政権が民衆を人間以下とみなし、国民に完全な支配力を行使できるような文脈では、組織的な市民的抵抗キャンペーンが残虐行為を予防することは難しい。とくに、民衆が戦略についての情報を広める際、よく知られた市民的抵抗の例が少ないケースでは難しい。

たとえば、十六世紀、スペイン帝国がアメリカ大陸を植民地化したとき、ヨーロッパの人びとは、領域支配の目標のみならず、人種差別のイデオロギー、絶滅・奴隷政策、天然痘その他の病気をもたらした。病気だけが約九十パーセントの先住民の命を奪ったのではない――これは、コンキスタドールや彼らに続いた入植者たちが数で勝ろうとする努力の負の側面としての悲惨な人口減少であった。[52]先住民がこうした残虐行為を予防し、減少させるために市民的抵抗を巧みに駆使できたであろうと想像することは難しい。とはいえ、なかにはやろうとした人たちがいた。ペルーのケチュア族の貴族であるワマン・ポマ・デ・アヤラは、アメリカ大陸中を旅し、ヨーロッパの帝国主義者が先住アメリカ人に振るった暴力を記録した。彼は、百八十九ページに及ぶ残虐行為を手描きで描いた手紙を、スペインのフェリペ三世に送った。野蛮行為を終えるよう個人的に訴える行為であった。フェリペはこの手紙を一度も目にすることはなかった。この手紙は二十世紀はじめに、オランダの文書館で発見された。[53]ヨーロッパの人びとの中には異議を唱える者もいた。スペイン人司祭バルトロメ・デ・ラス・カサスは、カリブ地域の先住インディアンを奴隷とすることに対し、道徳的な立場から異議を唱えた。スペイン王子フェリペ二世に対し、野蛮な虐殺と先住アメリカ人を服従させることをやめるようにと書いた。が、この訴えは無駄に終わった。

同じような理由で、十七世紀から十九世紀にかけて、カリブ地域およびアメリカ南部のプランテーションで奴隷にされた人びとが市民的抵抗を組織することはとても難しかった。プランテーション経営者たちは、全体支配体制、家庭崩壊、恐怖支配といった方法を取ったので、奴隷となった人たちは、お互いに連絡を取って効果的な抵抗を調整することが非常に困難であった。十九世紀のアメリカでは、奴隷廃止運動が、いくつもの抵抗戦略を発展させ、奴隷にされた何万もの人びとが脱走する助けとなった。ハリエット・タブマンと仲間が組織し、人びとを移動させた、歴史的に有名な（秘密結社である）

地下鉄道のように。確かに、抗議、陳情、行進、奴隷廃止論新聞、小説、その他の文書は、アメリカにおける奴隷廃止運動を活気づけた——南北戦争で中断され、多くの非暴力戦略の勢いが衰えはしたけれど。かつ、奴隷にされた人びとが、労働条件の改善を求めて労働の提供を差し控えるという有効な例もあった——これは、ジャマイカでとくに有効な方法であった。奴隷にされた人びとは、十対一の割合でプランテーション経営者や白人居住者の数を上回っていた。一斉に労働停止し、多くの譲歩を引き出すことに成功したが、暴動が広まり、ついにはイギリス軍が介入し、首謀者と思われる人たちを虐殺した——イギリスの世論はこの虐殺に大きな衝撃を受け、一八三二年にはイギリス政府が奴隷制を廃止するに至った。この事例のように、残虐行為を予防し、減らすというよりは、大衆動員——および抵抗を前に奴隷制を維持するために用いられる明確な残虐行為——は、運動の勝利に導くのである。

より最近では、周到に準備し、最新の非暴力行動の事例から学んで、起こり得る大規模虐殺を防ぎ、減らすことに成功する市民的抵抗運動もある。本章ですでに論じたとおり、ホロコーストの際、洗練された抵抗ネットワークのおかげで何千ものオランダ系およびノルウェー系ユダヤ人がスウェーデンの安全な地に移動することができた。ナチス支配下、ドイツ人やその他の者、工業従事者からドイツの貴族階級まで個々人の中にも、ユダヤ人を死から救った者がいた。もちろん、ナチスによる絶滅政策は例外事例であり、ここから一般化することは難しい。けれども、こうした行き過ぎた事例において民衆が勇気を持って行動できるなら、他の状況では何が可能なのだろう？

より一般化した話では、エヴァン・パーコスキと筆者が第二次世界大戦後の革命を研究し、その結果、武装抵抗と比較すると、非暴力抵抗の方が圧倒的に大規模殺害の可能性が低いという結論に達した。[54] 実際、一九五五年から二〇一三年の間、短期的にも長期的にも、武装闘争が政府による大規模殺害を引き起こす一番の理由であった。なぜなら大規模虐殺には、積極的な処刑人が必要だからである。大勢の人びとを、何カ月あるいは何年にもわたって殺す意思のある治安部隊や民兵が必要であるということだ。非暴力抵抗キャンペーンは、こうしたことのハードルを上げる。なぜなら、非暴力抵抗キャンペーンによって、治安部隊内で平和的な市民を殺したくない、殺すくらいなら離反、不服従、あるいは命令を遂行しない、というためらいを生み出すからである。その結果、非暴力抵抗それ自体が大規模殺害の可能性を（根絶はしないとしても）低くするのである。

国際社会は非暴力運動に対する虐殺を予防できるのか？

この問題に対して、研究者はまだ見解の一致をみていない。ある程度は、国際社会がどのように介入しようとするかにかかっている——軍事介入、外交的圧力、経済制裁、政権と戦う運動への直接支援などである。

ある研究によれば、国際介入——たとえば軍事的な人道的介入——によって、過去にジェノサイド、民族浄化や大規模虐殺を止めることができたという。[55] 介入は武力紛争後に平和を維持する上では役に立つかもしれないが、介入をしても必ずしも大規模殺害を止めることはできないという研究もある。ただし、かなり珍しいことだが、国際社会が軍事介入を用いて、非暴力蜂起に対する大規模虐殺を予防することがある。その例外事例とは東ティモールで、一九九九年の独立を問う住民投票後、国連は平和維持ミッションを現場に残し、インドネシアの報復からの文民保護と独立の移行を監視しようとした。この事例を除いては、ほとんどの国際的軍事介入が大規模虐殺を予防しよう、止めようと現場に入ったのは「熱い」戦争のさなかであり、たとえば一九九三年から一九九五年のボスニア、一九九九年のコソボ、ムアンマル・カダフィが政敵や武装反乱者を殺害すると宣言した二〇一一年のリビアが該当する。
多国籍の軍事介入に加え、大国は、自国の同盟国や支援国である攻撃的政権に対し、独自の行動で大量殺害のスピードを緩やかにし、予防することに一役買うことがある。たとえば、アメリカが支援するフェルディナンド・マルコスが独裁者としてフィリピンを支配して二十一年経った一九八六年、マルコスは、自分の即時の辞任を求める何百万ものピープル・パワー運動を抑え込もうとしていた。マルコスは、たとえば自分の軍のほとんどやカトリック教会など、国内の強力な支柱からの支持も失っていた。マルコスは戒厳令を敷き、いかなる犠牲を払っても権力にしがみつこうとしたが、アメリカ大統領ロナルド・レーガン政権がマルコスに接触し、アメリカはもしマルコス政権が抵抗する群衆を攻撃するようなことがあれば、マルコスを擁護しないことを明確に伝えた。アメリカの支援が引くと、マルコスはハワイに亡命した。民主化移行の道が開けたのである。[56]

ただし、同盟を組む者たちは、非暴力運動がすでに政権側に圧力をかけていない限り、同盟相手への支持を取り下げない。アメリカは、マルコス政権が消滅する運命にあるとはっきりするまで見捨てなかった。ピープル・パワー運動がマルコス政権崩壊の布石を打ち、強力な同盟国の支援を失ったことがマルコス時代終焉のとどめとなった。

もっとよくあるのは、市民的抵抗キャンペーンが、政権を支援する強力な同盟国——パトロン——がいても、いかに勝利するかを考えださなければならない場合である。イランで一九七九年に起こったことがこの例であり、運動がシャー〔国王〕を追放した。シャーはまだアメリカ政府から支援を受けていたにもかかわらず、である。

あるときには、国際NGO——非暴力平和隊や国際平和旅団など——が市民的抵抗運動に政権の暴力的抑圧に対する支援や保護を提供することさえある。[57]自分たちが危険な状況にあるとわかっている運動の活動家たちは、こうした組織に非武装のボディーガードを依頼することがよくある。「非暴力の付き添い」あるいは「非武装市民の平和維持」とも呼ばれるこのような実践は、他の市民たちを暴力から守るために、非暴力の方法を訓練された市民がおこなう。活動家側に国際的注目という保証があるだけでも、民兵、治安部隊や暗殺者たちは攻撃を控えることがある。非武装市民の平和維持は、運動と治安部隊や運動を脅迫していたその他の武装アクターの仲介をするなどして、コミュニティが前進して平和を構築することを助ける場合がある。こうしたサービスを提供するほかのグループとしては、キリスト教平和つくりチーム、アメリカ・フレンズ奉仕団、グローバル・ウィットネスがある。研究では、中立的な部外者が政府に付き添っていると、政府は人権擁護者を標的にすることがはるかに少なくなると示されている。[58]

残虐な政府に対する制裁は非暴力闘争に立ち上がる市民を守る助けになるのか?

制裁についても、結論はまだ出ていない。マリア・ステファンと筆者は、国際的制裁——当該政権とのビジネスの禁止、特定の商品や製品の禁輸、あるいはG8サミットのような重要会議への招待取消——は、非暴力キャンペーンの成否に一貫した影響はないと論じた。[59] とはいえ、一貫した影響がない理由は、各国政府が制裁を使うのは、制裁対象の政権にもうほとんど影響力がない場合だけだからかもしれない。そういう場合、制裁は政権に経済的な被害を及ぼすかもしれないが、政権の行動にまでは必ずしも響かない。そのため、短期的には、ある国の政府がある国の政権に制裁を科した場合、当該政権が反乱分子や脇に追いやられた少数派に対する残虐行為に及ぶことを防止するとは考えにくい——制裁によって政権が攻撃に必要な武器を企業が売買することを実質的に防止する場合は別だが。とはいえ、多くの外交政策専門家は、制裁には実質的重要性と同様に象徴的重要性もあると考えている。各国政府は、制裁を使って他国に対する失望や不満を強調し、虐待や残虐行為が不処罰のままにされるのを許さないのである。

たとえば、シリアにおける二〇一一年の蜂起に対し、バッシャール・アル＝アサド政権が非武装の市民を鎮圧しはじめると、アメリカは同政権に制裁を科した。この制裁では、アル＝アサドや関係者の財産を凍結させたり、シリア企業とのビジネス活動を禁じたり、アメリカ国民によるシリアへの新規投資を禁止したりした。しかし、アメリカには、そもそもシリア政府にほとんど外交的影響力がなく、こうした努力はほとんど違いをもたらさなかった。シリア政府のより大きな関心は、重要支援国であるイランやロシアと良好な関係を維持することの方にあった。しかし、アメリカ政府は、制裁は主に象徴的意味合いしか持たないにもかかわらず、アメリカがアル＝アサドの残虐行為に反応することが重要だと考えた。

つまり、強力な政権を脅かす市民的抵抗キャンペーンは、しばしば暴力攻撃に遭う。大規模な抑圧――広い範囲での失踪、投獄、拷問や殺害――の標的になると、キャンペーンは害されてしまう。つまり、意図的に抑圧を惹起するようなことはとても危険であり、身体に危害が加えられる可能性もあるということである。しかし、限定的な抑圧――治安部隊が一人の抗議者に向かって撃つ、あるいは首謀者を暗殺すること――は、必ずしも運動を消滅させるわけではない。とりわけ、運動の組織者たちが、自分たちがどう反応するか計画していた場合にはそうである。多岐にわたる戦術を使うべく非暴力キャンペーンを準備している場合には、デモだけに頼るキャンペーンよりも効果的である傾向がある。暴力キャンペーンや、武装・非武装の方法を組み合わせたキャンペーンよりははるかに効果的である――たとえ過度に残酷な状況下にあっても。運動は抑圧に対する準備の段階において、かつ最悪の政治的影響に対応する上で、戦略的選択をすることができるのだ。

次章では、市民的抵抗のその後について考察する——非暴力革命を経験したのち、各国はいかに政治的、社会的、経済的にやっていくのかということである。また、次章では、過去十年間で非暴力抵抗の成功率に問題ある傾向が認められることをまとめるとともに、地球規模でのパンデミック収束後まで、いかに運動が続き、適応し、盛り上がれるかという点についていくつかの提案をおこなう。

第五章　市民的抵抗の未来

平和は武力衝突からは生まれないが、不遇を前にした非武装の国民たちが生き、おこなう正義から生まれるものである。

——モーハンダース・ガンディー

現代において、わたしたちは世界史の中でも特異な分断の時代に生きていると感じる人もいるかもしれない。[1]いろいろな意味でそれは正しいが、それはわたしたちの時代に特有の分断の類型である。従来の見方と異なり、現代においてより多くの人びとが、酷い環境を変える方法として、暴力よりも非暴力の市民的抵抗に向かっている——そして過去五十年間、ますますそうなりつつある。

革命キャンペーン——非暴力も暴力も含む——に関する包括的データによれば、一九〇〇年から二〇一九年の間、六百二十七件の大衆キャンペーンが、独裁制の転覆や独立の達成を目指した。解放運動は銃を使う反乱者として描かれがちだが、組織的な武装抵抗が絡むキャンペーンは半数未満である。三百三件が武装ゲリラや反乱キャンペーンであったのに対し、三百二十四件は圧倒的に非暴力的な市民的抵抗に依拠していた。

とはいえ、時代によってその数は変化してきた。かつては変化を求めて戦う運動としては武装闘争

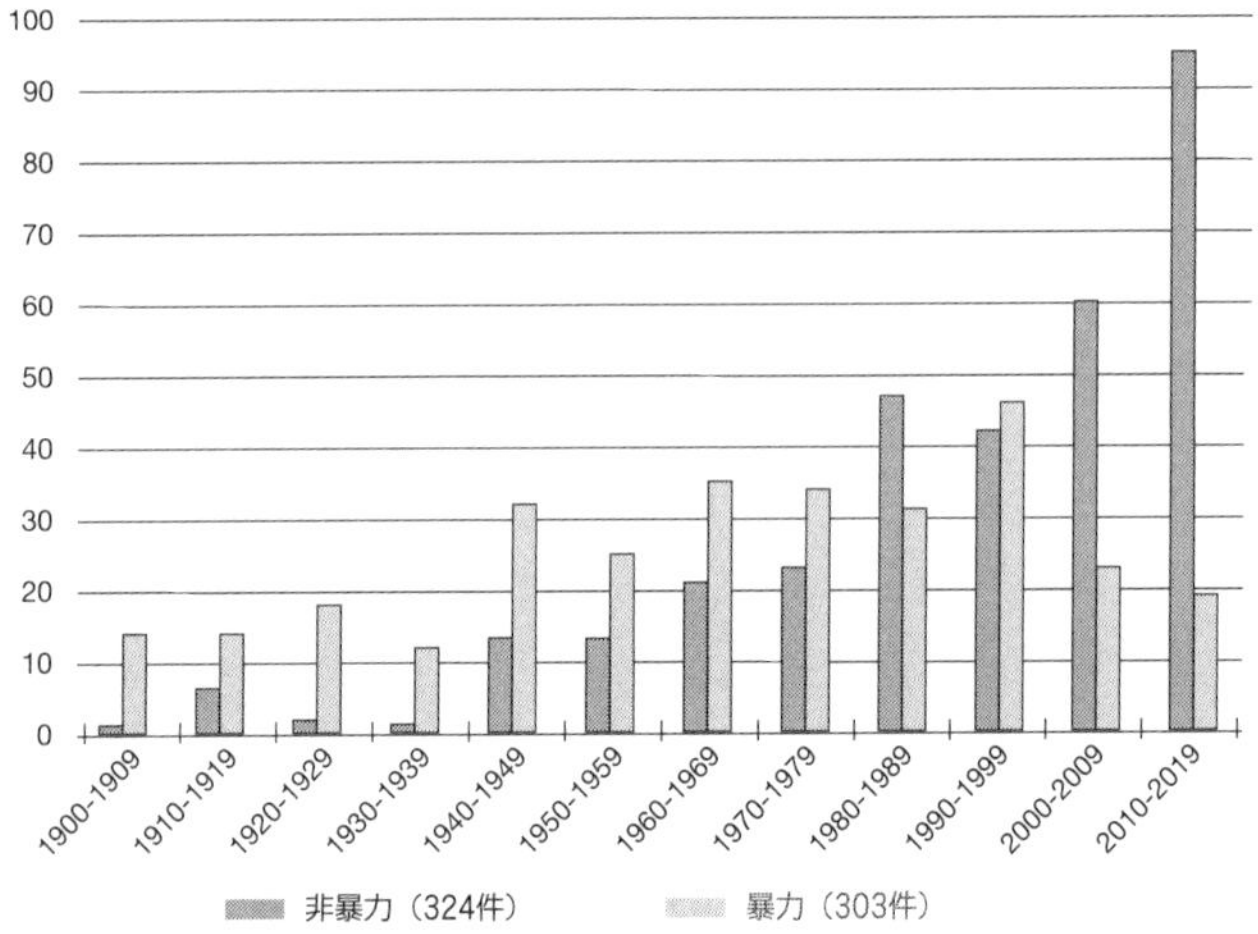

図5－1　非暴力・暴力革命の開始件数、1900 － 2019年

が主要な方法であった。しかし、図5－1が示すとおり、一九七〇年代以降、暴力的な反乱の発生数は減少し、一方で非暴力抵抗キャンペーンは急速に増加した。二〇二〇年までに、非暴力抵抗キャンペーンは、世界中の係争活動でもっとも一般的なアプローチとなった。驚くべきことに、〔二十一世紀開始後の〕過去二十年間だけで、二十世紀全体でおこなわれた非暴力抵抗よりも多くの数が展開されてきた。

　過去十年間の潮流——二〇一〇年から二〇一九年——は、驚異的だ。一九〇〇年以降、非暴力抵抗の最多記録となった十年であっただけでなく、この十年間に、九十六件の非暴力革命がはじまった。うち十五件は二〇一九年の一年間のものであり、その他二十三件が二〇一九年末に継続中である。その前の十年間も記録破りであった——二〇〇〇年から二〇〇九年の間にはじまったのは五十八件——が、その倍近くである。

　ただし、二〇一〇年以降に展開した運動の多く——エジプト、イエメンやシリアでのアラブの蜂起から、インド、香港やアメリカでの民主化運動まで――は、非常に多くの課題に直面した。そして、二〇二〇年の冬に突如到来した新型コロナウイルスのパンデミックにより、多くの運動は、急遽動員をやめ、再グループ化したり、分散型の抵抗のための新たな技術を開発したり、別のケースでは、まるまる影をひそめてしまうものもあった。

本章では、こうした傾向が、今後の市民的抵抗にとっていかなる意味を持っているのかを探る。ここでは、非暴力抵抗キャンペーンはある国の中でより混乱を引き起こすだけだ、非暴力キャンペーンは何ら意味ある変革につながらない、あるいは権威主義政権は非暴力抵抗をうまく抑圧することに長けている、といった市民的抵抗への疑念を取り上げる。結論として、こうした巻き返しはあっても、市民的抵抗は、民衆の力にとって今もこれからも有効で変革をもたらす推進力だといえる。

非暴力革命はなぜより一般的になっているのか?

なぜ人びとが、変化を生み出すアプローチとして、より市民的抵抗に訴えるようになってきたのかについては、いくつかの理由がある。

第一に、世界中でより多くの人びとが、非暴力抵抗は変化を生み出すための正統かつ成功する方法であるという見方をするようになってきたからかもしれない。インドで独立運動が起こり、マハートマ・ガンディーがその象徴として地球規模で有名になると、世界中の人びとが、自分たち自身の闘争に用いるアプローチとして、市民的抵抗を選ぶようになった――アメリカから南アフリカまで、チェコスロバキアからチュニジアまで、さらにもっとある。

第二に、新しい情報技術の到来によって、人びとは、かつては報じられず、封じ込められてしまっていた出来事に関する情報により容易にアクセスできるようになったからである。ニュースはいまやオンラインで読めるし――電話でもコンピューターでも――それに新聞、ソーシャル・メディア、個人チャット、その他の媒体で簡単に共有できる。理論的には、モンゴルに住む人が、マラウィの人びとの活動について読み、触発され、学ぶことができるということだ。市民的抵抗がますます一般的で効果的な闘争方法となっているため、ニュース報道や研究者はこの現象にますます関心を持つかもしれない。もっといえば、人びとは多様なコミュニケーション・チャンネルにアクセスしている。それはつまり、同じ意見や目的を持っていると思う人びとと、公的なチェック（ゲートキーパー）を避けて直接やりとりできるということである。エリートは、昔のようには容易に情報統制を利かせることができない。現代では、一般の人びとに焦点をあてたニュースや情報を簡単に見つけることができる。

第三に、暴力市場が干上がっているからである。この点はもっとも明白で、武装集団に対する国家の支援は低下し、武装集団の活動はソ連崩壊とともに多くは沈静化した。グローバルな勢力均衡の変化によって、アメリカとロシアがエージェントに武器や資金を提供することで互いに競争する行為を終わらせた――この競争的な動きによって、冷戦期、アジア、アフリカ、ラテンアメリカの何十もの反乱軍が焚きつけられた。

第四に、第二次世界大戦後、大多数の人びとが、人権保護、公平性、暴力の撲滅を価値あるものとし、期待するようになったからである。[2] この規範的変化によって、人びとがこれらの権利を要求することにより関心を抱くようになり、これらの権利を掲げる方法として市民的抵抗にもより大きな関心が持たれるようになったのかもしれない。[3] 今日、武力闘争に訴えることの危険やうまくいかない可能性は、過去と比べてはるかに顕著になっている。だれにとっても戦争の恐怖は明らかだが、現実的な代替手段はより広く受け入れられている。セリーナ・ガロ＝クルスは次のように主張する。冷戦後の特徴は、国際非政府組織（ＩＮＧＯｓ）――非暴力紛争国際センター、非暴力インターナショナル、応用非暴力行動研究センター（CANVAS）など——の成長にあり、これらINGOsの台頭が、ちょうど世界中の非暴力抵抗の興隆と一致したのである。[4]

ただし、より心配なのは、世界中の人びとが、抑圧に対する大規模動員が現代においてもっと必要だと考えているかもしれないことだ。過去十年間にわたり、ますます多くの民主主義政府が躓き、権威主義に逆戻りした。[5] 近年、ポーランド、ハンガリー、トルコ、ブラジル、エジプト、インドやアメリカにおける民主主義の後退は、これらの国々および他の多くの国において、大衆による反権威主義運動を惹起した。トランプ大統領の登場により、アメリカ国内の多くの人びとは、市民的抵抗の理論と知識を学びはじめた——そして得た洞察をもとに行動に移そうとした。過去四年間、アメリカ国内では前例のないレベルで動員がおこなわれてきた。その中には、トランプが二〇二〇年の選挙でジョー・バイデンに負ければ現職を離れることを拒否することが見込まれる状況下、大規模な非暴力抵抗をつうじて民主主義を守るためにおこなわれた民主主義支持運動もある。[6]

世界中で民主主義が躓いたことによって、人びとの自信は揺らいだ。確立された制度には、たとえば気候変動、公衆衛生や不平等の拡大といった緊急の政策課題に対応する意思や能力はあるのだろうかと。世界のほとんどで、若年人口は増えており、仕事の確保、教育、機会の上で人口課題を生み出している。ある国々では、高い教育を受けたのに雇用されない若者が驚異的な数に上っている。彼らが抱く経済的正義や機会への期待は、二〇〇八年の大恐慌後に弱体化したままの経済——上位パーセントの富は拡大しているが——により、ほとんど応じられていない。これは新型コロナウイルスのパンデミックがグローバル経済を大混乱に陥れる前からのことである。

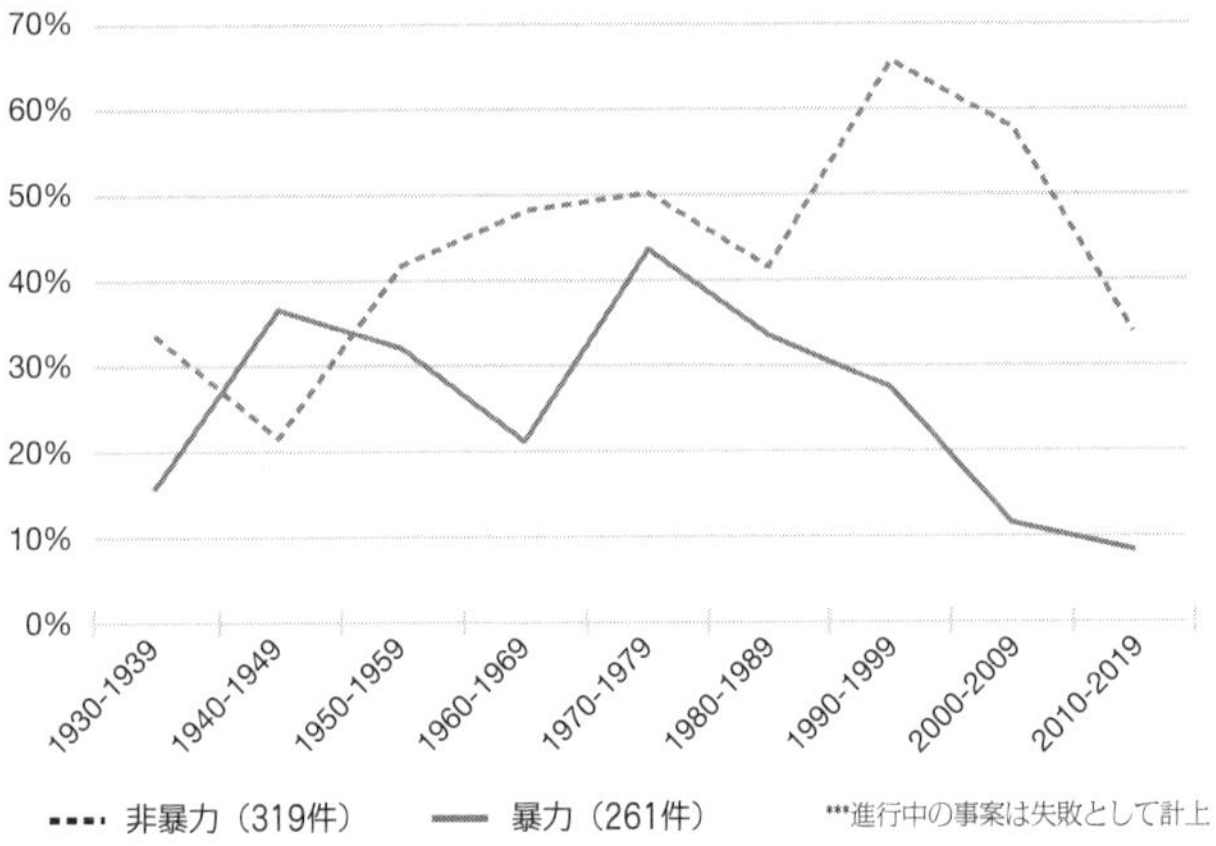

図5−2　10年ごとの革命成功率、1930 − 2019年

市民的抵抗は時代を経るにつれて効果的になっているのか？

まだ答えはわかっていない。というのも、あらゆる種類のさまざまな社会運動にまたがる技術として市民的抵抗の効果を検証した者はだれもいないからである。だが、革命運動においては、少なくとも、筆者らは時間の経過とともに成功率を比較できるデータを持っている。

「まえがき」で述べたとおり、一九〇〇年から二〇一九年にかけて五十パーセント以上の非暴力革命が成功した。非暴力革命の成功率は、一九六〇年から二〇一〇年くらいまで平均あたりか、少し良いくらいであった。一九四〇年代の低いところから、市民的抵抗キャンペーンは、二〇一〇年まで、十年ごとに安定して効果を高めていた。それ以降、すべての革命の成功率は、図5−2のとおり、低下している。

実際に、過去十年間で成功した非暴力革命は三十四パーセント未満であり、暴力革命にいたっては九パーセント未満である。非暴力抵抗は、三対一の割合で、暴力抵抗よりもいまだに良い成果を残している。言い換えれば、市民的抵抗は、内戦と比較して、相対的成功率を高めている。暴力的な対峙はますます成功が見込めなくなっており、一九七〇年代から下降傾向である。だが、過去十年間、非暴力革命も成功しにくくなっている——その前の六十年間が上昇傾向にあったことと比べると、驚くべき新しい逆行である。

そのため、過去十年間は、厄介なパラドックスを示す。市民的抵抗が、挑戦的政権に対する革命キャンペーンのもっとも一般的なアプローチになっているのと同時に、短期的にはあまり効果的でないものとなっているのである。

市民的抵抗運動の効果はなぜ二〇一〇年以降低下しはじめたのか?

非暴力革命の効果が低下していることを説明するもっともらしい指摘は、こうしたキャンペーンが展開されるグローバルな文脈が変化しているからだというものだ。

第一に、現在進行形の運動は、より難しい政権に対抗している——こうした政権は、繰り返される国内危機で足元の同盟者や支持者を支え、目立つ反体制派構成員を投獄し、あるいは人びとの運動が暴力を使うように仕向けるなどして栄えた政権だ。ある政権は、抵抗運動が外国や帝国の共謀者に支援されているという噂を広めて抵抗活動をする者たちの正統性を害しようとした。またある政権は、強力な国際支援者に頼り、外交的、ときには軍事的支援を受けた。数カ国の政権——イラン、ベネズエラ、トルコ、シリア、ベラルーシ、インド、香港を含む中国、そしてロシアのような——は、下からの挑戦があってもとりわけ強いことが証明された。こうした状況で動く活動家たちが、困難で頑なな相手を前に威圧されることは疑いの余地がない。

とはいうものの、このような説明は振り返ってはじめて意味がわかるものだ。これらの国のうち、どこで蜂起が成功し、長期政権を崩壊させることができるのか予想する上では全く役立たない。多くの国々――たとえばスーダン――は、民主主義を掲げる挑戦者たちには歯が立たないと考えられていた。大衆運動がついに出現し、突破口を開くその瞬間まで。その後、政権はもともと弱く、単に崩壊するのが遅れただけだという人が出てきた。歴史をとおして、多くのかつて存在した安定的権威主義政権――たとえばピノチェト政権下のチリ、ホーネッカー支配下の東ドイツ、ムバラク支配下のエジプト、共産党支配下のポーランド――は、究極的には非暴力運動に倒された。それらの非暴力運動は、数年かけて発展させた巧みな動員をおこなった。

第二に、現代の政府は下からの非暴力的挑戦について学習し、適応しているのかもしれない。何十年か前の段階では、大規模非暴力蜂起が突如はじまると、多くの権威主義政権にとっては驚きの事件ととらえられ、市民がそうした運動を支援する動きが大きくならないよう、蜂起を握りつぶす方策を見つけるのに躍起になった。当時、国家は民衆の力が自分たちの支配に深刻な脅威となる可能性があるとまでは思っていなかった。現代では、大規模な非暴力キャンペーンが既存の権力保持者を根底から脅かすことはより広く知られている。さらに、市民的抵抗はどこでもみられるようになり、国家はこれを抑圧するための政治的に狡猾なアプローチを発展させ、標準化する実践をおこなってきた――多くの研究者が呼ぶところの「スマートな抑圧(7)」である。そのうち卓越した抑圧戦略は、運動の中に入り込み、運動を内側から分裂させる。運動が広範な市民からの支持を確立し力を維持する前に、政権側はこうすることで、非暴力運動が暴力などもっと軍事的戦術を使うよう仕向ける。運動が過激な方向に進むと、同盟を組む者や穏健派は参加を控えたり、運動が伝える規律を複雑化したりする。

第三に、アメリカを帝国主義とみなし国内およびグローバルな抵抗が拡大するにつれて、アメリカはグローバルな舞台から撤退し、自由民主主義ブランドを国外に広めようとする大国ではなくなった。

こうした撤退は二〇〇九年にはじまったとされる。アフガニスタンやイラクでの悲惨な戦争によって、軍事介入と国民国家建設をつうじて選挙制度を輸出するという、ジョージ・W・ブッシュ政権によるテロとの戦いというアプローチが支持を得なくなったのである。新帝国主義というかたちでアメリカが民主主義を促進しようとしたという多くの人の批判は正しいが、アメリカや他の主要な西側諸国による第二次世界大戦後の自由主義国際秩序の構築は、世界のたくさんの国々で政治的な不満を表明する空間を開く人権レジームの拡大と同時期に起こった。政治学者のダニエル・リッターの主張によれば、冷戦後の世界では、下からの非暴力の挑戦に対し、権威主義政権がますます敏感になっている。なぜなら、権威主義政権は、国内の同盟関係者やパトロンを手懐けるために、見かけ上は人権尊重を維持する必要があるからだ。(8) たとえば、二〇一一年のエジプトでの革命の文脈では、エジプト軍は、アメリカからの支援に相当程度頼っていたため、アメリカの調査に従った。近年、アメリカが自由民主主義をグローバルなモデルとして押し出さないため——そして権威主義政権に梃子入れする力のある強力な人権擁護者がいないため——権威主義政権は非暴力の反乱者たちにますます残酷な方法を使っても処罰されないでいる。

こうした主張には耳を傾ける必要があるかもしれない。ただし、重要な問題が三つある。第一に、この主張は、世界でアメリカがどの程度民主主義および人権の擁護者であり続けてきたかという点で過大評価しすぎている。結局のところ、アメリカは第二次世界大戦後、右翼権威主義者の登場を手助けしたという長い歴史を持つ——イランのシャー・レザー・パフラヴィー、コンゴのジョゼフ＝デジレ・モブツ将軍、チリのアウグスト・ピノチェト将軍、その他、アメリカが背後についたクーデターで実権を握った者たちがいる。

第二に、民主主義の擁護者が巧みに独裁側の同盟を組む相手に圧力をかけ、国内の政治危機において方針を変えさせられると過大に述べている。たとえば、「アラブの春」において、二〇一一年のバーレーンでは、何十万もの人びとがハリーファ家の君主制に抗議をはじめ、民主主義を要求した。しかし、バラク・オバマ大統領の反応は消極的で、抗議者たちに平和的な運動を求め、バーレーン政権には人権を守るよう要請しただけだった。このような言葉の背景には、アメリカがバーレーン政府に対し真の意味で圧力をかけようとしていなかったという事情がある――バーレーンはこの地域で重要な軍事同盟国だからである。それよりも、アメリカが懸念したのは、バーレーンにある、戦略的に重要な海軍基地へのアクセスを維持することであった。アメリカは、バーレーンの君主との合意をつうじて基地を維持していた。政府の改革や退陣を要求すれば、君主を怒らせ、同盟が危機に陥る。

第三に、この主張は、次のような傾向を無視している。歴史上、市民的抵抗は、気まぐれな外国政府の行動よりも、大規模な民衆の参加や治安部隊や経済エリートの離反を生み出すことで、力を構築し、行使するという自分たちの能力の方をはるかに信用しているという傾向である。[9]

つまるところ、市民的抵抗キャンペーンの前に揃いも揃って新しいタイプの敵が立ちはだかっても、グローバルな環境はそう大きく変化してこなかったのである。そうではなく、ここでは、非暴力キャンペーンの効果が逓減している中心的な理由が、キャンペーンの特徴それ自体と関係していることを主張する。

第一に、成功するのに一番大事な指標はなによりも規模であることを思い出してほしい。近年、市民的抵抗キャンペーンは、平均すると、過去に見てきたものよりも幾分小規模になっている(図5―3)。

第二章で論じた三・五パーセント・ルールを覚えているだろうか? 歴史的に、一九八〇年代、一九九〇年代、そして二〇〇〇年代のキャンペーンは、現代のキャンペーンよりも、このパーセンテージに近かった。一九八〇年代、平均的な非暴力キャンペーンには、実施されている国の全人口の約二パー

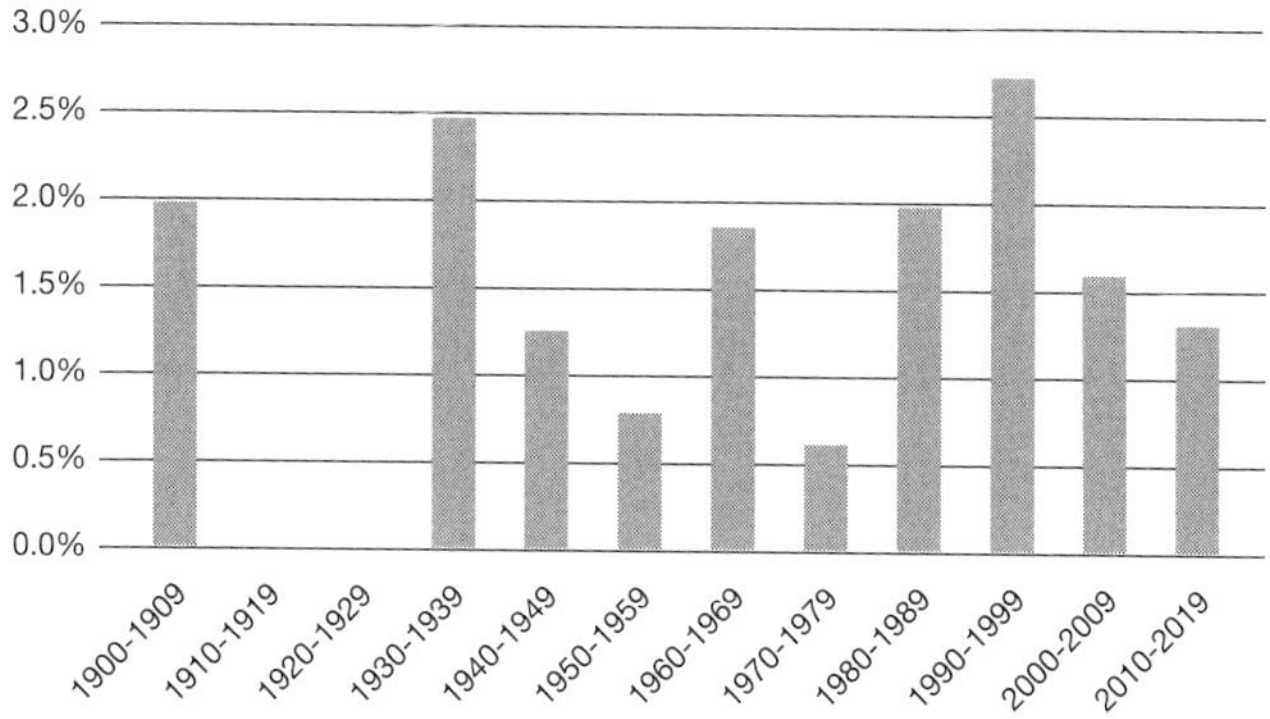

図５－３　非暴力革命におけるピーク時の参加人口割合の平均の 10 年ごとの変化、1900 － 2019 年（合計 321 件）

セントが参加していた。一九九〇年代、平均的なキャンペーンの規模は驚くべきことに、ある国の人口の二・七パーセントであった。しかし二〇一〇年以降、もっとも参加率が高い時点での平均は、一・三パーセント未満に落ち込んだ。

この期間、世界では確かに大規模なデモがあった。ベネズエラでは、二〇一七年および二〇一九年、ニコラス・マドゥロに反対して、何百万もの人びとが行進やデモに参加した。アメリカのワシントンで二〇一七年にウィメンズ・マーチがおこなわれると、国全体で四百万の人びとが参加した（これはアメリカ全人口の一・八パーセントにあたる）。これらの出来事は、ドラマのような映像となり、ニュースでたくさん報じられた。ところが驚いたのは、もっとも参加率が高いときでも、これらの運動の規模は一九八〇年代や一九九〇年代に成功した運動よりも実際には小さかったのである。数十年前の運動の方がより大きな規模の人口を動員する傾向があった。これは見過ごせない変化である。なぜなら、大規模蜂起がより成功すると見込まれるのは、その国のより多様な立場を代表する人びとがより大きな規模でその運動に参加する場合だからだ。

第二に、関連し、かつ直感に反する変化は、現代の運動は、非協力にかかわる他の技術――ゼネストや大規模な市民的不服従――を発展させたり、組織的に使ったりせずに、大衆デモに頼りすぎているという傾向があることだ。非協力行動は経済的・政治的な生命を左右する上ではより効果の高い方法である。

デモや抗議というのは、多くの人びとを市民的抵抗の名の下に集めるものであるが、多くのコミュニティは、変革目的で広範囲の連合体や戦略を発展させる前に、こうしたイベントに人びとを動員する。抵抗は、直前の連絡でも組織したり即興で生み出したりすることが比較的容易かもしれない。というのも、デジタル時代に大規模な参加者を集めるのに、事前によく計画を練り連絡ができるような大規模連合インフラを常時必要とするわけではないからである。とはいえ、エリート層に圧力をかける上で、とりわけ活動期間が浅い場合には、大衆デモのような方法が常にもっとも効果的であるわけではない。他の非協力の技術、ゼネストや自宅待機といった方法はより経済生活に破滅的結果をもたらし、よりすぐに妥協を引き出せることが多い。(10) 静かな、舞台裏での計画と組織化によって、運動は長期的に動員し続けられるようになり、参加、梃子、力を構築する戦術を調整したり順序だてたりすることができるようになる。今日、多くの運動がリーダー不在の抵抗を重視している中で、こうした能力には手が届きにくく、つまるところ彼らの成功のチャンスが減っているのである。

運動が公の場でのデモや行進に偏っていることは、第三の重要要素とも関係しているだろう。最近の運動はますますデジタル行動主義やデジタル・オーガナイジングに依拠するようになった――とくにソーシャル・メディアをつうじて――これには長所も短所もある。一方では、デジタル行動主義によって現代の運動は短期間で大規模な数の人びとを集めることに長けている。人びとが自分たちの憤りを広く共有することができる。何千、何百万人にさえ手が届き、一方では言説的規律を向上させたり、運動のスローガンやイメージの人気集めをしたり、ウェブ上で注目のコンテンツをつくったりするためにツールキットをつくったり、文書を発出したりもする。デジタル・オーガナイジングによって、人びとは中核にある機構や政府に抑制されることのない媒体をつうじて連絡を取ることや組織化することができる。そのため、運動の中にいる参加者が自分たち自身の物語を伝えることができる。しかし、デジタル・プラットフォームに頼る運動には、大人数の人びとをつなげるチャンネルが足りていない可能性があり、計画し、交渉し、共通の目標を立て、過去の勝利の上に立ち、そして政権を混乱させる能力を維持する効果的な組織につながらないかもしれない。くわえて、インターネットをつうじた簡単なコミュニケーションが持つ負の側面とは、それが簡単に調査でき、簡単に対抗動員もできることである。権力者たちは、デジタル技術を利用して、反乱分子を調査し、追い出し、あるいは抑圧したり、単純にコミュニケーションを妨害したり運動の言説と争ったりする。権威主義政権はますますデジタル技術を利用するようになっており、ガセネタ、プロパガンダ、対抗メッセージを広め、同時に自分たちに忠誠を誓う支持者には権力保持者の代わりに集会を開くよう呼びかける。

　次に、現代の市民的抵抗運動が過去のものより効果が低くなっているのは、暴力的になる周辺の過激派を仲間に入れ、彼らに寛容になっているからである（図5－4）。第三章で論じたとおり、周縁暴力によって、運動が獲得する必要がある多くの支持を失う可能性がある――多様な参加も、離反を生み出す能力も。

　圧倒的大多数の活動家たちが非暴力を貫く場合でさえ、暴力を含む市民的抵抗運動――警察や対抗的抗議者との路上での闘争を含む――は、暴力を拒絶する規律を維持する運動と比較して成功しにくい傾向がある。[11] 理由は、政府が運動の参加者やシンパに対し無差別の抑圧を増やしているからである。

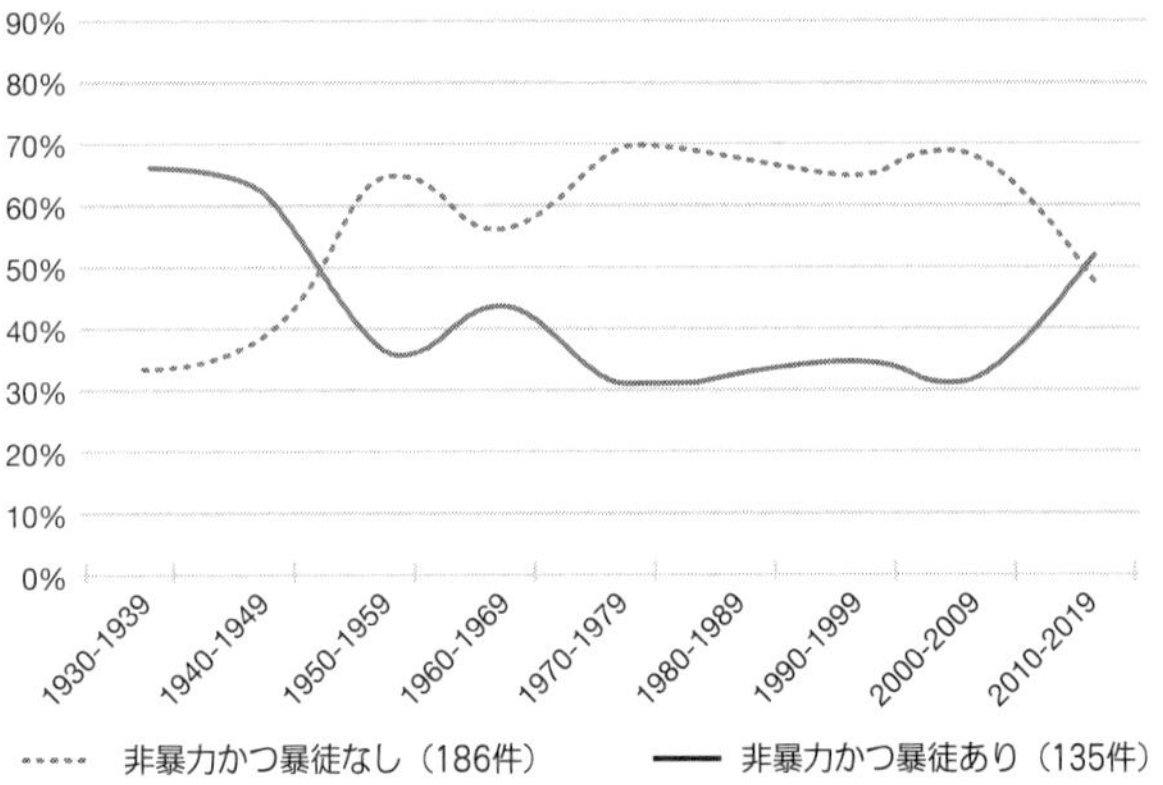

図5－4　非暴力革命において暴徒がいる場合といない場合の10年ごとの変化、1930 － 2019年（合計321件）

自分たちの運動の参加者は罪のないこの残酷さの犠牲者だといおうとしても、政府は認めない。長期政権は、暴力的小競り合いを公の秩序への脅威という型にはめこむのだ。事実、第三章で論じたとおり、政府が運動の中に侵入し、運動の周辺で暴力を使うように仕向けることはよくある。それは運動を抑え込むための手荒な戦術を正当化するためである。権力保持者が本当に怖いのは、耐性がある、下からの非暴力反乱である——権力者の力は無敵であるという嘘を暴き、支持者の忠誠心の脆さを露わにする大規模動員である。

　最後に、革命の効果が低くなっている理由のひとつは、政府が抑圧の技術をより洗練させているということもある。おそらく、市民的抵抗キャンペーンを破壊する際の残虐な力による強制がうまくいかない現実を目のあたりにし、過去十年の間に権威主義の指導者たちは、国内の挑戦者たち——NGOや反体制派指導者、改革派キャンペーンや革命も同様に——を抑え込むために、より精通した作戦をつくったのだ。

スマートな抑圧とは何か、運動はどうこれに適応しているのか？

「スマートな抑圧」とは、政府が、逆効果を生まずに反乱分子を抑え込むために使用する、強制的な戦術のまとまりである。[12] 第四章で議論したように、「逆効果」とは、一般の人びとが政府の抑圧は道徳的に行き過ぎだと考えるようになり、政府支持から抵抗運動の支持に回るという過程である。[13]

逆効果を生まないよう、政府は一般市民の目の前で運動を非正統化する抑圧の技術を発展させた。それにより、運動がより広範な基盤の支持者を動員したり、離反を生み出したり、規律を維持したり、はたまた計画や戦略を立てる能力を維持する力を矮小化するのである。多くの政権がスマートな抑圧戦術を取っており、同じよくある作戦に依拠して動いているようにも見える。ここでは、その鍵となる要素をみてみよう。

第一に、プレッシャーを抱える指導者は、外国人や部外者を、自分たちの政治問題の種だと非難しようとする。ウラジーミル・プーチンは、きまって西側の政府を非難する。西側諸国がロシアで自分の権力の座を脅かすために、ロシア国内で、あるいはそれぞれの国の中においてプーチンの影響力が及ぶ圏内で、反プーチン派を意図的に焚きつけているという。同様に、二〇一三年の夏にゲジ公園での抵抗を前に、レジェップ・エルドアン大統領は、この騒乱について、トルコの利益に反する国際的な共謀がおこなわれていると、すぐさま部外者を非難した。ベネズエラのニコラス・マドゥロ政権は、二〇一九年の抵抗に反応する際、アメリカ人外交官を追放し、アメリカ政府が自国政府に対するクーデターを支援しようと企てたという証拠があるといった。

この戦略に関連した、第二の言説アプローチは、国内の反体制派にテロリスト、裏切り者、あるいはクーデター陰謀者というレッテルを貼ろうとするやり方だ。[14] シリアでは二〇一一年、同年後半にシリア内戦がはじまる前、バッシャール・アル＝アサドがいつものように平和的なデモ参加者たちを「テロリスト」と呼び、暴力の恐怖や派閥分裂を惹起した。二〇一四年、ロシアのウェブサイト「traitor.net」は、ユーザーに対し「裏切り者を教える」よう促し、プーチン政権に反対していると思われる人の名前をリスト化した。[15]トルコでは、エルドアンが二〇一三年のゲジ公園デモ参加者を左翼「過激派」グループと呼び、トルコの厳しい反テロ法のもとで抵抗者たちを訴追した。アメリカでは、ドナルド・トランプが、内部告発者たちは陰謀を企てる「ディープ・ステート（闇の国家）」の構成員であるといい、正義を求める平和的抵抗者たちが警察の残虐な対応に直面する中で、彼らを「過激な左派」あるいは「資金提供を受けたプロ」と呼び、彼らの憤りは妥当でないと断じようとした。

次に、ときとして、権威主義政権は、立法改革をおこなうことで反対勢力を取り込もうとしてきた。たとえば反体制派が選挙で戦うことを認める、あるいは反体制派のトップを行政ポストに指名するなどだ。[16]政権の挑戦者たちを離ればなれにし、反体制派を効果の低いばらばらなものにすることで、政権は熟練した挑戦者たちに目を光らせながら、分割統治をおこなうことができる。ベラルーシ、アゼルバイジャン、ウズベキスタンその他の国々で起こったように。[17]

事例によっては、権威主義体制の指導者が自分たちを国内危機から守るために、内輪で粛清――あるいは処罰――することがある。[18]第二章で学んだように、ほとんどの民衆の力による運動《ピープル・パワー・ムーヴメント》が成功した理由は、鍵となる政治エリート、治安部隊、経済エリート、ビジネス・エリート、文民官僚やその他の権力の仲介者たちが、権威主義体制の指導者を支持し続けることはもはや自分たちの利益にならないとして、政権への協力を取り下げたためであった。指導者から見れば、忠誠を誓う者には良い待遇をしながら、離反者には目に見える処罰を与えることが不可欠である。この点は、なぜ石油産出国ではこうした蜂起に影響を受けにくいのかを説明し得る。つまり、国家が富を多く蓄えていれば、危機に際して政権側のエリートを買収でき、買収されたエリートが離反すればより大きな利益があるだろうと見積もる可能性を遮断する。[19] 同様に、これはトランプ大統領が、自分の二〇一九年の弾劾が「嘘」に基づくという説明を否定する内部告発者、民主党員、さらにはミット・ロムニーのような何人かの共和党上院議員をなぜ誹謗中傷するのかも説明する。

また別によく使われる方法は、権威主義政権の支持者たちを対抗的に動員することであり、忠誠を誓う者たちに、愛国パレードの開催、野営の設置、政府支持者らの行進に参加させるためにカネを支払う。[20] これは、シリアでの蜂起の初期段階でバッシャール・アル゠アサドが用いた常套手段だった。何十万もの政府支持派のデモ参加者がダマスカスに集まり、政権は正統であるという主張を支持した。こうした動きには、よく疑似市民社会組織という形態が用いられる。例として、ロシアの若者運動ナシ（わたしたちの意）がある。権力を掌握しているとき、ウゴ・チャベスは、ベネズエラのスラム街に、ボリビアン・サークルと呼ばれる政府支持派の草の根隣組組織をつくった。[21] 現代権威主義政権を研究したウィードマンとロッドによれば、抵抗の七件のうち一件は政権支持派によるものである。[22] 一部の独裁者は、政府所有のＮＧＯを設立している。こうした組織は政府のプロパガンダを強化、増幅させるのである。

さまざまな文脈で、権威主義体制の指導者は、私服警察を煽動エージェントとして配置し、当局に対する暴力を用い、もしそうでなければ平和的デモであったはずの運動内部に混乱を引き起こすとして非難される。[23] どのような混乱であろうと、暴力的になれば平和的運動も暴力的活動だととらえられ、政権によるより強い取り締まりを正当化し、抵抗者たちは実は暴力的過激主義者だというプロパガンダの信頼を高め、運動への参加を縮小させる。こうした方法は特定することがきわめて難しい。というのも、煽動者なのか、盛り上がりに反応する一般の抵抗者なのかを区別することは困難だからである。第三章で確認したとおり、アメリカ政府は過去にこうした技術を使い、左派運動、とくに黒人主導の組織を分断させ、評判を落とそうとした。

治安部隊が常に命令に忠実に従って活動家を抑圧するわけではないという恐れから、多くの権威主義政権は、抵抗者を抑え込み、嫌がらせをする上でもっともひどい残虐行為をおこなう際には、自警団や武装ギャングを動員し、代わりにおこなわせる。シリアでは、アル＝アサド政権下の軍隊が一丸となって非武装の活動家を抑え込もうとしていないことが明らかになると、アル＝アサドは武装ギャング、またの名をシャビーハを派遣し、反体制派リーダーを捕らえ、殴り、殺害した。ウクライナでは、独裁者ヴィクトル・ヤヌコーヴィチが、二〇一四年の政治的反対運動に対して類似の方法を使おうとした。私服警官や政府支持グループに頼って活動家を脅迫、殴打、殺害し、その中にはウクライナ人活動家が誘拐され張りつけにされた過激な事件もあった。エジプト大統領ホスニー・ムバラクは、二〇一一年、軍隊の一部が完全には忠実でないとわかると、ラクダに乗った武装自警団の一団をタハリール広場に送り込み、抵抗運動の陣営を破壊した。こうした方法を取れば、政権は表向きには関与を否定できる一方で、嫌がらせをおこなう者たちが嬉々として行為を実行することを確実にできる。ある事例では、政権は外国部隊に頼ることで――バーレーンがサウジ軍に頼り、シリアがイラン革命部隊に頼ったように――軍が抵抗者に同情しはじめる可能性を回避した。

多くの権威主義政権は、検閲、歪曲、調査の技術も習得している。中国が顕著な例であり、政府は大量の海外ニュースや情報を検閲し、他方では国家が運営するサーバーで国中のコミュニケーションを支配し合理化している。[24] さらに、中国政府は忠誠を誓うブロガーやソーシャル・メディアのインフルエンサーにカネを払い、政権に批判的なウェブサイトに投稿やコメントをさせ、当該サイトを政府支持派のプロパガンダで埋め尽くして圧倒する。スーダンでは二〇一一年、オマル・アル＝バシール政府が戦略的にソーシャル・メディアを活用し、活動家や反体制派を騙した――ひとつ例を挙げれば、抵抗者を政権がでっち上げた偽の抵抗運動に参加するようサインアップさせるという罠にはめた。[25] ロシア、イラン、そして中国は、インターネットや携帯電話でのコミュニケーションを妨害し、計画された抵抗活動がはじまる前に活動家たちを迅速に捕らえる。

一方で、権威主義政権は、外国人ジャーナリストを受け入れず、かつ国内の報道の自由を認めないようにし、国内問題が独自に報じられないよう抑えている。報道人の目がないかもしれないとなると、活動家の士気は下がる。こうした閉鎖的な情報環境で活動しても不毛だと考えるからだ。こうした環境では、治安部隊の残虐性は高くなる。なぜなら、酷い行為をおこなっても処罰されないという感覚があるからだ。エジプト、ロシア、ジンバブエであったように、政権によっては、国際的な選挙監視を禁止した。[26]

多くの場合、権威主義政府は見かけ上、正統な法律や実践をつうじて権力を強化する。たとえば、ロシアでは、当局は人権事務所が海賊版ソフトウェアを使用した、あるいは健康診断をおこなわなかったと非難して閉鎖させた。中国では、抵抗者が行進するかもしれない道路を「修繕」のために閉鎖した。エジプトでは二〇一一年の蜂起後、移行政府は十九の西側のNGOを追放し、諸外国に権力を弱体化させられないよう予防線を張った。数年前、ロシアの最高裁判所は、外国組織から資金提供を受けるNGOは「外国エージェント」と識別される法律を合憲と判断し、NGOの自治や活動範囲を制限した。ロシア政府は、民主主義支持派および人権関係組織を支援していた大規模な西側の財団を追放し、さらに市民社会の活動空間を縮小した。さらに、ロシア、ベネズエラ、イラン、およびカザフスタンは選挙法を改正し、現職に有利にしたり、反体制派の指導者たちが選挙で争ったり選挙に出ることとさえ実質不可能にした。[27]

最後に、権威主義体制の指導者は気持ちを一にする同盟者と連合を組み、どう反乱分子を抑え込むか、彼らと情報を共有する。二〇〇五年および二〇〇六年、中国政府は、ベラルーシ政府とトルクメニスタン政府に対し、国外情報がこれらの国々に流れ込まないよう、インターネット上での遮断やフィルタリング技術を提供した。[28] 中国とロシアは、二〇〇七年に失敗したサフラン革命の前に、国連安全保障理事会決議で拒否権を発動した――この二カ国が同時に拒否権を行使したのは一九八九年以降はじめてであった。中国とロシアは、それ以来一貫して拒否権を行使し、スーダン、コソボ、シリアで展開された、主権を損なうと二カ国がみなす革命を打倒してきた。その上、上海協力機構、独立国家共同体、アフリカ連合は、それぞれ独自の「独立」選挙監視団を発展させ、詐欺的行為があったと広くみなされている選挙を承認し、一方では、受け入れ国政府がより大きな監視機能を持てるように国際選挙監視ミッションの自由裁量を制限しようとしてきた。[29] このように、権威主義政府が反体制派運動を崩壊させる効果的な方法を学んだだけでなく、互いに協力しているということは明らかだ。直接の協力行動がなくても、世界中で権威主義的傾向のある指導者――フィリピンのロドリゴ・ドゥテルテ、インドのナレンドラ・モディ、ブラジルのジャイール・ボルソナロ、そしてアメリカのドナルド・トランプ――のあらゆるやり方を模倣し、それぞれの国内反体制派に対処してきた。[30]

スマートな抑圧戦略が悪者の手中に渡ることを心配しても、もう遅い。もう渡っている。こうした作戦の事実を認め、直面したときにうまく適応し反応できる創造的な新戦略を生み出せるかは、運動側にかかっている。

権威主義的支配が進展しつつある昨今、権威主義政権に定着した力に挑戦する上で、市民的抵抗に未来はあるのか？

ここまで説明した権威主義的作戦は恐れるべき、驚異的なものである。ただし、慎重さは保ちつつ楽観視することもできる、少なくとも四つの理由がある。

　第一に、権威主義的作戦にある手段は、どれもだれにでもできるものではない。たとえば、二〇〇〇年代半ばから後半、エジプトは、ロシア、中国、その他の湾岸諸国と二国間対話をおこない、国内の挑戦から政権を守ろうとした。それから、〔スーダンでは〕オマル・アル＝バシールが下からの数々の挑戦を前に、二十年にわたる権力掌握を維持するため、民族的分断やジェノサイドの亡霊を利用することにより持ちこたえた。しかし、民衆の力による運動《ピープル・パワー・ムーヴメント》はエジプトのホスニー・ムバラクとスーダンのオマル・アル＝バシールを倒した——多くが死ぬまで在職だろうと思っていた二人である——こうした例は数十年前に、フィリピン、イラン、ポーランド、セルビアでもあった。

　第二に、研究によれば、一般に向けた抑圧は必ずしも集団的活動に対する抑止効果はない。というよりも、歴史をつうじて、多くの革命的非暴力キャンペーンは、ほとんど市民社会が存在しないような権威主義政権下で出現してきたのである。[31] 市民的抵抗キャンペーンに対して国家が暴力的抑圧を用いる事例でさえ、これらのキャンペーンが成功した割合は、抑圧に直面した武装闘争の二倍以上であった。第二章および第四章で論じたとおり、確かに、広く知られている抑圧のエピソードは、こうした大規模蜂起がどこからともなく起こるきっかけであることもあった。ハーリド・サイードの殺害をきっかけとする二〇一一年のエジプトでの動員がその例だ。二〇一八年十二月のスーダンで、パンの価格の急騰に反対したスーダン人抵抗者たちに対する手荒な殺害行為に反応し、抵抗が瞬時に広まったのもそうだ。

　第三に、世界のさまざまな場所で、スマートな抑圧戦術が使われるかどうかにかかわらず、民衆の力の効果がみられる。二〇二〇年十一月、アメリカ国民は記録的な投票率でトランプ大統領の二期目を拒否した。そして、この結果を守るため、抵抗、デモ、集会、路上パーティーをおこなって、投票用紙を計算する投票所職員に対する暴力や嫌がらせをさせないようにした。組織者たちは、ミシガン、ペンシルベニア、ウィスコンシン、アリゾナ、ジョージアの各州において地方および州の選挙事務所裏で集会をおこない、トランプの手荒ないじめ行為に抵抗し、同時にバイデンの勝利を確実にした。抵抗者たちは、ポーランド、インド、ブラジル、タイ、イスラエル、その他、極右政府に市民社会や周縁化されたグループのさらなる取り締まりをさせないようにする民衆の圧力が利く望みがある国々で、今でも活動を続けている。中国の中央政府にとって、香港を含め、国中で地元密着型の抵抗者たちが交流していることは、公然の懸念である。ロシアでさえ、ウラジーミル・プーチンに対する明確な反対運動が二〇一七年から二〇二〇年に起こっており、その発生率は、プーチンが権力の座にあった他の期間よりも高い。おそらく、市民的抵抗の効果をもっともよく示すのは、権威主義体制の指導者が出向いて予防し、弱体化させる時間が長いことである。

もっといえば、活動家たちは多くの面で、スマートな抑圧の技術に適応しはじめている。たとえば、二〇一一年のエジプトでは、反ムバラク活動家たちが「知的な抵抗の方法」という冊子を配り、活動家たちがその印刷物だけを広めるよう促した。[32] その冊子の中で、企画者たちはエジプト革命の五つの要求を述べた。そして「市民的抵抗の戦略目標」を三つ挙げた。重要な政府施設を奪取すること、軍と警察を市民の味方につけること、そして国家の暴力からお互いを守ることである。企画者たちは、計画を遂行する具体的な段階的指示に従うよう要求した。できる限り治安部隊から遠く離れた場所で集会を開くこと、友人や近隣に参加を呼び掛けながら狭い路地や近所を練り歩くこと、政府の建物を奪取するため大規模な群衆を集めること、そしてその過程で平和的・希望的なスローガンを叫ぶことである。この冊子によって、人びとはゴム弾から身を守るために料理鍋のふたを盾として携行し、機動隊のヘルメットのバイザーや戦車やトラックの風よけを見えにくくするためにスプレー塗料を使い、蜂起の平和的な特徴を示すために花を掲げた。ただし、この運動はこの冊子をオンラインに載せず、紙で共有するだけにとどめて欲しいと依頼した。これは、政権の監視から支持者を守る手立てだ。活動家たちはハイテク捜索を妨害する技術も採用してきた。たとえば、香港では二〇一九年、抗議者が北京政府支持派に対して立ち上がりはじめたとき、参加者は自分たちのアイデンティティを守る必要があると予測した。なぜなら、治安用のカメラやその他の監視装置がそこら中にあり、顔認証能力も向上しており、公の場に姿を現せば抵抗者が特定されてしまうからである。運動の参加者は顔認証機能から逃れるためにフェイスマスクを被り、催涙スプレーや催涙ガスから参加者を守るために雨傘や道路用の三角コーンを駆使した。新型コロナウイルスのパンデミックにより、フェイスマスクは世界中で当たり前になり、大規模集会でウイルスの感染を防ぎながら顔認証技術を回避する方法となった。

にもかかわらず、非暴力抵抗運動を地下に押しやろうと脅迫する政権を前に、戦略的計画や戦略的思考が非暴力キャンペーンの成功に必要不可欠な要素であることは変わらない。

非暴力キャンペーン終了後に何が起こるのか?

非暴力キャンペーン終了後に各国がたどる道はいくつもある。非暴力革命について懸念されることのひとつは、こうした活動が、政権交代前の政府より一層抑圧的な政府に力をもたらすということである。あるいは、仮に非暴力キャンペーンが失敗すると、暴力的な革命が闘争を牛耳るようになり、内戦に発展するという懸念もある。

歴史上起こったことは、こうした懸念の妥当性を示している。これまでの章で議論してきたとおり、二〇一一年のエジプト革命は二〇一三年に人民クーデターで転覆させられて、残虐な独裁政権に権力をもたらした。リビアやシリアでは二〇一一年、発足したての非暴力蜂起は流血沙汰となった。治安部隊が非武装の市民を殺害し、国家の暴力から市民を守るために武装集団が組織され、国際アクターが独裁者ムアンマル・カダフィーやバッシャール・アル゠アサドをそれぞれ倒そうとする武装集団を支援しはじめたからである。

しかし、ほとんどの研究が示唆するのは、こうした帰結は必ず起こることではなく、例外であるということである。多くの研究は、非暴力抵抗キャンペーンが民主的な移行をもたらすことが多いということ――そうした移行は完全な民主主義の定着につながる傾向があるということを示す。[33]非暴力の市民的動員を活気づける技術は、持ちつ持たれつの関係や連合体構築といった民主化の側面を強化、促進する傾向にある。[34]重要な点は、非暴力キャンペーンの失敗を経験した国でさえ、武力闘争を経験した国と比較して四倍も、五年以内に民主主義に移行しやすい傾向にあるということだ。[35]たとえば、これを証明した事例がミャンマーで、「打ち負かされた」二〇〇七年のサフラン革命は、軍事政権の中で改革者たちに力をつけ、その後数年で彼ら彼女らがより政治的に開かれた移行に着手しはじめたのである。もちろん、民主主義だけが多くの運動の目的なのではなく、彼らは、選挙、抑制と均衡、市民権といった民主的機構を超えて、社会的、経済的、人種的な正義を求めるのである。とはいえ、民主主義は、こうした社会的、経済的、人種的正義といった広い目的を達成するためには、多くの場合必要な――たとえ不十分でも――前提条件である。

民主主義への移行に加え、非暴力抵抗キャンペーンを経験した国はその後十年間内戦を経験しにくいという研究もある。[36]かつ、大規模な非暴力キャンペーンを経験した国は、平均寿命が長く[37]――これはより質の高い人生の代替変数である――紛争関連死者数が少ないという研究報告もある。[38]

要するに、非暴力抵抗キャンペーンから生じた社会は、荒れ果てることがはるかに少なく、社会の中で変革された力関係があるということである。政治参加や市民社会の組織化がより高いレベルでおこなわれることは、一般には、長期的な意味で、民主主義のレベルに良い影響を与える。なぜなら人びとは、市民的抵抗キャンペーンによって、政府のアカウンタビリティを要求し、生み出すために、非暴力的な方法を使って訴えるという経験をするからである。重要なことは、しかし、大規模蜂起が（リビアやシリアのように）暴力的な紛争に転換すると、民主主義が広まるという期待は実質ゼロになるということだ。

市民的抵抗が勝利したあとに権威主義体制への揺り戻しが起こることがあるのはなぜか？

革命後に起こることは、たいてい、革命の期待に応えられない。革命の期待は、残忍な政権崩壊後に訪れる高揚感に包まれた期間に生まれるものだ。「アラブの春」に関する著作で、社会学者のアセフ・バヤトはこう書いた。「革命ほど一度に希望を求め、希望を喚起し、希望に裏切られるものはない」[39]。

なぜ権威主義体制への揺り戻しが起こるのかについてはたくさんの理由があり得る。第一の理由は、そもそもなぜ非暴力抵抗キャンペーンは成功するのかと同じ理由による――つまり大規模で広範な基盤の参加――という説明がある。幅広い参加が急速に生じる場合、運動は「消極的連合」――独裁者を転覆させるために協力する人たちの集団――をつくることができる。参加者の間での違いを乗り越え、新たなコンセンサスを構築する助けとなる政治機構を必ずしもつくらない[40]。市民社会が新制度のもとで存続可能な権力保持者として組織化する前に、独裁制度が崩壊することがある。たとえば、異なる集団に訴えかけるプラットフォームをつくろうと主張する候補を市民社会が一人に絞れない、あるいは妥協して決めても幅広い層に支持されない場合がある。

こうした文脈では、もっとも組織化された政治集団は、典型的には、政権の留任者たち、宗教組織や軍それ自体である。エジプトでは、二〇一一年の革命の勝利に続き、リベラルかつ世俗的政党が広く分裂する中で、ムスリム同胞団が選挙で勝利した。リベラルな反体制派は、選挙で選ばれた大統領ムハンマド・モルシーのイスラム教への傾倒について、徐々に懸念を強めた。他の政党に魅力的な候補が見当たらなかったため、これらの多くの集団は、二〇一三年七月の人民クーデターをつうじて軍事政権に権力を戻すことを裏で支持しはじめた。アブドル・ファッターフ・アッ＝シーシーが大統領になり、以降すべての反対派を弾圧した——ムスリム同胞団もリベラルも同様に——政権掌握の強化が目的であった。

しかし、非武装闘争が完全な勝利を達成できない場合でさえ、重要な変化を無視すべきではない。たとえそうした変化がキャンペーンの将来展望を実現できなかったとしても。エジプトの例に戻ろう。当初は息をのむような勝利であったのが、人権擁護派や民主主義支持派にとってはすぐに悲惨なものとなった。しかし、次のような理由で望みはある。国内外に住むエジプト人たちが、自分たちの考えや憤り、そして依然として続く紛争について語り続けている。彼らは、アッ＝シーシー政権による残虐行為を白日の下にさらし、正義の革命を要求し続ける。さらに、将来の組織化のためにおびただしい数の資源がある——その中には、強い抑圧のもとでも粘り強く居続けられる方法を大いに学んだ、経験を重ねた活動家集団も含まれる。エジプトの二〇一一年革命の多くの願望は満たされていないが、エジプト人たちは長らく自分たちの憤りを抑えてきた恐怖の壁を打ち壊した。たった二十年前に、ムバラク政権について、たとえ友人にであっても、公に話すことはできなかった場所で、人びとはもう恐れないと心に誓った。そのことが、希望を喚起し続けている。

市民的抵抗の活動家は政治的突破を成功させたあとの移行の準備をどうしてきたのか？

非暴力大規模蜂起は、それ自体では、めったに制度的な統治の問題を解決することはない。たとえば独立機構の欠如、根深い汚職、権力分有メカニズムの不十分といった問題である。多くが論じるように、民主主義を定着させるには、新しい市民の習慣、独立機構への投資、権力分立、治安部隊改革、そしてあらゆる市民の権利を尊重する憲法が必要である。[41]

定着に至るまでの過程は時間がかかる――少なくとも一世代かかることはよくある――しかし、大規模な市民動員の重要性を甘く見るべきではない。前進させる上で直接関係のある障害を取り除いたり、重要な機会に大規模で多様な参加者とやりとりしたり、非暴力の紛争解決規範を大切にしたり、国民対話において体系的な問題を前面にかつ中心に置いたりする上での重要性がある。実際、政治学者のジェイ・ウルフェルダーの主張では、大衆抗議（繰り返すが、これは市民的抵抗のひとつの方法にすぎない）は、各国が政治的民主主義に移行するための、おそらく必要条件である。大衆行動が民主的移行を不安定化させるという見解とは反対に、動員は通常、民主的移行を促進し強固にするのである。[42]

革命キャンペーンがより自分たちを代表する代替機構を獲得する可能性を最大化できるひとつの方法は、闘争が展開するにつれ、並行機関を発展させることである。これらの努力の効果は第一章および第四章で論じた。ポーランドの連帯運動は、二十年間にわたる市民の抵抗や地下活動をつうじて、徐々に共産主義政権による支配を弱体化させた。地下新聞の秘密発行、抵抗劇場、教会での動員は、かの有名な一九八〇年のグダニスク造船所ストライキにつながり、労働者が一斉に反体制派陣営をつくり、連帯運動と政権の間での交渉の道が開かれ、はじめて労働組合が合法と認められ、さらには独裁政府を追放する史上初の選挙にまでいたった。

ポーランドが共産党支配から脱するとき、それまでよりはるかに丈夫で強固な民主主義への転回が可能な選挙規則や実践の新たなセットを準備した。課題はあれど、ポーランドの市民社会は完全に動員されたまま、説明責任のある新指導者を迎えた——連帯の指導者レフ・ワレサもその一人だ。

とはいえ、どれだけ用意周到なキャンペーンであっても、市民社会が持続的かつ強固に政治に関与しなければ、将来世代に自分たちの努力の果実を継承することを保証できない。連帯の勝利から三十年経ち、ポーランドは深刻な民主主義の逆行を経験している。二〇一五年に右派の法と正義党（PiS）が政権に就いた直後、指導者は女性のリプロダクティブ・ヘルスに関し、極度に抑圧的な政策を採ろうとし、二〇一六年には母体の生命が直接危険にさらされない限りは中絶を全面禁止する法案を議論した。二〇一六年秋、何万もの女性がストライキに参加し、その結果議員の多数がこの制限的法案に反対票を投じた。これが機運をもたらした。しかし、民主活動家はそれ以来チャンスに恵まれていない。PiSは重要な抑制と均衡を解体しようとしてきた。PiSは非リベラルな法律を施行し、司法の独立を侵したり、メディアに圧力をかけたり、公共企業の取締役会に党関係者を参加させたり、LGBTQを自認する人びとに非人間的な攻撃をはじめたりした。こうした行為によって、ポーランドは名ばかりの民主主義に陥る危機にある——選挙が存在することが、民主的統治の唯一の指標である。二〇二〇年には、PiSは別の選挙で勝利し、ついに、女性の中絶アクセスを制限する、物議を醸していた法案を押し通した。本書執筆時点で、法律が取り下げられる見込みは不明確だが、何十万ものポーランド人が、この法律に抵抗するために何カ月も動員をおこなっている。

市民的抵抗は真の意味で革命的目標を達成することに成功してきたのか？

毎度のことだが、問うべきは「何と比較して？」だ。

現状維持と比較して、非暴力革命は実際に大きな社会的突破口を開いてきた。独裁者たちを追放するため、民主的改革をおこなうため、あるいは女性、マイノリティ、組合、その他の歴史的に権力から除外されてきた集団の権利を拡充するために社会を前に進めてきた。すでに論じたとおり、暴力革命と比較して、非暴力革命の実績は良い。より短期間で、人びとが血を流すことも少ない結果をもたらしてきた。第二章でも詳述したとおり、市民的抵抗キャンペーンのたくさんの方法が、世界中のほとんどの国で、奴隷制や女性の法的服従といった抑圧的制度を変革するのに役立ってきた。

抑圧的な制度に対して現在展開されている闘争が完全な勝利を手に入れていなくても、数々の小さな勝利が確実にこうした目的を推し進めてきている。これらの制度が完全に、すぐに置き換えられることを期待すべきではない。しかし、人びとの望みがなさそうなところで——また、自分たちでは力不足だと感じさせるような状況で——進展を見せている場合があることを認識すべきである。[43]めったに一直線に進む進展は起きない。力を取り戻し、革命前のような国に戻したい対抗運動によって生み出される、巻き返しが常にある。アメリカで起こったことがまさにこれだ。白人至上主義グループが再び現れ、過去十年間にわたる人種的正義の進展を損なおうとしている。エジプトで二〇一三年に起こったこともそうだ。ムスリム同胞団による誕生したばかりの民主主義において、権威主義支配を復活させる軍事クーデターを、何百万ものエジプトの人びとが支持した。

市民的抵抗は新型コロナウイルスのパンデミックにどう反応してきたか?

新型コロナウイルスのパンデミックが、世界中で進行中の何十もの運動にとって突然の打撃となったことは疑いの余地はない。二〇二〇年三月および四月、主要な新聞各紙で、ソーシャルディスタンス要請のため抵抗の終了を発表する見出しや、同時にハンガリー、ブラジルやアメリカのような国々で緊急事態に伴う権力拡大に関する警告をよく見るようになった。[44]

ただし、このことは社会運動が立ち消えたことを意味するものではない。反対に、本書執筆時点で、彼らの闘志は生きており、地球全体で国境が閉鎖されることで、運動にとっては、活動の見直し、再グループ化、民主主義と権利獲得に向けた長い闘争の次の段階を計画する機会となっている。下から民衆の力を構築する能力の未来は、このグローバルな閉鎖中にいかに自分たちの時間と資源をつぎ込めるかにかかっているところもある。

　この点で、慎重さは必要だが楽観視できる理由がある。第一に、パンデミックは、自由主義あるいは社会民主主義政権と比べて、ポピュリストや独裁者がこの危機にいかに対応するか、ありのままを比較する機会となった。新型コロナウイルスの感染者数が多い十カ国中少なくとも上位五カ国——アメリカ、ロシア、ブラジル、インド、そしてイギリス——において、感染者増加のピーク時に国を率いていたのはポピュリストの指導者であり、彼らの意思決定はひどいものであった。長く続く隔離期間に備え、あらかじめ準備させるのではなく、検査を広く利用可能にするのでも、迅速で正確な情報に基づいて感染者数のカーブを抑えることを優先するのでもなく、これらの指導者たちは、パンデミックの事実を否定したり、矮小化したりした。非難をかわすために多くの陰謀論が生み出され、国内の分断が掻き立てられた。強い公衆衛生措置を求めた市長や知事に対する抵抗を求めることもあった。こうした間違ったやり方で、死者数が増加するという結果となり、長期的には不吉なことになることが示唆されたが、それにくわえて世論が緊急に政治を変化させなければならないこと、危機管理のまずさは国内に住む自分たち自身に跳ね返ってくることに気づくことにもつながった。たとえば、アメリカでは、パンデミックによる黒人コミュニティの死者数がほかの集団よりも多かった。これらのコミュニティでは、人種差別によって保険が脆弱であったり、国中で不平等にしか公衆衛生にアクセスできなかったりする問題が明確に示された。世界を見渡せば、多くの運動が、純粋な民主化の刷新、経済的不安定の解決、人種差別や民族中心主義といった社会問題の解決、そして政治指導者のアカウンタビリティといった必要性に焦点をあて、迅速かつ効果的に自分たちの枠組みを調整した。パンデミックが世界中で何十億もの人命にかかわるため、こうした主張はパンデミック前よりも広く共感されるだろう。

第二に、パンデミックで生じた各国の閉鎖によって、それまでは抵抗が終わればその次の抵抗へと移り、振り返ったり、戦略開発をしたり、関係構築をする時間がほとんどなかった多くの活動家や組織者が、立ち止まって考える必要な時間を持てるようになった。閉鎖によって、運動は大規模イベントの計画から一歩引き、長期にわたる変革に必要なより大きな力を持つ粘り強い連合体を構築することに傾注できる。世界中の多くの運動——アメリカの民主化運動も含む——は、ロックダウン中、より長期の戦略を考える会議に時間を使い、政治的連合パートナーとの間での関係構築や関係の深化を図り、そして将来有効な挑戦をはじめられるよう、計画や訓練モジュール開発をおこなった。

最後に、パンデミックに反応して民主派や革新的活動家が使うようになった措置の多く——相互扶助グループの組織化や拡大、自宅待機や座り込み、オンライン集会、エッセンシャル・ワーカーに対する連帯や集団的支持のさまざまな表現——は、運動を生産性の高い方向に向かわせる展望がある。たとえば、筆者の地元であるマサチューセッツ州では、多くの地域で組織者たちが相互扶助グループをつくり支援を媒介し、失業や食料・医薬品へのアクセスがないために生じているコミュニティのニーズをすくい上げた。組織者は支援を必要とする人のための食料、個人保護備品、輸送、賃貸支援、緊急援助基金の収集を、インターネットをつうじて呼びかけた。縫物サークルがアメリカのみならず世界中で生まれ、地球規模で市場に出回る医療用マスクが不足する中、手作りマスクをつくった。こうした措置を取ることで、大衆デモのように目を惹く写真になることはめったにない。しかし、これらは戦術的イノベーションが新たな段階に突入したことを示すものであり、運動が抗議に頼りすぎ、非協力の方法や代替機構の発展を十分用いてこなかった時代遅れのアクティビズムの戦略に代わって活気を取り戻すものである。(45)

もちろん、多くの抗議活動は続いている――ソーシャルディスタンスの要請を完全に無視し、その要請に反してでも、である。アメリカでは、二〇二〇年五月と六月に大規模な抗議運動が起こり、アマード・アーベリー、ブレオナ・テイラー、そしてジョージ・フロイド――三人は非武装の黒人である――の殺害に伴う正義を求めた。多くの抗議者たちはマスクをつけ、新型コロナウイルスの感染拡大を封じ込めるために連邦政府のガイドラインで提起されたことを守ろうと努めた。ほとんどの事例で、ウイルスのさらなる拡大を防ぐことには幾分成功したように思われる。とはいえ、抗議運動が起こると新型コロナウイルスの温床にもなった。多くは、抗議運動前の集合場所に人が密集し、あるいは人びとがマスク着用やソーシャルディスタンスのガイドラインを守っていなかったことによる。言わずもがな、警察は群衆コントロールの技術を使った。たとえば、盾と警棒を持って横にずらりと並び市民を囲い込む、催涙ガスのような呼吸器系に影響を与える薬の使用をするなどである。留置場や刑務所で個人保護具が不足していたことも、大規模な路上抗議者たちを危険にさらした。それでも、黒人の命を守るための蜂起はアメリカ史上最大規模の動員となり、千五百万から二千五百万のアメリカ市民が国中で人種正義のための抗議に参加した。(46)

二〇二〇年五月、香港でも民主派の抗議者が自宅待機ガイドラインを破り、路上に再び繰り出した。中国政府が香港の自治を低下させる措置を取ったことに反対するものであり、多くの人びとは、香港の準民主制を救うための最終決戦だと考えていた。他の活動家は、ソーシャルディスタンスを保った抗議という実験をはじめた（たとえば、二〇二〇年四月にテルアビブでネタニヤフ・イスラエル首相に対し、二百人がソーシャルディスタンスを保ちながらおこなった抗議がある）。あるいはたくさんの車が一団となった移動や行進、医療・食料品・IT・肉詰めセクターでの労働停止、その他の非協力の手法が用いられた。つまり、世界中で非暴力キャンペーンにとっては不利な状況が訪れていたにもかかわらず、二〇二〇年は必ずしも抗議の終焉や、より広く非暴力抵抗の終焉にはならなかった。というよりも、パンデミックは、世界中の多くの運動にとって戦略的なリセットをし、方向性を定め直す機会を提供したのかもしれない。

市民的抵抗が多くの事例で有効であると証明されたのに、人びとが完全には市民的抵抗を受け入れていないのはなぜか?

なぜ人びとが、市民的抵抗の戦い方についてあらゆる側面を受け入れるのではなく、まだ暴力行動の方に関心を持っているのかはよくわからないし、理由はおそらく文脈により異なる。時間が経つにつれて非暴力抵抗が持つ力にますます多くの人が気づくようになっているが、ほとんどの人は、非暴力抵抗が、社会変化を生み出すための現実的な新たな方法であるということをまだ知らない。日常生活は、暴力を称える数え切れないほどの物語、映画、迷信、そして文化的要求でいっぱいだ。このように暴力の賛美が常時おこなわれていると、市民的抵抗をおこなってきた並外れた人類の歴史や、千年の間非暴力闘争に訴えてきた民衆の力による運動《ピープル・パワー・ムーヴメント》はかき消されてしまうことにもなる。[47]

たとえ人びとが「市民的抵抗はうまくいく」という前提を受け入れても、どのように効果的に計画、実行し、非暴力革命に参加するのかについて正確な情報を持っていないかもしれない。その理由のひとつは、人びとがこうした技術について学ばないよう、政府が躍起になって妨害しているためである。南北戦争前の南部では、奴隷所有者は奴隷が読み書きを学ぶことを許さなかった。奴隷がニュースを読んで、カリブ地域やアメリカの他の州で発生する奴隷蜂起に触発されることが怖かったのだ。より最近では、エジプト、イラン、インド支配下のカシミールやスーダンで、非暴力の反乱に直面した政府は、インターネットを遮断し、活動家たちが互いに連絡を取り、非暴力抵抗について学習しないようにした。非暴力紛争国際センターのウェブサイト——はたまた「civilresistance.info」[48]上の民衆の力に関するオンライン文献一覧さえも——は、中国でブロックされているそうだ。

非暴力抵抗を受け入れない別の理由は、非暴力抵抗はうまくいかないと説得されているから——あるいは暴力が混ざらない限りうまくいくはずがないと説得されているからだ。たとえば、うまくいかなかった抵抗など、自分たち自身の経験をもとに非暴力抵抗の技術全部が無益なものだという結論に至ってしまう者もいる。あるいは、自分たちの敵が非常に長い間権力の座に就き続けるないしは非常に複雑である——はたまた運動の目標が野心的すぎる——ととらえ、この状況を克服するにはドラマのような破壊的な手段に訴えるほかないと信じるのである。

さらに別の理由は、人びとが、イデオロギー的、個人的、あるいは商業的理由で、暴力の行使に積極的に資金をつぎ込むからかもしれない。たとえば、ほとんどの宗教の宗派が持つ聖典は、平和と非暴力を支持するが、宗教的伝統において多くの解釈が暴力の道義的正当性を含んでいたりもする——キリスト教からイスラム教、ユダヤ教やその他まで。[49]こうした正当化には、自衛、同宗信徒や異端の防衛も含む。そしてもちろん、白人至上主義、性差別、同性愛嫌悪、反ユダヤ主義、反イスラム主義、外国人排斥はすべて、支配層ではない人びとを支配し、破滅に追い込む暴力を明示的にあるいは暗示的に認めるイデオロギー的世界観である。社会変革を目指すマルクス主義アプローチには、武装反乱も必要と主張する者もいる。資本家階級から富や財産を引き離し、それらを公平に再分配し、大衆の間で財産を共有する新しい経済制度を創出するためであるという。このような解釈によって、多くのマルクス主義者は、非暴力闘争が膠着した経済的不平等を克服し、真の経済正義をもたらすという考えに懐疑的である。またある者は、非暴力抵抗の提唱者自身がある種のドグマを広めようとしているのであり、議論の俎上にのっている、あらゆる形態の階級や支配に抵抗する方法としてあらゆる選択肢を脇に追いやってしまっていると指摘する。[50]

最近の研究で、暴力を支持する、あるいは暴力に関与する強い個人的動機がわかってきた。とくに社会的には暴力にそこまで有効性がないと暴力を防ごうとするのに、個人レベルになると、報復のために暴力を認めたり暴力を行使したりする傾向にあるのだ。たとえば、アメリカ人の拷問に対する態度に関する準実験研究では、拷問を支持する主な動機は、テロの容疑者が尋問者に有益な情報を持っているかどうかにかかわらず、容疑をかけられた罪で罰せられるべきかという理解に基づくことが明らかにされた。[51] 同様に、個人が暴力を受けると、個人的な屈辱感、絶望、あるいは報復の意思を生むことがよくある。[52] あるいは、悪名高さで有名になりたいという個人的欲望で暴力に向かう者もいる。[53]

第三に、民衆が紛争に訴えるには暴力が唯一の方法であるという迷信を生かし続けたい商業分野での強い理由がある。武器取引は、世界でもっとも儲かる産業のひとつである。不思議なことは何もない——儲かるという強力な利害関心によって、武器産業の存在を正当化するメッセージを強化するのである。たとえば、アメリカで武器製造に携わる者たちは、銃規制よりも銃の安全を広め、ロビー活動に励む、全米ライフル協会その他の団体を支持する。

要するに、過去五十年にわたって、革命運動の中で市民的抵抗が驚くほどの割合で用いられるようになったことがわかったものの、世界を見渡せば多くの人びとがまだこのような考え方にさらされていなかったり、暴力的な別の方法の方により関心を寄せている——そして、その結果、市民的抵抗に冷めた見方をしたり、唯一の選択肢は暴力だと思い込んでいる。

一般の人びとにとって難しくなく手の届きやすい市民的抵抗にするにはどうすればよいか?

第一に、非暴力抵抗に関する迷信を注意深く暴く必要がある――つまり、非暴力抵抗は受け身で、弱く、効果がなく、抵抗する者が道義を気にすることが求められるという迷信である。

第二に、なぜ市民的抵抗が異なる文脈で成功あるいは失敗するのかを、より良く理解する必要がある。とくに非暴力行動の方法を取り入れる活動家は、世界で展開される運動から間違った教訓を学ぶべきではない。たとえば、二〇一〇年から二〇一一年にかけてのチュニジアの大衆デモやストライキに関して端的にまとめられたニュース報道を読んで、独裁者を追放するには三週間デモをおこなえば十分だと考えたくなるかもしれない。しかし、こうした理解をすると、チュニジアには、蜂起を構造的に支持することができる、強固に組織化された労働運動というユニークな近現代史があった事実を見過ごす。さらに、拡大したゼネストは、チュニジア経済を荒廃させる脅威を与えた。経済およびビジネス・エリートが、ベン・アリへの支持を取り下げはじめたのである。ちょうど、治安部隊がデモ隊を実弾で攻撃せよというベン・アリの命令に逆らったように。

それよりも、一般の人びとは歴史上の例から正しい教訓を学ぶべきである――いくつかの基本的なパターンは、現代の運動にもはっきりとした示唆を与える。第一に、慎重な計画、組織化、訓練や協調体制の構築を大規模動員前におこなう運動は、政治プログラムや戦略を発展させる前に路上で活動をはじめる運動よりも、大規模で多様な支持者を得られる傾向にある。第二に、規模および多様性が拡大する運動はより成功しやすい――とくにそうした運動が勢いを維持できる場合には。第三に、抗議、デモ、デジタル行動主義にだけ頼るのではなく、並行機関、コミュニティ・オーガナイジング、非協力の技術をつうじて力をつける運動は、効果的で持続的に支持者たちを固められる。第四に、スマートな抑圧を予期し、抵抗するための戦略を発展させる運動はより成功しやすい――そのためには、出現し、発展する抑圧の戦術をよく知り、特定することが必要である。最後に、圧力のもとでも統一と規律を維持するツールや戦略を発展させる運動は、こうした発展を運だけに任せる運動よりもはるかに優れている。

市民的抵抗についてみなが知るべき五つの点とは何か？

ここまで読んできたみなさんには、もうお馴染みの内容だろう。

一、市民的抵抗は、多くの場合、暴力的抵抗よりも現実的でより効果的な方法である。市民的抵抗とは、優しいことや礼儀正しいことではなく、コミュニティ行動に依拠する抵抗を指す。市民的抵抗とは、暴力よりも包括的で効果的な方法を用いて抵抗し、新たな代替機構を構築することである。

二、市民的抵抗がうまくいくのは、敵方の心を溶かすことによってではなく、敵方の支持基盤から離反を生み出すことによってである。

三、市民的抵抗は単なる抗議以上のものを含む――非協力の方法としてストライキのようなものや、相互扶助組織、代替経済制度、代替政治集団といった新しい代替機構をつくること、そうした場で人びとは新たな環境での生活がどのようなものか経験するのである。

四、市民的抵抗は、過去百年にわたって、武装抵抗よりもはるかに効果的であった。主要な革新的変化や民主化を押し進める上でも、その間に長期的人道危機を生まずに抵抗を続けるという意味でも。

五、非暴力抵抗は常に成功するわけではないが、市民的抵抗を非難する者たちが考えるよりも、はるかにうまくいく。

訳者あとがき――三・五パーセントで社会を変えられるのか？

「ある国の人口の三・五パーセントが、非暴力で立ち上がれば社会は変わる」――エリカ・チェノウェスの市民的抵抗研究については、この三・五パーセント・ルールがよく知られている。昔も今も、ひと握りの権力者による抑圧に対し、市民同士が力を合わせることで社会を変えてきたという事実は、わたしたち一人ひとりが、社会の中で、一歩踏み出す力を与えてくれる。さらに、チェノウェスの研究は、国家中心観が支配してきた国際関係論において、市民も含めたグローバルな政治に関する議論にも貢献するものである。

ただし、世間では、チェノウェスの名前や研究内容には触れられずに、「三・五パーセント」という数字がひとり歩きしているきらいがある。訳者あとがきでは、著者紹介とチェノウェスの市民的抵抗研究の特徴、そして研究への批判を整理する。くわえて、日本語で読める市民的抵抗の関連書籍を紹介する。

『市民的抵抗』の著者紹介

原著者のエリカ・チェノウェスは、政治学を専門とするハーバード大学ジョン・F・ケネディ行政大学院教授であり、現在、市民的抵抗研究の主導的存在となっている。大きな注目を集めたチェノウェスとマリア・ステファンの共著『なぜ市民的抵抗はうまくいく――非暴力紛争の戦略的論理』（二〇一一年、未邦訳）[1]を中心に多数の学術成果を発表するほか、研究仲間と立ち上げたブログ Political Violence at a Glance[2]、顧問を務めるNGO非暴力紛争国際センター（ICNC）[3]をつうじた情報発信もおこなう。前所属先のデンバー大学では、包括的グローバル・リーダーシップ・プログラムを立ち上げ、非暴力やフェミニズムを掲げる女性の活動家のための訓練や研究を強化するなど後進の育成にも励む。

チェノウェスは、『なぜ市民的抵抗はうまくいく』の研究のために「非暴力・暴力キャンペーンおよび成果（NAVCO）データ」[4]収集をはじめた。NAVCOデータを駆使し、非暴力および暴力を用いた闘争の比較研究や、どのような条件が揃えば市民的抵抗はうまくいくのかについて考察を進めてきた。本書は、チェノウェスによる十年以上にわたる市民的抵抗研究の成果である。

『市民的抵抗』の特徴と限界・批判

チェノウェスは、二〇一三年のTEDトークにおいて、ある国の人口の三・五パーセントにあたる人びとが市民的抵抗運動に参加した事例は成功してきた、と具体的な数字を挙げた。[5]三・五パーセントという数字は現在、さまざまな場面で活用されている。韓国では、二〇一六年のろうそく革命において、活動家たちが三・五パーセントの数字を掲げ動員を図った。環境正義を求めるNGOであるエクスティンクション・レベリオンや日の出運動は、三・五パーセントという数字をウェブページに掲げている。脱成長を唱える『「人新世」の資本論』（集英社新書、二〇二〇年）の著者・斎藤幸平氏も、「三・五パーセントの人が非暴力な方法で、本気で立ち上がると、社会は大きく変わる」と、現状維持派を動かすために市民が立ち上がるよう求める。こうした例に、チェノウェスの発言の影響がうかがえる。本書で百問の問いに答える中で、チェノウェスは自らの研究の貢献と限界、あるいは社会で広まる三・五パーセント・ルールへの誤解をどう説明しているのだろうか。他の研究者からどのような批判があり、チェノウェスはどう応答しているのだろうか。以下、（1）抵抗運動のタイプ、（2）時代の変化に伴う課題、そして（3）「非暴力闘争の方が暴力闘争よりも成功する」という主張にわけ、三・五パーセント・ルールを含むチェノウェスの研究成果と課題をまとめる。

抵抗運動のタイプ――マキシマリスト型か、改革型か

まず、対象にされている抵抗運動のタイプが限定的であることに注意が必要である。チェノウェスがデータ収集の対象としてきた市民的抵抗は、「マキシマリスト型」、つまり、政府を転覆させることを目的としたり、分離独立を目指すタイプの抵抗である。マキシマリスト型と対比される「改革型」、つまり社会の不正義を是正するタイプの運動についても三・五パーセント・ルールはあてはまるのか。この問いに対し、第二章において、チェノウェスは「だれにもわからない」と答えている。事例にあてはめれば、韓国で国のトップの退陣を求めたろうそく革命はマキシマリスト型であり、三・五・パーセントは説得力を持つ。一方、環境正義運動においては、「人口の三・五パーセントが集まれば成功する」かはわからないのである。

抵抗の目的をマキシマリスト型に限定した点は、チェノウェスの研究への批判のひとつとなっている。チェノウェスらの研究は「シャープ派」だといわれる。これは、現代の市民的抵抗研究の父とされるジーン・シャープが注目した、独裁体制・権威主義体制を打倒すべく立ち上がった市民の抵抗、という構図に傾倒しすぎているという批判である。実際には、政権を倒そうとするよりは、社会の不正義を是正しようとする市民的抵抗の方が多いのではないか。ガンディーが率いた塩の行進にせよ、マーティン・ルーサー・キング・ジュニアが台頭した公民権運動にせよ、政権を崩壊させるのではなく、抑圧的な社会を変えようとすることに主眼があったのではなかったか。ここ数年アメリカで注目される運動である、ブラック・ライヴズ・マターやウィメンズ・マーチなども、構造的不正義を是正するための運動であり、必ずしも直接に政権打倒を掲げているわけではない。

この批判に対し、チェノウェスは、改革型の運動のデータは揃っていないため、検証困難であると説明する。データ収集が困難な理由は、いつ、何をもって成功とするかが不明確であるという課題による。マキシマリスト型であれば、政権が崩壊した時点、あるいは分離独立を勝ちとった、あるいはそれに失敗した時点を抵抗の成功・失敗の判断基準とできる。しかし、社会の不正義を正す運動の目的達成には、こうした明確な線引きができないことがある。たとえば、ある差別的な法律の撤廃であれば判断可能かもしれないが、長らく続く構造的な不正義を漸進的に取り除くような場合、どの段階で「成功」したかの判断は難しい。

それでも、本書は非マキシマリスト型の運動を考える際にも役立つだろう。さまざまな立場の人を多く関与させること、たくさんの抵抗の方法を組み合わせること、相手方の離反を促すこと、強靭さを維持することの重要性は、どんな運動にもつうじる。あるいは、ある運動に賛成か反対かではなく、本書を活用して運動について議論してみることもできる。たとえば、二〇二二年には、欧州で、環境正義運動の活動家が自らを美術品の枠にはりつける行為が波紋を呼んだ。第一章で、マーティン・ルーサー・キング・ジュニアが、暴動を許容するわけではないものの、暴動とは「意見を聞いてもらえない人の言葉」であるという表現をしたことを思い出す。同じく第一章で「所有物の破壊は市民的抵抗と考えられるか?」で列挙されたように、美術品損傷行為を見たわたしたちの頭の中に浮かぶ疑問を言葉にして洗い出してみると、議論が深まりそうだ。あるいは第二章にある「同盟のスペクトラム」を用いて、美術品損傷行為がどの支持者や敵対者にどのような効果があるのか考えてみるのも一案だ。

時代の変化と三・五パーセント・ルール

本書は、三・五パーセント・ルールは過去のデータから導き出された大まかな指標で鉄則ではないとし、将来にわたってもつうじるかどうかは断定していない。チェノウェスは、最近は市民的抵抗の数は増えているが成功率は下がっていることを指摘し、その原因究明にもつとめている。

たとえば、リーダー不在の運動が良いと考えられる傾向があることだ。政治指導者や社会の抑圧、階級社会に苦しむ市民が立ち上がるならこう考えるのは自然だ。しかし、チェノウェスは、運動が大きくなるほど計画や調整なしに運動を進めることは困難であると指摘する。ブラック・ライヴズ・マター運動では、トップが米国内支部との深刻な内部対立を抱え、運動をまとめていた代表が地位を退いた。

また、「暴徒」を含む抵抗運動は増加傾向にある。暴徒の増加が成功率低下の一因となっている可能性がある。ほかにも、政府側の対応策が洗練されてきている。デジタル権威主義といわれるように、デジタル技術の発展にともなって、これまではオンライン上の活動を制限することで政治的支配を維持してきた権威主義政権が、ハイテク・デジタル技術を駆使して市民社会の監視や運動の監視、鎮圧をおこなうようになった。

市民的抵抗をおこなう側に目を向けると、デジタル技術は動員に有効そうだが、頼りすぎることで運動の成功率が下がるという問題が論じられている。ブラック・ライヴズ・マター運動の共同代表であったアリシア・ガーザも、ハッシュタグだけでは運動は築けないことを指摘する（書籍情報は後述）。SNS中心の運動では、オンライン上での瞬発的な動員力はあるかもしれない。しかし、継続性がなく、「使い捨て文化」あるいは「いいね！」を押すだけで参加した気になる「クリック主義」が蔓延する。本当の抵抗には人の組織化が重要であるとガーザは主張する。本書でも繰り返し、瞬発性よりも長期的な計画や組織化の重要性が強調されている。オンライン上で人口の三・五パーセントが集まっても、成功するとはいえない。デジタル技術の功罪が市民的抵抗運動にいかに影響するのかについては、さらなる分析が必要である。

「非暴力抵抗の方が暴力闘争よりも成功する」のか？

三・五パーセント・ルールへの批判に加えて、チェノウェスの市民的抵抗研究に向けられる最大の批判は、「非暴力抵抗の方が暴力闘争よりも成功する」という主張そのものに対するものである。当初はチェノウェス自身が疑っていた主張だが、マリア・ステファンとの共同研究でこの主張が支持されることを発見した。しかし、非暴力の抵抗は、暴力事件のようには注目されにくく、報道も少ない。よって、収集したデータに記録された非暴力の市民的抵抗は、どうしても、大規模で、注目され、記録・報道され、結果的に成功した事例が多く集められたという偏りがあるのではないか。データに偏りがある結果、非暴力の方がうまくいくように見えてしまうだけではないか。こういった批判である。

チェノウェスは、NAVCOデータのコードブックの中で、自身の研究がこうした批判を受けていることを明示し、偏りを回避するために、データに含む事例の条件を明確に設定する。千人以上の参加があった事例に絞る、非暴力抵抗だけを見るのではなく暴力闘争との比較で確認する、マキシマリスト型の運動、つまり政権転覆、自決、分離独立を目的とする抵抗だけにする、といった条件である。研究が、三・五パーセント・ルールを打ち立てることではなく、「非暴力抵抗の方が暴力闘争よりも成功する」という主張が支持されるかどうかの検証からはじまったこと、ゆえに暴力と非暴力抵抗を比較することが必要で、比較研究のためにマキシマリスト型の抵抗が選ばれたという背景を理解する必要がある。

以上のような限界や課題はあるが、原著書は、政治的暴力研究と非暴力の市民的抵抗研究を架橋しながら、市民的抵抗の歴史や理論から最新情勢まで網羅し、市民的抵抗を多角的に考察した他に類を見ない文献である。ただし、市民的抵抗がまだ新しい分野であり、かつ市民的抵抗が世界各地で発生し続けているため、チェノウェスが指摘するとおり、十年後の議論は違ったものとなるだろう。訳者が紛争・平和研究で事例の対象としてきたスーダンでは、二〇一九年、市民的抵抗により、長期独裁政権が倒れたが、不安定な状況にある。原著書が出版された二〇二一年以降も、ミャンマーやアフガニスタンでクーデターや政変があり、市民の抵抗が続く。二〇二二年二月のロシアによるウクライナ侵攻後は、武器を用いた戦闘に注目が集まりがちな中、ウクライナ国民やロシア国民が非暴力のさまざまな方法を駆使してロシア政府に立ち向かう姿も報じられた。七月、スリランカでは市民の大規模抗議デモ後に大統領が辞任した。「訳者あとがき」執筆中の十一月、イエメンや中国で反政府抗議デモがおこなわれている。世界各地で展開される市民的抵抗はもちろん、市民的抵抗研究の進展も注目される。

チェノウェスが「まえがき」の冒頭で述べているとおり、国際関係論で市民的抵抗を研究対象とすることは、非伝統的であった。なぜなら、国際関係論の中心は国家間関係であり、究極的には武器を用いた戦争と外交交渉をつうじた平和の話であり、市民による非暴力的な行動は、国家の暴力あるいは政治エリートの意思決定とは対極にあるからである。しかし、市民も不可欠なアクターとして展開されるグローバルな政治を考える上で、いまや市民的抵抗研究は、国際関係論にも重要な視座を提供する研究のひとつとなっている。

読書案内

ここ数年、日本語で読める市民的抵抗関連書籍が次々に刊行されている。

竹中千春『ガンディー——平和を紡ぐ人』（岩波新書、二〇一八年）、マハトマ・ガンディー［森本達雄訳］『わたしの非暴力【新装合本】』（みすず書房、二〇二一年）で、市民的抵抗の創始者の考え方や取り組みが学べる。黒﨑誠『マーティン・ルーサー・キング——非暴力の闘士』（岩波新書、二〇一八年）は、市民的抵抗の論理について本書と重なる議論が多く、読書案内も詳しい。原著書で「必読書」と紹介されている文献の邦訳版である、アメリカ公民権運動のグラフィックノベル『MARCH』全三巻（岩波書店、二〇一八年）や、アリシア・ガーザ［人権学習コレクティブ訳］『世界を動かす変革の力——ブラック・ライブズ・マター共同代表からのメッセージ』（明石書店、二〇二一年）も手に取りやすいだろう。最新書籍には、ウィリアム・E・ショイアマン［森達也監訳］『市民的不服従』（人文書院、二〇二二年）、ジュディス・バトラー［佐藤嘉幸・清水知子訳］『非暴力の力』（青土社、二〇二二年）がある。

日本から地理的に近い、東アジア・東南アジアでの抑圧と抵抗については、たとえば倉田徹『香港政治危機——圧力と抵抗の二〇一〇年代』（東京大学出版会、二〇二一年）、タンミンウー［中里京子訳］『ビルマ 危機の本質』（河出書房新社、二〇二一年）で、本書ではカバーしきれないミクロな視点、各現場独自の文脈が理解できる。中西嘉宏『ミャンマー現代史』（岩波書店、二〇二二年、一七九頁）では、二〇一九年の香港民主派デモのマニュアルがオンラインで共有されて、ミャンマーの市民的不服従運動に活用されたという事例問の関連性も論じられている。実際、The HK19 Manual と題するビルマ語・英語対訳のグーグル・ドキュメントが、二〇二二年十一月現在、オンラインで確認できる。

中高生向けの読み物も翻訳されつつある。元高校英語教師の渋谷弘子が翻訳を手掛けたフィリップ・フース

『席を立たなかったクローデット――十五歳、人種差別と闘って』（汐文社、二〇〇九年）、ラッセル・フリードマン『正義の声は消えない――反ナチス・白バラ抵抗運動の学生たち』（汐文社、二〇一七年）、ジャクリーン・ハウトマンほか『バイヤード・ラスティンの生涯――ぼくは非暴力を貫き、あらゆる差別に反対する』（合同出版、二〇二一年）から読みはじめるのも良いだろう。

また、ジーン・シャープが一九七三年に出版した『非暴力行動の政治学』（未邦訳）のエッセンスを詰め込んだ書籍 *How Nonviolent Struggle Works*（二〇一三年）が、ジーン・シャープ［谷口真紀訳］『非暴力を実践するために――権力と闘う戦略』（彩流社、二〇二二年）として出版された。シャープの著作はオンラインで無料公開されているものも多いので、関心のある方はアルベルト・アインシュタイン研究所ウェブサイトにアクセスしてほしい（https://www.aeinstein.org/）。

本書と同じくオックスフォード大学出版局の「みなが知る必要のあること」シリーズである、エリカ・フランツ［上谷直克・今井宏平・中井遼訳］『権威主義――独裁政治の歴史と変貌』（白水社、二〇二一年）は、権威主義体制下の政治の構図を、リーダー、エリート、大衆の相互作用で説明しており、政治指導者、指導者を支えるエリート、市民の関係で支柱分析を紹介した本書とつうじる。あわせて読むと、権威主義と市民的抵抗の両方の理解が深まるだろう。

＊＊＊

翻訳にあたり、さまざまな方にお世話になった。市原麻衣子氏、大林一広氏、鈴木達仁氏、谷口真紀氏、根本敬氏、眞城百華氏（五十音順）には、政治学や地域・歴史研究、言語の観点から草稿にコメントをいただいたり、市民的抵抗の研究と実践に関する意見交換をおこなう機会をいただいた。上智大学総合グローバル学部では、原書を参照しながら講義や事例研究をおこない、学生の意見から示唆を得た。ハーバード大学研究留学中に訳者の研究を育てようとしてくださり、本書の翻訳を歓迎してくださったチェノウェス氏、編集者として伴走してくださった白水社編集部の竹園公一朗氏にも感謝の気持ちでいっぱいである。とはいえ、翻訳の責任はすべて訳者にある。なお、本書は、紛争・平和の課題を考察する科研費・若手研究(課題番号20K13432)の成果の一部である。

原著者同様、本書を手にとってくださった方々が、「知識がつき」「力が湧いてきた」と思ってくださったなら、訳者にとっても望外の喜びである。

二〇二二年十一月

小林綾子

人名索引

あ行

か行

さ行

た行

な行

は行

ま行

や行

ら行

わ行

註

まえがき

(1)　このまえがきは、2014年に著者が非暴力紛争に関心を持ったきっかけについて書いたブログ投稿を参考にしている。
(2)　Chenoweth & Stephan 2011.
(3)　Chenoweth 2020a.
(4)　Chenoweth, et al. 2019.

序章

(1)　Foot 2016, p.5.
(2)　Global Nonviolent Action Database.
(3)　Kurlansky 2006.
(4)　Scalmer 2011.
(5)　Desai and Vahed 2015.
(6)　Bartkowski 2013; Presbey 2013.
(7)　Khawaja 1993; King 2007; Pearlman 2011; Rigby 1991; Schiff and Ya'ari 1989: Stephan 2005.
(8)　Boserup and Mack 1974; Liddel Hart 1954; Roberts 1969; Shell 2003; Scalmer 2011; Schelling 1969.
(9)　例えば、Deming 1971を参照。
(10)　Sharp 1999; 2003.
(11)　例えば、Abujbara, et al. 2017. 参照。
(12)　Ackerman and Kruegler 1994; Zunes 2009b.
(13)　Stephan & Chenoweth 2008: Chenoweth & Stephan 2011.
(14)　Conser, et al. 1986; Conser 2013.
(15)　Adams 1856, Vol. 19, p. 172.
(16)　Presbey 2013 p.51.
(17)　Beitler 2004; Clark 2010.
(18)　Sémelin 1993; Stephan & Mundy 2006.

（19） Hamann et al. 2013.
（20） Barrell 1993; Wink 1987; Zunes 1999b.
（21） Buchanon, Bui & Patel 2020.
（22） Droff 2015.
（23） Beyerle 2014, pp.115-135.
（24） Piven and Cloward 1977.
（25） Rasler 1996; Kurzman 1996, 2004; Zunes 2009a.
（26） Benhold 2018.

第一章　基本事項

（1） Schock 2003; 2015a.
（2） Smithey 2013.
（3） シャープはこれを力の「一枚岩」理論と呼ぶ（1973年）。
（4） Fanon 1961.
（5） ジーン・シャープはこれを力の「多元」論と呼ぶ（1973年）。
（6） 本書を通じて、「黒人（Black）」のBは大文字で記す。これにより、アメリカの文脈の中での黒人の政治的アイデンティティや歴史であることを示す。とはいえ、南アフリカでは、大文字にする政治は逆効果だ。小文字での表現は「黒人意識を刺激し、アフリカの人びと、インドの人びと、そしてさまざまなルーツを持つ子孫を表現する場合にも用いられる」。著者が本書で大文字の「Black」を使う意図は、こうした表現がアメリカ、アフリカ大陸、そしてディアスポラの人びとの間でどのように使われているかという共通の原因を摑むことである（Kessi, Marks, & Ramugondo 2020, pp.280-281）。
（7） Bueno de Mesquita & Smith 2011.
（8） Looney 2012, pp.431-434.
（9） 第四章でこうしたダイナミクスをより詳しく探る。
（10） メアリー・エリサベス・キングへの聴き取り、2020年9月18日。
（11） Sharp 2005.
（12） Burrowes 1996; Schock 2005.
（13） Schock 2005; Stephan & Gallagher 2019.
（14） Barnard 2015からの引用。
（15） Tea After Twelveからの引用、http:// www.tea-after-twelve.com/ all-issues/ issue-01/ issue-01-overview/ chapter2/ art-revolution/.
（16） King 2016.
（17） Popovic, *Bringing Down a Dictator* (2005) からの引用。
（18） Dave 2020.
（19） Filkins 2020.
（20） Sombatpoonsiri 2015.
（21） Schell 2003.
（22） Herzog 2011.

(23) Kishtainy 2010, p.62.
(24) Kishtainy 2010, p.54.
(25) Cochran 2019.
(26) Presbey 2013.
(27) Nagler 2014.
(28) Havel 1986, p.89.
(29) Case 2018.
(30) Wasow 2020.
(31) Huet-Vaughn 2017.
(32) Chenoweth & Belgioioso 2019.
(33) Rothman 2015.
(34) Rothman 2015.
(35) Chenoweth & Pressman 2020.
(36) 例えば、Abaraonye 1998 参照。この事例を知らせてくれたゾーイ・マークスに感謝する。
(37) Kurlansky 2006, 78.
(38) 引用は以下。Australian Broadcasting Company 2013.
(39) Klein 1998.
(40) Newman 2019.
(41) Potter 2015, pp. 2-3.
(42) Bray 2017.
(43) Ghandi, *Young India*, June 16, 1927.
(44) The King Center, n.d.
(45) Bartkowski 2017.
(46) Guha 2018, p.78 での引用。
(47) Guha 2018, pp.77-78 での引用。
(48) Hellmeier & Weidmann 2019.
(49) Ghandi, *Harijan*, October 27, 1946, pp. 369-70.
(50) Brown 1984, pp.22-23.
(51) Rossdale 2019.
(52) Hoyte 2016 での引用。
(53) 2017 年に、やり取りの中でこの点を伝えてくださったマット・メイヤーに感謝する。

第二章　いかに市民的抵抗はうまくいく?

(1) "The low road" from THE HUNGER MOON: NEW AND SELECTED POEMS, 1980– 2010 by Marge Piercy, copyright © 2011 by Middlemarsh, Inc. Used by permission of Alfred A. Knopf, an imprint of the Knopf Doubleday Publishing Group, a division of Penguin Random House LLC. All rights reserved.

(2) 以下参照。Chenoweth & Stephan 2014; Nepstad 2015; Roberts 2015; Robertson 2011.
(3) 以下もまた参照。Schock 2015a; Sharp 2005.
(4) Chenoweth & Stephan 2011; 2016.
(5) Chenoweth & Stephan 2011.
(6) Binnendijk & Marović 2006.
(7) Schock 2005; Zunes 1994.
(8) Thurber 2015; 2019.
(9) Swarthmore Nonviolent Action Database.
(10) 詳細は第三章および第五章を参照。
(11) Lee 2009; Martin 2015; Martin, Varney, & Vickers 2001.
(12) Author correspondence with Ivan Marović, 2014.
(13) Author correspondence with Mary Elizabeth King, 2015.
(14) McAdam 1999.
(15) McAdam 1996a; 1996b.
(16) 以下参照。McAdam, Tarrow, & Tilly 2001; Schock 2015a; Tarrow 1998.
(17) Chenoweth & Ulfelder 2017.
(18) Chenoweth & Ulfelder 2017.
(19) Dahlum 2019; Dahlum & Wig 2019.
(20) Chenoweth & Ulfelder 2017.
(21) Butcher, Gray, & Mitchell 2018.
(22) Butcher & Svensson 2014; Dahlum & Wig 2019; Wittels 2017.
(23) Piot 2011; Author correspondence with Mary Elizabeth King, April 2011.
(24) Chenoweth & Ulfelder 2017.
(25) Pearlman 2013.
(26) Braithwaite, Braithwaite, & Kucik 2015; Finkel 2015.
(27) Chenoweth & Ulfelder 2017.
(28) Gleditsch & Rivera 2017; Weyland 2014; Beissinger 2007.
(29) Chenoweth & Ulfelder 2017.
(30) Chenoweth & Ulfelder 2017.
(31) DeNardo 1985; Lichbach 1994a; Lichbach 1994b; Marwell & Oliver 1993.
(32) Chenoweth & Belgioioso 2019.
(33) Ackerman & Merriman 2014.
(34) Chenoweth & Stephan 2011; Marks & Chenoweth 2019.
(35) Bartkowski & Polyakova 2015; 以下も参照。Dorff 2015.
(36) Principe 2017.
(37) Marks & Chenoweth 2019.
(38) Marks & Chenoweth 2019.
(39) Barbash & Wax 2004.
(40) Abonga et al. 2019.
(41) この節は以下をもとにした。Chenoweth 2013.
(42) Chenoweth & Stephan 2011.

(43) Butcher, Gray & Michell 2018.
(44) Sharp 2005; Halvey 2004.
(45) Grewal 2019; Makara 2013.
(46) Binnendijk & Marović 2004.
(47) Swarthmore Nonviolent Action Database.
(48) この節は以下をもとにした。Chenoweth 2013.
(49) Author correspondence with Ivan Marović 2015.
(50) Johnson 1987; Lee 2009; Schock 2005; Zunes 1999a.
(51) Johnson & Thyne 2018.
(52) King 2015.
(53) Hamann et al., 2013.
(54) Sharp 2005; Ackerman & Kruegler 1994; Shock 2005.
(55) Chenoweth, et al. 2020.
(56) Gladwell & Shirky 2011.
(57) Howard 2010.
(58) Howard 2010; デジタル・アクティビズムを適用した事例については以下を参照。the websites for the Meta-Activism Project (http:// www.meta-activism.org/) and iRevolutions (https:// irevolutions.org/).
(59) King 2013.
(60) Tufekci 2017.
(61) Morozov 2010.
(62) Gohdes 2020.
(63) Gunitsky 2015.
(64) Meier 2011.
(65) Medrigal 2011.
(66) これ以降複数の節は Chenoweth 2020b のものである。
(67) Lichbach 1994a.
(68) Chenoweth & Belgioioso 2019.
(69) Chenoweth & Shay 2019.
(70) Chenoweth 2020b.
(71) 以下に依拠している。Chenoweth & Shay 2019; 以下も参照。Chenoweth 2020b.
(72) Chenoweth and Pressman 2017.
(73) Mazumder 2018; Wasow 2020.
(74) Johnstad 2012.
(75) Beissinger 2013.
(76) Jamal 2005; King 2007; Pearlman 2011.
(77) Chenoweth, et al. 2019.
(78) Freeman 1970.
(79) Freeman 1970.
(80) Freeman 1970.
(81) Stephan & Gallager 2019.

(82) Woodly 2020.
(83) Svensson & Lindgren 2010.
(84) Tarrow 1989.
(85) Stephan 2010; Zunes, Kurts, & Asher 1999.
(86) Marks, Chenoweth, & Okeke 2019.
(87) Stephan 2010.
(88) Kurlansky 2006.
(89) Nepstad 2011.
(90) Bartkowski & Kahf 2013.
(91) Chenoweth & Olsen 2015.
(92) Gause 2020; Gillion 2020.
(93) Beyerle 2014.
(94) 引用は以下。Fisher 2009, p.1.
(95) Lakey 2018.
(96) Thurber 2015; 2019.
(97) Lakey 2018.
(98) Lakey 2018.
(99) Gleditsch & Rivera 2017; Bunce & Wolchik 2011; Weyland 2014.
(100) Weyland 2009.
(101) Weyland 2014.
(102) Chenoweth & Stephan 2011.
(103) Murdie & Bhaisin 2011.
(104) Chenoweth & Stephan 2011.
(105) Gallo-Cruz 2012; Keck & Sikkink 1998.
(106) Fazal 2018.
(107) Clark 2010; Stephan 2005; Stephan & Mundy 2006; Summy 1994.
(108) Chenoweth & Stephan 2021; Keck & Sikkink 1998; Kinsman & Bassuener 2016.
(109) Kuran 1989; Kuran 1991.
(110) Chenoweth & Ulfelder 2017.
(111) Chenoweth & Lewis 2013.
(112) Ackerman 2007.
(113) Koren 2014; Sémelin, Andrieu, & Gensburger 2014; Stephan 2016.
(114) Koren 2014; Perkoski & Chenoweth 2018.

第三章　市民的抵抗と運動の中から生じる暴力

(1) Kauffman 2017.
(2) Belgioiso, Costalli, & Gleditsch 2019.
(3) Edwards & Arnon 2019.
(4) 別の形態の暴力は、空間と時間の問題があり、観察することがより難しい。た

とえば、心理的あるいは感情的暴力があるという指摘は多い。こうした暴力も害を与えるだろうが、遠距離からの観察でとらえることが難しい。また別の暴力の類型、たとえば構造的暴力は、食料、水、住居、医療、教育へのアクセスといった人びとの基本的ニーズや尊厳を制度的に奪うものであり、特定のグループを差別的に扱う方法であることが多い。それゆえ、多くの人びとは、排外的行為や周縁化されたグループやコミュニティを沈黙させるような行為を、暴力行為とみなすのである。

(5) Bjork-James 2020; Kadivar & Ketchley 2018; Pressman 2017.
(6) Bray 2017.
(7) Pressman 2017.
(8) Chenoweth & Kang 2020.
(9) Tarrow 1989.
(10) White 1989.
(11) Chenoweth & Shay 2019.
(12) Chenoweth & Shay 2019.
(13) Chenoweth, Kang & Moore 2021.
(14) Chenoweth & Pressman 2020.
(15) Chenoweth & Shay 2019.
(16) Haines 1984.
(17) Stockman 2017.
(18) Kadivar & Ketchley 2018.
(19) Bjork-James 2020.
(20) Bray 2017.
(21) Stockman 2017.
(22) Cobb 2014.
(23) Rossdale 2019.
(24) Kydd & Walter 2006.
(25) Thaler 2019.
(26) Enos et al. 2019.
(27) Enos et al. 2019.
(28) Mazumder 2018; Wasow 2020.
(29) Isaac, et al. 2006.
(30) Barrell 1993.
(31) Haines 1984; McCammon, Bergner, & Arch 2015; Belgioioso, Costalli, & Gleditsch 2019.
(32) Graeber 2012.
(33) Carey 2010; Chenoweth, Pinckney, & Lewis 2018; Steinert-Threlkeld, Joo, & Chan 2019.
(34) Chenoweth & Stephan 2019.
(35) Abrahms 2006.
(36) Chenoweth & Schock 2015.
(37) Thompkins 2015.

(38) Steinert-Threlkeld, Joo, & Chan 2019.
(39) Grossman 1995.
(40) Chenoweth 2019.
(41) Chenoweth 2019.
(42) Author correspondence with Stephan Zunes, 2016.
(43) Thomas & Louis 2014.
(44) Orazani & Leidner 2019.
(45) Adelman, Leidner, & Orazani 2017.
(46) Selvanathan & Lickel 2019.
(47) Simpson, Willer, & Feinberg 2018.
(48) Wasow 2020; Mazumder 2018.
(49) Huet-Vaughn 2017.
(50) Chenoweth & Shock 2015.
(51) Thompkins 2015.
(52) Carey 2010.
(53) Steinert-Threlkeld, Joo, & Chan 2019.
(54) Lupu & Wallance 2019.
(55) Conrad & Moore 2010.
(56) Chenoweth & Stephan 2019.
(57) Sharp 1973; Pearlman 2011.
(58) Chenoweth & Stephan 2011; Chenoweth & Schock 2015.
(59) Davenport, Soule, & Armstrong 2011.
(60) Mitts & Manekin 2019.
(61) Adelman, Leidner, & Orazani 2017; Muñoz & Anduiza 2019; Selvanathan & Lickel 2019; Thomas & Louis 2014.
(62) Chenoweth & Stephan 2011.
(63) Chenoweth & Stephan 2011; Wantchekon & García-Ponce 2017.
(64) Marx 2012.
(65) Marx 2012.
(66) Davenport 2015.
(67) Marx 2012.
(68) Parham 2017.
(69) Chase 2017a; 2017b.
(70) Pinckney 2016.
(71) Walzer 2001.
(72) Pearlman 2011.
(73) Pinckney 2016.
(74) Pinckney 2016; Cunningham 2014.
(75) Pinckney 2016, p.74.
(76) Pinckney 2016.
(77) Sharp 2005, p. 200.
(78) L'Obs 2019.

(49) Author correspondence with Tom Hastings, 2015.
(80) Pinckney 2016, p. 74.
(81) Edward & Arnon 2019.
(82) Nagler 2019.
(83) Dudouet 2013.
(84) Braithwaite 2014a; 2014b.
(85) Adler 2019.
(86) Chenoweth & Stephan 2011.

第四章　市民的抵抗と運動に対する暴力

(1) Ritter & Conrad 2016.
(2) Chenoweth & Ulfelder 2017.
(3) Klein & Regan 2018.
(4) Davenport 2007.
(5) Chenoweth & Ulfelder 2017.
(6) Pearlman 2011.
(7) Pearlman 2011.
(8) Pearlman 2011, p. 106; 以下も参照。 Pressman 2017.
(9) Chenoweth & Stephan 2011.
(10) Bloom 2005.
(11) Pearlman 2011.
(12) Bloom 2005.
(13) Sutton, Butcher, & Svensson 2014.
(14) Bob & Nepstad 2007.
(15) Sullivan 2016.
(16) Valentino 2004.
(17) Perokoski & Chenoweth 2018.
(18) Martin 2007; Smithey & Kurtz 2018.
(19) Foot 2016; Sémelin 1993; Sharp 1973; Sharp 2005; Summy 1994.
(20) Stephan 2006.
(21) Author correspondence with Mary Elizabeth King, 2014.
(22) Chenoweth & Shay 2019.
(23) Mazumder 2018.
(24) Perkoski & Chenoweth 2018.
(25) Ackerman & DuVall 2000.
(26) Barrell 1993.
(27) Sullivan 2017.
(28) Sutton, Butcher, & Svensson 2014.
(29) Huha 2016, pp. 80-81 での引用。
(30) Kurlansky 2006.

(31) Liddell-Hart 1968, p. 205.
(32) Sharp 1973, p.43 での引用。
(33) Summy 1994, p.133 での引用。
(34) Reck-Malleczewen 2000, entry from August 1943, pp. 194-195.
(35) Stoltzfus 1996; Summy 1994.
(36) Valentino 2004.
(37) Foot 2016; Kurlansky 2006.
(38) Perkoski & Chenoweth 2018.
(39) Telegraph Staff 2009.
(40) Foot 2016, p.62.
(41) Sémelin 1996.
(42) Sémelin, et al. 2004.
(43) Kaplan 2013a.
(44) Kaplan 2013b.
(45) Kaplan 2017.
(46) Svensson, Hall, Krause & Skoog 2019.
(47) Stephan 2016.
(48) Hess & Martin 2006.
(49) Stephan & Chenoweth 2008.
(50) Hess & Martin 2006; Martin 2007.
(51) King 2013.
(52) Snowden 2019.
(53) Hsiao & Lim 2016, p.21-22.
(54) Perkoski & Chenoweth 2018.
(55) Robinson 2009.
(56) Chenoweth & Stephan 2011; Schock 2005; Zunes 1999a.
(57) Coy 2012.
(58) Coy 2012.
(59) Chenoweth & Stephan 2011.

第五章　市民的抵抗の未来

(1) 本章は、Chenoweth 2020a に依拠しており、いくつか類似の言い回しや考えが含まれる。
(2) Pinker 2011.
(3) Bartkowski 2013.
(4) Gallo-Cruz 2019.
(5) Pepucci 2020.
(6) Chenoweth & Pressman 2020; Marantz 2020.
(7) Chenoweth 2017; 2018; 2019.
(8) Ritter 2015.

(9) Chenoweth & Stephan 2011.
(10) Hamann, et al. 2013.
(11) Wasow 2020; Chenoweth & Shock 2015.
(12) 本節は Chenoweth 2014b; 2017; 2018 および 2019 に依拠している。Smithey & Kurtz 2018 も参照せよ。
(13) Martin 2007.
(14) Spector 2006, p.1.
(15) Herszenhorn 2014.
(16) Heydemann 2007; Spector 2006.
(17) Frantz & Kendall-Taylor 2014.
(18) Bueno de Mesquita & Smith 2011, pp.198-200.
(19) Ross 2012.
(20) Spector 2006; Carothers & Brechenmacher 2014.
(21) Spector & Krickovic 2008, p.9.
(22) Hellmeier & Weidmann 2019.
(23) Marx 2012.
(24) Dobson 2012.
(25) Author correspondence with Patrick Meier, 2011.
(26) Spector & Krickovic 2008, p.6.
(27) Spector & Krickovic 2008, p.7.
(28) Spector & Krickovic 2008, p.11.
(29) Spector & Krickovic 2008, p.7.
(30) Chenoweth 2018.
(31) Chenoweth & Stephan 2011.
(32) Madrigal 2011.
(33) Bayer et al. 2016; Chenoweth & Stephan 2011; Rivera and Gleditsch 2013; Pinckney 2020; Ulfelder 2010; Wantchekon & García-Ponce 2017.
(34) Beissinger 2013.
(35) Chenoweth & Stephan 2011.
(36) Chenoweth & Stephan 2011.
(37) Stoddard 2013.
(38) Chenoweth & Shay 2019.
(39) Bayat 2017, p. 219.
(40) Beissinger 2013.
(41) Pinckney 2018; 2020.
(42) Tarrow 1989; Ulfelder 2010.
(43) Taylor 2016.
(44) Gertsmann 2020.
(45) Chenoweth, et al. 2020.
(46) Buchanan, Bui, & Patel 2020; Chenoweth & Pressman 2020.
(47) Ackerman & DuVall 2000; Kurlansky 2006; Smithey 2013.
(48) Carter, Clark, & Randle 2006.

(49) Kurlansky 2006.
(50) Rossdale 2019.
(51) Carlsmith & Sood 2009.
(52) Iqbal 2015, pp.95-120; Richardson 2006.
(53) Richardson 2006.

訳者あとがき

(1) Erica Chenoweth and Maria J. Stephan. 2011. *Why Civil Resistance Works: The Strategic Logic of Nonviolent Conflict.* New York: Columbia University Press.
(2) Political Violence at a Glance ウェブサイト : https://politicalviolenceataglance.org/.
(3) International Center on Nonviolent Conflict ウェブサイト : https://www.nonviolent-conflict.org.
(4) NAVCO データ・プロジェクト・ウェブサイト : https://dataverse.harvard.edu/dataverse/navco.
(5) Erica Chenoweth. "The success of nonviolent civil resistance." TEDxBoulder, September 21, 2013, https://www.youtube.com/watch?v=YJSehRlU34w.

文献

Abaraonye, Felicia Ihuoma. 1998. "The Women's War of 1929 in South-Eastern Nigeria," in M. J. Diamond, ed. *Women and Revolution: Global Expressions*, 109–132. Springer.

Abonga, Francis, Raphael Kerali, Holly Porter, and Rebecca Tapscott. 2019. "Naked Bodies and Collective Action: Repertoires of Protest in Uganda's Militarised, Authoritarian Regime." *Civil Wars*, November 12, 2019, pp.1–26.

Abrahms, Max. 2006. "Why Terrorism Does Not Work." *International Security* 31（2）: 42–78.

Abujbara, Juman, Andrew Boyd, Dave Mitchell, and Marcel Taminato, eds. 2017. *Beautiful Rising: Creative Resistance from the Global South*. Portland: O/R Books.

Ackerman, Peter. 2007. "Skills or Conditions: What Key Factors Shape the Success or Failure of Civil Resistance?" International Center for Nonviolent Conflict; paper delivered at the Conference on Civil Resistance and Power Politics, St. Antony's College, March 15–18, University of Oxford.

Ackerman, Peter, and Jack DuVall. 2000. *A Force More Powerful: A Century of Nonviolent Conflict*. London: St. Martin's Press / Palgrave Macmillan.

Ackerman, Peter, and Christopher Kruegler. 1994. *Strategic Nonviolent Conflict: The Dynamics of People Power in the Twentieth Century*. Westport, CT: Praeger.

Ackerman, Peter, and Hardy Merriman. 2014. "The Checklist for Ending Tyranny," in Maria J. Stephan and Mat Burows, eds., *Is Authoritarianism Staging a Comeback?* 63–80. Washington, DC: Atlantic Council.

Adams, John. 1856. *The Works of John Adams, vol. 10*. Boston: Little Brown.

Adelman, Levi, Bernhard Leidner, and Seyed Nima Orazani. 2017. "Psychological Contributions to Philosophy: The Cases of Just War Theory and Nonviolence." *In* Florian Demont-Biaggi, ed. *The Nature of Peace and the Morality of Armed Conflict*, 267–291. London: Palgrave Macmillan.

Adler, Paul. 2019, November 29. "What the 'Battle of Seattle' Can Teach Today's Progressives," *Washington Post*, https://www.washingtonpost.com/outlook/2019/11/29/what-battle-seattle-can-teach-todays-progressives/.

Australian Broadcasting Company（ABC）. 2013, June 13. *7.30 News Program*. "ABC's 7.30 Interviews His Holiness the Dalai Lama in Sydney." ABC News, https://www.youtube.com/watch?v=mEvftYpmRAs.

Barbash, Fred, and Emily Wax. 2004, October 8. "Wangari Maathai, the Kenyan

F..." *Washington Post*, https://www.washingtonpost.com/archive/business/technology/2004/10/08/wangari-maathai-the-kenyan-f/98bc5690-0a8e-4ea0-82e8-0f27c14a324f/.

Barnard, Anne. 2015, June 7. "Brides of Syria Were Joined in Opposition to Violence." *New York Times*, https://www.nytimes.com/2015/06/10/world/middleeast/syria-trials-of-spring.html.

Barrell, Howard. 1993. *Conscripts to Their Age: African National Congress Operational Strategy, 1976–1986*. Ph.D. dissertation, St. Antony's College, Oxford University.

Bartkowski, Maciej, ed. 2013. *Recovering Nonviolent History: Civil Resistance in Liberation Struggles*. Boulder, CO: Lynne Rienner.

Bartkowski, Maciej. 2017, April 1. "Popular Uprising against Democratically Elected Leaders: What Makes It Legitimate?" *Huffington Post*, https://www.huffpost.com/entry/popular-uprising-against-_b_9567604.

Bartkowski, Maciej, and Mohja Kahf. 2013. Syria: A tale of two struggles. Updated September 23, 2013. Retrieved August 13, 2015 (https://www.opendemocracy.net/civilresistance/maciej-bartkowski-mohja-kahf/syrian-resistance-tale-of-two-struggles)

Bartkowski, Maciej, and Alina Polyakova. 2015, October 12. "To Kill or Not to Kill?: Ukrainians Opt for Nonviolent Civil Resistance." *Political Violence at a Glance*, https://politicalviolenceataglance.org/2015/10/12/to-kill-or-not-to-kill-ukrainians-opt-for-nonviolent-civil-resistance/.

Bayer, Markus, Felix S. Bethke, & Daniel Lambach. 2016. "The Democratic Dividend of Nonviolent Resistance." *Journal of Peace Research* 53 (6) : 758–771.

Bayat, Asef. 2017. *Revolution without Revolutionaries: Making Sense of the Arab Spring*. Palo Alto, CA: Stanford University Press.

Beissinger, Mark R. 2007. "Structure and Example in Modular Political Phenomena: The Diffusion of Bulldozer/Rose/Orange/Tulip Revolutions." *Perspectives on Politics* 5 (02) : 259–276.

Beissinger, Mark R. 2013. "The Semblance of Democratic Revolution: Coalitions in Ukraine's Orange Revolution." *American Political Science Review* 107 (3) : 574–592.

Beitler, Ruth. 2004. *The Path to Mass Rebellion: An Analysis of Two Intifadas*. New York: Lexington Books.

Belgioioso, Margherita, Stefano Costalli, and Kristian Skrede Gleditsch. 2019, March 11. "Better the Devil You Know?: How Fringe Terrorism Can Induce an Advantage for Moderate Nonviolent Campaigns." *Terrorism and Political Violence*: 1–20.

Bennhold, Katrin. 2018, December 27. "Germany's far right rebrands: friendlier face, same doctrine." *The New York Times*, https://www.nytimes.com/2018/12/27/world/europe/germany-far-right-generation-identity.html.

Beyerle, Shaazka. 2014. *Curtailing Corruption: People Power for Accountability and Justice*. Boulder, CO: Lynne Rienner.

Binnendijk, Anika Locke, and Ivan Marovic. 2006. "Power and Persuasion: Nonviolent Strategies to Influence State Security Forces in Serbia(2000)and Ukraine(2004)." *Communist and Post-Communist Studies* 39 (3) (September) : 411–429.
Bjork-James, Carwil. 2020. "Unarmed Militancy: Tactical Victories, Subjectivity, and Legitimacy in Bolivian Street Protest." *American Anthropologist* 122, no. 3: 514–527.
Bloom, Mia. 2005. *Dying to Kill: The Allure of Suicide Terror*. New York: Columbia University Press.
Bob, Clifford, and Sharon Erickson Nepstad. 2007. "Kill a Leader, Murder a Movement? Leadership and Assassination in Social Movements." *American Behavioral Scientist* 50 (10) (June) : 1370–1394.
Boserup, Anders, and Andrew Mack. 1974. *War without Weapons: Non-Violence in National Defence*. London: Frances Pinter.
Braithwaite, John. 2014a. "Limits on Violence; Limits on Responsive Regulatory Theory." *Law & Policy* 36 (4) : 431–456.
Braithwaite, John. 2014b. "Rethinking Radical Flank Theory: South Africa." RegNet Research Paper No. 2014/23. Canberra: Australian National University.
Braithwaite, Alex, Jessica Maves Braithwaite, and Jeffrey Kucik, 2015. "The Conditioning Effect of Protest History on the Emulation of Nonviolent Conflict." *Journal of Peace Research* 52 (6) : 697–711.
Bray, Mark. 2017. *Antifa: The Anti-Fascist Handbook*. Brooklyn, NY: Melville House.
Brown, Wilmette. 1984. *Black Women and the Peace Movement*. Bristol: Falling Wall Press.
Buchanan, Larry, Quoctrung Bui, and Jugal K. Patel. 2020, July 3. "Black Lives Matter May Be the Largest Movement in U.S. History." *New York Times*, https://www.nytimes.com/interactive/2020/07/03/us/george-floyd-protests-crowd-size.html.
Bueno de Mesquita, Bruce, and Alastair Smith. 2011. *The Dictator's Handbook: Why Bad Behavior Is Almost Always Good Politics*. New York: Public Affairs.
Bunce, Valerie, and Sharon Wolchik. 2011. *Defeating Authoritarian Leaders in Post-Communist Countries*. New York: Cambridge University Press.
Burrowes, R. J. 1996. *The Strategy of Nonviolent Defense: A Gandhian Approach*. Albany: State University of New York Press.
Butcher, Charles, John Laidlaw Gray, and Liesel Mitchell. 2018. "Striking It Free? Organized Labor and the Outcomes of Civil Resistance." *Journal of Global Security Studies* 3 (3) : 302–321.
Carey, Sabine C. 2010. "The Use of Repression as a Response to Domestic Dissent." *Political Studies* 58 (1) : 167–186.
Carothers, Thomas, and Saskia Brechenmacher. 2014. "Closing Space: Democracy and Human Rights Support Under Fire." Washington, DC: Carnegie Endowment for International Peace.
Carlsmith, Kevin, and Avani Mehta Sood. 2009. "The Fine Line Between Interrogation and Retribution." *Journal of Experimental Social Psychology* 45 (1) : 191–196.

Carter, April. 2011. *People Power and Political Change: Key Issues and Concepts*. New York: Routledge.
Carter, April, Howard Clark, and Michael Randle. 2006. *People Power and Protest since 1945: A Bibliography of Nonviolent Action*. London: Housmans.
Case, Benjamin. 2018. "Riots as Civil Resistance Rethinking the Dynamics of 'Nonviolent' Struggle." *Journal of Resistance Studies* 4 (1) : 9.
Chase, Steve. 2017a, July 18. "Let's Get Real: Facing Up to the Agent Provocateur Problem." Minds of the Movement Blog, International Center on Nonviolent Conflict, https://www.nonviolent-conflict.org/blog_post/lets-get-real-facing-agent-provocateur-problem/.
Chase, Steve. 2017b, June 20. "Let's Get Strategic: Why Moving 'Beyond Violence and Nonviolence' Is Flawed." Minds of the Movement Blog, International Center on Nonviolent Conflict, https://www.nonviolent-conflict.org/blog_post/lets-get-strategic-moving-beyond-violence-nonviolence-flawed/.
Clements, Kevin P. 2015. "Principled Nonviolence: An Imperative, Not an Optional Extra." *Asian Journal of Peacebuilding* 3 (1) : 1–17.
Chenoweth, Erica. 2013, July 31. "Changing Sides Doesn't Always Make for Transformation — Just Look at Egypt." openDemocracy, https://www.opendemocracy.net/en/transformation/changing-sides-doesnt-always-make-for-transformation-just-look-at-e/.
Chenoweth, Erica. 2014a. "Civil Resistance: Reflections on an Idea Whose Time Has Come." *Global Governance: A Review of Multilateralism and International Organizations* 20 (3) : 351–358.
Chenoweth, Erica. 2014b. "Trends in Civil Resistance and Authoritarian Responses." In Maria J. Stephan and Mat Burrows, eds., *Is Authoritarianism Staging a Comeback?* 53-62. Washington, DC: Atlantic Council.
Chenoweth, Erica. 2017. "Trends in Nonviolent Resistance and State Response: Is Violence toward Civilian-Based Movements on the Rise?" *Global Responsibility to Protect* 9 (1) : 86–100.
Chenoweth, Erica. 2018. "The Trump Administration's Adoption of the Anti-Revolutionary Toolkit." *PS: Political Science and Politics* 51 (1) (January) : 17–25.
Chenoweth, Erica. 2019. "Women's Participation and the Fate of Nonviolent Resistance Campaigns." One Earth Future report, https://oefresearch.org/sites/default/files/documents/publications/Womens_Participation_Nonviolent_Campaigns_Digital_0.pdf.
Chenoweth, Erica. 2020a. "The Future of Nonviolent Resistance" *Journal of Democracy* 31 (3) : 69–84.
Chenoweth, Erica. 2020b. "Questions, Answers, and Some Cautionary Updates Regarding the 3.5% Rule." *Carr Center Discussion Paper Series* 2020-005. Kennedy School of Government, Harvard University.
Chenoweth, Erica, and Margherita Belgioioso. 2019. "The Physics of Dissent and the

Effects of Movement Momentum." *Nature Human Behaviour* 3 (10) : 1088–1095.
Chenoweth, Erica, Austin Choi-Fitzpatrick, Jeremy Pressman, Felipe G. Santos, and Jay Ulfelder. 2020, April 20. "The Global Pandemic Has Spawned New Forms of Activism — and They're Flourishing." *The Guardian*, https://www.theguardian.com/commentisfree/2020/apr/20/the-global-pandemic-has-spawned-new-forms-of-activism-and-theyre-flourishing.
Chenoweth, Erica, Sirianne Dahlum, Sooyeon Kang, Zoe Marks, Christopher Shay, and Tore Wig. 2019, November 16. "This May Be the Largest Wave of Nonviolent Mass Movements in World History. What Comes Next?" *Washington Post*, https://www.washingtonpost.com/politics/2019/11/16/this-may-be-largest-wave-nonviolent-mass-movements-world-history-what-comes-next/.
Chenoweth, Erica, Sooyeon Kang, and Pauline Moore. 2021. Major Episodes of Contention Dataset. Harvard Dataverse.
Chenoweth, Erica, and Orion A. Lewis. 2013. "Unpacking Nonviolent Campaigns: Introducing the NAVCO 2.0 Dataset." *Journal of Peace Research* 50 (3) (May) : 415–442.
Chenoweth, Erica, and Tricia Olsen. 2015. "Civil Resistance and Corporate Behavior: Mapping Trends and Assessing Impact." Democracy, Human Rights, and Governance Research and Innovation Grant Report, USAID, August.
Chenoweth, Erica, Jonathan Pinckney, and Orion A. Lewis. 2018. "Days of Rage: Introducing the NAVCO 3.0 Dataset." *Journal of Peace Research* 55 (4) (July) : 524–534.
Chenoweth, Erica, and Jeremy Pressman. 2017, February 7. "This Is What We Learned by Counting the Women's Marches." *Washington Post*, Monkey Cage, https://www.washingtonpost.com/news/monkey-cage/wp/2017/02/07/this-is-what-we-learned-by-counting-the-womens-marches/.
Chenoweth, Erica, and Jeremy Pressman. 2020, October 17. "This Summer's Black Lives Matter Protesters Were Overwhelmingly Peaceful, Our Research Finds," *The Washington Post*, https://www.washingtonpost.com/politics/2020/10/16/this-summers-black-lives-matter-protesters-were-overwhelming-peaceful-our-research-finds/.
Chenoweth, Erica, and Kurt Schock. 2015. "Do Contemporaneous Armed Challenges Affect the Outcomes of Mass Nonviolent Campaigns?" *Mobilization: An International Quarterly* 20 (4) : 427–451.
Chenoweth, Erica, and Christopher W. Shay. 2019. NAVCO 2.1 Dataset. Harvard Dataverse.
Chenoweth, Erica, and Maria J. Stephan. 2011. *Why Civil Resistance Works: The Strategic Logic of Nonviolent Conflict*. New York: Columbia University Press.
Chenoweth, Erica, and Maria J. Stephan. 2014. "Drop Your Weapons: When and Why Civil Resistance Works." *Foreign Affairs* 93 (4) (July/August) : 94–106.
Chenoweth, Erica, and Maria J. Stephan. 2016, January 18. "How the World Is Proving

Martin Luther King Right about Nonviolence" *Washington Post*, Monkey Cage, https://www.washingtonpost.com/news/monkey-cage/wp/2016/01/18/how-the-world-is-proving-mlk-right-about-nonviolence/.

Chenoweth, Erica, and Maria J. Stephan. 2019, December 18. "Violence Is a Dangerous Route for Protesters." *Foreign Policy Magazine*, https://foreignpolicy.com/2019/12/18/violent-resistance-protests-nonviolence/.

Chenoweth, Erica, and Maria J. Stephan. 2021. *The Role of External Support in Nonviolent Campaigns: Poisoned Chalice or Holy Grail?* Washington, DC: International Center on Nonviolent Conflict.

Chenoweth, Erica, and Jay Ulfelder. 2017. "Can Structural Conditions Explain the Onset of Nonviolent Uprisings?" *Journal of Conflict Resolution* 61 (2) (February) : 298–324.

Clark, Howard. 2010. "The Limits of Prudence: Civil Resistance in Kosovo, 1990-1998." In Adam Roberts and Timothy Garton Ash, eds., *Civil Resistance and Power Politics: The Experience of Non-Violent Action from Gandhi to the Present*, 277–294. Oxford: Oxford University Press.

Cobb, Raymond. 2014. *This Nonviolent Stuff'll Get You Killed: How Guns Made the Civil Rights Movement Possible*. New York: Basic Books.

Cochran, David. 2019. "The Irish Revolution's Overlooked History of Nonviolent Resistance." *Waging Nonviolence*, January, https://wagingnonviolence.org/2019/01/irish-revolution-overlooked-history-nonviolent-resistance/.

Conrad, Courtenay Ryals, and Will H. Moore. 2010. "What Stops the Torture?" *American Journal of Political Science* 54 (2) (April) : 459–476.

Conser, Walter H., Ronald McCarthy, David Toscano, and Gene Sharp, eds. 1986. *Resistance, Politics, and the American Struggle for Independence, 1765-1775*. Boulder, CO: Lynne Rienner Publishers.

Conser, Walter. 2013. "Cuba: Nonviolent Strategies for Autonomy and Independence, 1810s–1902," in Maciej Bartkowski, *Recovering Nonviolent History: Civil Resistance in Liberation Struggles*, 299–318. Boulder, CO: Lynne Rienner Publishers.

Coy, Patrick G. 2012. "Nonpartisanship, Interventionism and Legality in Accompaniment: Comparative Analyses of Peace Brigades International, Christian Peacemaker Teams, and the International Solidarity Movement." *International Journal of Human Rights* 16 (7) (October) : 963–981.

Cunningham, Kathleen. 2014. *Inside the Politics of Self-Determination*. New York: Oxford University Press.

Dahlum, Sirianne. 2019. "Students in the Streets: Education and Nonviolent Protest." *Comparative Political Studies* 52 (2) : 277–309.

Dahlum, Sirianne, and Tore Wig. 2019. "Who Revolts? Empirically Revisiting the Social Origins of Democracy." *The Journal of Politics* 81 (4) : 1494–1499.

Dave, Nomi. 2020. *The Revolution's Echoes: Music, Politics, and Pleasure in Guinea*. Chicago: University of Chicago Press.

Davenport, Christian. 2007. "State Repression and Political Order." *Annual Review of Political Science* 10: 1–23.
Davenport, Christian. 2015. *How Social Movements Die: Repression and Demobilization of the Republic of New Africa.* New York: Cambridge University Press.
Davenport, Christian, Sarah A. Soule, and David Armstrong. 2011. "Protesting While Black?: The Differential Policing of American Activism, 1960 to 1990." *American Sociological Review* 76（1）（February）: 152–178.
Deming, Barbara. 1971. *Revolution and Equilibrium.* Chicago: Grossman.
DeNardo, James. 1985. *Power in Numbers: The Political Strategy of Protest and Rebellion.* Princeton, NJ: Princeton University Press.
Desai, Ashwin, and Goolam Vahed. 2015. *The South African Gandhi: Stretcher-Bearer of Empire.* Palo Alto, CA: Stanford University Press.
Dobson, William J. 2012. *The Dictator's Learning Curve: Inside the Global Battle for Democracy.* New York: Doubleday.
Dorff, Cassy. 2015. "Civilian Survival in Armed Conflict: Perceptions on the Efficacy of Nonviolent and Violent Strategies, Evidence from Mexico." Unpublished manuscript, University of Denver.
Dudouet, Véronique. 2013. "Dynamics and Factors of Transition from Armed Struggle to Nonviolent Resistance." *Journal of Peace Research* 50（3）（May）: 401–413.
Edelman, Marek［obituary］. 2009, October 4. *The Telegraph*, https://www.telegraph.co.uk/news/obituaries/politics-obituaries/6259900/Marek-Edelman.html.
Edwards, Pearce, and Daniel Arnon. 2019, December 12. "Violence on Many Sides: Framing Effects on Protest and Support for Repression." *British Journal of Political Science*: 1–19.
Enos, Ryan, Aaron Kaufman, and Melissa Sands. 2019. "Can Violent Protest Change Local Policy Support? Evidence from the Aftermath of the 1992 Los Angeles Riot." *American Political Science Review* 113（4）: 1012–1028.
Fanon, Frantz. 1961. *The Wretched of the Earth.* New York: Grove Press.
Fazal, Tanisha M. 2018. "Go Your Own Way: Why Rising Separatism May Lead to More Conflict." *Foreign Affairs*（July/August）: 113–123.
Filkins, Dexter. 2020, May 25. "Twilight of the Iranian Revolution." *New Yorker.*
Finkel, Yevgeny. 2015. "The Phoenix Effect of State Repression: Jewish Resistance during the Holocaust." *American Political Science Review* 109（2）: 339–353.
Fisher, Mark. 2009. *Capitalist Realism: Is There No Alternative?* London: Zero.
Foot, M. R. D. 2016. *Resistance: European Resistance to the Nazis, 1940–1945.* London: Biteback Publishing.
Francisco, Ronald. 2004. "After the Massacre: Mobilization in the Wake of Harsh Repression." *Mobilization: An International Journal* 9（2）（June）: 107–126.
Frantz, Erica, and Andrea Kendall-Taylor. 2014. "A Dictator's Toolkit: Understanding How Co-optation Affects Repression in Autocracies." *Journal of Peace Research* 51（3）（May）: 332–346.
Freeman, Jo. 1970. "The Tyranny of Structurelessness," https://www.jofreeman.com/

joreen/tyranny.htm, last accessed November 21, 2020.
Gallo-Cruz, Selina. 2012. "Organizing Global Nonviolence: The Growth and Spread of Nonviolent INGOs, 1948–2003." *Research in Social Movements, Conflicts, and Change* 34: 213–256.
Gallo-Cruz, Selina. 2019. "Nonviolence beyond the State: International NGOs and Local Nonviolent Mobilization." *International Sociology* 34 (6) : 655–674.
Gamson, William A. 1990. *The Strategy of Social Protest.* 2nd edition. Belmont, CA: Wadsworth.
Gertsmann, Evan. 2020, April 12. "How the COVID-19 Crisis Is Threatening Freedom and Democracy across the Globe," *Forbes.com.*
Gillion, Daniel. 2013. *The Political Power of Protest: Minority Activism and Shifts in Public Policy.* New York: Cambridge University Press.
Gillion, Daniel. 2020. *The Loud Minority: Why Protests Matter in American Democracy.* Princeton, NJ: Princeton University Press.
Gladwell, Malcolm, and Clay Shirky. 2011. "From Innovation to Revolution: Do Social Media Make Protests Possible?" *Foreign Affairs* 90 (2) : 153–154.
Gleditsch, Kristian S., and Mauricio Rivera. 2017. "The Diffusion of Nonviolent Campaigns." *Journal of Conflict Resolution* 61 (5) : 1120–1145.
Global Nonviolent Action Database. Retrieved November 21, 2020, https://nvdatabase.swarthmore.edu/.
Gohdes, Anita. 2020. "Repression Technology: Internet Accessibility and State Violence." *American Journal of Political Science* (2020) : 1–16.
Graeber, David. 2012, February 9. "Concerning the Violent Peace-Police: An Open Letter to Chris Hedges." *n +1 Magazine Online*, http://nplusonemag.com/concerning-the-violent-peace-police.
Grewal, Sharan. 2019. "Military Defection during Localized Protests: The Case of Tataouine." *International Studies Quarterly* 63 (2) : 259–269.
Grossman, Dave. 1995. *On Killing: The Psychological Cost of Learning to Kill in War and Society.* Boston: Little, Brown.
Guha, Ramachandra. 2018. *Gandhi: The Years That Changed the World, 1914–1948.* New York: Alfred A. Knopf.
Guntisky, Seva. 2015. "Corrupting the Cyber-Commons: Social Media as a Tool of Autocratic Stability." *Perspectives on Politics* 13 (1) (March) : 42–54.
Haines, Herbert. 1984. "Black Radicalization and the Funding of Civil Rights: 1957–1970." *Social Problems* 32 (1) (October) : 31–43.
Haines, Herbert. 1988. *Black Radicals and the Civil rights Mainstream.* Knoxville: University of Tennessee Press.
Hamann, Kerstin, Alison Johnston, and John Kelly. 2004. "Striking Concessions from Governments: Explaining the Success of General Strikes in Western Europe, 1980–2009." *Comparative Politics* 46 (1) : 23–41.
Hassanpour, Navid. 2014. "Media Disruption and Revolutionary Unrest: Evidence from Mubarak's Quasi-Experiment." *Political Communication* 31 (1) (January)

: 1–24.
Havel, Václav. 1986. *Václav Havel, or, Living in Truth: Twenty-Two Essays Published on the Occasion of the Award of the Erasmus Prize to Václav Havel*, ed. Jan Vladislav. London: Faber & Faber.
Hellmeier, Sebastian, and Nils B. Weidmann. 2019. "Pulling the Strings? The Strategic Use of Pro-Government Mobilization in Authoritarian Settings." *Comparative Political Studies* 53（1）: 71–108.
Helvey, Robert. 2004. *On Strategic Nonviolent Conflict: Thinking about Fundamentals*. Boston: Albert Einstein Institute.
Herszenhorn, David M. 2014, April 13. "Xenophobic Chill Descends on Moscow." *New York Times*.
Herzog, Rudolph. 2011. *Dead Funny: Humor in Hitler's Germany*. New York: Melville House.
Hess, David, and Brian Martin. 2006. "Repression, Backfire, and the Theory of Transformative Events." *Mobilization: An International Journal* 11（2）(June）: 249–267.
Heydemann, Steven. 2007. "Upgrading Authoritarianism in the Arab World." Saban Center Analysis Paper Series 13, *Brookings Institution*. October.
Howard, Philip N. 2010. *The Digital Origins of Dictatorship and Democracy: Information Technology and Political Islam*. Oxford: Oxford University Press.
Hoyte, Harry. 2016, June 30. "Ella Baker and the Politics of Hope — Lessons from the Civil Rights Movement." *Huffington Post*, https://www.huffpost.com/entry/ella-baker-and-the-politi_b_7702936.
Hsiao, Andrew, and Audrea Lim, eds. 2016. *The Verso Book of Dissent: Revolutionary Words from Three Millennia of Rebellion and Resistance*. London: Verso.
Huet-Vaughn, Emiliano. 2017. Quiet Riot: The Causal Effect of Protest Violence. Unpublished manuscript, UCLA, https://papers.ssrn.com/sol3/papers.cfm?abstract_id=2331520.
Iqbal, Khuram. 2015. *The Making of Pakistani Human Bombs*. Lanham, MD: Lexington Books.
Interfax. 2007, February 19. "Putin against using human rights as instrument of political influence."
International Center on Nonviolent Conflict. 2005. *Bringing Down a Dictator*, https://www.nonviolent-conflict.org/bringing-dictator-english/.
Isaac, Larry W., Steve McDonald, and Greg Lukasik. 2006. "Takin' It from the Streets: How the Sixties Breathed Life into the Labor Movement." *American Journal of Sociology* 112（1）(July）: 46–96.
Jamal, Amal. 2005. *The Palestinian National Movement: Politics of Contention, 1967–2005*. Bloomington: Indiana University Press.
Johnson, Bryan. 1987. *The Four Days of Courage: The Untold Story of the People Who Brought Marcos Down*. New York: Free Press.
Johnson, Jaclyn, and Clayton L. Thyne. 2018. "Squeaky Wheels and Troop Loyalty:

How Domestic Protests Influence Coups d'État, 1951–2005." *Journal of Conflict Resolution* 62 (3) (March) : 597–625.

Johnstad, Petter Grahl. 2012. "When the Time Is Right: Regime Legitimacy as a Predictor of Nonviolent Protest Outcome." *Peace & Change* 37 (4) (October) : 516–543.

Kadivar, Mohammad Ali, and Neil Ketchley. 2018. "Sticks, Stones, and Molotov Cocktails: Unarmed Collective Violence and Democratization." *Socius* 4 (May 31) .

Kaplan, Oliver. 2013a. "Nudging Armed Groups: How Civilians Transmit Norms of Protection." *Stability: International Journal of Security and Development* 2 (3) (December) : 62.

Kaplan, Oliver. 2013b. "Protecting Civilians in War: The Institution of the ATCC in Colombia." *Journal of Peace Research* 50 (3) (May) : 351–367.

Kaplan, Oliver. 2017. *Resisting War: How Communities Protect Themselves*. Cambridge and New York: Cambridge University Press.

Kauffman, L.A. 2017. *Direct Action: Protest and the Reinvention of American Radicalism*. London: Verso.

Keck, Margaret E., and Kathryn Sikkink. 1998. *Activists Beyond Borders: Advocacy Networks in International Relations*. Ithaca, NY: Cornell University Press.

Kessi, Shose, Zoe Marks, and Elelwani Ramugondo. 2020. "Decolonizing African Studies." *Critical African Studies* 12 (3) (October) : 271–282.

Khawaja, Marwan. 1993. "Repression and Popular Collective Action: Evidence from the West Bank." *Sociological Forum* 8 (1) : 47–71.

Kishtainy, Khalid. 2010. "Humor and Resistance in the Arab World and Greater Middle East." In Maria J. Stephan, ed., *Civilian Jihad: Nonviolent Struggle, Democratization, and Governance in the Middle East*, 53–64. New York: Palgrave Macmillan.

King, Mary E. 2007. *A Quiet Revolution: The First Palestinian Intifada and Nonviolent Resistance*. New York: Nation Books.

King, Mary. 2011. "The Power of Song, from Selma to Syria." *Waging Nonviolence*, July 23, https://wagingnonviolence.org/2011/07/the-power-of-song-from-selma-to-syria/.

King, Mary Elizabeth. 2013. "'A Single Garment of Destiny': Martin Luther King Jr and Our World." Remarks at the Martin Luther King, Jr., Foundation, The Hague, Netherlands. May 24.

King, Mary. 2015. *Gandhian Nonviolent Struggle and Untouchability in South India: The 1924–25 Vykom Satyagraha and Mechanisms of Change*. New Delhi: Oxford University Press.

The King Center. n.d. "The King Philosophy," accessed November 2, 2020, from https://thekingcenter.org/king-philosophy/.

Kinsman, Jeremy, and Kurt Bassuener, eds. 2016. *A Diplomat's Handbook for Democracy Development Support*. Montreal, Quebec: McGill-Queen's University Press.

Klein, Graig R., and Patrick Regan. 2018. "Dynamics of Political Protests." *International Organization* 72 (2) : 485–521.
Klein, Naomi. 1998, July 23. "Computer Hacking New Tool of Political Activism." *Toronto Star*.
Koren, Ore. 2014. "Military Structure, Civil Disobedience, and Military Violence." *Terrorism and Political Violence* 26 (4) : 688–712.
Kuran, Timur. 1989. "Sparks and Prairie Fires: A Theory of Unanticipated Political Revolution." *Public Choice* 61 (1) (April) : 41–74.
Kuran, Timur. 1991. "Now Out of Never: The Element of Surprise in the East European Revolution of 1989." *World Politics* 44 (1) (October 1) : 7–48.
Kurlansky, Mark. 2006. *Nonviolence: Twenty-Five Lessons from the History of a Dangerous Idea*. New York: Modern Library.
Kurtz, Lester, and Lee Smithey. 2018. *The Paradox of Repression and Nonviolent Movements*. Syracuse, NY: Syracuse University Press.
Kurzman, Charles. 1996. "Structural Opportunity and Perceived Opportunity in Social-Movement Theory: The Iranian Revolution of 1979." *American Sociological Review* 61 (1) (February) : 153–170.
Kurzman, Charles. 2004. *The Unthinkable Revolution in Iran*. Cambridge, MA: Harvard University Press.
Kydd, Andrew, and Barbara Walter. 2006. "The Strategies of Terrorism." *International Security* 31 (1) : 49–80.
Lakey, George. 2018. *How We Win: A Guide to Nonviolent Direct Action Campaigning*. Brooklyn, NY: Melville House.
Lee, Terence. 2009. "The Armed Forces and Transitions from Authoritarian Rule: Explaining the Role of the Military in 1986 Philippines and 1998 Indonesia." *Comparative Political Studies* 42 (5) (May) : 640–669.
Lichbach, Mark Irving. 1994a. *The Rebel's Dilemma*. Ann Arbor: University of Michigan Press.
Lichbach, Mark. 1994b. "Rethinking Rationality and Rebellion: Theories of Collective Action and Problems of Collective Dissent." *Rationality and Society* 6(1) (January) : 8–39.
Liddell Hart, Basil Henry. 1954. *Strategy: The Indirect Approach*. London: Faber and Faber.
Liddell Hart, Basil Henry. 1968. "The Second World War." *The New Cambridge Modern History*. Cambridge: Cambridge University Press.
L'Obs with AFP. 2019, March 8. "Les '18 commandements' du manifestant en Algérie," https://www.nouvelobs.com/monde/20190308.OBS1418/les-18-commandements-du-manifestant-en-algerie.html.
Long, Michael G. 2019. *We the Resistance: Documenting a History of Nonviolent Protest in the United States*. San Francisco: City Lights.
Looney, J. Jefferson, ed. 2012. *The Papers of Thomas Jefferson, Retirement Series, vol. 9, September 1815 to April 1816*. Princeton: Princeton University Press.

Lupu, Yonatan, and Geoffrey P. R. Wallace. 2019. "Violence, Nonviolence, and the Effects of International Human Rights Law." *American Journal of Political Science* 63 (2) (April) : 411–426.

Macleod, Jason. 2015. "Building Resilience to Repression in Nonviolent Resistance Struggles." *Journal of Resistance Studies* 1 (1) : 77–118.

Madrigal, Alexis. 2011. "Egyptian Activists' Action Plan: Translated." *The Atlantic*. January, https://www.theatlantic.com/international/archive/2011/01/egyptian-activists-action-plan-translated/70388/.

Makara, Michael. 2013. "Coup-Proofing, Military Defection, and the Arab Spring." *Democracy and Security* 9 (4) (September) : 334–359.

Marantz, Andrew. 2020, November 23. "The Anti-Coup." *The New Yorker*.

Marks, Zoe, and Erica Chenoweth. 2019. "Empowerment or Backlash? How Women's Participation in Mass Uprisings Provides a Rising Tide." Presentation at Global International Studies Association Meeting, University of Ghana, August 1–3.

Marks, Zoe, Jide Okeke, and Erica Chenoweth. 2019, April 25. "People Power Is Rising in Africa," *Foreign Affairs*, https://www.foreignaffairs.com/articles/africa/2019-04-25/people-power-rising-africa.

Martin, Brian. 2007. *Justice Ignited: The Dynamics of Backfire*. Lanham, MD: Rowman & Littlefield.

Martin, Brian. 2015. "From Political Jiu-Jitsu to the Backfire Dynamic: How Repression Can Promote Mobilization." In Kurt Schock, ed., *Civil Resistance: Comparative Perspectives on Nonviolent Struggle*, 145–167. Minneapolis and London: University of Minnesota Press.

Martin, Brian, Wendy Varney, and Adrian Vickers. 2001. "Political Jiu-Jitsu against Indonesian Repression: Studying Lower-Profile Nonviolent Resistance." *Pacifica Review: Peace, Security & Global Change* 13 (2) (June) : 143–156.

Marwell, Gerald, and Pamela Oliver. 1993. *The Critical Mass in Collective Action: A Micro-Social Theory*. Cambridge: Cambridge University Press.

Marx, Gary. 2012. "Agents Provocateurs as a Type of Faux Activist." In D. Snow, D. Della Porta, B. Klandermans, and D. McAdam, eds., *Encyclopedia of Social and Political Movements*. London: Blackwell.

Mazumder, Soumyajit. 2018. "The Persistent Effect of U.S. Civil Rights Protests on Political Attitudes." *American Journal of Political Science* 62 (4) : 922–935.

McAdam, Doug. 1996a. "The Framing Function of Movement Tactics: Strategic Dramaturgy in the American Civil Rights Movement." In Doug McAdam, John D. McCarthy, and Mayer N. Zald, eds., *Comparative Perspectives on Social Movements: Political Opportunities, Mobilizing Structures, and Cultural Framings*, 338–354. New York: Cambridge University Press.

McAdam, Doug. 1996b. "Political Opportunities: Conceptual Origins, Current Problems, Future Directions." In Doug McAdam, John D. McCarthy, and Mayer N. Zald, eds., *Comparative Perspectives on Social Movements: Political Opportunities, Mobilizing Structures, and Cultural Framings*, 23–40. New York:

Cambridge University Press.
McAdam, Doug. 1999. *Political Process and the Development of Black Insurgency, 1930–1970*. Second ed. Chicago: University of Chicago Press.
McAdam, Doug, Sidney Tarrow, and Charles Tilly. 2001. *Dynamics of Contention*. New York: Cambridge University Press.
McCammon, Holly J., Erin M. Bergner, and Sandra C. Arch. 2015. "Are You One of Those Women? Within-Movement Conflict, Radical Flank Effects, and Social Movement Political Outcomes." *Mobilization* 20 (2) (June) : 157–178.
Meier, Patrick. 2011, February 10. "How to Use Facebook If You Are a Repressive Regime." *iRevolutions* blog, https://irevolutions.org/2011/02/10/facebook-for-repressive-regimes/.
Mitts, Tamar, and Devorah Manekin. 2019. "Ethnicity, Identity, and the Efficacy of Nonviolent Resistance." Paper presented at the American Political Science Association Annual Meeting, Washington, DC, August 29–September 1.
Morozov, Evgeny. 2010. *The Net Delusion: The Dark Side of Internet Freedom*. New York: PublicAffairs.
Muñoz, Jordi, and Eva Anduiza. 2019. "'If a Fight Starts, Watch the Crowd': The Effect of Violence on Popular Support for Social Movements." *Journal of Peace Research* 56 (4) (July) : 485–498.
Murdie, Amanda, and Tavishi Bhaisin. 2011. "Aiding and Abetting: Human Rights INGOs and Domestic Protest." *Journal of Conflict Resolution* 55 (2) (April) : 163–191.
Nagler, Michael. 2014. *The Nonviolence Handbook: A Guide for Practical Action*. San Francisco: Berrett-Koehler Publishers.
Nagler, Michael. 2019. "Commonly Posed Objections." Metta Center for Nonviolence. Accessed November 2, 2020, https://mettacenter.org/nonviolence/commonly-posed-objections/.
Nepstad, Sharon Erickson. 2011. *Nonviolent Revolutions: Civil Resistance in the Late 20th Century*. New York: Oxford University Press.
Nepstad, Sharon Erickson. 2015. *Nonviolent Struggle: Theories, Strategies, and Dynamics*. New York: Oxford University Press.
Newman, Lily Hay. 2019, May 2. "Hacktivists Are on the Rise — but Less Effective Than Ever." *Wired*, https://www.wired.com/story/hacktivism-sudan-ddos-protest/.
Orazani, Seyed Nima, and Bernhard Leidner. 2019. "The Power of Nonviolence: Confirming and Explaining the Success of Nonviolent (Rather Than Violent) Political Movements." *European Journal of Social Psychology* 49 (4) (June) : 688–704.
Parham, Jason. 2017, October 18. "Russians Posing as Black Activists on Facebook Is More Than Fake News." *Wired*, https://www.wired.com/story/russian-black-activist-facebook-accounts/.
Pearlman, Wendy. 2011. *Violence, Nonviolence, and the Palestinian National Movement*.

Cambridge: Cambridge University Press.
Pearlman, Wendy. 2013. "Emotions and the Microfoundations of the Arab Uprisings." *Perspectives on Politics* 11 (2) (June) : 387–409.
Perkoski, Evan, and Erica Chenoweth. 2018. *Nonviolent Resistance and Prevention of Mass Killings during Popular Uprisings*. Washington, DC: International Center on Nonviolent Conflict.
Piercy, Marge. 1980. *The Moon Is Always Female*. New York: Knopf.
Pinckney, Jonathan. 2016. *Making or Breaking Nonviolent Discipline in Civil Resistance Movements*. Washington, DC: International Center on Nonviolent Conflict.
Pinckney, Jonathan. 2018. *When Civil Resistance Succeeds: Building Democracy after Popular Nonviolent Uprisings*. Washington, DC: International Center on Nonviolent Conflict.
Pinckney, Jonathan. 2020. *From Dissent to Democracy: The Promise and Perils of Civil Resistance Transitions*. New York: Oxford University Press.
Pinker, Steven. 2011. *The Better Angels of Our Nature: Why Violence Has Declined*. New York: Viking.
Piot, Olivier. 2011, February 4-5. "Tunisia: Diary of a Revolution," trans. Krystyna Horko, *Le Monde Diplomatique*, https://mondediplo.com/2011/02/04tunisia.
Piven, Frances Fox, and Richard A. Cloward. 1977. *Poor People's Movements: Why They Succeed, How They Fail*. New York: Pantheon Books.
Potter, Garry. 2015. "Anonymous: A Political Ontology of Hope." *Theory in Action* 8 (1) (January) : 1–22.
Presbey, Gail. 2013. "Zambia: Nonviolent Strategies against Colonialism, 1900s–1960s." In Maciej Bartkowski, ed., *Recovering Nonviolent History: Civil Resistance in Liberation Struggles*, 51-70. Boulder, CO: Lynne Rienner Publishers.
Pressman, Jeremy. 2017. "Throwing Stones in Social Science: Non-Violence, Unarmed Violence, and the First Intifada." *Cooperation and Conflict* 52 (4) : 519–536.
Principe, Marie. 2017. "Women in Nonviolent Movements." United States Institute of Peace Special Report, no. 399. Washington, DC.
Rasler, Karen. 1996. "Concessions, Repression, and Political Protest in the Iranian Revolution." *American Sociological Review* 61 (1) (February) : 132-152.
Reck-Malleczewen, Friederich. 2000. *Diary of a Man in Despair: A Non-Fiction Masterpiece about the Comprehension of Evil*, trans. Paul Rubens. London: Duckworth Books.
Repucci, Sarah. 2020. *A Leaderless Struggle for Democracy: 2020 Freedom in the World Report*. Washington, DC: Freedom House.
Richardson, Louise. 2006. *What Terrorists Want: Understanding the Enemy, Containing the Threat*. New York: Random House.
Rigby, Andrew. 1991. *Living the Intifada*. London and New Jersey: Zed Books.
Ritter, Daniel. 2015. *The Iron Cage of Liberalism*. New York: Oxford University Press.
Ritter, Emily H., and Courtenay R. Conrad. 2016. "Preventing and Responding to Dissent: The Observational Challenges of Explaining Strategic Repression."

American Political Science Review 110 (1) : 85–99.
Rivera Celestino, Mauricio, and Kristian Skrede Gleditsch. 2013. "Fresh Carnations or All Thorn, No Rose? Nonviolent Campaigns and Transitions in Autocracies." *Journal of Peace Research* 50 (3) : 385–400.
Roberts, Adam, ed. 1969. *Civilian Resistance as a National Defence: Non-Violent Action against Aggression*. New York: Penguin Books.
Roberts, Adam. 2015. "Civil Resistance and the Fate of the Arab Spring." In Adam Roberts, Michael J. Willis, Rory McCarthy, and Timothy Garton Ash, eds., *Civil Resistance in the Arab Spring: Triumphs and Disasters*, 270–326. Oxford: Oxford University Press.
Roberts, Adam, and Timothy Garton Ash, eds. 2009. *Civil Resistance and Power Politics: The Experience of Non-Violent Action from Gandhi to the Present*. Oxford: Oxford University Press.
Roberston, Graeme. 2011. *The Politics of Protest in Hybrid Regimes: Managing Dissent in Post-Communist Russia*. New York: Cambridge University Press.
Robinson, Geoffrey. 2009. *"If You Leave Us Here, We Will Die:" How Genocide Was Stopped in East Timor*. Princeton, NJ: Princeton University Press.
Ross, Michael. 2012. *The Oil Curse: How Petroleum Wealth Shapes the Development of Nations*. Princeton, NJ: Princeton University Press.
Rossdale, Chris. 2019. *Resisting Militarism: Direct Action and the Politics of Subversion*. Edinburgh: Edinburgh University Press.
Rothman, Lily. 2015, April 25. "What Martin Luther King Jr. Really Thought about Riots." *Time*, https://time.com/3838515/baltimore-riots-language-unheard-quote/.
Scalmer, Sean. 2011. *Gandhi in the West: The Mahatma and the Rise of Radical Protest*. Cambridge: Cambridge University Press.
Schell, Jonathan. 2003. *The Unconquerable World: Power, Nonviolence, and the Will of the People*. New York: Metropolitan Books.
Schelling, Thomas C. 1969. "Some Questions on Civilian Defence." In Adam Roberts, ed., *Civilian Resistance as a National Defence: Nonviolent Action against Aggression*, 351–52. New York: Penguin Books.
Schiff, Ze'ev, and Ehud Ya'ari. 1989. *Intifada: The Palestinian Uprising — Israel's Third Front*, ed. Ina Friedman, trans. Ina Friedman. New York: Simon and Schuster.
Schock, Kurt. 2003. "Nonviolent Action and Its Misconceptions: Insights for Social Scientists." *Political Science and Politics* 36 (4) (October) : 705–712.
Schock, Kurt. 2005. *Unarmed Insurrections: People Power Movements in Nondemocracies*. Minneapolis: University of Minnesota Press.
Schock, Kurt. 2015a. *Civil Resistance Today*. London: Polity Press.
Schock, Kurt, ed. 2015b. *Civil Resistance: Comparative Perspectives on Nonviolent Struggle*. Minneapolis and London: University of Minnesota Press.
Selvanathan, Hema Preya, and Brian Lickel. 2019. "Empowerment and Threat in Response to Mass Protest Shape Public Support for a Social Movement and Social

Change: A Panel Study in the Context of the Bersih Movement in Malaysia." *European Journal of Social Psychology* 49 (2) (March) : 230–243.

Semelin, Jacques. 1993. *Unarmed against Hitler: Civilian Resistance in Europe, 1939–1943*. Westport, CT: Praeger.

Sémelin, Jacques, Claire Andrieu, and Sarah Gensburger. 2014. *Resisting Genocide: The Multiple Forms of Rescue*. Oxford: Oxford University Press.

Sharp, Gene. 1973. *The Politics of Nonviolent Action*. Vols. 1–3. Boston: Porter Sargent.

Sharp, Gene. 1990. *Civilian-Based Defense: A Post-Military Weapons System*. Princeton, NJ: Princeton University Press.

Sharp, Gene. 1999. "Nonviolent Action." In Lester Kurtz and Jennifer E. Turpin, eds., *Encyclopedia of Violence, Peace, and Conflict*, Vol. 2, 567–74. New York: Academic Press.

Sharp, Gene. 2003. *There Are Realistic Alternatives*. Boston: Albert Einstein Institution.

Sharp, Gene, ed. 2005. *Waging Nonviolent Struggle: 20th-Century Practice and 21st-Century Potential*. Boston: Porter Sargent.

Simpson, Brent, Robb Willer, and Matthew Feinberg. 2018. "Does Violent Protest Backfire? Testing a Theory of Public Reactions to Activist Violence." *Socius* 4 (October) . https://journals.sagepub.com/doi/10.1177/2378023118803189.

Smithey, Lee. 2013. "Identity Formation in Nonviolent Struggles." In Maciej Bartkowski, ed., *Recovering Nonviolent History: Civil Resistance in Liberation Struggles*, 31–50. Boulder, CO: Lynne Rienner Publishers

Smithey, Lee, and Lester R. Kurtz. 2018. "'Smart' Repression," in Lester R. Kurtz and Lee Smithey, eds. *The Paradox of Repression and Nonviolent Movements*. 185–214. Syracuse: Syracuse University Press.

Sombatpoonsiri, Janjira. 2015. *Humor and Nonviolent Struggle in Serbia*. Syracuse, NY: Syracuse University Press.

Snowden, Frank. 2019. *Epidemics and Society: From the Black Death to the Present*. New Haven, CT: Yale University Press.

Spector, Regine. 2006. "The Anti-Revolutionary Toolkit." *Central Asia-Caucasus Institute Analyst*, December 13.

Spector, Regine, and Andrej Krickovic. 2008. "Authoritarianism 2.0: " Non-Democratic Regimes Are Upgrading and Integrating Globally." Paper presented at the 49th Annual International Studies Association Conference, San Francisco, CA, March 26.

Steinert-Threlkeld, Zachary, Jungseock Joo, and Alexander Chan. 2019. "How Violence Affects Protests." APSA Preprints, doi: 10.33774/apsa-2019-bv6zd.

Stephan, Maria J. 2005. "Nonviolent Insurgency: The Role of Civilian-Based Resistance in the East Timorese, Palestinian, and Kosovo Albanian Self-Determination Movements." Ph.D. dissertation, Tufts University.

Stephan, Maria J. 2006. "Fighting for Statehood: The Role of Civilian-Based Resistance in the East Timorese, Palestinian, and Kosovo Albanian Self-Determination Struggles." *Fletcher Forum on World Affairs* 30 (2) (Summer) : 57–80.

Stephan, Maria J., ed. 2010. *Civilian Jihad: Nonviolent Struggle, Democratization, and Governance in the Middle East*. New York: Palgrave Macmillan.

Stephan, Maria. 2016. "Civil Resistance vs. ISIS." *Journal of Resistance Studies* 1 (2) : 127–150.

Stephan, Maria J., and Erica Chenoweth. 2008. "Why Civil Resistance Works: The Strategic Logic of Nonviolent Conflict." *International Security* 33 (1) (Summer) : 7–44.

Stephan, Maria J., and Adam Gallagher. 2019, December 13. "Five Myths about Protest Movements." *Washington Post*, https://www.washingtonpost.com/outlook/five-myths/five-myths-about-protest-movements/2019/12/12/700a8afc-1d1d-11ea-87f7-f2e91143c60d_story.html.

Stephan, Maria J., and Jacob Mundy. 2006. "A Battlefield Transformed: From Guerilla Resistance to Mass Nonviolent Struggle in the Western Sahara." *Journal of Military and Strategic Studies* 8 (3) (April) https://jmss.org/article/view/57717.

Stockman, Sarah. 2017, February 2. "Anarchists Respond to Trump's Inauguration, By Any Means Necessary." *New York Times*, https://www.nytimes.com/2017/02/02/us/anarchists-respond-to-trumps-inauguration-by-any-means-necessary.html.

Stoddard, Judith. 2013. "How Do Major, Violent and Nonviolent Opposition Campaigns Impact Predicted Life Expectancy at Birth?" *Stability: International Journal of Security and Development* 2 (2) (August) . https://www.stabilityjournal.org/articles/10.5334/sta.bx/.

Stoltzfus, Nathan. 1996. *Resistance of the Heart: Intermarriage and the Rosenstrasse Protest in Nazi Germany*. New York: W. W Norton & Co.

Suhru, Tridip. 2019, September 25. " 'You Are Today the One Person in the World Who Can Prevent a War.' Read Gandhi's Letters to Hitler." *Time*. September. https://time.com/5685122/gandhi-hitler-letter/.

Sullivan, Christopher. 2016. "Undermining Resistance: Mobilization, Repression, and the Enforcement of Political Order." *Journal of Conflict Resolution* 60(7)(October) : 1163–1190.

Summy, Ralph. 1994. "Nonviolence and the Case of the Extremely Ruthless Opponent." *Pacifica Review: Peace, Security & Global Change* 6 (1) (May) : 1–29.

Sutton, Jonathan, Charles Butcher, and Isak Svensson. 2014. "Explaining Political Jiu-Jitsu: Institution-Building and the Outcomes of Regime Violence against Unarmed Protests." *Journal of Peace Research* 51 (5) (September) : 559–573.

Svensson, Isak, Jonathan Hall, Dino Krause, and Eric Skoog. 2019, March 22. "How Ordinary Iraqis Resisted the Islamic State." *Washington Post*, https://www.washingtonpost.com/politics/2019/03/22/civil-resistance-against-islamic-state-was-much-more-common-than-many-think.

Svennson, Isak, and Mathilda Lindgren. 2010. "Community and Consent: Unarmed Insurrections in Nondemocracies." *European Journal of International Relations* 17 (1) (March) : 97–120.

Tarrow, Sidney. 1989. *Democracy and Disorder: Protest and Politics in Italy, 1965–1975*.

Oxford: Clarendon.
Tarrow, Sidney. 1998. *Power in Movement*. UK: Cambridge University Press.
Taylor, Keeanga-Yamahtta. 2016. *From #BlackLivesMatter to Black Liberation*. Chicago: Haymarket Books.
Telegraph Staff. 2009, October 9. "Obituary-Marek Edelman." *The Telegraph*, https://www.telegraph.co.uk/news/obituaries/politics-obituaries/6259900/Marek-Edelman.html.
Thaler, Kai. 2019. "Violence Is Sometimes the Answer." *Foreign Policy*, December 5, https://foreignpolicy.com/2019/12/05/hong-kong-protests-chile-bolivia-egypt-force-police-violence-is-sometimes-the-answer.
Thomas, Emma, and Winnifred Louis. 2014. "When Will Collective Action Be Effective? Violent and Non-Violent Protests Differentially Influence Perceptions of Legitimacy and Efficacy Among Sympathizers." *Personality and Social Psychology Bulletin* 40 (2) (February) : 263–276.
Thompkins, Elizabeth. 2015. "A Quantitative Reevaluation of Radical Flank Effects within Nonviolent Campaigns." *Research in Social Movements, Conflicts, and Change* 38: 2013–2135.
Thurber, Ches. 2015. "Between Mao and Gandhi: Strategies of Violence and Nonviolence in Revolutionary Movements." Ph.D. dissertation, Fletcher School of Law and Diplomacy, Tufts University.
Thurber, Ches. 2019. "Social Ties and the Strategy of Civil Resistance." *International Studies Quarterly* 63 (4) : 974–986.
Tufekci, Zeynep. 2017. *Twitter and Tear Gas: The Power and Fragility of Networked Protest*. New Haven, CT: Yale University Press.
Valentino, Benjamin. 2004. *Final Solutions: Mass Killing and Genocide in the 20th Century*. Ithaca, NY, and London: Cornell University Press.
Walzer, Michael. 2001. "Excusing Terror." *American Prospect*, November 2, https://prospect.org/features/excusing-terror/.
Wantchekon, Leonard, and Omar Garcia-Ponce. 2013. "Critical Junctures: Independence Movements and Democracy in Africa." IDEAS Working Paper Series from RePEc. https://ideas.repec.org/p/cge/wacage/173.html.
Wasow, Omar. 2020. "Agenda Seeding: How 1960s Black Protests Moved Elites, Public Opinion, and Voting." *American Political Science Review* 114 (3) : 638–659.
Wehr, Paul, Heidi Burgess, and Guy Burgess, eds. 1994. *Justice without Violence*. Boulder, CO: Lynne Reiner Publishers.
Weidmann, Nils, and Espen Geelmuyden Rød. 2019. *The Internet and Political Protest in Autocracies*. New York: Oxford University Press.
Weyland, Kurt. 2009. "The Diffusion of Revolution: '1848' in Europe and Latin America." *International Organization* 63 (3) : 391–423.
Weyland, Kurt. 2014. *Making Waves: Democratic Contention in Europe and Latin America since the Revolutions of 1848*. New York: Cambridge University Press.
White, Robert. 1989. "From Peaceful Protest to Guerrilla War: Micromobilization of

the Provisional Irish Republican Army." *American Journal of Sociology* 94(6) (May) : 1277–1302.
Wink, Walter. 1987. *Violence and Nonviolence in South Africa*. Philadelphia: New Society Publishers.
Wittels, Stephen. 2017. "Understanding the Outcomes and Aftermaths of Nonviolent Resistance." PhD Dissertation, Massachusetts Institute of Technology.
Woodly, Deva. 2020. Remarks given during Webinar on Protests in Perspective: Civil Disobedience & Activism Today. Carnegie Council for Ethics in International Affairs, New York, New York. November 13. https://www.carnegiecouncil.org/studio/multimedia/20201116-protests-perspective-civil-disobedience-activism-erica-chenoweth-deva-woodly.
Ulfelder, Jay. 2010. *Dilemmas of Democratic Consolidation: A Game Theory Approach*. Boulder, CO: Lynne Rienner Publishers.
Zunes, Stephen. 1994. "Unarmed Insurrections against Authoritarian Governments in the Third World: A New Kind of Revolution." *Third World Quarterly* 15 (3) (September) : 403–426.
Zunes, Stephen. 1999a. "The Origins of People Power in the Philippines." In Stephen Zunes, Lester Kurtz, and Sarah Beth Asher, eds., *Nonviolent Social Movements: A Geographical Perspective*, 129–57. Malden, MA: Blackwell Publishing.
Zunes, Stephen. 1999b. "The Role of Nonviolence in the Downfall of Apartheid." In Stephen Zunes, Lester Kurtz, and Sarah Beth Asher, eds., *Nonviolent Social Movements: A Geographical Perspective*, 203–230. Malden, MA: Blackwell Publishing.
Zunes, Stephen. 2009a, June 20. "Iran's History of Civil Insurrections." *Huffington Post*, https://www.huffpost.com/entry/irans-history-of-civil-in_b_217998.
Zunes, Stephen. 2009b. "Weapons of Mass Democracy: Nonviolent Resistance Is the Most Powerful Tactic against Oppressive Regimes." *Yes! Magazine*, September 16, https://www.yesmagazine.org/issue/learn/opinion/2009/09/17/weapons-of-mass-democracy.
Zunes, Stephen, Lester Kurtz, and Sarah Beth Asher, eds. 1999. *Nonviolent Social Movements: A Geographical Perspective*. Cambridge, MA: Blackwell Publishers.

おすすめ資料

ウェブサイト

Albert Einstein Institution. https://www.aeinstein.org/
Beautiful Trouble: A Toolbox for Revolution. https://beautifultrouble.org/
BlackOUT Collective. https://blackoutcollective.org/
CivilResistance.info. https://civilresistance.info
Global Nonviolent Action Database. https://nvdatabase.swarthmore.edu/
The International Center on Nonviolent Conflict's Resource Library. https://www.nonviolent-conflict.org
Training for Change. https://trainingforchange.org/
Waging Nonviolence. https://www.wagingnonviolence.org

トレーニング・ガイド（*印はオンラインでダウンロード可能な無料PDF）

Abujbara, Juman, Andrew Boyd, Dave Mitchell, and Marcel Taminato, eds. 2017. *Beautiful Rising: Creative Resistance from the Global South*. Portland: O/R Books.

*Bloch, Nadine, and Lisa Schirch. 2019. *Synergizing Nonviolent Action and Peacebuilding (SNAP): An Action Guide*. Washington, DC: United States Institute of Peace.

*Community of Democracies. 2011. *The Diplomat's Handbook for Democracy Development and Support*, 2nd edition.

*Marović, Ivan. 2019. *The Path of Most Resistance: A Step-by-Step Guide to Planning Nonviolent Campaigns*. Washington, DC: International Center on Nonviolent Conflict.

*Martin, Brian. *Backfire Manual: Tactics against Injustice*. Sparsnäs, Sweden: Irene Publishing, 2012.

*Popović, Srdja, Slobodan Djinović, Andrej Miliojević, Hardy Merriman, and Ivan Marović. 2007. *CANVAS Core Curriculum: A Guide to Effective Nonviolent Struggle*. Belgrade: Centre for Applied Nonviolent Action and Strategies.

*Wanis-St. John, Anthony, and Noah Rosen. 2017. *Negotiating Civil Resistance*. Peaceworks Special Report, Washington, DC: United States Institute of Peace.

*War Resisters' International. 2014. *Handbook for Nonviolent Campaigns*, 2nd edition. Barcelona: WRI.

ドキュメンタリー映画

A Force More Powerful（dir. Steve York, 2000）

Bringing Down a Dictator (dir. Steve York, 2005)
Budrus (dir. Julia Bacha, 2009)
Crip Camp: A Disability Revolution (dir. Nicole Newnham & James LeBrecht, 2020)
The Edge of Democracy (dir. Petra Costa, 2019)
Egypt: Revolution Interrupted? (dir. Steve York, 2015)
How to Survive a Plague (dir. David France, 2012)
Naila and the Uprising (dir. Julia Bacha, 2018)
Orange Revolution (dir. Steve York, 2005)
Pray the Devil Back to Hell (dir. Gini Reticker, 2008)
The Third Harmony (dir. Michael Nagler, 2020)

必読書

以下は、市民的抵抗についてさらに読み進めたい人や活用したい人に筆者がおすすめする、手に取りやすい文献例を並べたリストである。

Berry, Mary Frances. 2018. *History Teaches Us to Resist: How Progressive Movements Have Succeeded in Challenging Times*. Boston: Beacon Press.

Carter, April. 2011. *People Power and Political Change: Key Issues and Concepts*. New York: Routledge.

Engler, Mark, and Paul Engler. 2017. *This Is an Uprising: How Nonviolent Revolt Is Shaping the Twenty-First Century*. New York: Nation Books.

Fithian, Lisa. 2019. *Shut It Down: Stories from a Fierce, Loving Resistance*. White River Junction, VT: Chelsea Green.

Garza, Alicia. 2020. *How We Come Together When We Fall Apart*. New York: One World.（アリシア・ガーザ［人権学習コレクティブ監訳］『世界を動かす変革の力：ブラックライブズマター共同代表からのメッセージ』明石書店、2021 年）

Gbowee, Leymah. 2011. *Mighty Be Our Powers: How Sisterhood, Prayer, and Sex Changed a Nation at War*. New York: Public Affairs.

Haga, Kazu. 2019. *Healing Resistance: A Radically Different Response to Harm*. Berkeley, CA: Parallax Press.

King, Martin Luther, Jr. 1963. Letter from a Birmingham Jail. http://www.africa.upenn.edu/Articles_Gen/Letter_Birmingham.html.

Kurlansky, Mark. 2006. *Nonviolence: The History of a Dangerous Idea*. New York: Modern Library.

Lewis, John, Andrew Aydin, and Nate Powell. *March: Vols. 1-3*. Marietta, GA: Top Shelf Productions.（ジョン・ルイス、アンドリュー・アイデン、ネイト・パウエル［押野素子訳］『MARCH』3 冊セット、岩波書店、2018 年）

Long, Michael G. 2019. *We the Resistance: Documenting a History of Nonviolent Protest in the United States*. San Francisco: City Lights.

Maathai, Wangari. 2007. *Unbowed: A Memoir*. New York: Anchor.（ワンガリ・マータイ［小池百合子訳］『へこたれない UNBOWED：ワンガリ・マータイ自伝』小学館、2017 年）

Nepstad, Sharon Erickson. 2015. *Nonviolent Struggle: Theories, Strategies, and Dynamics*.

New York: Oxford University Press.
Schell, Jonathan. 2003. *The Unconquerable World: Power, Nonviolence, and the Will of the People*. New York: Metropolitan Books.
Shock, Kurt. 2015. *Civil Resistance Today*. London: Polity Press.
Sharp, Gene. 2005. *Waging Nonviolent Struggle: Twentieth-Century Practice and Twenty-First-Century Potential*. Boston: Porter Sargent.
Solnit, Rebecca. 2004. *Hope in the Dark: Untold Histories, Wild Possibilities*. Chicago: Haymarket.

付録

キャンペーン一覧

（1900年から2019年に発生した非暴力および暴力革命）

※〈結果〉欄の「部分的」は部分的成功の意。

キャンペーン	場所	開始年	終了年	結果	主な方法
フィリピン・ナショナリスト	フィリピン	1899	1902	失敗	暴力
ダラーウィーシュ抵抗	ソマリア	1899	1904	失敗	暴力
ブール人分離派（南アフリカ戦争）	南アフリカ	1899	1902	失敗	暴力
解放革命	ベネズエラ	1901	1903	失敗	暴力
アクレ反乱	ボリビア	1902	1903	失敗	暴力
イリンデン蜂起における内部マケドニア革命組織（VMRO）	オスマン帝国	1903	1903	失敗	暴力
南西アフリカ暴動（ヘレロ暴動）	ナミビア/南西アフリカ	1904	1906	失敗	暴力
ブランコス派の反乱	ウルグアイ	1904	1904	失敗	暴力
立憲革命	イラン	1905	1906	成功	非暴力
農民/労働者反乱	ロシア	1905	1906	部分的	暴力
マジ・マジ反乱	タンザニア/ドイツ/東アフリカ	1905	1906	失敗	暴力
ズールー反乱（ナタール反乱）	ナタール	1906	1906	失敗	暴力
フェズ族長反乱	モロッコ	1907	1908	失敗	暴力
農民反乱	ルーマニア	1907	1907	失敗	暴力
立憲主義派	イラン	1908	1909	成功	暴力
リベラル派と過激派の反乱	メキシコ	1910	1920	成功	暴力
辛亥革命	中国	1911	1913	失敗	暴力
独立戦争	モロッコ	1911	1917	失敗	暴力
反オランダ植民地闘争	西パプア	1911	1943	失敗	非暴力
第一次独立戦争	チベット	1912	1913	部分的	暴力
ビルマ独立運動	ビルマ	1916	1938	失敗	非暴力
雲南反乱	中国	1916	1918	部分的	暴力
ドミニカ騒乱	ドミニカ共和国	1916	1924	失敗	暴力
ウルクン蜂起	ロシア	1916	1917	成功	暴力
アラブの暴動	トルコ	1916	1918	部分的	暴力
反ボリシェヴィキ派	ロシア	1917	1921	失敗	暴力
ロシア革命	ロシア	1917	1917	成功	暴力
エジプト独立革命	エジプト	1918	1922	成功	非暴力
共産主義反乱	フィンランド	1918	1918	失敗	暴力
カコの反乱	ハイチ	1918	1920	失敗	暴力
第三次アフガン戦争	アフガニスタン	1919	1919	成功	暴力
五四運動	中国	1919	1919	部分的	非暴力
反エストラーダ・カブレラ	グアテマラ	1919	1920	成功	非暴力
反共産主義運動（白色テロル）	ハンガリー	1919	1920	成功	暴力
インド独立運動	インド	1919	1947	部分的	非暴力
イラク反乱	イラク	1920	1920	部分的	暴力
イタリア＝リビア戦争	リビア	1920	1931	失敗	暴力
反イギリス委任統治	パレスチナ	1920	1936	失敗	非暴力
フランス＝シリア戦争	シリア	1920	1920	失敗	暴力
コテギリの反乱（KTC）	トルコ	1920	1922	失敗	暴力
タンボフ県の農民反乱	ソビエト連邦	1920	1921	失敗	暴力
モープラの反乱	インド	1921	1922	失敗	暴力
リフィアの反乱	モロッコ	1921	1926	失敗	暴力
農民連盟運動	ブルガリア	1923	1923	失敗	暴力
ルール占領抵抗	ドイツ	1923	1924	成功	非暴力
ウエルタ率いる反乱軍	メキシコ	1923	1924	失敗	暴力
反改革者運動	アフガニスタン	1924	1929	失敗	暴力
保守派運動	ホンジュラス	1924	1924	失敗	暴力
シェイフ・サイードの反乱	トルコ	1924	1927	失敗	暴力
ドゥルーズ派の反乱	レバノン	1925	1927	失敗	暴力
ニカラグア・ゲリラ	ニカラグア	1925	1933	成功	暴力
クリステロの反乱	メキシコ	1926	1929	失敗	暴力
中国共産主義運動	中国	1927	1949	成功	暴力
エスコバル率いる反乱	メキシコ	1929	1929	失敗	暴力
イフワーンの反乱	サウジアラビア	1929	1930	失敗	暴力
サヤー・サンの反乱	ビルマ	1930	1932	失敗	暴力
反イバニェス・キャンペーン	チリ	1931	1931	成功	非暴力
満洲（抗日）ゲリラ	中国	1931	1941	成功	暴力
パウリスタ反乱	ブラジル	1932	1932	失敗	暴力
左派の反乱	エルサルバドル	1932	1932	失敗	暴力
アプラ運動	ペルー	1932	1932	失敗	暴力
社会主義運動	オーストリア	1934	1934	失敗	暴力
アストゥリアスの鉱山労働者蜂起	スペイン	1934	1934	失敗	暴力
中央アジアの反乱	ソビエト連邦	1934	1934	失敗	暴力
パレスチナ・アラブ反乱	パレスチナ	1936	1939	部分的	暴力
フランコ派の反乱	スペイン	1936	1939	成功	暴力
抗日戦争	中国	1937	1945	失敗	暴力
ケニア独立運動	ケニア	1938	1938	失敗	暴力

キャンペーン	場所	開始年	終了年	結果	主な方法
デンマーク抵抗運動	デンマーク	1940	1943	部分的	非暴力
フランス抵抗運動	フランス	1940	1944	部分的	暴力
ノルウェー抵抗運動	ノルウェー	1940	1945	部分的	非暴力
フィリピン・マラヤ共産党の反乱	フィリピン	1941	1945	失敗	暴力
ベラルーシ抵抗運動	ソビエト連邦	1941	1945	失敗	暴力
バルカン抵抗運動	ユーゴスラヴィア	1941	1945	部分的	暴力
ギリシャ抵抗運動	ギリシャ	1943	1944	失敗	暴力
イタリア抵抗運動	イタリア	1943	1945	失敗	暴力
反アギーレ・イ・サリナス	エルサルバドル	1944	1945	失敗	非暴力
フォールン・アームズ・ストライキ	エルサルバドル	1944	1944	成功	非暴力
十月革命（グアテマラ革命）	グアテマラ	1944	1944	成功	非暴力
ホンジュラス民主化運動	ホンジュラス	1944	1944	失敗	非暴力
独立自由党の反ソモサ大統領運動	ニカラグア	1944	1944	失敗	非暴力
ポーランド抵抗運動	ポーランド	1944	1944	失敗	暴力
シフタの反乱	エリトリア	1945	1952	失敗	暴力
森の兄弟反占領キャンペーン	エストニア	1945	1953	失敗	暴力
インドネシア暴動	インドネシア	1945	1949	成功	暴力
イラン・クルド民主党（KDPI）（第一次分離運動）	イラン	1945	1946	失敗	非暴力
森の兄弟反占領キャンペーン	ラトビア	1945	1950	失敗	暴力
森の兄弟反占領キャンペーン	リトアニア	1945	1956	失敗	暴力
独立運動	ナイジェリア	1945	1950	部分的	非暴力
ユダヤ人の抵抗	パレスチナ領域	1945	1948	成功	暴力
インドシナ暴動	ベトナム	1945	1954	成功	暴力
人民革命運動	ボリビア	1946	1946	成功	暴力
カンボジア独立運動	カンボジア	1946	1954	成功	暴力
ギリシャ共産主義運動	ギリシャ	1946	1949	失敗	非暴力
ギリシャ内戦	ギリシャ	1946	1949	失敗	暴力
民主化運動	ハイチ	1946	1946	成功	非暴力
プンナプラ・ヴァヤラー蜂起	インド	1946	1946	失敗	暴力
トリエステ・ストライキ	イタリア	1946	1946	部分的	非暴力
ラオス独立	ラオス	1946	1949	成功	暴力
フクバラハップの反乱	フィリピン	1946	1954	失敗	暴力
ウクライナの反乱	ソビエト連邦	1946	1951	失敗	暴力
台湾暴動	中国	1947	1947	失敗	暴力
反ピカード	コスタリカ	1947	1947	部分的	非暴力
仏領マダガスカル人	マダガスカル	1947	1948	失敗	暴力
左派反乱	パラグアイ	1947	1947	失敗	暴力
カレン族	ビルマ	1948	1994	失敗	暴力
カチン族の反乱	ビルマ	1948	1994	失敗	暴力
ラ・ヴィオレンシア/1949年の自由主義派	コロンビア	1948	1958	失敗	暴力
国家連合党	コスタリカ	1948	1948	成功	暴力
テランガーナ人民戦線	インド	1948	1952	失敗	暴力
ハイデラバードの活動家	インド	1948	1948	失敗	暴力
マラヤ危機	マレーシア	1948	1960	部分的	暴力
ヤヒヤ王族の反乱	イエメン・アラブ共和国	1948	1948	成功	暴力
中国・チベット戦争	中国	1950	1951	失敗	暴力
モルッカ諸島の独立闘争	インドネシア	1950	1950	失敗	暴力
第一次パテト・ラオ	ラオス	1950	1957	失敗	暴力
白色革命	レバノン	1951	1952	成功	非暴力
左派	ボリビア	1952	1952	成功	暴力
マウマウの反乱	ケニア	1952	1956	失敗	暴力
第一次反抗キャンペーン	南アフリカ	1952	1961	失敗	非暴力
チュニジア独立運動	チュニジア	1952	1954	成功	暴力
東ドイツ蜂起	東ドイツ	1953	1953	失敗	非暴力
ダルル・イスラム	インドネシア	1953	1953	失敗	暴力
モロッコ独立戦争	モロッコ	1953	1956	成功	暴力
アルジェリア反乱/民族解放戦線	アルジェリア	1954	1962	成功	暴力
キプロス闘争民族組織	キプロス	1954	1959	成功	暴力
保守派運動	グアテマラ	1954	1954	成功	暴力
解放革命	アルゼンチン	1955	1955	成功	暴力
反植民地運動	カメルーン	1955	1960	成功	暴力
会議人民党運動	ガーナ	1955	1957	成功	非暴力
イエメンの反乱	イエメン	1955	1957	失敗	暴力
百花斉放百家争鳴	中国	1956	1957	失敗	非暴力
チベットの抵抗	中国	1956	1959	失敗	暴力
反マグロワール運動	ハイチ	1956	1956	成功	非暴力
ハンガリーの反共産主義	ハンガリー	1956	1956	失敗	非暴力
ハンガリーの反ソビエト	ハンガリー	1956	1956	失敗	暴力
ナガ族の反乱	インド	1956	2019	失敗	暴力
左派	インドネシア	1956	1960	失敗	暴力
ナガ族の反乱	ミャンマー	1956	2019	失敗	暴力
ポズナン抗議	ポーランド	1956	1956	部分的	非暴力
ルワンダ独立	ルワンダ	1956	1962	成功	暴力
ジョージアの反フルシチョフ抗議	ソビエト連邦	1956	1956	失敗	非暴力
反ロハス	コロンビア	1957	1957	成功	非暴力
イフニ戦争	モロッコ	1957	1958	失敗	暴力
キューバ革命	キューバ	1958	1959	成功	暴力
左派（反シャムーン）	レバノン	1958	1958	失敗	暴力
ニヤサランド・アフリカ人会議	マラウイ	1958	1959	部分的	非暴力
反ヒメネス・キャンペーン	ベネズエラ	1958	1958	成功	非暴力
コンゴ独立運動	コンゴ民主共和国	1959	1960	部分的	非暴力
シャンマル部族および西洋支持派官僚	イラク	1959	1959	失敗	暴力
第二次パテト・ラオ	ラオス	1959	1975	成功	暴力
アヒージョ政権反対運動	カメルーン	1960	1971	失敗	暴力
反レムス・キャンペーン	エルサルバドル	1960	1960	成功	非暴力
フランス・ナショナリスト/秘密軍事組織（OAS）	フランス	1960	1962	失敗	暴力
反岸キャンペーン	日本	1960	1960	部分的	非暴力
学生革命	韓国	1960	1960	成功	非暴力
学生主導の政権交代要求抗議	トルコ	1960	1960	成功	非暴力
北ベトナム（民族解放戦線）	ベトナム	1960	1975	成功	暴力

キャンペーン	場所	開始年	終了年	結果	主な方法
カタンガ主導左派	ザイール/コンゴ民主共和国	1960	1965	失敗	暴力
アンゴラ解放人民運動（MPLA）	アンゴラ	1961	1974	成功	暴力
反バラゲール・ストライキ	ドミニカ共和国	1961	1962	成功	非暴力
クルド人の反乱	イラク	1961	1970	部分的	暴力
北ベトナム（民族解放戦線）占領反対	ベトナム	1961	1975	成功	暴力
ザンビア独立運動	ザンビア	1961	1963	成功	非暴力
かつての反乱軍のリーダー	アルジェリア	1962	1963	失敗	暴力
ブルネイ騒乱（アザハリの反乱）	ブルネイ	1962	1962	失敗	暴力
反イディゴラス	グアテマラ	1962	1962	失敗	非暴力
モザンビーク解放戦線（FRELIMO）	モザンビーク	1962	1975	成功	暴力
オマーンおよび占領下アラブ湾岸解放人民戦線（PFLOAG）	オマーン	1962	1976	部分的	暴力
第二次バロチスタン分離主義運動	パキスタン	1962	1969	失敗	暴力
民族解放軍（FALN）	ベネズエラ	1962	1965	失敗	暴力
王党派	イエメン・アラブ共和国	1962	1969	部分的	暴力
ベナン反政府抗議	ベナン	1963	1963	成功	非暴力
ギニア・カーボヴェルデ独立アフリカ党（PAIGC）	ギニア・ビサウ	1963	1974	成功	暴力
ワトゥシ	ルワンダ	1963	1964	失敗	暴力
1963年の仏教徒抗議	南ベトナム	1963	1963	成功	非暴力
アニャニャ	スーダン	1963	1972	部分的	暴力
ツパマロス	ウルグアイ	1963	1972	失敗	暴力
南イエメン解放戦線（FLOSY）、アデンの民族解放戦線（NLF）	イエメン	1963	1967	成功	暴力
ボリビア反政府抗議	ボリビア	1964	1964	失敗	非暴力
コロンビア革命軍、民族解放軍、4月19日運動（M-19）	コロンビア	1964	2016	失敗	暴力
民族解放委員会（CNL）	コンゴ民主共和国	1964	1965	失敗	暴力
NFDLM分離主義者	ケニア	1964	1968	失敗	暴力
1964年の反カーン抗議	南ベトナム	1964	1964	成功	非暴力
反フン	南ベトナム	1964	1965	成功	非暴力
十月革命	スーダン	1964	1964	成功	非暴力
左派	ドミニカ共和国	1965	1965	失敗	暴力
1965年の軍政反対キャンペーン	エクアドル	1965	1966	成功	非暴力
ギリシャ首相への抗	ギリシャ	1965	1966	失敗	非暴力
共産主義反乱	タイ	1965	1982	失敗	暴力
西パプア反乱	西パプア	1965	1978	失敗	暴力
チャド民族解放戦線（FROLINAT）	チャド	1966	1990	成功	暴力
マルクス主義者反乱（グアテマラ民族革命連合（URNG））	グアテマラ	1966	1996	部分的	暴力
ミゾ族の反乱	インド	1966	1986	部分的	暴力
1966—1967年の反キ抗議	南ベトナム	1966	1967	失敗	非暴力
軍政反対運動	南ベトナム	1966	1966	失敗	非暴力
ブガンダ族	ウガンダ	1966	1966	失敗	暴力
文化大革命紅衛兵	中国	1967	1968	失敗	暴力
ナクサライト反乱	インド	1967	1971	継続中	暴力
ビアフラ紛争	ナイジェリア	1967	1970	失敗	暴力
チェコ蜂起	チェコスロバキア	1968	1968	失敗	非暴力
アイルランド共和軍（IRA）／アイルランド・ナショナリスト	北アイルラド	1968	1998	部分的	暴力
反カーン・キャンペーン	パキスタン	1968	1969	部分的	非暴力
モロ民族解放戦線（MNLF）	フィリピン	1968	1987	失敗	暴力
ポーランド反共産主義I	ポーランド	1968	1968	失敗	非暴力
バスク祖国と自由（ETA）	スペイン	1968	2011	失敗	暴力
学生抗議	ユーゴスラヴィア	1968	1968	部分的	非暴力
クメール・ルージュ	カンボジア	1970	1975	成功	暴力
ナクサライト反乱	インド	1970	1971	失敗	暴力
パレスチナ人活動家	ヨルダン	1970	1970	失敗	暴力
ポーランド反共産主義II	ポーランド	1970	1970	部分的	非暴力
反政府抗議	トルコ	1970	1971	成功	非暴力
クロアチア人ナショナリスト	ユーゴスラヴィア	1970	1971	失敗	非暴力
ベンガル人	パキスタン	1971	1971	成功	暴力
人民解放戦線（JVP）	スリランカ	1971	1971	失敗	暴力
フツ族の反乱	ブルンジ	1972	1973	失敗	暴力
反ツィラナナ	マダガスカル	1972	1972	成功	非暴力
新人民軍	フィリピン	1972	1992	失敗	暴力
ジンバブエ・アフリカ人民同盟	ジンバブエ	1972	1979	部分的	暴力
人民革命軍（ERP）／モンテネロス	アルゼンチン	1973	1977	失敗	暴力
ピノチェト率いる反乱軍	チリ	1973	1973	成功	暴力
オロミヤ州自決	エチオピア	1973	2018	部分的	暴力
ギリシャ軍政反対運動	ギリシャ	1973	1974	成功	非暴力
第三次バロチスタン分離主義運動	パキスタン	1973	1977	失敗	暴力
パレスチナ解放運動	パレスチナ領域	1973	—	継続中	暴力
カーネーション革命	ポルトガル	1973	1974	成功	非暴力
学生抗議	タイ	1973	1973	成功	非暴力
エリトリア人主導の反乱	エチオピア	1974	1991	成功	暴力
1974—1975年の反チュー抗議	南ベトナム	1974	1975	失敗	非暴力
アンゴラ全面独立民族同盟（UNITA）	アンゴラ	1975	2002	部分的	暴力
フレテリン	東ティモール	1975	1979	失敗	暴力
反インデラ・キャンペーン	インド	1975	1975	失敗	非暴力
自由アチェ運動（GAM）	インドネシア	1975	2005	部分的	暴力
左派	レバノン	1975	1990	失敗	暴力
ポリサリオ	西サハラ	1975	1989	部分的	暴力
シャンティ・バヒニ（平和部隊）	バングラデシュ	1976	1997	失敗	暴力
民主主義運動	中国	1976	1979	失敗	非暴力
ソマリア人の反乱（オガデン）	エチオピア	1976	1980	失敗	暴力
南西アフリカ人民機構（SWAPO）	ナミビア	1976	1988	成功	暴力
ワルシャワ労働者蜂起	ポーランド	1976	1976	部分的	非暴力
民主化運動	アルゼンチン	1977	1983	成功	非暴力
独立支持キャンペーン	アルバ	1977	1977	失敗	非暴力
ボリビア軍政反対運動	ボリビア	1977	1982	成功	非暴力
エルサルバドル軍政反対運動	エルサルバドル	1977	1980	失敗	非暴力

キャンペーン	場所	開始年	終了年	結果	主な方法
反インデラ・キャンペーン（第三段階）	インド	1977	1977	成功	非暴力
イラン革命	イラン	1977	1979	成功	非暴力
反ブット	パキスタン	1977	1977	成功	非暴力
コンゴ解放民族戦線（FLNC）	ザイール／コンゴ民主共和国	1977	1978	失敗	暴力
アフガニスタン人	アフガニスタン	1978	1979	成功	暴力
カンプチア救国民族統一戦線	カンボジア	1978	1979	成功	暴力
百日戦争	レバノン	1978	1978	成功	暴力
反ソモサ・ストライキ	ニカラグア	1978	1978	失敗	非暴力
サンディニスタ民族解放戦線（FSLN）	ニカラグア	1978	1979	成功	暴力
クルド人の反乱	トルコ	1978	1999	失敗	暴力
第二次クメール・ルージュ	カンボジア	1979	1997	失敗	暴力
ファラブンド・マルティ民族解放戦線（FMLN）	エルサルバドル	1979	1991	部分的	暴力
マニプル州	インド	1979	–	継続中	暴力
イラン・クルド民主党（KDPI）	イラン	1979	1996	失敗	暴力
モザンビーク民族抵抗運動（RENAMO）	モザンビーク	1979	1992	失敗	暴力
韓国軍政反対運動	韓国	1979	1980	失敗	非暴力
台湾民主化運動	台湾	1979	1985	成功	非暴力
西パプア自決闘争	西パプア	1979	–	継続中	非暴力
国民民主戦線（NDF）	イエメン	1979	1982	失敗	暴力
反ソビエト運動（3フート蜂起）	アフガニスタン	1980	1980	失敗	非暴力
アフガン人の抵抗	アフガニスタン	1980	1989	成功	暴力
イスラム原理主義者	ナイジェリア	1980	1984	失敗	暴力
センデリスタ反乱（センデロ・ルミノソ）輝く道	ペルー	1980	2012	失敗	暴力
連帯	ポーランド	1980	1989	成功	非暴力
ムスリム同胞団	シリア	1980	1982	失敗	暴力
国民抵抗軍	ウガンダ	1980	1986	成功	暴力
ムジャヒディン	イラン	1981	2001	失敗	暴力
ドゥルーズ派の抵抗	イスラエル	1981	1982	部分的	非暴力
コントラ	ニカラグア	1981	1990	成功	暴力
コソボ、アルバニア・ナショナリスト運動	ユーゴスラヴィア	1981	1981	失敗	非暴力
ティグレ人民解放戦線	エチオピア	1982	1991	成功	暴力
ヒズボラ	レバノン	1982	2000	成功	暴力
カザマンス民主勢力運動（MFDC）分離主義キャンペーン	セネガル	1982	1983	失敗	非暴力
カザマンス紛争	セネガル	1982	2014	失敗	暴力
部族分派、ソマリア国民運動（SNM）	ソマリア	1982	1991	成功	暴力
学生反全斗煥抗議	韓国	1982	1987	失敗	非暴力
反ピノチェト・キャンペーン	チリ	1983	1989	成功	非暴力
民主化運動	パキスタン	1983	1983	失敗	非暴力
ピープル・パワー	フィリピン	1983	1986	成功	非暴力
タミル・イーラム解放の虎（LTTE）	スリランカ	1983	2009	失敗	暴力
スーダン人民解放軍（SPLA）ギャラン派	スーダン	1983	2005	部分的	暴力
反ボーターセ	スリナム	1983	1984	失敗	非暴力
愛国戦線・ジンバブエ民族同盟（PF-ZAPU）ゲリラ	ジンバブエ	1983	1987	部分的	暴力

キャンペーン	場所	開始年	終了年	結果	主な方法
ジレッタスジャー	ブラジル	1984	1985	成功	非暴力
オガデン地方の自決	エチオピア	1984	2018	継続中	暴力
シク反乱	インド	1984	1994	失敗	暴力
第二次反抗キャンペーン	南アフリカ	1984	1994	成功	非暴力
ウルグアイ軍政反対キャンペーン	ウルグアイ	1984	1985	成功	非暴力
反シレス・スアソ	ボリビア	1985	1985	部分的	非暴力
反デュヴァリエ・キャンペーン	ハイチ	1985	1986	成功	非暴力
アッサム独立	インド	1985	–	継続中	暴力
対サダムのクルド分離運動	イラク	1985	1991	失敗	暴力
反ヌメイリ	スーダン	1985	1985	成功	非暴力
ボドランド独立キャンペーン（分離）	インド	1986	–	継続中	暴力
グルカ独立キャンペーン	インド	1986	1986	失敗	非暴力
1986-1987年カリスタン・キャンペーン	インド	1986	1987	失敗	非暴力
反ジア・ウル＝ハク	パキスタン	1986	1986	失敗	非暴力
韓国軍政反対運動	韓国	1986	1987	成功	非暴力
神の抵抗軍（LRA）	ウガンダ	1986	2017	失敗	暴力
左派	イエメン人民共和国	1986	1986	部分的	暴力
アルゼンチン反クーデター	アルゼンチン	1987	1987	成功	非暴力
反エルシャド・キャンペーン	バングラデシュ	1987	1990	成功	非暴力
歌う革命	エストニア	1987	1991	成功	非暴力
インド洋フィジー反クーデター・キャンペーン	フィジー	1987	1987	失敗	非暴力
連立政府反対キャンペーン	フィジー	1987	1987	成功	暴力
国家政府評議会（CNG）反対	ハイチ	1987	1987	失敗	非暴力
制度的革命党（PRI）反対キャンペーン	メキシコ	1987	2000	成功	非暴力
第一次インティファーダ	パレスチナ	1987	1990	部分的	非暴力
反ノリエガ・キャンペーン	パナマ	1987	1989	失敗	非暴力
反チャウシェスク運動	ルーマニア	1987	1989	失敗	非暴力
人民解放戦線（JVP）II	スリランカ	1987	1990	失敗	暴力
チベット独立運動	チベット	1987	1989	失敗	非暴力
ウガンダ人民軍（UPA）	ウガンダ	1987	1992	失敗	暴力
ベラルーシ反共産主義	ベラルーシ	1988	1991	成功	非暴力
ビルマ民主化運動	ビルマ	1988	–	継続中	暴力
民主化運動／サユディス	リトアニア	1988	1991	成功	非暴力
ブーゲンビル騒乱	パプアニューギニア	1988	1998	失敗	暴力
反盧泰愚	韓国	1988	1992	失敗	非暴力
コソボ・アルバニア人の抵抗	ユーゴスラヴィア	1988	1998	失敗	非暴力
ベナン反共産主義	ベナン	1989	1990	成功	非暴力
ブルガリア反共産主義	ブルガリア	1989	1990	部分的	非暴力
天安門	中国	1989	1989	失敗	非暴力
ビロード革命	チェコスロバキア	1989	1989	成功	非暴力
民主化運動	東ドイツ	1989	1989	部分的	非暴力
ティモール人の抵抗	東ティモール	1989	1999	成功	非暴力
民主化運動	ハンガリー	1989	1989	成功	非暴力
トリプラ州分離独立運動	インド	1989	–	継続中	暴力
イラク・イスラム革命最高評議会（SCIRI）	イラク	1989	1996	失敗	暴力
コートジボワール民主化運動	コートジボワール	1989	1990	成功	非暴力
民主化運動	ラトビア	1989	1991	成功	非暴力

キャンペーン	場所	開始年	終了年	結果	主な方法
反ドウ反乱	リベリア	1989	1990	成功	暴力
トゥアレグ抵抗運動	マリ	1989	1995	失敗	暴力
モンゴル反共産主義	モンゴル	1989	1990	成功	非暴力
反チャウシェスク反乱	ルーマニア	1989	1989	成功	暴力
暴力に反対する公衆	スロバキア	1989	1992	成功	非暴力
スロベニア反共産主義	スロベニア	1989	1990	成功	非暴力
ドネツク炭鉱スト	ウクライナ	1989	1991	部分的	非暴力
ジョージア人の反ソビエト運動	ソビエト連邦	1989	1991	部分的	非暴力
アルバニア反共産主義	アルバニア	1990	1991	成功	非暴力
CCCN および組合民主派運動	中央アフリカ共和国	1990	1993	成功	非暴力
反バーナム/ホイト・キャンペーン	ガイアナ	1990	1992	成功	非暴力
1990年のカシミール住民投票抗議	インド	1990	1990	失敗	非暴力
カシミール・イスラム教分離主義者	インド	1990	2005	失敗	暴力
反アラップ・モイ	ケニア	1990	1991	成功	非暴力
キルギス民主化運動	キルギス	1990	1991	成功	非暴力
マリ軍政反対運動	マリ	1990	1991	成功	非暴力
人民運動	ネパール	1990	1990	成功	非暴力
ニジェール軍政反対運動	ニジェール	1990	1992	成功	非暴力
オゴニ民族生存運動	ナイジェリア	1990	1995	失敗	非暴力
1990年の反政府抗議	ルーマニア	1990	1992	部分的	非暴力
ゴラニアド	ルーマニア	1990	1993	失敗	非暴力
民主化運動	ロシア	1990	1991	成功	非暴力
ツチ族反乱	ルワンダ	1990	1993	成功	暴力
スロベニア独立	スロベニア	1990	1991	成功	非暴力
学生連合抗議	ウクライナ	1990	1990	成功	非暴力
ザンビア一党支配反対派	ザンビア	1990	1991	成功	非暴力
カビンダ紛争	アンゴラ	1991	–	継続中	暴力
ナゴルノ・カラバフのアルメニア人	アゼルバイジャン	1991	1994	部分的	暴力
ブルンジ内戦	ブルンジ	1991	2008	失敗	暴力
ツチ族優越主義者	ブルンジ	1991	1992	成功	暴力
NCCOP 民主化運動	カメルーン	1991	1991	成功	非暴力
ウクライナ・セルビア人共和国（分離キャンペーン）	クロアチア	1991	1995	失敗	暴力
アファールの反乱	ジブチ	1991	1994	失敗	暴力
南オセチア分離派キャンペーン	ジョージア	1991	1992	失敗	暴力
反サダム抗議	イラク	1991	1991	部分的	非暴力
シーア派の反乱	イラク	1991	1991	失敗	暴力
アクティブ・ボイス	マダガスカル	1991	1993	成功	非暴力
革命統一戦線（RUF）	シエラレオネ	1991	1996	部分的	暴力
ソマリア内戦	ソマリア	1991	2000	失敗	暴力
1991年の反対派抗議	タジキスタン	1991	1991	部分的	非暴力
反エヤデマ	トーゴ	1991	1991	部分的	非暴力
クロアチア人	ユーゴスラヴィア	1991	1992	成功	暴力
神聖同盟	ザイール/コンゴ民主共和国	1991	1993	失敗	暴力
タリバン/反政府諸派	アフガニスタン	1992	1996	成功	暴力
イスラム救済戦線	アルジェリア	1992	2002	失敗	暴力
セルビア人民兵	ボスニア・ヘルツェゴビナ	1992	1995	失敗	暴力
反コロール抗議	ブラジル	1992	1992	成功	非暴力
エジプト反乱——イスラム集団	エジプト	1992	1999	失敗	暴力
ジョージア=アブハジア紛争	ジョージア	1992	1994	失敗	暴力
NPLF および ULIMO	リベリア	1992	1995	部分的	暴力
反バンダ・キャンペーン	マラウイ	1992	1994	成功	非暴力
沿ドニエストル	モルドバ	1992	1992	部分的	暴力
タジキスタン人民民主軍（UTO）	タジキスタン	1992	1997	部分的	暴力
タンザニア民主派	タンザニア	1992	1995	部分的	非暴力
民主化運動	タイ	1992	1992	成功	非暴力
反ペレス	ベネズエラ	1992	1992	失敗	非暴力
ウゴ・チャベスの軍隊	ベネズエラ	1992	1992	失敗	暴力
西ボスニア共和国（分離）	ボスニア・ヘルツェゴビナ	1993	1995	失敗	暴力
反セラーノ	グアテマラ	1993	1993	成功	非暴力
ナイジェリア軍政反対運動	ナイジェリア	1993	1999	成功	非暴力
反リスバ・キャンペーン（ココイエス、ニンジャ、コブラ）	コンゴ共和国	1993	1997	成功	暴力
反エリツィン	ロシア	1993	1993	失敗	暴力
ソマリア民兵反乱	ソマリア	1993	1994	成功	暴力
1994－1996 アワミ連盟キャンペーン	バングラデシュ	1994	1996	成功	非暴力
複数の派閥	中央アフリカ共和国	1994	1997	成功	暴力
反乱勢力	チャド	1994	1998	失敗	暴力
ムハージル運動	パキスタン	1994	1999	失敗	暴力
イエメン民主共和国分離主義運動	イエメン共和国	1994	1994	失敗	暴力
チェチェン分離主義者	ロシア	1994	2009	失敗	暴力
愛国戦線	ルワンダ	1994	1994	成功	暴力
学生の反金抗議	韓国	1995	1995	失敗	非暴力
カビラ—ADFL	コンゴ民主共和国	1996	1997	成功	暴力
クルド人内戦	イラク	1996	1996	失敗	暴力
愛国軍	リベリア	1996	1996	失敗	暴力
フツ族の反乱	ルワンダ	1996	2001	失敗	暴力
反ミロシェビッチ	セルビア	1996	2000	成功	非暴力
民主同盟軍（ADF）の反乱	ウガンダ	1996	–	継続中	暴力
アンジュアン島分離運動	コモロ	1997	2000	部分的	暴力
反サスヌゲソ・キャンペーン（ココイエス、ニンジャ、ヌチルル）	コンゴ・ブラザビル（ROC）	1997	2003	失敗	暴力
ドニ・サスヌゲソ・キャンペーン	コンゴ・ブラザビル（ROC）	1997	1999	成功	暴力
1997年の反ブカラム・キャンペーン	エクアドル	1997	1997	成功	非暴力
反スハルト・キャンペーン	インドネシア	1997	1998	成功	非暴力
公平な選挙要求キャンペーン	レソト	1997	2002	部分的	非暴力
反フン・セン	カンボジア	1998	1998	失敗	非暴力
チャド民主正義運動（MDJT）	チャド	1998	2003	失敗	暴力
第二次コンゴ戦争	コンゴ民主共和国	1998	2002	失敗	暴力

キャンペーン	場所	開始年	終了年	結果	主な方法
民主主義、平和と正義の確立のための軍事政権	ギニアビサウ	1998	1999	失敗	暴力
レフォルマシ	マレーシア	1998	1999	失敗	非暴力
コソボ解放軍（KLA）	セルビア	1998	1999	部分的	暴力
クロアチア人民主派	クロアチア	1999	2000	成功	非暴力
学生抗議（反ハビビ）	インドネシア	1999	1999	成功	非暴力
民主主義のためのティール月18日暴動	イラン	1999	1999	失敗	非暴力
リベリア和解民主連合（LURD）	リベリア	1999	2003	成功	暴力
西サハラ独立運動	モロッコ	1999	2005	失敗	非暴力
反キューバ人抗議	パラグアイ	1999	1999	成功	非暴力
反ウェイデンボス	スリナム	1999	2000	成功	非暴力
2000年の反マフアド抗議	エクアドル	2000	2000	成功	非暴力
キファヤ運動	エジプト	2000	2005	部分的	非暴力
反チョードリー・キャンペーン	フィジー	2000	2000	成功	非暴力
反ローリングス・キャンペーン	ガーナ	2000	2000	成功	非暴力
ギニア民主運動（RDFG）	ギニア	2000	2001	失敗	暴力
反ゲイ将軍抗議	コートジボワール	2000	2000	成功	非暴力
反フジモリ・キャンペーン	ペルー	2000	2000	成功	非暴力
反ディウフ・キャンペーン	セネガル	2000	2000	成功	非暴力
オレンジ革命	ウクライナ	2000	2005	部分的	非暴力
タリバン	アフガニスタン	2001	–	継続中	暴力
NLAの反乱	マケドニア	2001	2001	失敗	暴力
ネパール共産党毛沢東主義派／人民統一戦線（CPN-M/UPF）	ネパール	2001	2006	部分的	暴力
ピープル・パワーIII	フィリピン	2001	2001	失敗	非暴力
第二次ピープル・パワー運動	フィリピン	2001	2001	成功	非暴力
反クラーマトゥンガ	スリランカ	2001	2001	失敗	非暴力
経済危機に伴う政府撤退要求	トルコ	2001	2001	失敗	非暴力
反チルバ・キャンペーン	ザンビア	2001	2001	成功	非暴力
コートジボワール愛国運動（PMIC）	コートジボワール	2002	2005	失敗	暴力
民主化運動	マダガスカル	2002	2002	成功	非暴力
ネパール反政府運動	ネパール	2002	2006	成功	非暴力
2002年の反チャベス・キャンペーン	ベネズエラ	2002	2004	失敗	非暴力
反クーデター	ベネズエラ	2002	2002	成功	非暴力
反サンチェス・デ・ロサダ・キャンペーン	ボリビア	2003	2003	成功	非暴力
セレカの反乱	中央アフリカ共和国	2003	2013	成功	暴力
バラ革命	ジョージア	2003	2003	成功	非暴力
2004年反アリスティド・キャンペーン	ハイチ	2003	2004	成功	非暴力
反ガユーム・キャンペーン	モルジブ	2003	2008	成功	非暴力
正義と平等運動／スーダン解放軍（JEM／SLA）	スーダン	2003	2012	失敗	暴力
政府交代要求キャンペーン	バングラデシュ	2004	2004	失敗	非暴力
反メサ・キャンペーン（第一段階）	ボリビア	2004	2004	失敗	非暴力
イラク反乱（スンニ派／AQI／ISIL）	イラク	2004	–	継続中	暴力
第四次バロチスタン分離主義運動	パキスタン	2004	–	継続中	暴力
2004年タイ深南部反乱	タイ	2004	–	継続中	暴力
フーシ派反乱	イエメン	2004	2015	成功	暴力

キャンペーン	場所	開始年	終了年	結果	主な方法
反メサ・キャンペーン（第二段階）	ボリビア	2005	2005	成功	非暴力
反デビ反乱	チャド	2005	2009	失敗	暴力
チャド内戦I	チャド	2005	2006	失敗	暴力
ホラヒドスの反乱	エクアドル	2005	2005	成功	非暴力
アリスティド支持派キャンペーン	ハイチ	2005	2010	失敗	非暴力
クルド自由生活党（PJAK）	イラン	2005	2018	継続中	暴力
チューリップ革命	キルギスタン	2005	2005	成功	非暴力
杉の革命	レバノン	2005	2005	成功	非暴力
反タクシン・キャンペーン	タイ	2005	2006	成功	非暴力
トーゴ反ニシャンベ／クーデター危機	トーゴ	2005	2005	成功	非暴力
民主派の抗議	トンガ	2005	2006	部分的	非暴力
アワミ連盟の抵抗	バングラデシュ	2006	2007	成功	非暴力
デニム革命	ベラルーシ	2006	2006	失敗	非暴力
チャド内戦II	チャド	2006	2010	失敗	暴力
人民防衛国民会議（CNDP）	コンゴ民主共和国	2006	2008	失敗	暴力
反アルカティリ	東ティモール	2006	2006	成功	非暴力
2006年レバノン戦争	レバノン	2006	2006	失敗	暴力
レバノン政治危機	レバノン	2006	2008	成功	非暴力
反カルデロン・キャンペーン	メキシコ	2006	2006	失敗	非暴力
イスラム主義者の反乱	ソマリア	2006	–	継続中	暴力
アルメニア反対派抗議／三月一日運動	アルメニア	2007	2009	部分的	非暴力
反ムバラク運動	エジプト	2007	2011	成功	非暴力
2007年の反サーカシビリ・キャンペーン	ジョージア	2007	2007	部分的	非暴力
民主化運動	ギニア	2007	2010	失敗	非暴力
サフラン革命	ミャンマー	2007	2007	失敗	非暴力
マデシ州の自治キャンペーン	ネパール	2007	2007	部分的	非暴力
イスラム主義者の反乱	パキスタン	2007	–	継続中	暴力
反ムシャラフ・キャンペーン（弁護士運動）	パキスタン	2007	2008	成功	非暴力
コーカサス首長国	ロシア	2007	–	継続中	暴力
反対派による行進	ロシア	2007	2008	失敗	非暴力
反軍事政府キャンペーン	タイ	2007	2007	部分的	非暴力
南イエメン分離主義運動	イエメン	2007	2014	部分的	非暴力
フツ人民解放党・解放のための国民軍	ブルンジ	2008	2008	失敗	暴力
第三次南オセチア・キャンペーン	ジョージア	2008	2008	成功	暴力
反MINUSTAHキャンペーン	ハイチ	2008	2008	失敗	非暴力
カトラリー革命（台所用品／台所実行革命）	アイスランド	2008	2009	成功	非暴力
サドル派の反アメリカ占領キャンペーン	イラク	2008	2009	失敗	非暴力
赤シャツ・キャンペーン	タイ	2008	2010	失敗	非暴力
民主主義人民連合キャンペーン	タイ	2008	2008	成功	非暴力
反社会主義デモ	ブルガリア	2009	2009	失敗	非暴力
2009年反サーカシビリ・キャンペーン	ジョージア	2009	2009	失敗	非暴力
人民抵抗国民戦線（FNRP）	ホンジュラス	2009	2009	失敗	非暴力
緑の革命と怒りの日	イラン	2009	2013	部分的	非暴力
反ラジョリナ運動	マダガスカル	2009	2014	部分的	非暴力
反ラヴァルマナナ運動	マダガスカル	2009	2009	成功	非暴力
モルドバ「ブドウの木」革命	モルドバ	2009	2009	成功	非暴力

キャンペーン	場所	開始年	終了年	結果	主な方法
反ザルダリ・キャンペーン	パキスタン	2009	2009	失敗	非暴力
アラビア半島のアルカイダ	イエメン	2009	–	継続中	暴力
反アブデラジィズ・ブーテフリカキャンペーン	アルジェリア	2010	2012	部分的	非暴力
ウワタラ支持キャンペーン	コートジボワール	2010	2011	成功	非暴力
反暫定政権	キルギス	2010	2010	失敗	非暴力
第二次革命	キルギス	2010	2010	成功	非暴力
毛沢東主義派の反政府抗議	ネパール	2010	2010	成功	非暴力
雪革命	ロシア	2010	–	継続中	非暴力
反ベン・アリ・キャンペーン（ジャスミン革命）	チュニジア	2010	2011	成功	非暴力
新・西サハラ独立抗議	西サハラ	2010	–	継続中	非暴力
反ハマド国王	バーレーン	2011	–	継続中	非暴力
ジブチのアラブの春	ジブチ	2011	2011	失敗	非暴力
怒りの日抗議	イラク	2011	2011	部分的	非暴力
憲法改革のための抗議	ヨルダン	2011	2013	部分的	非暴力
リビア内戦	リビア	2011	2011	成功	暴力
反ムタリカ	マラウイ	2011	2012	成功	非暴力
反アジズ抗議	モーリタニア	2011	2014	失敗	非暴力
ボコ・ハラム	ナイジェリア	2011	–	継続中	暴力
スーダン人民解放運動・軍（SPLM/A）	南スーダン	2011	–	継続中	暴力
南コルドファンおよび青ナイル紛争	スーダン	2011	2018	継続中	暴力
反アルバシール政府	スーダン	2011	2013	失敗	非暴力
スワジランド反王制抗議	スワジランド	2011	2011	失敗	非暴力
シリア内戦	シリア	2011	–	継続中	暴力
シリア蜂起	シリア	2011	2011	失敗	非暴力
反ムセヴェニ	ウガンダ	2011	2013	失敗	非暴力
反アリ・アブドッラー・サーレハ・キャンペーン	イエメン	2011	2012	成功	非暴力
キルティ僧院抗議	中国	2012	2012	失敗	非暴力
3月23日運動（M23）	コンゴ民主共和国	2012	2013	失敗	暴力
シーア派政府反対抗議	イラク	2012	2014	部分的	非暴力
ナシード支持派	モルジブ	2012	2013	失敗	非暴力
反ナシード・キャンペーン	モルジブ	2012	2012	成功	非暴力
マリ北部紛争	マリ	2012	2015	部分的	暴力
反毛沢東主義派キャンペーン	ネパール	2012	2012	成功	非暴力
2012年反政府抗議	ルーマニア	2012	2012	成功	非暴力
反ワッド6月23日運動	セネガル	2012	2012	成功	非暴力
トーゴを救おう（反ニシャンベ）	トーゴ	2012	2013	失敗	非暴力
私と踊ってキャンペーン	ブルガリア	2013	2014	成功	非暴力
2013年カンボジア選挙抗議	カンボジア	2013	2014	失敗	非暴力
宣教及びジハードのためのスンニ派イスラム教徒集団（ボコ・ハラム）	カメルーン	2013	–	継続中	暴力
反バラカ	中央アフリカ共和国	2013	2014	成功	暴力
シナイ騒乱	エジプト	2013	–	継続中	暴力
モルシー支持派抗議	エジプト	2013	2014	失敗	非暴力
モルシー反対派抗議	エジプト	2013	2013	成功	非暴力
イスラム国	シリア	2013	–	継続中	暴力
民主主義のための市民運動	タイ	2013	2014	成功	非暴力
政治危機交渉反対抗議	チュニジア	2013	2013	成功	非暴力
イスラム主義政府への抗議	チュニジア	2013	2014	成功	非暴力
反エルドアン	トルコ	2013	2015	部分的	非暴力
ユーロマイダン	ウクライナ	2013	2014	成功	非暴力
UDAR	ボスニア・ヘルツェゴビナ	2014	2014	失敗	非暴力
反コンパオレ・キャンペーン	ブルキナファソ	2014	2014	成功	非暴力
香港民主化運動（雨傘運動）	中国	2014	–	継続中	非暴力
反マルテリー・キャンペーン	ハイチ	2014	2016	成功	非暴力
イスラム主義民兵分派（第二次リビア内戦）	リビア	2014	–	継続中	暴力
2014年のメキシコ汚職反対キャンペーン	メキシコ	2014	2015	失敗	非暴力
2014年の反シャリフ・キャンペーン	パキスタン	2014	2014	失敗	非暴力
新民主主義運動	タイ	2014	–	継続中	非暴力
東ウクライナの反乱（ウクライナ内戦）	ウクライナ	2014	–	継続中	暴力
ウルトラスの「統一ウクライナ」キャンペーン	ウクライナ	2014	2014	失敗	非暴力
反マドゥロ	ベネズエラ	2014	–	継続中	非暴力
ISIS アフガニスタン	アフガニスタン	2015	–	継続中	暴力
反ルセーフ	ブラジル	2015	2016	成功	非暴力
反ンクルンジザ	ブルンジ	2015	2015	失敗	非暴力
コレアは降りろキャンペーン	エクアドル	2015	2017	部分的	非暴力
グアテマラ蜂起	グアテマラ	2015	2015	成功	非暴力
ホンジュラスのインディグナドス（怒れる人たち）	ホンジュラス	2015	2015	失敗	非暴力
西部東南アジア戦線	インド	2015	–	継続中	暴力
ケニアのアル・シャバーブ	ケニア	2015	–	継続中	暴力
コソボ反政府抗議	コソボ	2015	–	継続中	非暴力
カラフル革命	マケドニア	2015	2017	成功	非暴力
反ヤミーン	モルジブ	2015	2019	成功	非暴力
モルドバ反政府抗議	モルドバ	2015	2016	部分的	非暴力
モンテネグロ反対派抗議	モンテネグロ	2015	2015	失敗	非暴力
西部東南アジア戦線	ミャンマー	2015	–	継続中	暴力
コレクティブ革命	ルーマニア	2015	2015	成功	非暴力
反朴抗議	韓国	2015	2017	成功	非暴力
新クルド労働者党（PKK）	トルコ	2015	–	継続中	暴力
反フーシ派運動	イエメン	2015	–	継続中	非暴力
パナマ文書反政府抗議	アイスランド	2016	2016	部分的	非暴力
カシミール反インド抗議	インド	2016	–	継続中	非暴力
反首相抗議	パプアニューギニア	2016	2016	失敗	非暴力
右派政府反対運動	ポーランド	2016	–	継続中	非暴力
カタルーニャ分離派抗議	スペイン	2016	–	継続中	非暴力
反ムガベ	ジンバブエ	2016	2017	成功	非暴力
英語圏の危機／アンバゾニア独立	カメルーン	2017	–	継続中	暴力
アンバゾニア独立	カメルーン	2017	2018	失敗	非暴力

キャンペーン	場所	開始年	終了年	結果	主な方法
反カビラ・キャンペーン	コンゴ民主共和国	2017	2018	成功	非暴力
反モラレス抗議	グアテマラ	2017	–	継続中	非暴力
反エルナンデス抗議	ホンジュラス	2017	–	継続中	非暴力
反オルバーン	ハンガリー	2017	–	継続中	非暴力
2017年のイラン反政府抗議	イラン	2017	2018	失敗	非暴力
ルーマニア反政府抗議	ルーマニア	2017	–	継続中	非暴力
反ヴチッチ	セルビア	2017	–	継続中	非暴力
反ズマ	南アフリカ	2017	2018	成功	非暴力
反ニシャンベ	トーゴ	2017	–	継続中	非暴力
第二次反エルドアン運動	トルコ	2017	–	継続中	非暴力
反トランプ抵抗運動	アメリカ合衆国	2017	–	継続中	非暴力
2018年の反政府抗議	アルメニア	2018	2018	成功	非暴力
黄色いベスト運動	フランス	2018	–	継続中	非暴力
反ジョブネル・モイーズ抗議	ハイチ	2018	–	継続中	非暴力
反オルテガ抗議	ニカラグア	2018	–	継続中	非暴力
スーダン蜂起	スーダン	2018	2019	成功	非暴力
アルバニア汚職反対運動	アルバニア	2019	–	継続中	非暴力
笑顔革命	アルジェリア	2019	2019	成功	非暴力
反マクリ抗議	アルゼンチン	2019	2019	成功	非暴力
反アニェス抗議	ボリビア	2019	–	継続中	非暴力
反モラレス抗議	ボリビア	2019	2019	成功	非暴力
反ピニェラ	チリ	2019	–	継続中	非暴力
反ドゥケ運動	コロンビア	2019	–	継続中	非暴力
反モレノ	エクアドル	2019	2019	部分的	非暴力
反アッ＝シーシー抗議	エジプト	2019	2019	失敗	非暴力
2019年の反政府・反ロシア抗議	ジョージア	2019	2019	部分的	非暴力
エルナンデスは辞めろキャンペーン	ホンジュラス	2019	2019	失敗	非暴力
2019年のイラン抗議	イラン	2019	–	継続中	非暴力
反マフディー運動	イラク	2019	2019	成功	非暴力
十月革命	レバノン	2019	2019	成功	非暴力
97000抵抗キャンペーン	モンテネグロ	2019	2019	失敗	非暴力

訳者略歴
小林綾子（こばやし・あやこ）
一九八五年生まれ。一橋大学大学院法学研究科博士後期課程修了。博士（法学）。現在、上智大学総合グローバル学部総合グローバル学科特任助教。在スーダン日本大使館専門調査員、米ハーバード・ケネディ・スクール研究員などを経て現職。専門は、国際政治学、紛争・平和研究、国際機構論、グローバル・ガバナンス。主な業績に、「アフリカの内戦における人道アクセス問題と反乱軍」『国際政治』第一八六号、「紛争再発と和平合意」『国際政治』第二一〇号、「国連平和活動とローカルな平和」『国連研究』第二二号他。

市民的抵抗　非暴力が社会を変える

二〇二二年一二月一五日　印刷
二〇二三年　一月一〇日　発行

著　者　エリカ・チェノウェス
訳　者 © 小　林　綾　子
発行者　岩　堀　雅　己
印刷所　株式会社　理　想　社
発行所　株式会社　白　水　社

東京都千代田区神田小川町三の二四
電話　営業部〇三（三二九一）七八一一
　　　編集部〇三（三二九一）七八二一
振替　〇〇一九〇・五・三三二二八
郵便番号　一〇一・〇〇五二
www.hakusuisha.co.jp
乱丁・落丁本は、送料小社負担にてお取り替えいたします。

誠製本株式会社

ISBN978-4-560-09469-3

Printed in Japan

▷本書のスキャン、デジタル化等の無断複製は著作権法上での例外を除き禁じられています。本書を代行業者等の第三者に依頼してスキャンやデジタル化することはたとえ個人や家庭内での利用であっても著作権法上認められていません。

フランス革命史

自由か死か

ピーター・マクフィー 著／永見瑞木、安藤裕介 訳

なぜ革命は起きたのか？　また革命は誰にとってのものだったのか？　そして革命が残した遺産とは？　世界的権威が描き切った「全史」。

真理の語り手

アーレントとウクライナ戦争

重田園江 著

危機の思想家、アーレントがリアルに受け止められる時代に……ウクライナからみた戦争、権威主義では括れない全体主義の全貌を描く。